国家社会科学基金项目(11BGL051)资助

休闲客流的空间扩散特征与区域综合效应研究

李其原 游 磊 著

科学出版社
北 京

内 容 简 介

本书在对国内外相关文献进行全面、系统评述的基础上，运用旅游流扩散理论、空间扩散模型和地理信息技术，以成都市为实证研究区域，首次围绕休闲客流空间扩散展开研究，分析休闲消费人群的人口学特征、规模结构特征、空间行为和空间分布规律，分析休闲客流（需求）的结构发育状况以及休闲产业区位的空间结构特征，讨论休闲客流空间扩散规律特征、动力机制、供求契合度以及区域综合效应，研究休闲客流扩散的流向、流量等因素对客源地和目的地区域经济及社会发展所产生的综合影响，分析我国休闲产业存在的问题并提出对策建议。

本书适合旅游管理部门决策人员及旅游管理、旅游公共管理相关专业的研究人员、研究生和本科生参考阅读。

图书在版编目(CIP)数据

休闲客流的空间扩散特征与区域综合效应研究 / 李其原，游磊著. —北京：科学出版社，2018.10
ISBN 978-7-03-059125-8

Ⅰ. ①休… Ⅱ. ①李… ②游… Ⅲ. ①旅游客源–客流量–研究 Ⅳ. ①F590.63

中国版本图书馆 CIP 数据核字 (2018) 第 240130 号

责任编辑：张　展　孟　锐 / 责任校对：王　翔
责任印制：罗　科 / 封面设计：墨创文化

科学出版社出版
北京东黄城根北街16号
邮政编码：100717
http://www.sciencep.com

成都锦瑞印刷有限责任公司印刷
科学出版社发行　各地新华书店经销

*

2018年10月第　一　版　开本：787×1092 1/16
2018年10月第一次印刷　印张：17 3/4
字数：435 千字

定价：98.00 元
（如有印装质量问题，我社负责调换）

前　言

近年来，随着社会经济的快速发展，以"服务经济"为特征的休闲产业逐渐成为时代的主题。休闲是一种社会经济现象，是人们生活的重要组成部分，对人们的生活方式、生活质量、工作方式、思维方式等都产生了深刻的影响。同时，随着休闲文化的不断发展，休闲、生产、生活共同构成人类存在的三种形态，休闲对人们的日常生活结构、社会结构、产业结构、文化结构等产生了深远的影响。但是，纵观学术界，目前国内外关于休闲领域的相关研究还十分缺乏，在研究成果上还没有形成比较完善的理论结构体系。我国休闲学领域的相关研究起步落后于国外，对休闲学的认识还缺乏系统性，尤其是在应用性和操作性方面还缺乏切实可行的理论模式。受国家社会科学基金资助，自2011年6月起，本项目组正式启动对成都市休闲客流空间扩散特征与综合效应的调查与研究，截至2014年12月，本项目顺利完成。

本书以成都市为实证研究区域，围绕休闲客流空间扩散展开研究，集中讨论休闲客流空间扩散规律特征、动力机制、供求契合度以及区域综合效应，是"环城游憩带"研究与"旅游流空间扩散"等相关研究的深化和延伸，具有理论与实践上的双重价值。从理论价值上看，本书对都市圈休闲客流的空间扩散以及休闲产业空间结构进行实证研究，包括休闲客流空间扩散方向、扩散路径、扩散模式、扩散动力机制、供求契合度、影响因素及综合效应等方面，不仅对中国各大城市休闲产业的发展和旅游地理学的理论研究是必要的，而且对国际上已有的游憩地理学理论（包括休闲产业的地理学理论研究）也是一种重要补充。从时间价值上看，成都市拥有众多品位高、吸引力强的自然生态、历史文化、休闲观光旅游资源，形成了地方特色浓厚的四川休闲文化和休闲生活方式，休闲已成为成都市的城市名片，在全国乃至全世界都享有盛誉。

本书主要包括两个部分，共十一章。第一部分主要说明研究目的以及研究路线、方法，对国内外研究现状、研究区域概况进行了简要阐述，并且重点对相关理论成果进行说明。第一部分主要包括：第一章，为绪论，探讨了研究背景、理论和实践意义、研究路线和方法等内容；第二章，为国内外研究综述，对国内外研究现状进行了简要分析；第三章，为相关概念及理论基础，引用了旅游流、游憩带、旅游机会谱系、增长极、圈层结构等理论；第四章，为重点研究区域概况，重点对成都市休闲空间进行了介绍，包括成都市概况、休闲产业发展概况等内容。第二部分主要说明研究内容及研究结果、对策建议。第二部分主要包括：第五章，为成都市农家乐休闲需求特征，对成都市休闲需求状况和休闲市场进行了调查分析；第六章，为休闲空间分布特征，对成都市各类休闲空间及其空间分布状况进行了详细描述；第七章，为休闲客流空间扩散特征，对成都市休闲客流的空间扩散方向、模式、路径、特点、影响因素、问题与不足等进行了研究；第八章，为休闲供给与需求的契合度分析；第九章，为休闲客流空间扩散的综合效应分析；第十章，为休闲产业存在的问题及对策建议，对存在的问题及对策进行了深入研究；第十一章，为结论。

休闲作为一个时代的主题，休闲客流空间扩散特征与区域综合效应的研究对提高人们社会生活质量具有重要意义。休闲客流空间扩散十分复杂，涉及范围十分广泛，影响因素也十分复杂，本书虽然以成都市为个案研究对象，通过大量实证研究分析了休闲客流空间扩散特征及相关内容，但是不同区域、不同发展背景下，其具体的状况也有所不同。随着时代的发展，休闲客流空间扩散特征也会不断发生变化，因此要彻底弄清楚休闲客流空间扩散的内在演变规律，还需要做大量的后续研究。

本书以成都市为研究对象，专注于休闲客流的空间扩散与综合效应研究，通过大量的实证调查，对休闲客流空间扩散的内在规律进行了探索，并且得出一些具有现实意义的理论与实践成果，可作为休闲旅游科学研究、休闲文化研究、城市规划设计、新农村建设发展、区域规划等诸多领域的重要参考资料。在写作过程中，笔者得到众多老师、朋友、学生的大力支持，同时还借鉴了大量国内外专家、学者的研究成果，在本书即将付梓之际，在此表示由衷的感谢。由于能力和写作水平有限，书中难免存在不足之处，例如对休闲客流空间扩散特征规律的把握还不够全面，对成都市休闲客流空间扩散的整体把握以及扩散动力机制和综合效应分析不够深入等，望广大读者批评指正。

本书为国家社会科学基金一般项目的结项成果，感谢国家社会科学基金的资助，并感谢西华师范大学科研处的资助。在项目实施过程中，李其原负责总体设计，并撰写了第一章、第二章、第三章、第四章、第十章、第十一章，共23万字；游磊负责文稿修订，并撰写了第五章、第六章、第七章、第八章、第九章，共20万字；刘明皓负责技术路线的设计；熊桂武负责问卷调查的设计；李文路和张明川主要负责项目调研和数据处理；蒋良群和刘大均负责调查方案的设计。另外还要特别感谢西南财经大学张梦教授，四川师范大学陈乾康教授、杨国良教授，西华师范大学冯明义教授、吴勇教授、赵鹏程教授和唐绍洪教授，感谢他们对本书提出的宝贵建议。

目　录

第一章　绪论 ·· 1
　第一节　研究背景 ··· 1
　　一、国际背景 ·· 1
　　二、国内背景 ·· 5
　　三、研究区域背景 ··· 12
　第二节　研究意义及路线方法 ··· 14
　　一、研究意义 ··· 14
　　二、研究的主要内容、方法和技术路线 ··· 17

第二章　国内外研究综述 ··· 19
　第一节　旅游流研究综述 ·· 19
　　一、国外旅游流研究综述 ··· 19
　　二、国内旅游流研究综述 ··· 21
　第二节　旅游流空间扩散研究 ··· 24
　　一、国外旅游流空间扩散研究 ··· 24
　　二、国内旅游流空间扩散研究 ··· 24
　第三节　国内外休闲学研究综述 ·· 26
　　一、西方休闲学研究 ··· 26
　　二、我国休闲学研究 ··· 28
　第四节　休闲客流研究评述 ·· 32

第三章　相关概念及理论基础 ·· 34
　第一节　概念辨析 ··· 34
　　一、旅游、休闲、游憩概念辨析 ·· 34
　　二、休闲与旅游的关系研究 ·· 37
　　三、旅游流 ··· 41
　　四、休闲客流 ·· 42

· iii ·

五、休闲客流空间扩散的属性与分类 …… 44

　　六、休闲空间 …… 47

　　七、空间扩散 …… 48

第二节　理论基础 …… 48

　　一、区位与空间结构理论 …… 48

　　二、旅游流空间扩散理论 …… 53

　　三、休闲决策行为与空间选择理论 …… 56

　　四、环城游憩带理论 …… 57

　　五、旅游机会谱系理论 …… 59

　　六、旅游流扩散动力机制理论 …… 60

　　七、增长极理论 …… 62

　　八、圈层理论 …… 63

第四章　重点研究区域概况 …… 66

第一节　成都市概况 …… 66

　　一、得天独厚的自然地理环境 …… 67

　　二、雄厚的综合实力为其休闲产业发展奠定基础 …… 68

　　三、美食之都 …… 72

　　四、无可比拟的休闲资源 …… 73

第二节　休闲产业发展概况 …… 74

　　一、休闲体育产业 …… 75

　　二、休闲农业产业 …… 77

　　三、休闲旅游产业 …… 81

　　四、休闲文娱产业 …… 81

　　五、休闲公益事业 …… 82

第五章　成都市农家乐休闲需求特征 …… 84

第一节　市民休闲需求特征 …… 84

　　一、数据调查 …… 84

　　二、人口统计学特征分析 …… 84

　　三、偏好差异 …… 89

　　四、存在的问题 …… 92

第二节　游客休闲满意度……………………………………………………93
　一、调查情况……………………………………………………………93
　二、出游度假基本情况…………………………………………………95
　三、满意度………………………………………………………………99
　四、存在的问题…………………………………………………………103

第六章　休闲空间分布特征………………………………………………105

第一节　成都市休闲空间分布总体情况…………………………………105
　一、市内休闲场所及休闲空间…………………………………………105
　二、近郊休闲空间………………………………………………………108
　三、远郊休闲空间………………………………………………………113

第二节　成都市休闲空间结构与分布特征………………………………116
　一、市内休闲空间分布特征……………………………………………116
　二、游憩资源的空间集聚与扩散分析…………………………………129

第七章　休闲客流空间扩散特征…………………………………………133

第一节　成都市休闲客流空间扩散的总体特征…………………………133
　一、休闲主体的行为特征………………………………………………133
　二、休闲客流流量………………………………………………………134
　三、影响休闲客流流量的因素…………………………………………134
　四、成都市休闲客流空间扩散的动态特征……………………………138

第二节　成都市近郊休闲客流空间扩散特征……………………………140
　一、近郊休闲客流空间扩散总体情况…………………………………140
　二、近郊休闲客流细分市场空间扩散情况……………………………143
　三、近郊休闲扩散的动态特征…………………………………………144
　四、近郊休闲客流空间扩散的基本形态………………………………145

第三节　成都市远郊休闲客流空间扩散特征……………………………156
　一、远郊休闲客流空间扩散总体情况…………………………………156
　二、远郊休闲客流细分市场空间扩散情况……………………………158

第四节　休闲客流空间扩散的动力机制…………………………………159
　一、游客特征对休闲客流扩散的影响…………………………………160
　二、休闲空间（休闲目的地）对休闲客流扩散的影响…………………161

· v ·

三、间接因素条件对休闲客流空间扩散的影响 ……………………162
四、休闲客流空间扩散的动力机制 ………………………………162

第八章 休闲供给与需求的契合度分析 ……………………………164

第一节 休闲供给与需求均衡理论 ………………………………164
一、休闲供求均衡的暂时性 ………………………………………164
二、休闲供求失衡的普遍性 ………………………………………165
三、休闲供求失衡的表现形式 ……………………………………166

第二节 成都市休闲供给与需求的契合度分析 …………………174
一、休闲供给分析 …………………………………………………174
二、休闲需求分析 …………………………………………………178
三、成都市休闲供给与需求的契合度分析 ………………………179

第九章 休闲客流空间扩散的综合效应分析 ………………………184

第一节 成都市休闲客流空间扩散的综合效应发展演变 ………184
一、成都市休闲客流空间扩散综合效应概述 ……………………184
二、成都市休闲客流空间扩散综合效应的阶段性 ………………188

第二节 成都市休闲客流空间扩散综合效应分析 ………………194
一、成都市休闲客流空间扩散综合效应的分类及标准 …………194
二、成都市休闲客流空间扩散的社会文化效应 …………………195
三、成都市休闲客流空间扩散的生态环境效应 …………………197
四、成都市休闲客流空间扩散的经济效应 ………………………199
五、成都市休闲客流空间扩散的空间区域效应 …………………201

第三节 影响成都市休闲客流空间扩散综合效应的因素分析 …202
一、社会文化效应的影响因素 ……………………………………202
二、空间区域效应的影响因素 ……………………………………204

第四节 休闲客流空间扩散综合效应评价及调控 ………………206
一、成都市休闲客流空间扩散综合效应的评价 …………………206
二、调控的机制、策略 ……………………………………………211

第十章 休闲产业存在的问题及对策建议 …………………………218

第一节 成都市居民休闲需求存在的问题 ………………………218
一、休闲方式单一 …………………………………………………219

二、休闲需求未能释放 ·· 220
　　三、休闲观念陈旧落后 ·· 226
　第二节　成都市居民休闲供给存在的问题分析 ····················· 227
　　一、休闲供给总量小，休闲产能未能完全释放 ················· 228
　　二、休闲产品同质化严重，基础设施不健全 ····················· 230
　　三、休闲资源空间分布不均匀，产业化发展不协调 ········ 233
　　四、交通通达度不高，交通结构有待完善 ······················· 234
　　五、休闲企业自身问题与缺陷 ·· 235
　　六、休闲供给与需求失衡问题严重 ································ 238
　第三节　对策建议 ·· 239
　　一、政府部门——宏观调控战略 ······································ 240
　　二、休闲企业——创新发展战略 ······································ 246
　　三、休闲者——健康休闲战略 ·· 252

第十一章　结论 ·· 254
　第一节　基本结论 ·· 254
　第二节　问题与不足 ·· 256

参考文献 ··· 259
附件：调查问卷 ·· 267
　成都市居民都市类休闲情况调查问卷（一） ······················· 267
　成都市居民公园类休闲情况调查问卷（二） ······················· 269
　成都市居民古镇类休闲情况调查问卷（三） ······················· 271
　成都市居民农家乐休闲情况调查问卷（四） ······················· 273

第一章 绪 论

第一节 研究背景

一、国际背景

(一)服务经济引领新一轮全球经济浪潮

"服务经济"是一个新兴的概念,目前国内外学术界对其内涵还没有达成共识。关于对服务经济的认识,学术界主要倾向于从产业角度去把握,他们普遍认为服务经济是各种形式的服务行业的一种经济发展形态(张祥,2011)。按照历史的进程,人类文明先后经历了农业经济、工业经济和服务经济。在范围上,服务经济主要包括生产性服务业、生活性服务业以及公共性服务业三种类型。周振华(2010)认为,服务经济是以提供服务产品为核心的经济形态。

在时间序列上,服务经济自20世纪60年代开始在发达国家出现(王占斌,2013)。服务经济是近50年来崛起的新的经济形式,是国民经济的重要构成部分,涵盖了服务业乃至对外服务贸易等在内的广阔经济门类与形式。在美国、日本、英国、澳大利亚等发达国家,服务经济已经形成相对成熟稳定的体系,并在不断地趋于完善,发展出具有本国特色的运作形式。随着我国改革开放的不断深入,服务经济在沿海大部分城市和地区也迅速发展起来,这不仅是我国经济体制改革的重要切入点,而且关系我国未来经济发展的走向,是未来国际经济竞争的主要方面。

1. 服务经济发展背景

20世纪50~80年代,世界经济全面向服务经济转型。这是继工业革命后一次新的产业革命,是一次结构性的大变革,美国经济学家维克多·富克斯(Victor R. Fuchs)将其称为"服务经济",也可以称为"服务革命"。如果说工业革命是一次崭新的产业革命,服务革命则是一次深刻、全面的经济革命,它代表着经济发展的战略方向和总体趋势。此后,全球经济历经了发生在20世纪末、21世纪初的两场国际金融危机的洗礼,世界经济进入大调整、大重组、大变革时期。全球步入服务经济时代,并出现了世界服务经济发展的现状与特征,需要引起我们的高度重视。作为新兴经济体,服务经济将是推动新一轮经济全球化的主要力量。

衡量经济体是否进入服务经济发展阶段,顾国达等(2007)认为有两大指标:一是服务业产值在国内生产总值中的比例超过60%,二是服务业的就业者在整个国民经济全部就业者中的占比超过60%。季铸曾在《世界经济导论》中对服务经济做了系统的阐述。他认为：服务经济的主要特征在于其构成的基本要素是人力资本，并非与其他工业生产产业（直接以物质资源为基本生产资料）一样，因此服务经济在其社会环境效应上是比较和谐的，或是不消耗资源环境的。

另外，人力资本具有明显的无限性，服务经济在以人为本的资源利用理念下进行开发和利用，也实现了资源的有效配置和利用，从这一个层面上来讲，服务经济就是和谐、可持续、对环境友好的经济新形式。事实证明，相对于传统产业来讲，如工业、农业等，它们主要注重产品的生产，关心的是直接的经济利益，而服务产业则明显具有更高的效率，这种效率不仅仅体现在服务产业的发展方面，如服务行业的生产、销售、基本建设等，还体现在人力资源的充分利用方面。服务产业的基本要素就是人，人是其产业核心和服务的提供者，因此服务产业十分注重人力资源的开发和利用，这种开发和利用的效率普遍高于传统的产业。此外，企业对员工重视，同时也促使员工的生产积极性大大提高，这也使得服务产业具有很高的效率。

2. 服务经济发展状况

据世界银行统计，截至2009年，从总体规模来看，全球服务业总体规模约为58.37万亿美元，这一水平相当于世界产业总产值的1/6。近年来，随着服务产业的进一步发展，服务产业引领世界产业的浪潮逐渐席卷了世界大多数国家和地区，就全球总体情况来看，全球经济已经开始进入服务经济时代。另外，从增加值百分比来看，世界各国服务业增加值占GDP（Gross Domestic Product，国内生产总值）的比例达到70%，近年来，这一比例还在不断加大。可以看出的是，几乎所有发达国家，包括部分经济发达的发展中国家，自21世纪以来，都将发展重点转向了服务产业。目前，就全球来看，服务经济占世界经济总量的2/3，世界经济都在以服务经济为风向标。

以美国为例，美国目前服务经济占国民经济总量的78%，居世界首位，是服务经济大国，而日本、德国、英国、中国等国家服务经济的比例相对落后于美国，发展水平也不及美国。因此，从服务经济发展水平上来看，国家之间、地区之间普遍存在发展不平衡现象。这种不平衡现象不仅表现在世界总体状况上，就发达国家本身来讲，也是不平衡的。以美国为例，美国东部、南部、西部沿海以及东北部五大湖沿岸地区普遍发展水平较高，而西部山区、中部农耕区则相对落后。从地区分布上来看，服务经济呈现出三大基本特征：西方国家分布集中，东方及非洲等国家分布稀疏；发达国家发展水平高、分布集中，发展中国家与欠发达国家发展水平低、分布稀疏；沿海及发达地区发展水平高、分布集中，贫困地区分布稀疏。

自21世纪以来，发达国家重新调整产业定位，以休闲产业为核心内容的服务业成为国民经济的重要组成部分，发展中国家也纷纷进行产业结构调整，提高休闲产业在国民经济中的比例和总体份额。尤其是近年来，全球休闲服务产业在各国国民经济中所占比例都在不断上升，并且还有不断强化的趋势。21世纪是服务业发展的黄金时代，服务业的发展在促进经济增长、提升国家综合经济实力的同时，更成为创业就业的重要契机。伴随着全球服务经济的迅速发展，服务业对国家经济社会的影响也越来越突出，从经济方面来看，这种影响除了表现为服务业所创造的国民生产总值的大幅增加，还集中体现在对就业领域的极大影响上。研究表明，近年来，随着服务业的发展，服务业在创造高额经济产值的同时，也极大地增加了对服务从业人员的需求，从而创造了巨大的就业空间和就业岗位，这对于缓解全球日益严重的就业压力具有重要意义。另外，由于与一般行业具有明显的区别，服务行业的从业人员往往集中在社会中上层行业领域，具有相对较高的知识文化水平与服务水平，随着现代教育事业及服务行业自身的优化与发展，服务行业所创造的工作岗位也在不断增加，社会就业结构由工业就业结构向服务业就业结构转变的趋势也在不断加强。

随着就业岗位的不断增加，服务业吸纳的现代就业人员也在不断增加，服务业从业人员具有知识层次高、业务技能强等特点，并且涉及商业服务、金融服务、教育服务、卫生服务、社会服务等多个领域，以知识技术密集型为本质特征的现代服务业占服务业比例正在不断增加。据相关数据统计，在发达国家三大产业就业人数结构中，服务业就业人员所占比例高达 60%～75%；中等收入的发展中国家，其服务业从业人员所占比例达 45%～60%；低入发展中国家的比例为 30%～45%。这也反映出经济发展水平与服务业之间的内在联系，经济越发达，服务业吸纳的就业人数越多。

3. 我国服务经济发展状况

我国服务经济起步相对较晚，长期以来，由于缺乏相关经验与实践，在理论指导方面也存在不完善之处，我国的服务经济发展水平一直以来都处于相对落后的状态。总体来看，我国服务经济发展的总体特征包括：起步晚、发展水平低、区域发展不平衡或存在巨大的差距。

与世界上大多数国家一样，我国的服务经济发展也普遍存在区域发展不平衡现象，甚至可以说，我国的不平衡现象更为突出，表现为区域发展差距的不断拉大。这种发展差距主要表现如下。

(1) 东西部差距。长期以来，我国东西部经济发展水平存在巨大差距，不仅是在经济发展方面，在教育、科学、卫生、医疗等诸多方面都是如此，作为新兴产业的服务经济也是如此。东部沿海地区由于发展起步早，有一定的经济基础，而且更为重要的是有国家的政策支持，即改革开放优先发展东部沿海城市。这种差距更多的是这一政策因素所造成的。

(2) 城乡差距。城乡之间的差距由来已久，或者说自古就有，这种差距在我国表现得更为突出。因此，我国服务经济的发展是不平衡的，地区之间的巨大差异依然存在。

随着我国经济的迅速崛起，特别是在改革开放之后的几十年内，我国的经济发展取得了十分突出的成绩，近两年更是超越日本成为仅次于美国的世界第二经济体，综合国力得到极大的提升。我国经济的迅速发展，服务经济起着重要的作用。我国是旅游大国，旅游在我国国民经济中占有重要地位。特别是近年来，随着人们收入水平的提高和老龄社会的到来，休闲产业更是得到长足发展。

综上所述，当前，全球正在进行一场新的产业革命，即服务革命。部分发达国家已经进入服务经济时代，发展中国家和其他发达国家正在进入服务经济时代，而经济发展相对落后的国家紧随其后,在未来也会步入服务经济时代。在服务经济时代,休闲产业是服务经济的重要组成部分,并且休闲产业的发展是衡量一个国家和地区是否进入服务经济时代的重要指标。可以说,服务经济时代催生休闲产业的产生和发展,休闲产业的产生和发展助推服务经济时代的到来。

(二)休闲产业发展成为多国国民经济的重要支柱

纵观当今全球经济形势,在服务经济时代,休闲产业是重要的组成部分,一个国家或地区可能并没有完全进入服务经济时代,但是却已经进入了休闲时代。休闲经济,作为一种经济现象与现代社会结合的产物,最早出现在欧美等国,19世纪中后期才逐渐发展起来。而休闲则是随着人类社会的产生而产生的,亚里士多德曾说:"休闲才是一切事物环绕的中心,是哲学、艺术和科学诞生的基本条件之一。"在中国,古人留下的文学艺术经典,如《风·雅·颂》,以及传统的中国水墨画,都是休闲的产物。

早在20多年前,西方的学者们就极富预见性地指出:当人类迈向21世纪时,由于我们已经进入一个以知识创造和分配信息为基础的经济社会,其社会结构、生活结构和生存方式也将发生重大的变革。令人惊叹的是,这些预见不但已经成为现实,而且现实生活甚至比预测发展得还要快。1999年,美国《时代》期刊就指出:2015年前后,发达国家将进入"休闲时代",休闲将成为人类生活的重要组成部分。据美国权威人士预测,休闲、娱乐活动、旅游业将成为下一个经济大潮,并席卷世界各地。

根据国际经验:人均国民收入超过1000美元,就是一个国家旅游需求急剧膨胀的时期;当人均国民收入达到2000美元,休闲需求将急剧增长;当人均国民收入达到3000美元,度假需求将会普遍产生。目前,西方国家纷纷调整产业结构,集中发展休闲产业,并且将休闲产业确定为国民经济的支柱产业,发展中国家也将紧随其后。

(三)"城市病"进一步刺激休闲需求的增加

按照联合国的统计和预测数据,截至2011年,全球人口中将有一半生活在城市,这在人类历史上尚属首次。报告称,到2050年,预计全球总人口将从目前的67亿增长到92亿,生活在城市中的人口将达到64亿,而2011年,这个数字是33亿。这意味着全球城市化水平在2011年后的近40年内将高达70%。正如全球人居环境论坛主席、联合国前副秘书长和高级代表安瓦尔·乔杜里所说:世界正在经历一个城市化的过程,一个新的城市时代已经来临。人类经济社会活动空间分布格局,已经进入以城市为主的时代[①]。

但是随着城市规模的日益扩大,出现了一系列社会问题,主要表现为:城市规划和建设盲目地向周边摊大饼式地扩延,大量耕地被占,使人地矛盾更尖锐,造成人口膨胀、交通拥堵、环境恶化、住房紧张、就业困难等社会问题。这些都会加剧城市负担、制约城市化发展。在这种环境下,人们的生活、工作、学习压力越来越大,同时随着社会信息化的进程和生活水平的提高,在满足基本物质需求的基础上,在可自由支配的时间内,人们迫

---

① 国务院发展研究中心调查研究报告总4203号《经合组织国家的城市化趋势与政策:对中国的启示》,2010年3月10日。

切地寻求以放松闲适、随心所欲为目的的活动，寻求个体所喜爱的、感到有价值的活动，目的是从这种压抑的环境中释放出来。这样，在休闲的大众化基础之上，便产生了休闲经济。休闲经济是由休闲消费需求和休闲产品供给构筑的经济，是人类社会发展到人们普遍拥有大量的闲暇时间和剩余财富，却处于压抑的生存环境中的社会时代而产生的经济现象。随着经济社会的不断发展，人们的休闲时间和休闲需求都在逐渐增加，休闲不仅是当代社会人们的一种新的生活方式，丰富了人们的精神文化生活，而且是人们非常重要的社会资源。

这种新的生活方式将指引我们恢复生活的平衡，追求一种自然和谐的状态，人人都为成为真正的自我而给生活赋予全新的意义。其宗旨在于两个方面：其一是物质与精神的统一，其二是人与自然的协调。作为一种重要的社会资源，休闲时间的增多是社会进步的标志，是具有重要意义的社会现象，也是人的本体论意义之所在。在农业文明和工业文明的时代，"让人们拥有更多的闲暇时间"是人们的梦想，但是现在已经成为社会现实，"以时间形态存在的社会资源"是"服务革命"之后的一种被高度重视的资源，是发展社会生产力的一种高级形式与途径。

二、国内背景

从国内看，在 21 世纪初，休闲问题才引起国内学者的关注。而我国的工业化和现代化的步伐须臾未停，在创造了巨额物质财富的同时，也产生了大量的闲暇时间。在中国，休闲活动和休闲经济不但已成为现实，而且比预期发展得还要快(李仲广，2009)。吴必虎(2010)认为：中国这样的传统国家，政府在旅游发展过程中控制着绝大多数资源和权力，因此政策、法规和行政过程对旅游系统产生巨大的影响。这里采用 PEST 分析法对国内背景进行分析。PEST 分析是指宏观环境的分析，其中，P 代表政治，E 代表经济，S 代表社会，T 代表技术。

(一)政治环境优化为休闲产业战略性发展保驾护航

政治环境主要包括政治制度与体制、政局、政府的态度等；法律环境主要包括政府制定的法律、法规。政治法律环境是影响休闲产业发展的关键因素，休闲产业的发展不仅需要体制保证，而且需要法律保障。

1. 旅游业成为国民经济新的增长点

1998 年，中央经济工作会议将旅游业确定为国民经济新的增长点，进一步提高了旅游业在国家经济社会发展中的地位，为我国旅游业跨世纪大发展的目标奠定了基础。此后，全国有 24 个省级政府把旅游业作为发展经济的一个支柱，或作为一个重点支持、优先发展的产业，并分别出台了相应的鼓励政策。近年来，休闲逐渐形成一个产业形态，在内容和范畴上，它系统地包含了旅游业。自进入 21 世纪以来，以服务经济为重要内容的休闲产业逐渐成为经济发展的重要推动力量，更有许多发达国家，重新调整产业布局，重新定位休闲产业，将其确立为国民经济的支柱。休闲产业作为一种全新的经济推动力量，将成为一种趋势席卷全球。我国也相继推出了加快发展城市休闲产业的相关文件和政策措施，足以证明休闲产业在未来 30 年内的生命力。

2. 旅游休闲产业上升为战略性支柱产业

2009 年 12 月 1 日，国务院国发〔2009〕41 号印发，提出"把旅游业培育成为国民经济的战略性支柱产业和人民群众更加满意的现代服务业"，这是党中央、国务院赋予旅游行业的光荣使命，是全国旅游业界必须努力奋斗的两大战略目标。按照科学发展观要求，加快转变旅游业发展方式，促进旅游业又好又快发展，是实现这两大战略目标的必经之路。旅游业与休闲产业同属一体，只是长期以来在学术研究方面存在概念泛化，使得旅游业成为休闲产业的代名词，事实上休闲产业的概念范畴远远大于旅游业范畴。有美国学者指出，在未来 15 年内，休闲产业将成为美国国民经济的重要支柱产业，主导美国国民经济的众多领域。休闲产业的全球新定位已然成为一种趋势，上升为战略性支柱产业也将是大势所趋。

3. 国民旅游休闲纲要、国民休闲计划的重新确立

当前，旅游业进入大众化发展阶段，涉及产业发展、旅游文明等多方面内容，但首要的是政府公共服务。为满足人民群众日益增长的旅游休闲需求，促进旅游休闲产业健康发展，推进具有中国特色的国民旅游休闲体系建设，根据《国务院关于加快发展旅游业的意见》，我国从国家发展、社会进步整体上做出了战略规划。由国务院批准发布国民旅游休闲纲要，有利于引导全社会树立健康、文明、环保的休闲理念，更好地满足广大人民群众的旅游休闲消费需求，提高国民生活质量。随后，全国多个地区陆续出台了国民旅游休闲计划。

所谓国民旅游休闲计划，也称国民休闲计划，通过制定有关扶持政策，采取各种激励措施，让广大人民群众切实享受到改革开放的成果，最大限度地调动全社会参与旅游休闲活动的积极性，满足人民群众日益增长的旅游休闲需要，使旅游休闲真正成为广大群众日常的生活方式和健康消费行为，进一步提升国民的生活质量、生命质量和幸福指数。推行国民休闲计划不仅让每个人都享受了假期，而且能够刺激消费、拉动内需，带动众多行业的发展。

4. 大旅游时代休闲产业呈现出良好的发展新形势

"大旅游"是一个具有开放性、多向性、综合性的整体系统，包括旅游主体、旅游客体、旅游中介等多个分系统，是一种具有新的价值取向的旅游发展新观念，它追求的是综合整体效益，不仅注重旅游服务、配套设施、人性化设计等方面的质量，而且把对旅游资源的保护也纳入其中，做到产业与自然和谐相处。首先，大旅游是一个产业群，包括主导产业以及与其直接相关的辅助产业，如餐饮业、建造行业等，是一系列间接相关的产业所构成的综合产业系统和生态旅游系统。其次，它是一种全新的发展模式，具有开放性、多向性、综合性等特征，并且将谋求整个大旅游产业系统综合效益的最大化与旅游资源的最优配置作为目标，寻求整个社会-经济-生态环境协调发展的新路径。

大旅游概念具有三个方面的含义(马惠娣，2003a)：①充分强调旅游发展对全民就业的促进作用，与传统旅游不同，大旅游更加注重旅游发展的社会效应；②进一步提高旅游服务质量和文化内涵，这是大旅游的核心内容；③"旅游-旅游休闲-休闲旅游-休闲"是旅游业发展的客观规律，旅游从根源上来讲属于休闲的范畴，但是旅游仅仅只能代表狭义的休闲，大旅游必须遵循"旅游-休闲"的客观规律。这一发展规律是客观存在的，也是必然正确的，因而休闲产业的崛起是自然而然的事，并不以人的意志而转移。传统的旅游业要发展，要顺应时代潮流，就必须拓展其外延和丰富其内涵，在此过程中，休闲产业将大有作为。

5. 休闲产业化发展上升到战略高度

伴随着经济全球化和区域经济一体化的进一步深入和发展，以及产业结构的优化升级与经济转型，以大规划、大范围、大产业、大投入、大效益为突出特征的大旅游时代已经到来。中国是一个旅游大国，根据国家旅游局 2011 年旅游业统计公报的一项数据表明：2011 年我国入境旅游人数为 13542.35 万人次，入境过夜旅游人数为 5758.07 万人次，国际旅游(外汇)收入达 484.64 亿美元；全国国内旅游人数为 26.41 亿人次，全国国内旅游收入达 19305.39 亿元人民币。此外，2011 年，世界入境接待人数排名中，中国排名第三，名列法国、美国之后。2011 年我国入境旅游中，主要客源国入境旅游人数和增长情况如表 1.1 所示。

表 1.1 2011 年主要客源国入境旅游人数和增长情况表[①]

序号	国家	入境旅游人数/万人次	与上年比较/%
1	韩国	418.54	2.67
2	日本	365.82	-1.96
3	俄罗斯	253.63	7.00
4	美国	211.61	5.30
5	马来西亚	124.51	-0.01
6	新加坡	106.30	5.91
7	越南	100.65	9.40
8	蒙古	99.42	25.15
9	菲律宾	89.43	7.97
10	加拿大	74.80	9.15
11	澳大利亚	72.62	9.80
12	德国	63.70	4.67
13	印度尼西亚	60.87	6.15
14	泰国	60.80	-4.33

---

① 资料来源.2011 年中国旅游业统计公报.国家旅游局，2012 年 10 月。

我国的旅游产业作为现代服务业，已经进入具有中国特色的大旅游时代。2009年12月1日，国务院颁布的《关于加快发展旅游业的意见》标志着我国大旅游时代在国家政策层面上的确立；2013年2月18日，《国民旅游休闲纲要（2013—2020）》正式开始实施。通过国家这两份文件的鼓励和支持，中国的大旅游时代正式登上国际舞台，也迫切要求我们实干兴业，谋划发展。随着世界各国旅游意识的不断增强，经济学者们认为，当某个国家或地区人均 GDP 达到 1000 美元时，旅游形态主要是观光；当人均国民收入达到 2000 美元时，旅游形态向休闲转化；当人均国民收入达到 3000 美元时，旅游形态就升级为休闲度假；当人均国民收入达到 5000 美元时，就逐渐进入休闲度假经济时代了。

旅游已经成为世界各地人们的一种生活方式，即使在最困难的时期，人们也不会放弃旅游，旅游业也因此成为一个非常重要的出口行业。以 2012 年为例，全球跨国游客已达 10.35 亿人次，中国位居世界第一，国内旅游市场规模高达 30 亿人次，中国出境人数达到 7700 万人次，入境人数为 1.38 亿人次，入境过夜旅游人数为 5772 万人次；直接外汇收入 500 亿美元。另外，旅游外交作为一种国家经济交往中的新形式，也颇受重视。公民跨国旅游是中国公民同外国公民最广泛和最直接的交流，有利于建立和其他国家之间的友谊，促进文化的交流。作为国家领导人之间的交流，旅游外交近年来也十分受青睐，如著名的"破冰之旅""融冰之旅""迎春之旅"等，也是国家之间的"友谊之旅"。

据世界旅游组织预测，到 2020 年，全球入境旅游人数将达到 16 亿人次，旅游在未来几年内将继续保持增长；不管你是否愿意，旅游对人们的生活方式的改变和带来的发展已势不可当。人们不仅仅提高了旅游的意识，旅游的方式也发生了重要变化，旅行已从传统的观光旅游向休闲度假旅游过度，出行方式由过去的参团向自行出游变化，现代旅游业已具有新时代的特征。为了迎接大旅游时代的到来，许多地方在旅游战略发展规划上都进行了优化升级，从理念到时间都有进一步的升级。在中国，旅游市场具有其独特的优势，不仅拥有丰富的旅游资源，还蕴含五千年传统的文化魅力，在新的时期，只有抓住时代机遇，才能领先于大旅游的新时代。

（二）经济发展为休闲产业奠定坚实基础

经济要素，是指一个国家的经济制度、经济结构、产业布局、资源状况、经济发展水平以及未来的经济走势等。其中，经济发展水平和未来的经济走势是解决休闲"有钱"问题的关键，休闲经济必须依靠一定高度的物质文明。经济基础决定上层建筑，休闲经济是建立在物质文明这一基础之上的。随着科技的进步，人们的生产方式在不断优化，生产水平在不断提高，社会剩余产品不断增加，这就为人们休闲提供了物质基础。相应地，由于经济的发展，人们的收入也会越来越多，生活水平也会相应提高，人们才可能将更多的货币用于休闲消费。相反，如果人们没有多余的收入，即使拥有再多的休闲时间，也不可能投入休闲消费中去，这种现象在经济危机和战后恢复时期最为突出，被人们称为"空中休闲"，即物质缺乏条件下的时间富余。

根据 IMF（International Monetary Fund，国际货币基金组织）的一项统计数据可以看出，2000 年，在发达国家行列中，欧盟十五国 GDP 经济总量为 79793 亿美元，人均 GDP 为 21263 美元；NAFTA（North American Free Trade Agreement，北美自由贸易协议）

北美自由贸易区三国经济总量为 111585 亿美元，人均 GDP 为 27274 美元；日本 GDP 总额为 47493 亿美元，人均 GDP 为 37435 美元。这一组数据充分说明，发达国家已经具备了休闲经济形态，具备了休闲经济的物质基础条件。发展中国家相对比较落后，就中国而言，虽然 GDP 总量较大，居于世界第二的水平，但是人均 GDP 却远远落后于其他发达国家，而诸如非洲、南美洲、东南亚、中亚等地区，其休闲经济的物质基础也相对比较薄弱。

1. 工业化为旅游发展奠定基础

改革开放的三十多年是中国从农业文明走向工业文明的三十多年，是中国加速发展的三十多年。中国工业化进程的进一步加快，是旅游业发展最根本的环境。我国是世界工业大国，工业制造是我国经济的重要组成部分。工业化为旅游业的发展奠定了基础：一方面，工业化为旅游业发展提供强大的资金技术支持，促进旅游业的长期稳定发展；另一方面，工业化为旅游业提供高素质人才。我国工业化进程的加快，工业结构的不断优化，以及新型工业化道路的开辟，这些都在为以旅游业为代表的第三产业发展服务。

根据 2011 年我国一项调查统计数据表明，截至 2011 年，我国工业产业为旅游业提供管理等多方面人才 134.5 万人次，直接经济投入高达 38.7 亿元人民币，各种旅游设施、旅游资源开发等方面的投入达 29.74 亿元。据预测，至 2015 年，工业投入旅游产业的趋势将会有更大幅度的增加，工业全面向旅游产业转移。这充分表明，工业化是旅游发展的坚实基础。

2. 经济发展奠定休闲产业发展基础

经过改革开放三十多年的发展，我国已经成为世界第二大经济体，人均国民收入已超过 5000 美元。由国际经验可知，当人均国民收入达到 2000 美元时，休闲需求将急剧增长。种种数据表明，我国已经进入休闲时代。但是也必须认识到，我国的休闲经济时代是一个复杂的时代，是一个休闲分布不均匀的时代，也是一个欠完善、欠发展的时代，其分布状况基本与经济发展水平分布一致，呈东高西低的点面状分布。东部沿海发达地区发展水平高，呈面状分布；西部广大地区水平较低，基本上呈点状分布，这也体现了我国经济发展水平的东西差异。

经济的快速发展促进了旅游业、文化产业、娱乐业、服务业和体育业等休闲产业的发展，并为我国休闲产业的发展奠定了坚实的基础。据全国假日旅游部际协调会议办公室（简称全国假日办）发布的数据显示，香港、澳门、深圳、上海等沿海发达城市，西部成都、重庆等内陆发达城市，其休闲产业份额占据整个城市经济份额的 1/3，而经济发展相对落后的其他城市，休闲产业还比较薄弱，仅占到总额的 1/4。这项数据表明，经济越发达，休闲产业也越发达；相反，经济发展水平越低，休闲产业发展水平也越低，两者基本上呈正比例关系。也正是这种默契的正比例关系，预示着我们必须加快经济发展步伐，大力促进休闲产业的发展。

3. 休闲时代经济发展新局势

当 GDP 增长到一定的程度时，人们对旅游休闲的需求就会向纵深方向发展，世界上已经有很多国家走过了这一段路，中国也将迎来全民休闲时代[①]。美国《时代》期刊指出，2015 年前后，发达国家将进入休闲时代，休闲将成为人类生活的重要组成部分。而现实更有说服力，事实上，部分发达国家目前已经进入休闲时代。正如前述内容指出：当人均 GDP 达到 5000 美元时，就逐渐进入休闲度假经济时代。

有学者指出："入世（世界贸易组织）后，生活核心是休闲"。休闲经济迎来了发展的"春天"。如果说知识经济使我们的生活发生了质的飞越，使社会财富以前所未有的速度增长，那么休闲经济使人类对"进步"的定义发生了根本性变化，这种变化主要体现在发展的质量标准上，发展的质量标准将定位于人的生存质量、生命质量以及人的全面发展。传统意义上的"进步"往往意味着物质生活水平的不断提高，经济发展满足人们的物质需求；而时至今日，物质财富的满足将让位于人们追求充实的精神生活，即休闲需求。

在国务院发展研究中心研究员刘锋看来，"休闲已经成为一种刚性需求"，"开门七件事"演变成了"八件"：柴米油盐酱醋茶，加上休闲旅游。贾鸿雁指出：全民休闲时代即将到来。虽然说离"人人休闲"可能还有相当长的距离，但总体上进入了一种全民休闲的时代。

在物质文明高度发展的今天，休闲如"旧时王谢堂前燕"，现已"飞入寻常百姓家"，以往专属于富商贵族、文人墨客的休闲文化生活成为广大公民共有的生活内容，"休闲"本身的内涵也远远超脱了"隐逸"的片面性意义，进而拓展为人们现代生活状态的代名词。现代意义上的休闲体现的是一种以"慢节奏、深呼吸"为主要特征的生活状态和生活方式，它直接体现了人们的幸福指数。

就我国休闲产业目前发展的总体水平来看，我们现在还处于全民休闲的初级阶段，主要表现为全民休闲水平不高、休闲质量较低、休闲内容不完善、休闲产业经济影响程度不够，与西方发达国家表现出明显的差距。西方发达国家休闲经济发展水平较高，早在 20 世纪 80 年代就已经进入全民休闲时代。人们的休闲生活质量普遍较高，从休闲产品到休闲产业经济，都已经形成趋于完善的内在体系，休闲产业发展向经济性成果转化的速度也明显较快。然而，直到今天，我国休闲经济仍然还没有形成其成熟的体系。尽管如此，休闲产业在我国的迅速崛起和壮大，也给无数的景区提供了新的机遇。由国家旅游局与中国社会科学院联合发布的《休闲绿皮书：2011 年中国休闲发展报告》指出：未来 5 年将是我国旅游、体育、文娱消费等休闲产业快速发展的黄金时期。刚性需求日益扩大，使得休闲市场也逐渐扩大。我国城乡将开始逐步进入现代休闲社会。

(三) 社会休闲文化体系逐渐形成并趋于完善

1. 休闲文化底蕴深厚，社会休闲需求日益庞大

据统计，2012 年，我国以近 30 亿人次的国内旅游市场规模，位居世界第一；出境旅

---

① 参见贾鸿雁 2012 年在东南大学关于"旅游休闲度假产业必备的基本要素"的主题演讲。

游人数超过 8000 万人次，居全球第三，对世界旅游市场贡献率超过 7%；入境过夜旅游人数达 5772 万人次，继续位居世界首位。2015 年，中国已成为全球最大的国内旅游市场，成为全球最大的旅游国。以上表明我国已进入消费升级加速期，旅游消费的巨大潜力正逐步显现，旅游业发展的"黄金期"已经到来。

2. 休息休假制度不断完善，公民休闲时间充足

经济的发展、社会的进步使我国在保障公民合法休息权利、完善职工休假制度方面取得长足的进步。改革开放三十多年来，我国的假日制度经历了三次大的变化。1995 年首先实行五天半工作制，然后形成了五天工作制，双休日开始形成；1999 年实行新的年节及纪念日放假办法，由此形成三个大的黄金周；2007 年调整年节及纪念日放假办法，同时出台带薪休假条例。目前，全年法定休息日已有 115 天，国民已有近全年 1/3 的时间是在闲暇中度过。这样的假日制度格局使得国人闲暇的时间越来越多，与世界其他国家相比，已经达到中等偏上的水平，这将极大地促进旅游的发展。闲暇时间的逐渐增多，休假制度的不断完善以及经济全球化进程的加快，在提高我国公民休闲生活质量、保障公民基本权益的同时，更使得休闲成为人们的一种"生活必需品"和一种"消费资源"，这也就使得我国的休闲市场不断扩大，为休闲产业的发展提供了广阔的天地。

3. 人们受教育机会增多，知识水平普遍提高

据我国第六次人口普查数据显示，全国 31 个省份具有大学(指大专以上)文化程度的人口近 1.2 亿，同第五次全国人口普查相比，每 10 万人中具有大学文化程度的由 3611 人上升为 8930 人，人数翻了一倍多。随着知识水平的提高，人们对休闲的认识发生了很大的变化，知识运用于实践的速度在不断加快，各种休闲方式应运而生，这极大地促进了休闲产业的发展。此外，休闲产业作为 21 世纪最具发展潜力的行业，对人才的需求也在逐渐增大。据调查统计，截至 2010 年，我国休闲服务领域从业人员平均受教育水平在专科以上，而美国、欧洲国家等普遍在大学以及更高的学历水平。由于从业人员受教育水平的普遍提高，人们将所学知识运用于实际工作中，采用科学高效的管理方式，休闲产业才得以迅速发展。

另外，知识催生出全新的价值观，在物质产品极大丰富的同时，人们的价值观念和生活方式也发生了巨大的变化。人们的消费观念和审美能力不再停留在简单的物质需求层次上，开始重视精神需求层次、自身健康和自我实现的价值，并把更多的时间和物质用于休闲产业的消费上。以美国为例，受传统文化的影响，在美国人的价值观念体系中，及时享受是最重要的，这也是"超前消费"在美国十分盛行的原因，休闲生活也是美国人生活中必备的一项活动。从世界范围来看，闲暇时间的增多、物质经济的快速发展、价值观念的改变等诸多因素，使人们越来越关注休闲服务的质量与形式，这是新时代人类社会的一大特点，也正是如此，休闲也日益成为人们的一种生活方式和精神状态。

(四)科技进步助力休闲产业蓬勃发展

1. 科学技术的进步促进休闲产业发展

技术环境是降低休闲产业发展成本、提高休闲产业发展质量和水平的辅助性因素,是休闲产业发展的重要载体。同时,科学技术的发展使生产自动化,人们的劳动时间和劳动强度下降,以至于有更多的时间和精力去享受休闲生活。"科学技术是第一生产力",只有科技的不断进步,劳动效率的不断提高,把人从劳动中解放出来,才能为人们腾出更多的休闲时间,才能创造出更多供人们消费的产品和服务。人们在休闲时间里可以从事两种活动,一种是休闲生产,即生产休闲产品和服务;另一种是休闲消费,即消费休闲产品和服务。休闲生产和休闲消费共同构成了休闲经济。休闲经济,其实质就是时间的高级价值体现形式,以休闲娱乐的时间价值来补充传统物质经济的不足,即人类社会本来应该存在的两种经济形式:生产经济与休闲经济。正是由于技术的进步,才促进了休闲经济的产生和发展,从而使人类社会的经济体系趋于完善。

技术环境的变化更有利于我国休闲产业的发展。我国目前不断加强先进科技在休闲产业中的应用、建立产学研相结合的休闲产业的科技支持系统、积极贯彻科学发展观,对重大休闲项目的决策进行科学的咨询、评估和可行性研究,并发展信息技术,提升休闲服务的质量与水平。我国目前正处于经济转型的关键时期,国家高度重视科技创新,科学技术的成果应用在休闲产业领域也将大展其利。以国内"休闲之都"——四川省成都市为例,其休闲产业服务一体化就是技术成果运用的最佳体现。无论是体现农家生活气息的农家乐,还是现代化休闲会所,科技都在其中扮演了极其重要的角色。

2. 交通条件的改善推动休闲产业的发展

改革开放三十多年来,中国的基础设施建设发生了根本性改变,这种跨越性的大发展使中国旅游具备更为便利的条件。目前,中国的高速公路总里程跃居世界第二位,形成了比较完善的五纵七横的高速公路体系。航空、铁路、水运、电力、通信、能源等方面一系列基础设施的发展构造出日益改善的出行条件和经营条件。此外,我国交通、通信、能源、旅游服务设施的建设和发展以及各类旅游产品的发展也形成了一个比较完备的服务体系,能够较好地满足旅游者各方面的需要。特别是交通条件的进步,使得人们不用再担心因交通不便或路途遥远而影响旅游休闲的体验,现在航空、高铁、高速等一系列方便快捷的交通条件为人们出游创造了条件。自2008年以来,我国跨境旅游持续升温,境内旅游也展现出其强大的吸引力,特别是"五一"、"十一"和春节三大黄金旅游季。

三、研究区域背景

(一)跨经济区新型增长极赋予休闲产业独特的发展优势

旅游者的距离感知是以时间为衡量标准的。因此,我们认为在闲暇时间内所进行的活动为1~2天、0~300km的属于休闲活动。本书的研究区域是成都市以及以其为中心的卫星城市。成都大区域为我国西部综合交通枢纽。近年来，由于大交通、快速通道的加快建设，已经突破区域旅游发展的交通瓶颈，建立起水、陆、空立体无缝交通，四川省21个市州基本实现了高速公路的无缝对接，这为区域内旅游业发展提供了良好的基础条件。在这样的良好的交通环境下，以成都市为中心的方圆300km的旅游活动就能在1～2天实现。因此，本书的研究范围界定为：以成都市为中心，方圆300km之内的卫星城市，基本覆盖了除攀枝花市之外的四川省20个市州。其中，成都市、德阳市、遂宁市、南充市、资阳市、眉山市、乐山市、自贡市、雅安市、绵阳市和内江市被完全覆盖，阿坝藏族羌族自治州、甘孜藏族自治州、凉山彝族自治州、宜宾市、泸州市、广元市、巴中市、达州市和广安市被部分覆盖，同时也覆盖重庆西部部分地区。从区域经济格局来看，本书研究区域位于"成渝经济区""长江经济带"和"成渝西昆"菱形经济圈的核心重叠交叉区域，同时也是成都经济区、川南经济区、川东北经济区、攀西经济区和川西北经济区等五大经济区的中心区域，经济地位十分突出。目前，四川省正在着力打造天府新区、川南经济区和川东北经济区三大新兴增长极，本书研究区域正好位于这三大增长极，对四川省多极化创新发展战略具有重要意义（表1.2）。

表1.2　2013年上半年五大经济区地区生产总值[①]

经济区	GDP 现价/亿元	GDP 增速/%	第一产业 现价/亿元	第一产业 增速/%	第二产业 现价/亿元	第二产业 增速/%	第三产业 现价/亿元	第三产业 增速/%
成都经济区	7514.5	10.3	511.9	2.6	3950.6	12.9	3052.0	8.2
川南经济区	2266.9	10.7	248.5	3.2	1447.1	11.7	571.3	10.9
川东北经济区	2003.7	11.1	331.9	3.2	1113.6	14.2	558.3	9.5
攀西经济区	981.0	10.4	101.8	4.3	631.9	13.4	247.4	5.3
川西北经济区	168.5	12.7	15.8	4.5	84.8	17.0	67.9	10.0

改革开放以来，特别是实施西部大开发战略以来，成渝经济区在经济、社会、文化等诸多方面取得了显著成绩，成为西部地区综合实力最强的区域之一，也使得本区域成为名副其实的西部经济增长中心。旅游业作为第三产业和服务业的龙头，成为拉动第三产业快速发展的战略性支柱产业，起到不可替代的作用。强大的经济支撑、深厚的历史文化底蕴、立体的交通网络体系、丰富的旅游资源、良好的产业基础、密集的城镇分布、悠久的休闲传统及惠民的城乡政策等一系列良好条件为区域内的旅游产业发展提供了保障，同时也面临着重大机遇和挑战。

(二)新时期发展休闲产业面临的机遇与挑战

近年来，随着全球新一轮产业结构调整，服务经济迅速崛起，成都市休闲产业得到前所未有的大发展，但是在越来越复杂多变的宏观经济环境背景下，其发展既面临难得的机

---

① 资料来源：四川省统计局2014年数据。

遇，同时也存在巨大的挑战。这种机遇体现在如下方面。①旅游产业发展促进休闲产业发展。随着近年来旅游全球化和区域旅游一体化的不断深入发展，旅游产业持续升温，有力地推动了区域内休闲产业的发展，特别是休闲旅游业的发展。旅游产业发展的同时，也为休闲产业的发展带来新的动力，为广大休闲企业传递发展经验，在旅游全球化背景下，广大休闲企业还可以充分利用国外先进经验，引进创新元素。②西部大开发战略继续深入。国家深入实施西部大开发战略，大力支持西部地区产业经济的发展，并且积极研究制定出台一系列优惠政策和措施，为区域休闲产业发展创造了良好环境。成都市也配合国家发展战略，着力打造与国际化接轨的西部"休闲之都"，大力发展以"休闲"为核心产业的区域经济。此外，国家还在重庆、成都等多个城市设立统筹城乡综合配套改革试验区，对一些关键领域和重点发展行业进行试点，这也为休闲产业发展注入了强劲动力。③灾后重建工程全面启动。继"5.12"汶川地震、"4.14"玉树地震和"4.20"雅安地震之后，我国迅速组织并深入推进灾后恢复重建工作，全面统筹灾区再建工程，实行对口援建策略，为区域内休闲产业发展起到了强有力的助推作用。

与此同时，区域内休闲产业发展也面临十分严峻的挑战。一方面，区域内合作机制不够完善，区域经济一体化发展任务艰巨。另一方面，虽然我国不断推进区域经济一体化发展战略，但是由于区域经济发展的差距普遍存在，要想实现一体化协调发展仍然还有相当长的一段路要走。加之休闲产业是一个新兴产业，我国休闲产业在发展过程中本就缺乏相关经验，对于西部地区而言，问题尤为严重，增加了休闲产业发展的阻力。技术创新能力不足、基础设施不健全、交通条件不完善、服务水平低下、休闲公共服务体系尚未形成等问题严重制约着本区域休闲产业的发展。另外，城乡二元经济结构矛盾日益突出、社会公共服务事业相对滞后、环境污染加剧等因素都给区域内休闲产业进一步发展带来严峻的挑战。

第二节 研究意义及路线方法

一、研究意义

近年来，随着全球休闲产业的迅速发展，以服务业为主要标志的休闲产业已成为西方发达国家的经济主导。种种迹象表明，世界经济正在进行着一次全新的改革和革命，休闲产业无疑是此次产业革命的核心领域。因此，休闲研究，特别是对休闲客流空间扩散的研究就显得极为迫切。

(一) 理论意义

休闲客流及其空间扩散规律、特征的研究是休闲学研究的重要内容，随着经济社会的发展，特别是人们意识形态的不断进步，以休闲为主要特征的休闲时代即将到来。相对于发展相对滞后的休闲学研究，人们的休闲需求在不断地提高，休闲产业的发展已经远远不能满足人们日益增长的休闲文化需求。而在休闲学领域，理论体系也急需建立和完善，其内容所涉及的广度和深度都应该得到拓展。虽然休闲学的研究和发展取得了一些成就，但在休闲客流空间扩散的问题上，还处于空白阶段，理论十分缺乏。因此，对于这一课题的研究就显得十分必要。本书从多个角度对休闲客流的空间扩散进行研究，以弥补这一领域研究的空白和不足，并通过各种研究路径分析休闲客流空间扩散的特征，寻求扩散规律。具体包括休闲客流的概念体系、休闲客流的特征与分类研究、休闲客流空间扩散规律及特征、研究休闲客流扩散的方法、休闲产业的发展规划、休闲市场的研究等诸多方面。

目前，对于休闲学的研究，成果还十分有限，并且缺乏相对完善和全面的理论体系。关于这方面的研究成果，主要有于光远等主编的《休闲研究译丛》（云南人民出版社，2000），马惠娣、于光远、陈鲁直、张景安编撰的《中国学人休闲研究丛书》（中国经济出版社，2004），及《论普遍有闲的社会》《民闲论》《走向人文关怀的休闲经济》《休闲：人类美丽的精神家园》《中国公众休闲状况调查》等研究著作。由此可知，国内外关于休闲客流以及空间扩散的研究还远远不够，不能适应社会休闲发展的节奏和需要。因此，在理论价值层面，本书研究对于弥补休闲研究领域的缺陷与不足具有重要意义，对国际上已有的游憩地理理论也是一种重要补充，有利于进一步拓展相关领域研究的深度与广度。

重新审视并援引重要成果理论，一方面，论证本书研究成果，另一方面，进一步验证经典理论成果的价值。本书研究成果充分借鉴并引用了一系列休闲相关理论，包括区位与空间结构理论、旅游流空间扩散理论、休闲决策行为与空间选择理论、环城游憩带理论、旅游机会谱系理论、旅游流扩散动力机制理论、增长极理论和圈层理论，这些重要理论奠定了本书研究的理论基础，为本书研究的开展提供了坚实的理论依据。笔者运用这些理论，全面佐证休闲客流空间扩散动力机制与区域综合效应，同时也进一步验证了理论本身的科学性。休闲客流空间扩散动力机制与区域综合效应，必须依赖这些理论作为指导，同时也是对这些理论的延伸，本书研究成果在此基础上探索归纳出来的休闲客流空间扩散正是对学术界的贡献和补充。

学术界关于旅游的研究成果较多，关于休闲的针对性研究成果较少，旅游话题的泛化研究使得休闲没有得到重视。本书研究成果将休闲从泛化的旅游研究体系中独立出来，将视角聚焦在休闲客流的空间扩散特征与区域综合效应上。休闲是当今时代的主题，它无时无刻不在影响着人们的生活，影响着社会文化和政治经济的发展，并深深地烙上了时代的印记。休闲是经济基础对应的上层建筑，是人们对生活的一种态度、一种生活方式，休闲已然成为人们生活中不可或缺的一个重要组成部分。然而，休闲却呈现出诸多不适应人们需求的特点，如休闲供给缺陷、休闲理论研究缺陷等。笔者专注于休闲客流空间扩散及其区域综合效应研究，探索发现休闲存在的问题与不足，总结归纳休闲客流空间扩散的特征规律，揭示其带来的综合效应，有效地推进了休闲的深度研究。

(二) 实践意义

从理论价值上看：对都市圈休闲客流的空间扩散以及休闲产业空间结构进行实证研究，不仅对中国各大城市休闲产业的发展和地理学的理论研究是必要的，对国际上已有的游憩地理理论也是一种重要补充，本书将丰富相关学科研究的内涵，进一步拓展相关领域研究的深度与广度。

从实践意义上看：①成渝两地已形成了较成熟的"环城游憩带"，以其为例探讨都市圈休闲客流的空间扩散过程及其区域影响，在全国范围内具有典型代表性特征，能够更好地反映休闲客流空间扩散的特征与区域综合效应。②本书所研究的相关内容、预期结论和成果对进一步推动成渝经济区休闲产业发展具有较好的参考借鉴作用，可为我国其他都市圈在制定城市区域规划、旅游休闲规划、相关产业政策等方面提供有益的决策依据，在协调经济区中心城市产业扩散、促进休闲产业与其他产业协同发展、优化产业空间布局、促进产业转型升级等方面也具有十分重要的现实意义。

休闲是人们生活的一个重要组成部分，对个人的健康与发展都起着不可替代的作用。关于休闲的研究，不仅仅是一个学术的问题，它更多的是对于个人与社会发展问题的研究。早在21世纪初，顾国达等（2007）就提出服务经济是衡量一个国家或地区经济发展水平的重要指标。随着全球经济的发展，休闲时代已经成为不可逆转的趋势，关于休闲的研究就显得十分紧迫。休闲是人类社会发展的产物，它标志着社会的进步，是衡量经济社会质量的重要指标，休闲水平直接体现人们的生活水平。马惠娣（2004a）将休闲形象地比喻为解除人们身体疲劳、恢复生理平衡、获得精神慰藉的"心灵驿站"。李磊也曾指出，休闲是必要劳动之余的自我发展。季国清则用马克思主义理论体系的内在问题对这一问题进行阐释。这些研究充分证明，休闲是生命的权力，是关于社会发展与和谐的重要话题。

休闲代表的是人们的一种人生观和价值观，休闲问题的研究，其实质就是对人生观、价值观的探索与思考。休闲与人生观是密切相关的。休闲代表着一种文化，代表着文明与哲学，它不仅仅是单纯的消遣娱乐或消费模式，它更多是代表生命的存在形式。我们对休闲客流空间扩散的研究正是在这种价值理念背景下，探索人类文明的进步，发现人们追求的价值真谛。从休闲本身来讲，它具有时代性、差异性、多样性、消费性和生产性，休闲行为的这些特点，使得休闲活动直接影响人们的思想价值观念，从而产生新的人格感知。

休闲研究推动世界观的发展与升华。正如马克思曾在其《共产党宣言》中对人类社会做的预言："人类社会发展的历程总是由低级向高级进化的，从原始社会到奴隶社会，再到封建社会，资本主义社会，以及社会主义社会，但最终都会发展到共产主义社会""经济也是如此，封建自给自足的小农经济，资本主义市场经济，最后的产品经济……"其实，休闲经济可以看作未来社会发展的一个缩影，人们不再为生存而生产，而是为了更好地休闲，这也将是人类的发展趋势。休闲研究最大的意义就在于构建一个富有意义的世界，休闲伴随着人类社会而产生，它既体现着人类存在的历史必然性，又表现出重要的哲学价值观。休闲是随着人们认知文化价值观的变化而变化的，因此，休闲的水平直接体现人们认识文化价值观的水平。人们对休闲的研究也是一种哲学领域的研究。许斗斗曾提出"休闲内涵基于利益选择的理论"；王黎静、季斌也曾指出"休闲将上升为哲学的分支学科"；另外，胡伟希也指出休闲的环境哲学意义。我们关于休闲客流空间扩散的研究也正是对哲学的探索与思考。

休闲时代的到来使我们要充分重视休闲问题的研究。休闲时代是一个代表社会变革的新时代，也是人类社会的新时代。在我国，随着经济社会的转型，在休闲领域掀起了一股革新的浪潮。其中包括：李洁和李伟梁提出的城镇职工的休闲阶层化问题，这一问题直接影响城市休闲社会分析问题的研究；陈徽和尹向东提出"入世国际化"问题，他们认为，入世国际化将使得我们的休闲结构发生变化，这也将促使我国休闲消费方式走向国际化。休闲时代无疑会使我们的休闲方式、休闲空间、休闲质量，甚至是休闲观念发生变化。针对这一问题，学者杰弗瑞·戈比(2000)通过分析美国休闲产业的转型，进而探讨了我国经济社会转型背景下休闲产业的变革，由于国际化趋势的不断加强，我国休闲产业将迎来快速的发展。

二、研究的主要内容、方法和技术路线

（一）研究的主要内容

本书研究的主要内容包括 4 个方面。

(1) 休闲旅游需求及空间分析：对成渝经济区休闲游客的行为特征及客流空间扩散的诱导因素进行分析。

(2) 休闲旅游供给及区位分析：对为成渝经济区提供休闲服务产品的中心地(休闲产业区位)的等级序列及经济区休闲游客旅游机会谱系进行划分；探讨创造多样化、网络化的户外游憩场所系统，形成大都市-卫星城(郊区)-乡间和原野等休闲空间系统的基本途径。

(3) 休闲旅游需求与供给的耦合过程：从区域休闲需求与供给两方面，揭示成渝经济区休闲客流的诱导因素与动力机制，分析休闲游客空间扩散特征与规律。

(4) 休闲客流的空间扩散的区域综合效应：探讨在休闲客流的空间扩散过程中的区域产业布局结构与区域休闲空间的相互影响与作用。

（二）研究方法

本书研究拟采用的主要方法包括 3 个。

(1) 描述统计分析：根据实地调查和有关统计资料，用 Microsoft Excel 软件建立休闲客流、休闲产业区位数据库，用 SPSS 软件分析休闲消费人群的人口学特征、规模结构特征、空间行为和空间分布规律，分析休闲客流(需求)的结构发育状况以及休闲产业区位的空间结构特征，研究休闲客流扩散的规模、流向等因素对客源地和目的地区域经济和社会发展所产生的综合影响。

(2) 空间数据分析：对研究区域，用 ArcGIS 软件提取不同等级的休闲产业区位的空间演化过程，进行可视化模拟。

(3) 数理统计分析：根据 Microsoft Excel 软件建立的休闲客流特征和休闲产业区位属性数据库，以及通过 ArcGIS 软件得到的空间扩散过程，利用 SPSS 软件进行关联性和多元回归分析，依次建立相关数理模型。

(三)技术路线

本书研究技术路线如图1.1所示。

基本思路：
- 数理分析：根据抽样调查数据分析客流扩散规模和路径
- 空间分析：休闲客流空间扩散路径模式
- 原因分析：影响休闲客流空间扩散的要素
- 归纳总结：休闲客流空间扩散的机制
- 实证分析：模式假设-数据检验-结果分析和解释

研究内容：
- 休闲需求：休闲客流的人口学属性和行为特征
- 休闲供给：休闲产业区位的空间分布和等级序列
- 空间过程：休闲客流的空间扩散规律和诱导因素
- 区域响应：休闲客流的空间扩散对区域经济的影响和管理应对策略

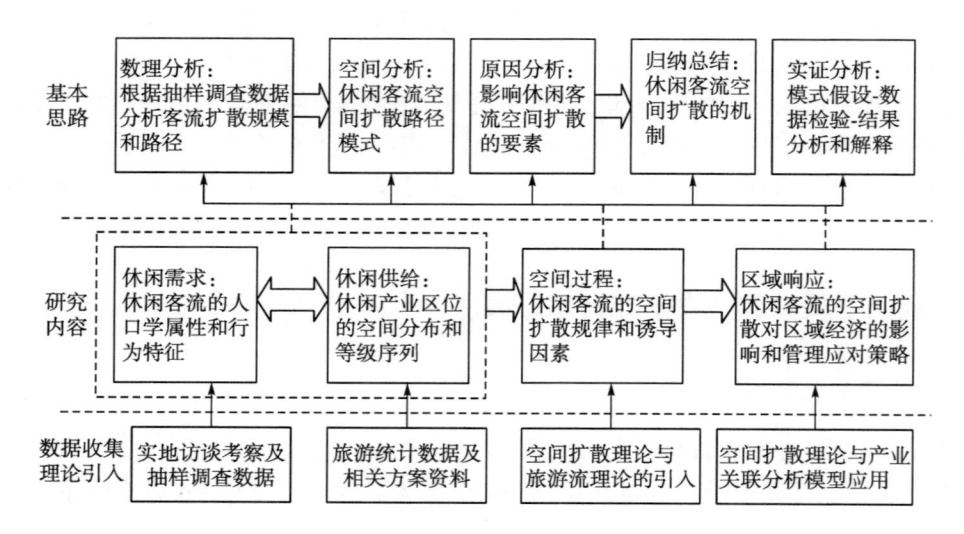

数据收集理论引入：
- 实地访谈考察及抽样调查数据
- 旅游统计数据及相关方案资料
- 空间扩散理论与旅游流理论的引入
- 空间扩散理论与产业关联分析模型应用

图1.1 研究技术路线

第二章　国内外研究综述

第一节　旅游流研究综述

一、国外旅游流研究综述

国外旅游流的研究起步较早，按时间可划分为 3 个阶段。

(一)萌芽阶段(20 世纪 70～80 年代)

20 世纪 70～80 年代为国外旅游流研究的萌芽期，研究方法以描述性居多，定量研究相对较少。研究内容除旅游流空间分布模式外，还涉及旅游流的信息收集、影响流向的因素及运用计量经济学方法预测旅游流流量等。

Williams 首次对国际旅游流的空间分布模式进行了研究，并且取得大量的研究成果。对旅游流的内涵，Bowden 认为旅游流包括客源地和目的地方向、连接模式及流量密度三个基本要素。这一阶段的研究成果主要有相对流入指数和旅游流测算理论(relative acceptance index)；中心城市型、周边小城市型、周边乡村型以及自然环境型四种目的地的旅游流流动模式；加勒比海愉快边缘研究；旅行者自我意向型到多样活动型的连续谱系理论[1]；旅游距离决策模式理论；度假型与观光游览型客流流动的差异性研究；等级集聚和等级扩散行为理论；国内、国际旅游供给需求模型[2]；旅游目的地的四层次理论[3]；旅游者在城市之间的相互流动以及大城市向周边旅游地的垂直流动模式理论；旅游流的形成机理研究；旅游流的经济效应理论等。

(二)发展阶段(20 世纪 90 年代至 21 世纪初期)

20 世纪 90 年代至 21 世纪初期，是国外旅游流研究的发展壮大期，数学模型被用来定量研究旅游流。研究内容以旅游流在客源地和目的地之间的运动模式为主，包括旅游流在目的地的分配模式，旅游者的时空分布特征，运用距离衰减、引力模型分析旅游流的空间结构变化规律。此外，单个旅游目的地或区域的旅游流预测也是研究焦点之一。

---

[1] 多样活动型连续谱系主要包括：自我意向型多焦虑、自我压抑、保守及忧心忡忡，多样活动型则自信、好奇、热衷冒险和出游等，旅游目的地由多样活动型发掘，进而转向发掘新的旅游目的地，老的目的地则逐步走向衰退。
[2] 国内、国际旅游供给需求模型认为发达国家之间相互交换旅游流，并向发展中国家扩散，而发展中国家，因生活水平低，不足以产生国际旅游需求。
[3] 旅游目的地的四个层次包括都市目的地、外围城市目的地、外围乡村目的地和自然环境目的地，结果表明都市目的地具有出/入游的双重功能，相互产生大规模旅游流，外围城市的目的地倾向表现为旅游流净流入，外围乡村的目的地节点功能弱，表现为较大量的旅游流净流入，自然环境目的地有完善的管理措施，但距离旅游客源地远。

这一阶段的研究成果主要有旅游流空间研究思路；马来西亚的国际入境旅游客流研究；欧洲旅游客流的区域分布规律研究；荷兰旅游者周末在巴黎的旅游活动空间分布特征分析；单一目的地型、线型、基营型、环型以及链式5种旅游流流动模式理论；区域型、旅行链式、单目的地型、中途型、基营式五大旅行线路模式；旅游能量的扩散问题研究；国际旅游游客的行为模式和流动趋势预测；国际旅游游客的流动规律与未来客流动向预测；旅游者城市旅游空间使用诉求；入境旅游客流的双向非平衡性研究等。

（三）成熟阶段（2000年至今）

2000年至今为旅游流研究的成熟期，把较为复杂的数学模型及统计分析方法应用到旅游流的研究中。研究内容集中于两个方面：一是旅游流预测，更多的是分析区域之间旅游流的流量关系集聚模型，以及用自相关模型等较复杂的结构模型来预测旅游流；二是空间分异规律，包括旅游流在一个国家内部的空间位移及分布特征、目的地内部的位移规律研究，以及城市之间的流动模式研究。

Yeong-Hyeon Hwang 和 Migues 的工作研究证明，社会网络分析技术、复杂网络理论和方法是研究旅游流空间结构的有效方法，可以揭示城市或国家之间的旅游流关系。科斯豪尔运用单变量和双变量分析了国际旅游客流。另外，还有西班牙国际旅游客流的流动模式；日本赴新加坡旅游者的季节分布规律的季节性指数分析；旅游需求的季节集中性；旅游者偏好"co-plot"多元分析；澳门入境旅游客源市场规模预测等。

此外，这一时期国外关于旅游流的研究趋于成熟，理论研究与实践探索不断完善，特别是在理论成果方面有了很大的进步，理论研究不再局限于对旅游流本身的研究，而延伸到旅游流相关领域的探索。例如，旅游流影响因素研究；影响旅游流的七因素理论，即需求、政府职责、个人因素、外部经济因素、外部政治和健康因素以及不明确因素；外资对旅游流格局和规模的影响；影响旅游流过程因素分析；旅游者目的地选择的多样性研究；气候变化与国际旅游流的仿真研究；旅行模式的网络分析方法；文化因素对旅游客流的影响。

当前，随着理论研究的不断延伸与丰富，旅游流季节性波动问题成为国际旅游流时间特征的研究热点，如香港四个主要客源市场季节性入境旅游的"TVP-STSM"模型预测。另外，国外许多学者在研究旅游流影响因素的同时，也十分注重对旅游流促进因素的分析，但是在促进旅游流发展的对策研究方面还相对较弱，研究成果还相对较少。从学科角度来讲，旅游流空间演化既是旅游学的重点研究内容，同时在涉及空间演化等相关问题的前提下，也是旅游地理学研究的重要问题之一。旅游流空间演化问题是一个新兴话题，以往的研究主要集中在旅游流概念、特征规律以及影响因素等方面，对旅游流空间演化的探索与研究尚不多见。尽管旅游业发达的国家普遍重视旅游客流的统计监测和分析研究，但对旅游流空间演化的深层发生机理、递进动态变化及其制约关键因素等并没有进行深入、宏观、系统的研究，这一研究领域的理论研究与实践探索还有待进一步完善，重要的理论创新十分缺乏。

综上所述，国外对旅游流的研究集中于以下方面：旅游流理论及概念、旅游流预测、旅游客源地结构、旅游流在区域间的时空分布特征、旅游流的经济影响和旅游者行为影响因素分析。国外旅游地理界的研究在很大程度上偏重于旅游客体，对于旅游主体，即旅游者的研究，尤其是旅游者空间行为研究，还比较薄弱。

二、国内旅游流研究综述

在时间上，我国旅游流的研究晚于西方发达国家，至 20 世纪 80 年代早期才逐渐开始。1982 年，以郭来喜为代表的研究小组，在中国科学院地理研究所旅游地理组编写完成的《旅游地理文集》，被认为是我国旅游流研究的最早文献。该著作在诸多方面都提到了旅游流的相关问题研究，并指出研究旅游者地域空间分布规律的重要性。另外，陈传康是我国早期旅游流研究的代表人物之一，他早在 20 世纪 80 年代末期就开始对国内城市旅游流的相关问题进行了研究。

旅游流作为一个具有空间属性的旅游地理学概念，它是旅游系统研究的中心话题，也被形象地称为旅游系统的"中枢神经"。关于旅游流的概念，当前在国内学术界得到认可的主要有广义和狭义两种，主要是根据旅游流特征来进行界定。其中，广义的概念主要采用郭来喜、唐顺铁、陆林等学者的概念，即旅游流是指客源地与目的地以及目的地与目的地之间的单向、双向旅游客流、信息流、资金流、物质流、能量流和文化流的集合。而狭义概念主要是指旅游客流，即在一个区域内由于旅游需求的近似而引起的旅游者集体性空间位移现象，具体是指旅游者从客源地向目的地流动的人群数量和流动模式。大多数学者认同的是狭义旅游流概念，但涉及的具体因素仍有待进一步研究，包括旅游客流规模的界定和旅游流线路上出现的游客频率的界定。

为了对国内旅游流研究进行系统分析，笔者用主题词"旅游流"在中国学术文献出版总库中精确检索出相关论文 671 篇(检索时间截至 2013 年 6 月 12 日，年限为 1980~2013 年)。其中，最早的一篇论文是 1986 年韩德宗在《预测》上发表的《旅游需求预测重力模型和旅行发生模型》，该文翻译介绍了旅游需求预测重力模型和旅行发生模型。为了系统了解我国旅游流的研究历程，笔者将 1986~2012 年国内学者发表的旅游流研究论文数量绘制成图 2.1。

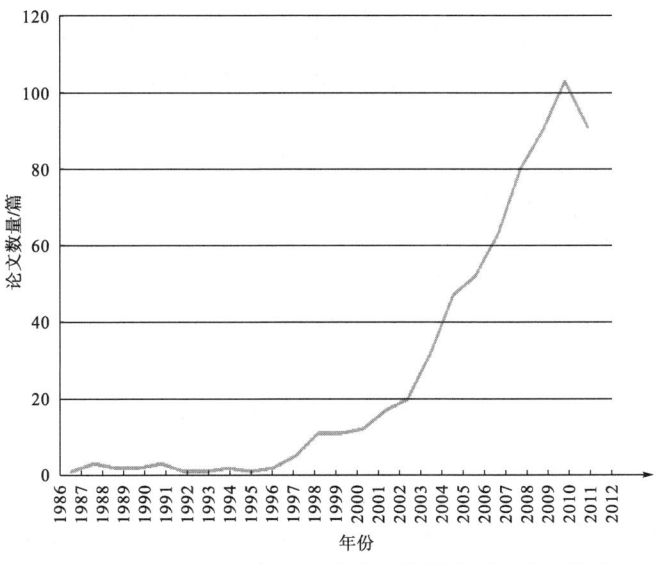

图 2.1　1986~2012 年国内发表的旅游流研究论文数量

由图 2.1 可见，1986～1997 年，国内旅游发展初期，学者对具体旅游流的关注度很低，每年发表的论文数量仅有 1～3 篇；1998～2005 年，国内旅游业迅速发展，相应的，每年发表的论文数量也有所增加，但最多只有 20 篇；自 2005 年以来，每年发表的论文数量显著增加，2011 年达到了 103 篇的高峰。根据业已发表的旅游流研究论文情况来看，我国旅游流研究历程可划分为 3 个阶段。

(一) 起步阶段 (1986～1997 年)

1986～1997 年为我国旅游流研究的第一个阶段，即起步阶段，仅发表过 19 篇相关论文，且以定性描述为主，涉及旅游流的时间、流向、流量特征。楚义芳等提出：旅游流地理研究应主要涉及旅游者、旅游节点(客源地和目的地)、旅游通道(交通和游览线路)和旅游方式 4 个方面，奠定了国内旅游流研究的基本框架。

这一时期研究旅游的代表学者是华东师范大学的吴必虎，他主持了国家自然科学基金项目"国内旅游者流动模式的系统研究"（1993.01～1995.12）。"国内旅游者流动模式的系统研究"课题研究了国内旅游者的流动规律，特别是中国城市居民的出游空间随距离衰减的规律，得出约 40%的国内市场分布在距客源地 15km 范围内、60%市场在 50km 内、80%在 500km 内的重要结论。其先后在《地理学报》发表《上海城市游憩者流动行为研究》《中国城市居民目的地选择行为研究》两篇论文，迄今为止，两文的引次数分别高达 392 次和 372 次，产生了十分广泛的学术影响。

(二) 成长阶段 (1998～2005 年)

1998～2005 年为我国旅游流研究的第二个阶段，年发表论文在 5 篇以上，期间共发表了 76 篇相关论文，逐渐形成了旅游流的规模、空间结构特征、区域效应、时空演化、影响因素等研究专题，亲景度、竞争态、基尼系数、转移态指数等指标被提出或引入到旅游流研究中。这一时期国家自然科学基金资助了 5 个有关旅游流的科研项目，中国科学院地理所孙樱主持的"大城市老人休闲行为的时空分异与休闲空间组织研究"、陕西师范大学马耀峰主持的"中国旅游热点城市境外游客时空动态模式研究"（1996.01～1998.12）、"中国不同群体入境游客旅游行为模式研究"（2001.01～2003.12），以及南京大学张捷先后主持的"九寨沟自然保护区旅游地理结构及旅游持续发展研究"（1996.01～1998.12）和"中国旅游/游憩流的空间分布模式及空间效应研究"（2004.01～2006.12）。

这一时期，有关入境旅游流的研究引起学者的广泛关注。马耀峰等(1999)以国内旅游热点城市为例，采用地理空间分析的方法对来我国旅游的境外游客的时空集散流动模式进行了系统研究。在此期间，张红、张阳生、邓明艳、刘静艳等大批学者结合入境旅游形式，对到访中国昆明、桂林、成都、西安、上海、广州、深圳等著名旅游城市的境外游客的结构特征及时空动态模式进行了一系列的研究。马耀峰等根据旅游流的空间分布特点对中国入境旅游流进行了区间划分，将入境旅游流归纳为华北旅游流区、华东旅游流区、华南旅游流区、西南旅游流区和西北旅游流区五大区域，并对各区域空间上呈现的流动特征和分布规律进行了详细的分析，为加强各分区之间的联合促销及客流、信息共享提供了参考依据。保继刚等(1999)认为旅游地理学研究旅游流的主要目的是对旅游流进行预测，即旅游需求的预测,并表现为对旅游流的人数预测,是旅游地理学者研究旅游流要解决的重要问题之一。杨国良选取来川旅游的部分境外游客做实地调查,分析其属性特征、行为特征、客流流向和流量的变化特征,分析得出四川境外游客以港澳台、亚洲客人为主,中青年男性游客居多,来川主要目的是观光或商务旅游,针对流向结构单一、流量集中等问题,建议根据游客类别的不同,从旅游服务方面改进旅游质量。

(三)发展阶段(2006年至今)

2006年至今为我国旅游流研究的第三个阶段,即发展阶段,期间共发表了558篇相关论文(截至2012年底),从研究内容、研究尺度到研究手段都有了很大的进步。其中,研究内容扩展到了旅游流的空间扩散动力机制、空间演化机理、空间结构优化等;研究尺度向上扩展到全国尺度,向下精细到区域尺度;研究手段趋于多样化,物理学中的引力模型、位势场强、重心模型,社会学中的网络分析方法以及经济学中的区位熵等方法相继被引入旅游流研究。截至2012年底,国家自然科学基金资助的有关旅游流的项目达11项,其中陕西师范大学4项、南京大学2项。具体项目如表2.1所示。

表2.1 2006～2012年国家自然科学基金资助项目(旅游流)[①]

项目批准号/申请代码	项目名称	项目负责人	依托单位	批准金额/万元	项目起止年月
40771058/D010201	中国典型区域入境旅游流东-西递进空间演化机理研究	马耀峰	陕西师范大学	30	2008.01～2010.12
41071090/D010201	中国入境外国旅游流网络结构优化研究	吴晋峰	陕西师范大学	35	2011.01～2013.12
41001077/D010201	区域旅游流对旅游网络信息的时空响应研究	李君轶	陕西师范大学	18	2011.01～2013.12
41001070/D010201	闲暇时间约束对区域短期旅游流空间模式的影响研究	刘泽华	南京大学	18	2011.01～2013.12
41061012/D010201	旅游流空间场效应及扰动机理研究	李伟	云南师范大学	26	2011.01～2013.12
41101154/D010203	城市内部旅游流空间过程与机制研究	杨兴柱	安徽师范大学	23	2012.01～2014.12
41201145/D010202	基于时空分流导航理论的景区智能化客流引导仿真系统的原型设计与实证研究	郑天翔	暨南大学	23	2013.01～2015.12
41271161/D010202	旅游地生态效率评价模型及测度研究	章锦河	南京大学	60	2013.01～2016.12
41261032/D010202	武陵山片区交通运输与旅游流空间结构协同演化研究	王兆峰	吉首大学	48	2013.01～2016.12
41271158/D010202	旅游流与目的地耦合:因素及模型与机制研究——以六大城市入境旅游为例	马耀峰	陕西师范大学	60	2013.01～2016.12
41201148/D010202	入境旅游流对境外客源国文化表征的时空响应研究——以旅华日本游客为例	李创新	中国旅游研究院	23	2013.01～2015.12

① 资料来源:项目组调查汇编。

综上所述，国内学者在旅游流研究上已经取得明显成效。但是，也存在明显不足，主要表现为：重实证分析，轻理论研究；重旅游客流的研究，轻旅游信息流、物质流、文化流、贸易流的研究，且对旅游客流的研究还缺乏系统性和完整性；以入境旅游流和国内旅游流研究为主，出境旅游流研究薄弱；研究方法多借助其他学科的研究方法，研究方法创新不够；研究成果的国际化程度较低，能在国际旅游学主流期刊发表研究论文的学者有限；青年学者持续做旅游流研究的不多，大多数人在博士毕业后改为其他研究，这一现象不利于我国旅游流研究水平的提高。

第二节 旅游流空间扩散研究

一、国外旅游流空间扩散研究

在空间扩散的研究领域，美国学者赖利开创了空间扩散理论研究的先河，他以地理科学为基础对空间扩散和区域相互作用进行了研究。自 20 世纪 50 年代以来，空间扩散和区域相互作用理论得到了进一步发展，理论成果不断丰富，理论体系逐渐形成，相继出现了核心边缘理论；哈格特提出的"对流、传导和辐射"的空间扩散模式；回流效应和扩散效应理论；增长极理论等。空间扩散理论的日益完善为区域空间扩散奠定了一定的理论基础，随着国际旅游产业的不断发展，许多学者专家将空间扩散理论引入旅游研究中。

作为一种人文地理现象，旅游流空间扩散是旅游地理学研究的一个重要领域。长期以来，国内外学者对旅游流空间扩散相关问题进行了大量的理论研究与实证分析，并且取得了显著的成绩。在国外，学者们对旅游流空间扩散的研究集中出现在 20 世纪 60 年代，并且主要出现在研究旅游者行为的诸多文章当中。财富、人口的增加以及城市化导致大量游憩需求产生，但却面临着人口集聚和基于资源导向的游憩资源空间分散之间的空间不均衡矛盾，流动是解决矛盾的唯一办法。Wolfe(1964) 提出了旅游引力预测模型，并对旅游客流进行了空间分析。1967~1969 年，罗杰斯在大量实证调查的基础上，对英国全境的休闲旅游流变化规律进行了研究。英国地理学家威廉斯和捷林斯选取 14 个国家为研究对象，通过实地调查统计和分析各国旅游流相关数据，分别绘制了 1958 年、1959 年、1964 年、1965 年和 1966 年 14 国之间的国际旅游流分布图，并根据实际旅游流数量与预期旅游流数量的差额，计算出相对接受指数，从而得出各国之间的旅游流流动的一般规律。坎贝尔根据旅游目的地类型的不同，总结归纳出 3 种游憩与度假旅行的模式，即大城市周边地区放射状扩散的游憩设施、区域型非线性度假群组以及沿公路分布的零星度假服务基地。

二、国内旅游流空间扩散研究

我国关于国内旅游流空间扩散的研究起步相对较晚，但是在诸多学者的共同努力下也取得了十分突出的成绩。这一领域的代表性研究学者主要有杨国良、薛莹等，研究的主要内容为旅游流空间扩散特征、空间扩散的动力机制、旅游流的区域内聚规律等。

杨国良等借助齐夫(Zipf)定律和差异度指标,对四川省旅游流动的规模等级结构和旅游流的空间扩散动态差异化规划特征进行了研究论证,并且证明其满足齐夫定律。薛莹通过对华东区旅游流的区域内聚现象进行理论框架探讨和实证研究,总结并提出了旅游流的区域内聚规律。唐志明在其《国外旅游政治学研究述评》一书中,对西方旅游政治学的内容和动向进行分析,从政治角度阐释了旅游与国际关系。从政治视角分析旅游流相关问题的学者还有杨安华和梁宏志,他们在发表的《旅游研究的政治学维度》一文中,系统分析了国外旅游政治学研究现状,着重强调并倡导发挥旅游在国际外交和民间交流方面的重要作用。卞显红等以长三角城市为分析对象,构建了入境旅游者对旅游目的地选择的模糊综合评判矩阵,并将该矩阵运用于对长三角入境旅游客流的区内城市之间流动现象的系统对比分析过程中。

在旅游流集散特征与时空动态特征以及旅游流空间扩散动力机制研究方面,我国涌现出许多著名的研究学者,如汪宇明、刘宏盈、马耀峰、李馥利、吴晋峰、张佑印等。汪宇明等以旅游流的区域集散为研究对象,通过实证分析方法研究旅游流的互动现象与规律,并且对旅游流空间扩散的动力机制进行了探索。刘宏盈等以云南省入境旅游发展状况对旅游客流的集散特征进行了深入研究。李馥利等以陕西省入境旅游为实证分析对象,对该省旅游客流的集散转移特征与时空动态规律进行了综合分析。学者张佑印、马耀峰则在大量实证研究的基础上创新性地建立了旅游流集散平衡的"杠杆模型",并且利用该模型对北京市入境旅游客流集散平衡点的转移规律进行了归纳总结,通过模型分析他们发现,北京市入境旅游客流集散平衡点的空间分布主要呈现为"U"形格局。靳诚等通过构建区域旅游流场强度模型,对长三角地区旅游流场的地域空间结构进行了量化研究。

在旅游流空间扩散的作用效应及其影响因素等方面,也涌现出了许多卓越的研究学者,并且取得了许多令人瞩目的成绩。2009年,王洁洁等以1985~2007年的数据为依据,分析了中美关系及危机事件对两国旅游流互动的影响,发现当中美关系危机事件爆发时,在入境客流量统计值、环比增长率和占出境旅游比例上形成明显的"凹形谷",为探索国际关系及危机事件对出入境旅游的影响提供了借鉴;同年,孙根年和王洁洁以历史文献和统计数据为依据,对1987~2007年两岸关系变化对台湾入境大陆游客流量的影响进行了研究,指出危机事件的甄别、梳理和定性,是国际关系与旅游研究的关键。接着又以1990~2007年有关统计资料为依据,对内地与香港关系及重大事件对两岸旅游互动的影响进行了分析,指出两岸间的旅游流互动开始由非均衡逐渐走向均衡。张佑印等引入物理学理论方法,依据相关数据分析了1999~2007年北京15条入境聚集旅游流流势时空演化规律,发现存在明显的经济导向性和区位导向性。李创新等构建了入境游客转移数量模型、入境旅游流空间集中指数模型、入境旅游流转移态矩阵,以1994~2008年入境旅游统计数据和入境游客抽样调查数据为基础,对陕西省、四川省、云南省三省入境旅游客流集散时空动态进行研究,得出四川省入境旅游客集散能力最强。接着,李创新等又将生态学的优势度概念引入旅游流研究领域,提出"区域旅游流优势度"的概念,定量测评1993~2008年中国大陆31个省区的区域入境旅游流优势度,通过分析对比,得出中国入境旅游的三大核心(广东省、上海市、北京市)、中国西部入境旅游的四大核心(云南、广西、四川、陕西)、中国中部入境旅游的热点区域(内蒙古、黑龙江、湖北),中国入境旅游流空间梯级网络结构正处于优化调整和良性重组的转型关键期。张佑印等以北京入境旅游流为节点,依据市场调查和权威部门的统计数据,对其分级扩散模式和动力机制进行分析,总结出一级扩散和二级扩散的特征,为研究北京今后的入境旅游提供了参考。

第三节　国内外休闲学研究综述

一、西方休闲学研究

英文中的休闲(leisure)一词是由拉丁词 *licere* 演变而来,其原意是指人们在生产劳作活动之外的自由活动。公元前 335 年,古希腊哲学家亚里士多德在《政治学》一书中指出"休闲才是一切事物围绕的中心"。他还在《尼各马可伦理学》一书中把休闲与美德、快乐、幸福联系起来,指出"对于科学和哲学的诞生,休闲是其基本条件之一,人们只有通过休闲才能获得幸福"。亚里士多德关于休闲问题的理论观点深刻地影响着西方的休闲研究乃至人类文明演化的历史进程,因此他被国内外学术界公认为第一个对休闲问题进行系统研究的学者,也被称为"休闲之父"。

(一)休闲的概念界定

休闲有三种定义方式。一是将休闲界定为某些具体的活动,如看书、打高尔夫球、看电影、旅游等,这是在日常语境中对休闲最常见的定义方式,但这种定义方式没能概括休闲的本质,并且由于不同活动在强度、性质等方面具有差别,这种定义方法可能混淆人们对休闲作为一个统一概念的认识。二是休闲被界定为可自由支配的时间,如周末、工作结束后,这种定义也没能概括休闲的本质,而且在判断可自由支配时间的标准上有很大的不确定性。此外,这两种休闲的概念都倾向于从客观角度界定休闲,忽视了个人主观体验在休闲中的重要性。与这两种定义不同的是,第三种定义方式将休闲界定为一种心理状态,这种定义被现代休闲研究广泛采用。实际上对休闲的心理体验化定义可以追溯到古希腊时期,苏格拉底、柏拉图、亚里士多德都有对休闲进行讨论。苏格拉底著名的生活之问——"我的生活应该追求什么",拉开了西方早期文明对生活目的的讨论。这一哲学思考直接促使亚里士多德形成严肃休闲理论,即承认休闲在个人及文明发展中的重要作用,以及其不言自明的价值。进入 20 世纪,Grazia 和 Neulinger 确立了休闲研究体验化的方向。他们认为只有当人们认为他们是自由的,并且发自内心地从事某种工作,才是真正处于休闲状态。感知自由或自由感是休闲体验的首要因素。这种界定首先阐明了休闲并不等同于工作外的时间,只有那些可以自由选择想做的事情,并且主观上有控制感的时间,才是真正的休闲时间。很多发生在工作外的活动,如家庭义务、社交义务等,都不是完全意义上的自由。此外,自由也并不是绝对意义上的自由。个人是自由的重要评判标准。从"应该做"到"想做"是实现休闲化的重要过程。休闲的心理体验化定义和传统的将休闲定义为活动和时间有很大差别。以看电视这一传统意义上的休闲活动为例，按照休闲体验的定义标准，如果看电视不能激发人们绝对的自由感，而只是单纯地打发时间，那么看电视就不是休闲活动。

(二)西方古典休闲学研究

西方学者对于休闲学的研究十分广泛，从文艺复兴至今，人们一直都在探索这个话题。瑞典天主教哲学家皮普尔曾在被誉为西方休闲学研究经典之作——《休闲：文化的基础》中阐释了休闲作为文化基础的价值与意义，他指出，"休闲是人的一种思想和精神的态度，不是外部因素作用的结果，也不由空闲时间所决定，更不是游手好闲的产物。"休闲本质上是人的精神态度，是一种为了使自己沉浸在"自我实现"中的机会和能力。皮普尔认为，人有了休闲，并不是拥有了驾驭世界的力量，而是由于心态的平和使自己感到生命的快乐，否则，我们将毁灭自己。自《休闲：文化的基础》问世以来，它对西方休闲学研究产生了十分深远的影响。美国20世纪最杰出的教育家、哲学家莫德默·阿德勒，就曾对休闲与工作的关系展开过研究，并且还指出了一个尖锐的问题——现代人忽视了休闲在人们工作和生活中的重要意义。早在公元前4世纪，亚里士多德就曾说过，"休闲可以使我们获得更多的幸福感，可以保持内心的安宁""我们需要崇高的美德去工作，同样需要崇高的美德去休闲。是的，休闲可以使我们有意义地生活"。荷兰著名学者约翰·赫伊津哈在其著作《游戏的人》中也对休闲进行过研究，这本书通过游戏的视角来揭示游戏与人类文明进化的相关性，他认为，游戏作为文化的本质和意义，对现代文明有着重要的价值。

契克森特米哈伊(M. Csikszentmihalyi)——美国著名心理学家，在其论文《建立最佳体验的心理学》(1982年发表)的基础之上，发表了他的休闲学专著——《畅：最佳体验的心理学》(1990年发表)，这本书对休闲学研究具有极其重要的意义。他从心理学的角度对休闲学进行了深入的研究，并且还创造性地提出了"flow"的理念。具有适当的挑战性而能让一个人深深沉浸于其中，以至忘记了时间的流逝，意识不到自己的存在的体验。"flow"理念具体则是指活动的难度必须与一个人当前所掌握的技能相适应，太难或太容易的活动都不能让人获得真正的休闲。休闲从根本上讲，就是一种对个人本身发展有益的内在感受，不存在任何外在的、客观的、可以测量的工具来进行界定。美国马里兰州立大学教授 Iso-Ahola 根据自由选择与内在动机两个变量，把人们工作外的活动分为三个层次：其一是"必需的非工作活动"，这类活动的特征是自由选择程度较低、内在动机较弱；其二是"自由时间的活动"，这类活动的特征是有一定的自由选择和内在动机；其三，他认为，只有具有高度的自由选择与很强的内在动机的活动，才是"休闲活动"。

查理斯·博瑞特比尔的两部著作——《挑战休闲》和《以休闲为中心的教育》，是西方公认的休闲学研究巨著。随着社会的发展和技术的进步，人们所拥有的自由支配的时间越来越多，在闲暇的时间里，人们从事各种社会活动，因此也给社会带来了许多不稳定因素。在国家不断强化和完善社会治安、生产活动和人的管理时，却忽视了人们对休闲的需要，忽视了对人们休闲的思考。而查理斯·博瑞特比尔正是因此提出了休闲教育的观点，解释了为什么要关注休闲、休闲的意义、休闲在人们生活中所扮演的角色，以及休闲与人类价值观和感情认知之间的关联性等问题。本书认为，只要我们坚持马克思主义正确的世界观、人生观、价值观，改变传统落后的思想，就能正确领悟休闲的真正意义，享受休闲所带来的快乐。

人们对休闲学的研究，其本质实际上是对人类未来发展方向的预测，是对人类未来命运的探索与思考，也是人类社会的自我完善。在本书第一章中，我们讲到人类社会本来就应该存在的两种经济形式：生产经济和休闲经济。马克思曾在其《共产党宣言》中对人类社会做了这样一个预言："人类社会发展的历程总是由低级向高级进化的，从原始社会到奴隶社会，再到封建社会、资本主义社会，以及社会主义社会，但最终都会发展到共产主义社会""经济也是如此，封建自给自足的小农经济，资本主义市场经济，最后的产品经济……"其实，休闲经济可以看作未来社会发展的一个缩影，人们不再为生存而生产，而是为了更好地休闲，这也将是人类的前途。休闲经济是在物质经济基础高度发展下的产物，根据马克思的预言，休闲经济就是人类文明发展的另一个先进形式，是进入更高层次社会经济形态的标志。人们更加注重休闲的方式与质量，追求的是一种自我价值的实现，追求的是一种人与自然的和谐，更是人类自身的一种完善。因此，人们对休闲的研究具有十分重要的意义。

二、我国休闲学研究

（一）休闲研究成果

我国在休闲研究领域虽然起步较西方发达国家晚，但是经过数十年的不断进步，也取得了突出的成绩。为了更为直观地表达这一研究成果，笔者通过中国知识基础设施工程，即 CNKI 搜索引擎，以"休闲"为主题进行搜索，2001～2015 年共计 153523 篇（图 2.2），主要侧重于休闲农业（11378 篇）、休闲产业（5540 篇）、休闲体育（3153 篇）、休闲消费（2674 篇）、休闲学基本概念和基本理论（1634 篇）、休闲教育（1635 篇）以及休闲旅游（10646 篇）等方面（图 2.3）。

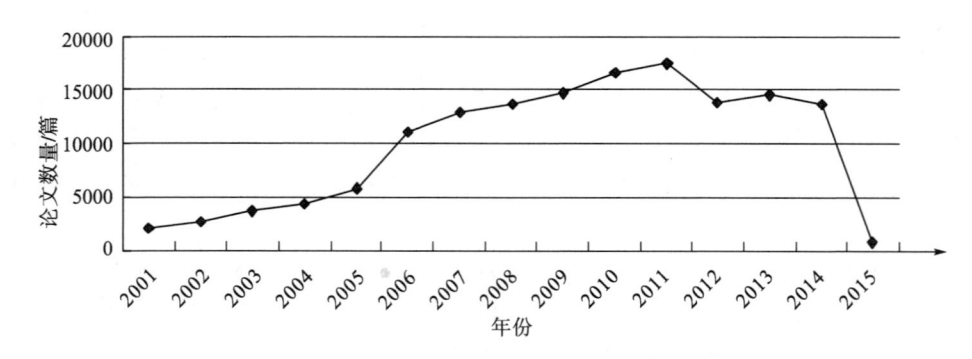

图 2.2　2001～2015 年休闲研究成果统计图

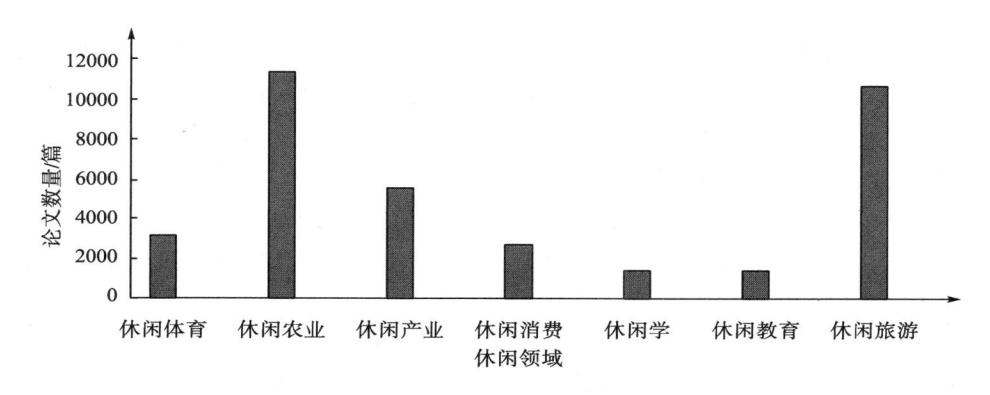

图 2.3　2001～2015 年休闲领域研究成果统计图

以"休闲空间"为搜索主题，共检索出 1502 篇相关文献(图 2.4)。

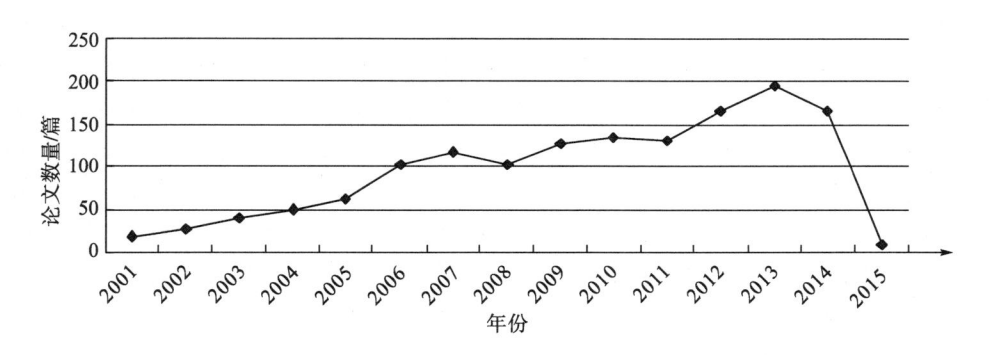

图 2.4　2001～2015 年"休闲空间"研究成果统计图

以"休闲游客"为搜索主题，共检索出 244 篇相关文献。关于休闲游客的研究，主要侧重于两个方面，即休闲游客行为特征研究和休闲游客满意度研究(图 2.5)。

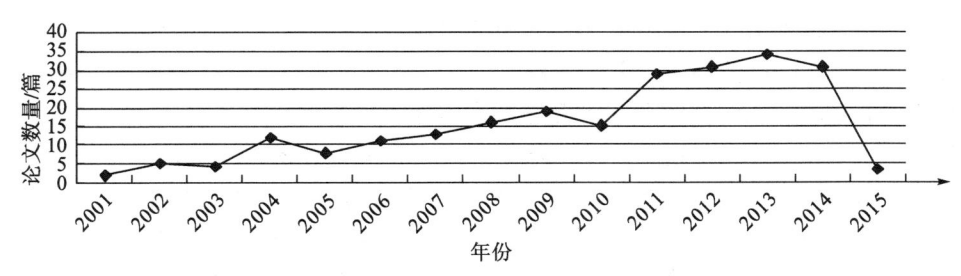

图 2.5　2001～2015 年"休闲游客"研究成果统计图

(二)对休闲学基本概念与理论的研究

我国最早提出休闲学研究的是于光远。早在 1983 年，我国著名经济学家、哲学家于光远率先进行休闲学研究，并且提出了休闲学理论，并于 1995 年成立我国第一个私人性质的休闲学研究机构——北京六合休闲文化策划中心。长期以来，该研究机构将休闲理论研究作为其重点研究的研究课题，并且吸引了众多研究学者的加入，对休闲学理论研究做出了巨大贡献。于光远认为："作为生产根本目的之一，休闲要保持与社会生产力同步发展。休闲产业现在已经不是简单的经济行为，它已经为人的全面发展提供服务，并且还能为增强人的创造能力提供社会支持条件，休闲经济的发展不以我们的意志为转移。"

在这一时期，我国涌现出了一批致力于休闲学基本理论研究的研究学者，发表了一系列学术论文和著作，并且取得了显著的成果。马惠娣是我国研究休闲学的杰出代表学者之一，同时也是我国第一位在国际休闲学术会议上发表论文的学者。1996 年，马惠娣在世界休闲学学术年会上先后提交并发表了《文化精神领域的休闲理论》《休闲：人类美丽的精神家园》等多篇优秀文章，这一事件具有十分深远的影响。长期以来，我国学者在休闲学研究领域都是"关门研究"，研究视角狭窄，研究思路闭塞。马惠娣提交并发表学术论著，标志着我国休闲学研究从无到有、从粗浅到精深、从借鉴引用到自成体系，并在国际上发出了中国的声音，休闲学研究也开始步入国际化，向国际社会靠近。马惠娣(1998)认为，"休闲是人的生命状态的一种形式，一般意义上是指两个方面：一是消除体力上的疲劳，二是获得精神上的慰藉"，休闲不是简简单单的游走散步，"休闲是以欣然之态做心爱之事"。2000 年，马惠娣、刘耳和季斌等对美国休闲学研究中具有代表性的成果进行了一次集中介绍，并且将其翻译修订为《西方休闲研究译丛》，该著作对我国休闲学研究具有十分重要的借鉴意义。另外，在 2004 年，马惠娣、张景安、陈鲁直、何柞麻、韩德乾等集中探讨了有关休闲的理论与实践问题，他们立足于我国国情、国民，探索我国休闲学研究发展的问题，强调理论与实践相结合，指导我国休闲产业的发展。他们将一系列研究分析成果汇编成册，共同编修出版了《中国学人休闲研究丛书》，该书集中反映了中国学者对中国休闲问题的思考。

此外，在休闲教学领域，也有许多代表性的学者及著作。2008 年，由湖北大学马勇等主编的《休闲与游憩管理丛书》正式出版，该书主要是以教学为目的，将休闲游憩与管理学理论相结合，着力对休闲学相关基础知识的普及和人才的培养进行了阐述。在此，笔者不得不着重介绍一部关于西方休闲学研究的集大成之作——《西方休闲研究译丛》，该书是介绍西方休闲学研究的经典之作，它是于 2009 年由马惠娣领衔主编的。此书堪称西方休闲学集成的"百科全书"，它从休闲与生活、休闲与教育、休闲与服务、休闲与产业经济等多个角度，向人们全面介绍了西方国家休闲研究的近期成果。

综上所述，我国休闲学研究的几十年来，广大学者在休闲学理论研究方面不断奋进，取得了显著的成绩。一方面，从"关门研究"到"交流研究"，我国休闲学研究不断与国际化接轨，在吸收国外相关研究的基础上，全面丰富了我国休闲学研究内容；另一方面，我国对休闲学理论的研究全面步入国际化，更是对国际休闲学理论研究的进一步拓展和补充完善，有利于促进休闲学研究的进一步发展。

(三)对休闲产业经济的研究

我国休闲研究领域的另一个重要内容就是休闲产业与经济。随着全球休闲产业与休闲经济的快速发展，休闲经济逐渐展露其巨大潜力与优势，在西方许多国家已然将休闲产业确定为国民经济的支柱性产业。随着我国改革开放的不断深入推进，我国政府也将关注的焦点转移集中到休闲产业发展方面，并将其提升到战略发展的高度。休闲产业经济的发展必须以相应的学术研究成果与理论作为基础。自21世纪以来，休闲产业经济领域的相关研究在我国迅速展开，并且与国际化接轨。2000～2001年，我国休闲产业经济研究领域先后召开了"中国休闲产业国际研讨会"和"中国休闲经济国际论坛"。与此同时，我国还相继成立了一系列休闲研究的专业学术机构，如"中国休闲研究会"等，学术研究机构的成立标志着休闲产业经济成为我国休闲研究的一个全新的里程碑。

总体来讲，我国休闲学研究起步远远晚于西方发达国家，这也使得我国休闲产业经济研究领域"先天不足"。严格来讲，我国真正关于休闲产业经济的相关研究是21世纪初才正式开始的，以张旭昆和徐俊的研究最具代表性。2001年，张旭昆和徐俊发表了《消费的闲暇时间约束模型与假日经济现象》一文，文章指出，闲暇休息时间是一种重要的消费资源，即休闲消费资源，并且还以休闲消费资源为基础变量建立了闲暇时间的约束模型。在该模型中，休闲消费资源是基础变量，通过分析休闲时间的变化，与之相对应的因变量休闲消费也随之变化，从而对闲暇时间变化所引起的消费影响规律与影响程度进行分析。利用该模型，不仅可以分析闲暇时间对消费的影响，更能够对我国目前休闲经济的典型问题"假日经济"进行有效解释。

具体来讲，我国学术界对休闲产业经济的研究主要集中在两个方面。

1. 休闲产业经济在国民经济中的地位作用分析

关于"休闲经济"这一概念，最早是由中山大学王宁先生在2000年提出的，他对休闲经济进行了基本的概念界定，并且还对这种经济形式的基本特征、内在规律、社会效应和经济效应等方面的问题进行了系统研究。休闲产业无疑将会是我国经济发展的重要推动力量，王宁指出，我国应该大力发展休闲产业，加大对休闲产业发展方面的投入，不断提高休闲产业发展水平，加强休闲产业经济与休闲消费理论方面的学术研究，加快理论成果向实际应用的转化，促进我国休闲产业的优质发展。此外，还有许多学者对休闲产业及其相关课题进行了研究分析，王东宇对我国中部地区休闲产业经济开发进行了分析；郑胜华对我国休闲产业发展进行了可行性研究；宋瑞从经济学分析与统计的视角，对我国休闲产业的经济效应进行了量化分析；楼嘉军（2000）则从休闲产业的经济、社会作用等角度，探讨了中国发展休闲产业的必要性及休闲产业在我国国民经济中的地位和作用；卿前龙等（2006）在《休闲产业：国内研究述评》一文中对我国休闲产业的重要性进行了分析。此外，还有许多学者在这一方面进行了系统研究，笔者不再枚举。

2. 我国休闲产业发展存在的问题与对策分析

一方面，我国休闲产业发展相对滞后，发展水平有待提高，加之前期理论研究与实践探索经验的严重缺乏，使得我国休闲产业发展过程中存在着许多问题与不足。在问题与不足方面，我国许多研究学者进行了大量的研究和分析，并且取得了突出的成绩，诸如陶萍（2006）、卿前龙等（2006）、张宝成、潘媛媛、黄志锋、李梁芬、张晓东等。陶萍（2006）在《我国林业休闲产业发展问题研究》一文中以林业休闲为研究对象，集中对我国林业休闲产业发展存在的问题进行了研究分析；卿前龙在《休闲产业：概念、范围与统计问题》

一文中从经济学与统计学的角度对休闲产业存在的问题进行了量化分析;张宝成则以西安市为研究对象,对我国城市休闲及其休闲产业发展的相关问题进行了研究;潘媛媛以 SWOT 分析方法为主要工具手段,分别从休闲农业、休闲食品加工业和休闲旅游业等方面,对我国休闲产业的发展现状与问题进行了分析;黄志锋在《我国休闲产业发展的问题研究》一文中概括性地指出了当前我国休闲产业存在的几类问题。另外,李梁芬、张晓东等分别从"博弈论"和城市休闲产业结构布局等角度对休闲产业相关问题进行了研究。

另一方面,在充分认识我国休闲产业存在的问题与不足的基础上,广大学者对对策建议方面进行了思考,并且提出了许多可行性对策和建议。刘群红、许峰(2001)、刘海鸥、徐峰(2002)、冉斌(2004)等是早期的对策研究学者,虽然研究方法与侧重点各有不同,但是都强调了政府在休闲产业的发展中扮演着重要的角色。21 世纪是休闲的时代,随着全球产业战略调整与转移的大规模进行,休闲产业正式成为继科技、军事领域之后国际竞争的第三核心领域,也是未来几十年国家综合国力竞争和全球经济争夺的重要领域。面对新一轮休闲产业经济浪潮,我国既面临新的机遇,也面临前所未有的巨大挑战。因此,能否全面整合产业战略部署,优化资源配置,深化休闲产业改革,解决我国休闲产业发展的问题与不足,成为我国休闲产业发展的关键,也是我国在国际休闲产业经济竞争中取胜的关键。

对此,徐峰(2001)在《休闲产业发展初步探讨》一书中提出,任何经济形式的发展,协调稳定是前提,休闲产业也不例外,我国要想发展休闲产业,就必须走休闲产业协调发展的路子。他认为,休闲产业协调化发展不能仅仅依靠休闲企业或市场调节,政府宏观调控力量更为重要。为此,政府应该加大力度,发挥其调控的作用,通过制定相应的政策以及法律法规,引导休闲产业向健康稳定的方向发展。刘海鸥在充分认识我国休闲产业发展存在的问题的基础上,对发展我国休闲产业的对策建议进行了详细阐述,她指出发展健康的休闲产业,应从四个方面着手:其一,加大政府财政投入,制定相应的鼓励性政策,为休闲产业发展注入生命力,有效推动休闲产业又好又快发展;其二,加强政府宏观管理,不断完善政府管理体系和休闲产业系统,制定完善的法律法规,有力保障和规范休闲产业的健康有序发展;其三,明确休闲产业发展目标与定位,以经济效益为基础,社会效益为中心,经济效益服务于社会文化效益,加快社会型休闲产业经济的和谐发展;其四,加强产业联合,构建产业发展一体化战略,紧密结合教育科技发展,促进休闲产业的全面发展。另外,学者张维从理论与实证两个角度,对休闲产业集群与区域竞争力提升相关问题进行了研究分析。周天在《我国发展休闲产业存在的问题与对策思考》一文中,对我国发展休闲产业的对策建议进行了探究。

此外,我国学者在休闲消费及其影响因素研究、休闲产品与服务创新研究、休闲游客行为特征分析以及休闲农业、休闲旅游业、休闲教育、休闲体育等众多领域都有研究,并且取得了突出的研究成果,对我国休闲研究做出了巨大贡献。

第四节 休闲客流研究评述

旅游流是旅游业的基础,也是旅游地理研究的核心问题之一。自 20 世纪 80 年代以来,随着国内旅游的迅速发展，以休闲客流为主体的旅游流的空间扩散已成为国内外学者日益关注的问题。从目前来看，国内外的相关研究主要集中在旅游方面，而关于休闲客流方面的研究尚属空白。长期以来，休闲客流的相关话题研究都统一包含在旅游流的研究中，旅游流研究的泛化问题没有得到学术界的普遍关注，使得休闲客流以及休闲客流空间扩散等相关课题的研究与旅游流混为一谈，没有真正独立出来。

国外尽管较早提出了旅游流的概念，但专门针对旅游流空间扩散研究的文章较少，主要散见于旅游者行为和旅游目的地选择等文献中，以研究旅游流空间模式为主要内容，基本未涉及旅游流的流向和流量的详细分析。目前，国内对旅游流或旅游客流的泛化研究较多，1980～2010年，中国期刊全文数据库中研究旅游流的论文有120篇，研究旅游客流的论文有43篇，而专门研究休闲客流的论文目前在国内还属空白。

国内旅游流空间结构演变研究的文献较多，演变的动力机制和旅游流扩散方面的成果所见较少。杨国良（2006）以四川省为实证区，借助齐夫定律，证明了国内旅游流和入境旅游流的流量位序——规模分布均满足齐夫法则。薛莹提出并研究了"旅游流的区域内聚"现象，根据系统的自组织与组织原理，以江浙沪地区为例，研究在旅游流的区域自组织演化中所形成的旅游中心城市，并研究以这些旅游中心城市作为节点而形成的区域空间结构和基于这种区域形态的区域旅游空间组织。杨兴柱等借助社会网络理论和方法，研究了城市旅游流网络结构特征、城市旅游流网络结构评价指标体系，并对南京市旅游流网络结构进行了实证分析。章锦河等（2005）从空间场效应的角度采用因子分析法，分析国内旅游流的产生、分配、集聚、扩散的基本特征以及旅游流空间网络的相关性。黄震方等采用K-means聚类法对盐城麋鹿生态旅游区游客数进行时空聚类，论述了麋鹿生态旅游区省内和省际旅游流随时间和空间变化的规律，揭示了不同类别之间旅游流整体变化特征。

可以看出，目前该领域的研究偏重于探讨旅游流空间结构模式及其演变过程，对旅游流产生的区域综合效应及其应对策略讨论较少，以相关都市旅游圈或经济区为对象的实证研究也相对缺乏。但现有研究无疑为旅游流扩散的进一步研究奠定了较好的基础。

此外，从旅游休闲产业的实际发展情况来看，随着现代交通条件的改善和市民周末休闲时间的增加，在城市周边地区开拓相应的康体休闲旅游，并建立相应的环城游憩带，已成为未来城市产业发展的新趋势之一。目前，我国正实施《国民旅游休闲发展纲要》，各地也在加紧制定促进休闲产业大发展的政策与措施。可见，我国将迎来休闲产业大发展的时代。因此，无论是从理论创新还是从现实需求来看，开展以"环城游憩带"为基础的休闲客流空间扩散特征与区域综合效应研究都十分必要，具有一定的前瞻性。

笔者专注于休闲客流的空间扩散，突破传统研究将旅游流泛化讨论的局限，从供给与需求两个方面展开研究，系统地研究休闲客流的人口学属性和行为特征，休闲产业区位的空间分布和等级序列，并对两者进行耦合分析，揭示休闲客流的诱导因素与动力机制，分析休闲游客空间扩散特征与规律，具有一定的理论创新及实践应用价值。

本书构建了从休闲需求供给入手，到探究休闲游客空间扩散过程，最后分析区域综合效应的完整分析框架，涉及休闲客流空间扩散的起因、过程、结果的全过程分析。本书不仅深入研究休闲客流的诱导因素与动力机制，还揭示了休闲客流空间扩散与区域社会经济的联动关系，以此促进实现区域休闲旅游与区域经济的协调发展。

第三章　相关概念及理论基础

目前，国内外学者对旅游流或游客流的泛化研究较多，1985~2014年，中国期刊全文数据库中，研究旅游流的论文有120篇，研究旅游客流的论文有43篇，而专门研究休闲客流的学术成果目前在国内还属空白，在国外也仍然还没有明确的研究。

休闲伴随着人类社会的产生而产生，从理论上讲，旅游属于休闲的一个分支与外延，但是发展到今天，学者们对于休闲这一课题的研究仍然十分缺乏。对于即将进入休闲时代的我们来讲，这无疑是巨大的挑战，关于休闲客流的研究成果也势必会影响未来社会的发展。纵观休闲学研究领域，我们不难发现，不同国家的许多学者进行了大量的研究，也取得了许多成就，但就总体而言，还未形成比较系统的理论体系。

然而，休闲时代的步伐却是越来越快，西方发达国家已经相继进入休闲时代，中国也正在紧跟发达国家的步伐，迎接休闲时代的到来。目前，由于对休闲学领域，特别是对休闲客流空间扩散方面的理论尚处于空白阶段，加上休闲产业发展的滞后性，休闲产业的发展远远不能满足人们日益增长的休闲文化需求。面对广阔的休闲市场，理论的缺乏无疑是最大的障碍。

第一节　概念辨析

国内外有关旅游和休闲概念的研究成果十分丰富，据不完全统计，学术界流行的旅游的定义或概念有三十余种，休闲的定义或概念有二十余种。对两者之间关系的研究，至今在学术界也是百家争鸣，并且休闲和旅游的相关概念，如休闲旅游、乡村旅游等，众多学者也是莫衷一是。总的看来，学术界对于旅游和休闲基本理论的研究并没有达到科学的共识。众所周知，理论研究对于科学研究和学科发展以及现实实践是至关重要的，实践证明，基本的理论搞不清，就不能使学科健康地发展，进而对现实实践也不能做出正确的指导。

一、旅游、休闲、游憩概念辨析

一般来讲，人类活动的时间主要分为两类：其一是工作时间，其二是闲暇时间。工作时间是人们生产社会生活需要的物品的时间，它是社会化生产的依托。如果从生产的角度来定义闲暇时间，则可以将闲暇时间形象地规定为生产活动以外的时间。休闲是人类生活中极其重要的一个组成部分。

(一) 旅游

作为现代社会生活的一个重要组成部分，旅游活动可谓与人们的生活息息相关，是一项不可或缺的组成部分。但是什么是旅游？长期以来，国内外学者关于旅游的概念界定，一直存在不同的见解。国内外学术界对旅游活动的概念界定就有9种。德国学者蒙根·罗德从交往的角度理解旅游活动。瑞士学者汉泽克尔和克拉普夫则从旅游者的空间移动所引起的关系现象对其进行定义，着重强调旅游活动的综合性，这一定义在20世纪70年代为旅游科学专家国际联合会采用，称为"艾斯特定义"。另外，还有许多学者从不同的角度对旅游活动进行界定，如目的性定义、流动性定义、时间定义、关系定义、生活方式定义和技术定义。我国学者谢彦君从体验的角度对旅游进行了定义，他认为：旅游是个人以前往异地寻求愉悦为主要目的而度过的一种具有社会、休闲和消费属性的短暂经历。这一定义不仅对旅游活动的空间范围、目的等方面进行了描述，而且还强调了旅游活动的综合性，以及与休闲、消费的关系问题。

尽管学术界对旅游活动的定义不尽一致，站在不同的角度，其认识和定义也有所不同，但是其中存在五个共性的要素，即旅游活动的五大特征：异地性、暂时性、目的性、时间性和综合性（下面介绍其中4种）。

(1) 异地性。异地性是旅游活动最突出的内在属性和特征，也是旅游活动区别于一般的休闲游憩活动的重要依据。旅游活动的异地性主要是指旅游者离开自己的常居地到异地，从事游览观光的行为活动过程。从严格意义上来讲，异地性还包含空间距离和时间距离两大属性，即空间距离在一定范围以内，时间长度在某一范围之内。在本书研究中，笔者将空间距离约定为300km以外，时间长度约定为3天以上。

(2) 暂时性。从异地性的两大内在属性可知，旅游者到异地参与旅游观光活动存在着一个时间刻度问题，换言之，旅游活动具有时间性，是在一定时间内完成的活动，而不是长久的居住，这也就是暂时性特征。一般而言，旅游活动持续的时间为3～7天，这是旅游者从居住地出发，参加游览观光和消费娱乐活动，再回到居住地所花费的时间。与旅游活动相类似，休闲游憩活动也带有明显的暂时性特征，只是时间上存在差异和不同，休闲活动的时间刻度相对较短，一般为1～2天。

(3) 目的性。旅游活动具有明显的目的性，出游目的不同，其空间扩散的表征也有所不同，根据不同目的来划分，旅游目的主要包括游览观光、商务会谈、宗教朝圣、文化艺术、康体保健及其他等。杨国良则将旅游目的归纳为休闲旅游观光、探亲访友、商务、会议、健康疗养、宗教朝拜、文教科技及其他等8种。一般来讲，以游览观光、放松心情为目的的旅游者所占比例相对较大，将旅游活动作为休闲生活的重要组成部分。

(4) 综合性。旅游活动并不仅是旅游者的休闲观光活动，它更是一个复杂的综合系统运作的结果。从国内外学者对旅游的概念界定不难发现，不管站在哪个角度定义旅游，都在强调旅游的综合性特征。旅游活动的综合性特征主要表现为由旅游者的游览活动所引起的相关产业、经济活动现象及相关联系。旅游流包含了游客流、信息流、资金流、物质流、能量流和信息流等各种相关流，其中游客流是核心组成部分，其他相关流都是游客流的伴生流（杨国良，2008）。

(二) 休闲

自 20 世纪以来，世界各国经济不断发展，人们的生活水平也越来越高，传统的"生存型"社会生活模式也逐渐向"生活型"社会生活模式转变，休闲活动开始成为人们生活中的重要组成部分。从本质上来讲，休闲其实就是一种生活方式，对休闲概念的界定就是关于这种生活方式的概念界定。但是关于休闲的界定，海内外各个国家的学者却持有不同的意见。法国学者认为，休闲是在脱离正规业务时间后，个人能够自由支配的时间内所进行的休闲活动。日本学者认为，休闲是指人们在不受规定的、不附带义务的时间内所发生的行为活动的总称，主要表现为游憩、休闲等。德国哲学家约瑟夫·皮柏在其《节庆、休闲与文化》一书中，将休闲定义为人们精神世界的一种状态，而不单单是具体的休闲活动，他认为休闲实质上是一种心智上和精神上的态度，它并不只是外在因素的结果，也不是休闲时刻、假日、周末或假期的必然结果，它首先是一种心态，是一种心灵的状态(约瑟夫·皮柏，1991)。这种释义更加趋向于心理学。

笔者认为，所谓的休闲，就是人们利用休闲时间从事休闲活动的总称，其中还广泛地涉及休闲供给与需求等相关领域。我们认为，广义的休闲分为三个层次：①一天中去除工作、学习、生活及生理活动等所需的时间，并能够自由支配的那部分时间；②在闲暇时间内，人们所进行的各种有利于放松身心、消除疲劳、审美怡情、加强沟通、提升品位等的活动或行为；③人们通过闲暇时间所进行的上述活动所带来的一种宁静、自由、祥和、忘我的精神状态。狭义的休闲指的是第二个层次，即在闲暇时间内，人们所进行的各种有利于放松身心、消除疲劳、审美怡情、加强沟通、提升品位等的活动或行为。

(三) 游憩

游憩，英文翻译为"recreation"，同样也是来源于拉丁语 *recreatio*，中文翻译为"更新、恢复、复原"等意思。从社会学的角度来讲，游憩活动综合地包含着休息、娱乐、消遣、保健、恢复等意义。游憩活动在特征上，是在自愿的、有选择的、没有承担义务的情况下，利用非义务时间完成的行为(楼嘉军，2005)。游憩活动是一种相对轻松、愉悦、平静、自由的活动，其目的在于缓解人们日常生活和工作中的压力与疲惫，放松心情，调整状态，以恢复体力和精力。

长期以来，游憩作为游憩地理学的一个重要基本概念，是目前研究休闲和游憩活动的重要理论依据，但是在学术界并没有形成一个统一的概念定义。游憩并非各种游憩资源的单一存在，而是这些具有不同形式的游憩资源的空间组合，每一个现象都具有不同的资源需求，为不同的参与者欣赏，同时，每一个参与者又可以从不同的区位获得不同的满足(斯蒂芬·L. J. 史密斯，1992)。

关于游憩与休闲的关系问题，学术界一直难以达成一致的意见，对两者关系进行界定区分的研究和相关学者也有许多。大多数学者认为，在现代社会生活背景下，游憩活动从属于休闲活动，它是休闲活动的一种表现形式和重要组成部分。

二、休闲与旅游的关系研究

从社会学角度以及现代化社会生活的角度来看,现代休闲已经成为人们生活中的重要组成部分,从时间角度进行划分,休闲时间与生活时间、生产时间共同组成了人们社会活动的全部内容,笔者将其称为"三元化社会生活形态"。随着社会、经济、文化、教育、科技等相关领域的发展,现代化休闲已经成为人们的一种生活方式和生活常态,两元化生活形态(生产形态与生活形态)也逐渐演变成为三元化(生产形态、生活形态和休闲形态)甚至多元化生活形态。从三元化生活形态的角度来看,人们在休闲时间内从事的各种活动都可以称为休闲活动,因此现代意义上讲的旅游、游憩等生活娱乐活动都应该归于休闲活动的大区间。

(一)休闲与旅游关系研究现状

到目前为止,关于休闲与旅游两者之间的关系,学术界形成了以下不同的看法。

以刘德谦等为代表的第一类观点认为,休闲和旅游具有本质的差异。休闲主要是从时间的范畴来认识的,而旅游考虑的却是地理范畴的位移(刘德谦,2006)。休闲与旅游是相互交叉存在的活动形式,休闲和旅游是相交关系。以李仲广为代表的第二类观点认为,休闲和旅游不具有本质的差异。旅游是异地的休闲,即旅游属于休闲的一部分。休闲和旅游是包含关系。杨振之从经济的角度也提出了休闲与旅游的包含关系。以宋瑞为代表的第三类观点认为旅游、休闲本是两种不同的活动形式,现在正在相互渗透,乃至结合。李文明等指出休闲化是旅游业提升的必由之路(李文明 等,2006)。

史春云总结了休闲与旅游的空间关系,他认为总体上存在 3 种观点,即并列、相交、包含的空间关系。Pearce 主张休闲与旅游在空间上相区别,即旅游与休闲在空间上是分离的;很多学者认为商务旅游不属于休闲的范畴,因此休闲与旅游属于相交关系。

旅游活动、游憩活动,以及其他休闲娱乐活动在时间利用和活动参与等诸多方面的功能作用都是十分接近的。可以说,在具象的层面上,游憩、娱乐几乎等同于休闲,或是休闲的代名词(楼嘉军,2005)。在旅游、游憩、休息、娱乐等行为活动与休闲的内在关系方面,许多学者都持有类似的观点,即旅游、游憩、休息、娱乐等行为活动与休闲活动有着十分密切的联系,在很大程度上,旅游、游憩、休息、娱乐等活动同属于休闲活动的范畴。将旅游、游憩、休息、娱乐等活动与休闲活动相互割裂开来,严格区分界限,是非常错误的观点。相反,笔者认为,我们应该在充分肯定其相互区别和内在特点的前提下,重点研究其之间的内在联系(图 3.1、图 3.2)。

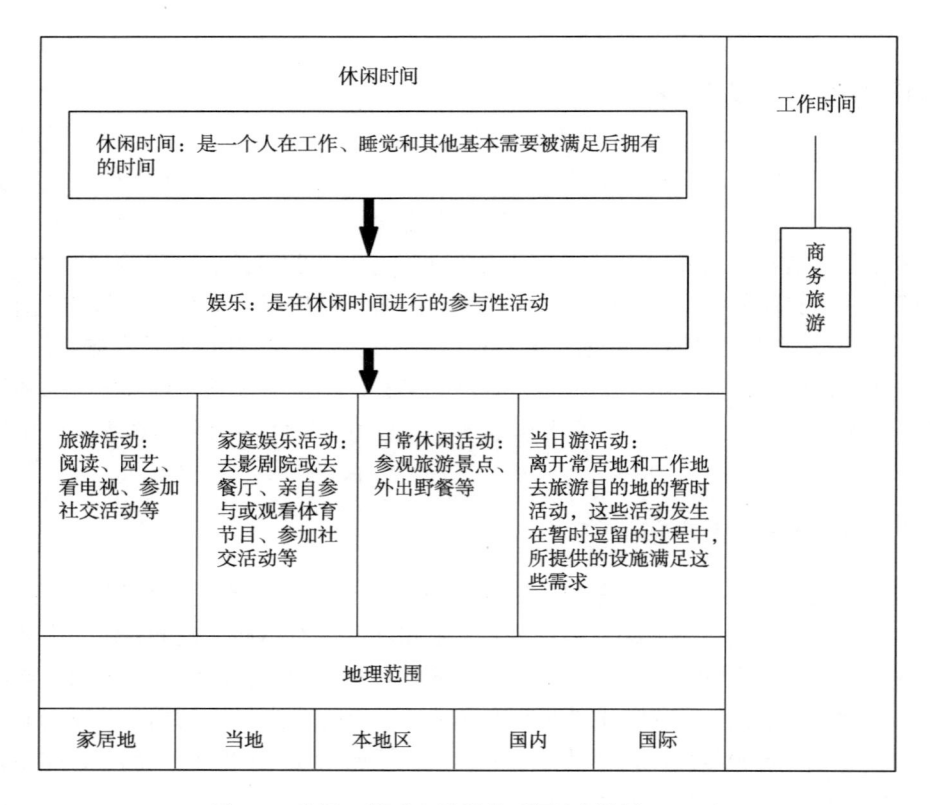

休闲时间				工作时间
休闲时间：是一个人在工作、睡觉和其他基本需要被满足后拥有的时间				
↓				商务旅游
娱乐：是在休闲时间进行的参与性活动				
↓				
旅游活动：阅读、园艺、看电视、参加社交活动等	家庭娱乐活动：去影剧院或去餐厅、亲自参与或观看体育节目、参加社交活动等	日常休闲活动：参观旅游景点、外出野餐等	当日游活动：离开常居地和工作地去旅游目的地的暂时活动，这些活动发生在暂时逗留的过程中，所提供的设施满足这些需求	
地理范围				
家居地	当地	本地区	国内	国际

图 3.1　休闲、娱乐和旅游关系图（张俐俐，2007）

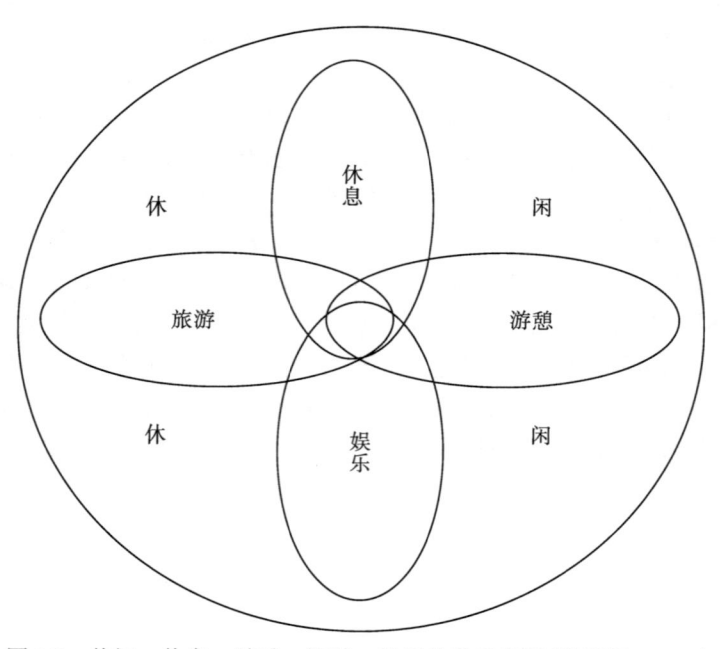

图 3.2　休闲、休息、游憩、旅游、娱乐关系示意图（楼嘉军，2005）

(二)休闲与旅游关系辨析

1. 5W1H 六角度辨析法

关于休闲与旅游的关系,笔者主要基于 5W1H 六角度进行辨析。5W1H 分析法也叫六何分析法,是管理学的一种思考方法,也是一种创造技法。本书将借鉴六何分析法中的六个角度对休闲与旅游进行辨析,如表 3.1 所示。

表 3.1 休闲与旅游辨析——基于 5W1H 六角度[①]

	休闲	旅游
Who(谁)	具有可自由支配时间的人	同时具有可自由支配时间和可自由支配收入的人,两者都是最基本条件
Why(目的)	①放松身心 ②消除疲劳 ③审美怡情 ④加强沟通 ⑤提升品位	①观光体验 ②开阔眼界 ③增加阅历 ④陶冶情操
When(时间)	工作之外,闲暇时间可集中,也可零散	工作之外,闲暇时间比较集中
What(对象)	可以是异地性的,可以是本地性的	必须是异地性的
Where(何地)	包括旅游资源所在的旅游景区,也包括本地娱乐、学习场所,不一定具有异地性	旅游资源所在的旅游景区,具有异地性
How(方式)	自助旅游、随团旅游、自驾车旅行、游览、读书、看报、上网、看电视、做运动、逛街等,内容丰富	自助旅游、随团旅游、自驾车旅行、游览,方式单一

"Who"是指具有什么条件的人才能进行旅游或休闲活动,"Why"是指活动的目的性。在我国,旅游活动主要是指观光旅游活动,其主要目的是开阔眼界、增长见识、陶冶性情、愉悦心情、鉴赏大自然造化之美、体验大自然之趣味。而休闲活动的目的首先是放松身心、消除疲劳、加强沟通、提升品位、陶冶情操等,形成一种宁静、自由、祥和、忘我的精神状态。由此看来,休闲的目的不容易得到满足。"When"是指可自由支配时间,可自由支配时间是休闲与旅游的基本条件。但是仅仅具有可自由支配时间还是不够的,还需要可自由支配收入,这样旅游中的吃、住、娱、游、购、乐才能得到充分满足。如果仅仅具有可自由支配时间,没有可自由支配收入,则可以进行休闲活动,比如在公园散步、在家看电视、读报纸、找朋友聊天等。"What"是指活动的对象,旅游的对象一般是山水风景和人文资源,具有异地性,而休闲的对象不仅包括山水风景和人文资源,还包括本地的娱乐性资源等。"Where"是指活动目的地,旅游活动的目的地是旅游资源所在地,如自然风光景区、森林公园等,具有明显的异地性。休闲的目的地不仅包括异地旅游资源所在地,还包括本地的娱乐场所。"How"是指休闲与旅游的方式是怎样的,旅游的方式分为自助旅游、随团旅游、自驾车旅行。休闲的方式有很多,不管是自助旅游、还是随团

---

① 资料来源:项目组调查汇编。

旅游、自驾车旅行，都属于旅游，旅游是休闲的一种形式，除此之外，看书、看报纸、玩电脑、看电视、做运动、逛街等活动也都是休闲的方式。

2. 休闲与旅游的时空连续带

众所周知，旅游活动具有暂时性和异地性，而休闲活动并不具有这两种性质，据此我们提出了休闲与旅游的时空连续带(图 3.3)，连续带分为市内休闲带、近郊休闲带、远郊休闲带和异地旅游活动带。闲暇时间内在市内休闲带、近郊休闲带、远郊休闲带所进行的活动属于休闲活动，在异地旅游带所进行的活动是旅游活动。休闲活动和旅游活动的界限是模糊的、不明确的。我们认为闲暇时间内所进行的活动为 1~2 天、0~300km 时属于休闲活动，2 天以上、300km 以外属于旅游活动。

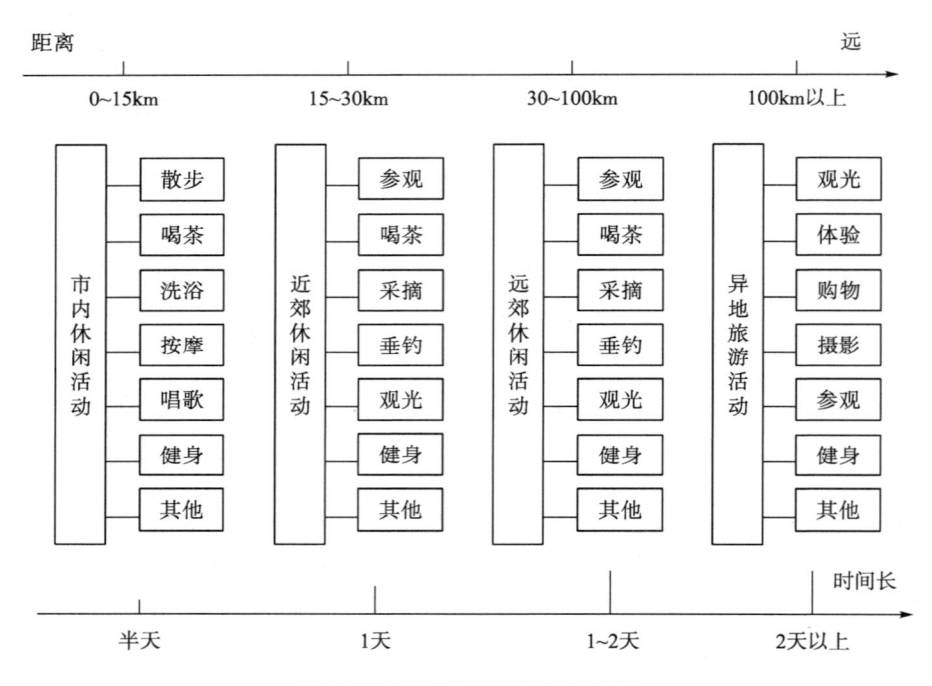

距离	0~15km	15~30km	30~100km	100km以上	远
	市内休闲活动	近郊休闲活动	远郊休闲活动	异地旅游活动	
	散步	参观	参观	观光	
	喝茶	喝茶	喝茶	体验	
	洗浴	采摘	采摘	购物	
	按摩	垂钓	垂钓	摄影	
	唱歌	观光	观光	参观	
	健身	健身	健身	健身	
	其他	其他	其他	其他	
时间长	半天	1天	1~2天	2天以上	

图 3.3 休闲与旅游的时空连续带

(1) 市内休闲活动。逗留时间为半天以内，空间距离为 5~20km。市内的休闲带吸引物主要包括自然风景、历史景点、博物馆等文化艺术场所、CBD (central business district，中央商务区)、RBD (recreational business district，休闲商务区)、茶馆、酒吧、洗浴中心、节日和庆祝活动、体育竞技场地、歌舞厅、音乐厅、剧院、画廊、广场、购物中心、少数民族街区、公园和开发的空间、绿化廊道、动物园等；主要休闲活动有喝茶、散步、洗浴、参观、观赏、健身、看电影、听音乐会等。

(2) 近郊休闲活动。逗留时间为 1 天，空间距离为 20~100km。近郊休闲带吸引物主要包括农家乐、观光果园、工业与科技园区、历史建筑与名胜、体育馆、娱乐公园、水上运动地、历史与乡土建设等；主要休闲活动有喝茶、参观、观赏、果蔬采摘、垂钓等。

(3)远郊休闲活动。逗留时间为1~2天,空间距离为100~300km。远郊休闲带吸引物主要包括野营地、度假村、旅游服务中心、水上运动、度假地、特殊街区、古镇、历史定居地、农场、牧场、农家乐等;主要休闲活动有喝茶、参观、观赏、果蔬采摘、垂钓等。

(4)异地旅游活动。逗留时间为2天以上,空间距离为300km以上。异地旅游带吸引物主要包括地文景观、水域风光、生物景观、天象与气候景观、遗址遗迹、建筑与设施、旅游商品、人文活动、国家或地方性公园、森林公园、野生动植物保护区、国家野营地等;主要休闲活动有打猎、钓鱼、爬山、野外体验、远足等。

三、旅游流

(一)概念

旅游流(tourist flows)最早出现在皮尔斯的《现代旅游的地理分析》一书中,他利用旅游流的概念对世界范围内的旅游者的空间运动模式进行了深入分析,但是他并没有给旅游流明确的定义。直到1988年,卢云亭在其《现代旅游地理学》中将旅游流定义为具有一定流向、流量特征的游客群体。这一概念只是简单地对旅游者旅游行为的描述,具有相对狭隘性。唐顺铁和郭来喜后来将其定义为:以旅游客流为主体,涵盖旅游信息流、旅游物流以及旅游能量流的一个复杂巨系统。谢彦君(2001)认为,旅游流是指在一个或大或小的区域上,由于旅游需求的近似性而引起的旅游者群体性的空间位移现象。旅游流具有三个要素:时间、流向和流量。把握好这三个要素就能很好地理解旅游流(陶犁,2007)。

关于旅游流的概念,杨国良则在《旅游流空间扩散》一书中这样定义:旅游流是指在旅游目的地吸引力、旅游者内生需求和相关外在驱动力共同作用下产生的,位于客源地与目的地之间,或目的地之间不断进行聚散的流集合。杨国良还指出,其中旅游客流是主体,资金流、信息流、物质流、能量流和文化流是伴生流。

(二)旅游流的特征

顾名思义,旅游流的主体是旅游者,客体是旅游活动及活动对象,如旅游资源、旅游场所等。对于旅游流的概念释义,不同的学者所持有的观点也不尽相同,但是其中共通的一点是:大都承认旅游流的动态性概念,即从动态的角度把握旅游流的概念及内涵。与休闲客流相类似,旅游流也具有其独有的特征,具体表现在两个方面。

(1)动态性特征。从字面意思上不难发现,旅游流中包含着一个"流"字,"流"就是流动的意思,旅游流就是旅游者在旅游空间内的流动,因此从这一层面上来讲,旅游流是一个动态的概念,具有明显的动态性特征。旅游流的动态特征与休闲客流的动态特征相类似,主要表现在流量、流速、流向等三个方面。旅游者离开居住地之后,前往不同的旅游目的地,在旅游资源丰富、交通便利的旅游景区,旅游客流量相对较大。旅游流的空间流动所呈现出的空间状态就是一个多向性的不均衡流,从整个区域来看,其空间流动的路径是封闭的。

(2) 综合性特征。旅游流是一个综合性极强的客流，以游客流为中心，其中伴随着信息流、资金流、物质流和能量流等多种形式的流动。游客的旅游需求产生旅游消费，随之形成旅游资金流；旅游需求又催生出旅游信息服务，从而形成旅游信息流；游客的空间流动也必然带动消费物质的空间流动，这也就形成了旅游物质流。因此，旅游客流的空间流动带动了相关的伴生流的流动，换言之，旅游流就是一个综合型的复杂巨系统，这个系统的动力来源就是游客的需求以及空间流动，从而带动整个系统的运转。

四、休闲客流

(一) 概念

按照休闲客流的字面意思，休闲客流仅仅是指休闲主体——休闲者的聚散变动，即大量的休闲人群在休闲空间中的流动，参与各种休闲活动，并由此形成具有一定方向、流量，以及流动速度特征的休闲人流。这种理解包含三个内涵：休闲人流的流向、流量和流速。虽然这一理解方式揭示了休闲客流的内在属性与特点，但是单单从休闲主体来解释休闲客流是远远不够的，它不能全面地反映出休闲客流的内涵。

休闲客流作为一个概念体系，它是以休闲人群为主体，并且集休闲旅游流、休闲信息流、休闲物流、休闲资金流、休闲产业流、休闲文化流、休闲交通流等多个子系统共同构成的复杂巨系统。休闲系统在地理空间上的表现就是这一系统在不同地域之间的网络联系，休闲客流是休闲产业的基础，也是现代休闲学研究的核心问题。在休闲客流复杂体系之中，休闲旅游流是指距离在 300km 以内的旅游休闲行为；休闲信息流是指休闲过程中的信息传递，它为休闲人群提供休闲选择与休闲依据；休闲物流是指休闲过程中物质的流动，一般表现为购物；资金流是指伴随着休闲物流以及休闲客流而产生的物质交换或货币交换行为；休闲产业流则是由休闲客流带动的休闲相关产业的发展，并由此而形成的产品、服务产业流；休闲文化流是指由于休闲活动带来的文化的传播和影响路径，从而形成的文化趋向性；交通流是指休闲活动中的交通方式，在休闲客流流动中形成的交通路径。这是一种综合定义的方法，相对于前者，这一定义具有三大优点：①它把休闲客流理解为一个综合的概念体系，在强调休闲主体的同时，也关注了与休闲主体密切相关的辅助因素，使得休闲客流的概念更加全面，更加具体；②这一概念体系从理论的角度弥补了休闲客流研究领域的空白，为以后的休闲产业发展和休闲客流空间扩散研究奠定了理论基础，提供了参考依据；③从联系的角度界定休闲客流，充分强调了休闲客流概念体系的作用，有利于学者全面理解休闲客流的研究领域。

根据研究调查与分析，本书研究将休闲客流扩散定义为：休闲客流空间扩散是指在 0～300km 的休闲空间内，为了满足休闲需求，自发地或有计划地在居住地与休闲场所之间，或休闲场所内或之间所进行的具有一定方向、流量，以及流动速度特征的汇聚和扩散的过程。在这一过程中，休闲人群是主体，与其相关的信息、物质、资金、产业、文化、交通等是客体，起辅助作用。这一定义可以从 5 个方面进行理解。

(1) 休闲客流扩散的空间有界性。本书将休闲活动的空间距离界定在 0～300km，这是符合人们休闲习惯的。随着科学技术的发展，特别是交通条件的大力改善，地域之间的相对距离在不断缩短，这也体现出休闲的空间延伸化趋势，即休闲空间的拓展。由于休闲产业发展的相对滞后性，休闲产业的发展远远不能满足人们不断增长的休闲需求，这就使得人们寻求一种休闲空间的对外扩展，以满足自身的休闲需求。休闲空间的向外拓展是今后休闲产业发展的趋势，在未来50年，这种趋势必将会有空前的大发展，甚至影响休闲产业的发展。

(2) 休闲活动是一种为了满足休闲生活需求而进行的活动。人们除了工作时间与正常的维持生命活动时间之外，剩下的时间就是休闲时间，人类天生具有休闲的需求，在经济社会高度发展的今天，休闲占据人们时间的比例越来越大。例如，工作时间的不断缩短，休闲设施的逐渐健全等，这些都是为了满足人们不断增长的休闲娱乐需求。

(3) 休闲活动具有自发性，同时也存在一部分计划性。休闲活动的自发性是区分于旅游活动最明显的特征之一，休闲往往没有计划的色彩，也正因为它的自发性、随意性，给休闲客流空间扩散的研究带来了巨大的挑战。

(4) 休闲活动发生在居住地与休闲场所之间，或休闲场所内或之间。人们休闲一般是从居住地出发，从出发的一刻便开始了休闲活动。由于休闲活动具有自发性和随意性的特点，在居住地和休闲场所之间就会形成方向各异的休闲流，其中也有发生在休闲场所内部的休闲人群的流动。这一规律可以归结为：休闲流的点、线、面特征。即休闲可以是居住地与休闲场所之间，或休闲场所之间这样的"点-点"式扩散；也可是居住地与扩散路径之间这样的"点-线"式扩散；还可以是"点-线-面"结合式的扩散。

(5) 休闲活动是具有一定方向和流量以及流动速度特征的动态过程。受时空分布以及城市空间区位规划的影响，休闲流表现出明显的方向性，以及在流量、流速上的差异。造成这种差异的因素有很多，归结起来可以分为三类：一是时间季节的因素；二是收入分配的因素；三是年龄感知的因素。

休闲客流的空间扩散是一个汇聚和扩散的过程。休闲客流扩散的这种汇聚和扩散是相对而言的，一方面，对于流入地，客流呈现汇聚的特征；另一方面，对于流出地，则表现出一种扩散的过程(杨国良，2008)。

(二) 休闲客流的特征

休闲客流旨在研究休闲相关问题，它不同于旅游流。一方面，旅游属于休闲的一个分支，代表的是休闲领域的一个很小的方面，不具有学术代表性；另一方面，休闲与旅游又有着明显的区别。休闲客流空间扩散的特征主要表现在4个方面。

(1) 休闲活动是自发的、满足休闲需求的一项活动。休闲活动的自发性是指休闲活动本身是休闲主体生活的一部分，类似于人的吃、喝、拉、撒、睡，它没有目的性。这一点是区别于旅游活动最大的特点。旅游流一般是指居住地与旅游目的地之间的活动，它具有明显的目的性。

(2) 休闲客流在空间内的扩散具有多向性。休闲扩散的多向性是指休闲主体在空间内的流动方向是不确定的，具有"大合流，小散流，多向杂流"的特点。这种特点不仅表现在某一区域内的多向流动，在区域之间，这种多向性特点也是十分突出的。休闲者从居住地出发，有多个休闲区间可供选择，在休闲活动空间内，休闲客流的流动路径是开放的，因此呈现出多向性自由扩散的形态。

(3) 休闲活动的相对经济性。相对经济性是指休闲活动在一定程度上带有经济消费的色彩，但是休闲活动本身与一般的物质消费又有着一定的界限。休闲本身是没有经济消费的（商业休闲除外）；相反，旅游活动则一定是与消费分不开的。

(4) 休闲客流的内在综合性。休闲客流是一个综合性概念，包含了休闲旅游流、休闲信息流、休闲物流、休闲资金流、休闲产业流、休闲文化流及休闲交通流等复杂子系统。在这个复杂的巨系统中，休闲客流是主体，起着核心作用，其他子系统是辅助流，起补充作用。由于休闲主体具有休闲的需求，从而产生了各种各样的休闲方式，在信息的帮助下，进一步衍生出旅游流，需求催生产业，产业带来消费，从而休闲物流、资金流、产业流、交通流应运而生，在各种系统的综合作用下，休闲者自主地选择，满足自己的休闲需求。

在这一过程中，一方面，休闲者本身满足了休闲需求，获得了身心的愉悦，使自己的生活得以平衡；另一方面，催生了休闲产业的发展，刺激经济的增长，促进了国民经济的发展。此外，人们的交流渠道得以拓展，生活的圈子得以突破，这就使得人与人之间的交流更加频繁，从而促进文化的交流。

五、休闲客流空间扩散的属性与分类

(一) 休闲客流空间扩散属性

1. 扩散方向

休闲客流的空间扩散具有明显的多向性，总体上表现出"大合流，小散流，多向杂流"的特点。

"大合流"是指受趋同意识的影响，或者说模仿或从众习惯，人们在休闲活动中往往跟随大流，从而形成流向单一、流量巨大、流速稳定的休闲流。这种"大合流"在休闲活动中最为常见，例如，社区休闲广场、城市步行商业街等，这些休闲空间往往因为休闲人流量庞大而十分热闹，同时也是事故常发地。社区广场一般是家庭式休闲，主要对象包括老人、青少年、小孩儿；而相对较远的城市步行街则是上班族、青少年最为集中的地方。造成这一趋势的主要原因是年龄阶段的趋同性，由于年龄阶段的趋同性，人们对于外界事物的认识和感知具有相似性，从而更加容易汇聚成流。就总体而言，"大合流"主要集中在社会中低收入阶层。

"小散流"是相对于"大合流"而言的，它是指由于个体差异，或受社会认知、收入水平、职业背景等因素的影响，而在休闲方式上表现出来的一种独特性，从而在休闲扩散上呈现出来的流动特征。"小散流"一般以商务休闲最为典型。随着休闲方式的多样化，社会各阶层可以选择不同的休闲方式，而对于社会上少数的高收入人群，则会选择相对较高端的休闲方式，也就是商务休闲，这也就形成了休闲扩散过程的"小散流"形式。随着社会经济的发展，商务休闲越来越凸显其优势。例如，在休闲服务的质量上高于普通休闲，在休闲方式上具有多样化、新颖性等特点，另外，还有功能作用的全面性，人们不仅可以享受到高质量、现代化、多元化的休闲娱乐，同时还能洽谈工作，促进经济的发展。

"多向杂流"是对休闲客流空间扩散的总体趋势进行的描述，休闲客流空间扩散具有明显的多向性。休闲客流空间扩散路径是一个完全开放的路径，这就使得同一时间、同一地点、同一区域内的休闲客流，其扩散路径完全不同。

2. 扩散形式

休闲客流的空间扩散形式主要包括4种：两点式、点线式、点面式、点线面结合式。

两点式是指发生在休闲者居住地与休闲地两个定点内的扩散，即休闲主体离开居住地，直接流向休闲地，中途不参与休闲。这种形式主要包括休闲旅游、主题公园、商务休闲三种。休闲旅游是指带有旅游性质的休闲，它与旅游的主要区别在于空间距离的差异，如城市郊区风景区，这种位于城市边缘的休闲场所是休闲者十分青睐的休闲选地。人们直接乘坐公共交通工具前往城郊风景区，中途不参与休闲。另外，对于主题公园和商务休闲场所，由于与人们的居住地有一定的距离，所以，休闲者在选择休闲时也表现出点对点式的特征。

点线式中的"点"是指休闲主体的居住区，或工作区，"线"是指呈线状或带状表现形式的休闲空间，主要表现为街道，点线式扩散就是指由居住区或工作区出发，在线状或带状休闲空间内的客流扩散。例如，休闲主体从居住地出发，经由社区街道的扩散；或直接前往休闲街(步行街)的休闲扩散等都是点线式扩散。这种休闲扩散由于受到城市街道分布的影响，所以在其空间扩散形式上具有明显的流线特征。

点面式的主要形式是休闲旅游，它是指居住区与面状休闲空间之间的休闲客流扩散。对于休闲旅游区，它主要位于城市近郊，或城市内部，与其他旅游景区一样，它是一个由众多子系统共同构成的局部空间巨系统。在这个局部空间巨系统中，信息系统、服务系统、管理系统、资金系统、游客系统等共同作用。休闲者则是这一复杂巨系统中的主体，在各种景观、休闲设施的组合中，休闲者可以自由选择，因此在这样的局部空间巨系统中，休闲客流的空间扩散是呈面状表现的。

就整个社会而言，休闲客流空间扩散的形式往往是独特性与多样性相结合的，在某一区间内，其扩散形式也不是单一的。例如，对于步行街，其主要的扩散形式是点线式，但是就整个休闲街微区间而言，又具有点面式扩散的特点。

(二)休闲客流空间扩散的分类

在旅游流研究领域，薛莹曾认为，旅游流的空间流动是一种自组织的过程，并且将它描述为"内聚"。根据旅游流与休闲客流的共性，我们将旅游流的内聚性引入休闲客流的分析与研究。但是，只是将休闲客流的空间扩散理解为"内聚"，这是不全面的，内聚与扩散是两个相对的概念。因此，休闲客流的空间扩散是一个汇聚和扩散的过程。休闲客流扩散的这种汇聚和扩散是相对而言的，对于流入地，客流呈现汇聚的特征；对于流出地，则表现出一种扩散的过程。对于休闲客流空间扩散的分类，根据不同的划分标准，可以划分为以下类型。

(1)根据休闲客流空间扩散的相对属性，可以将其划分为汇聚流和扩散流两种类型。

汇聚流是相对于扩散流而言的，休闲客流是从流出地流向客流输入地的，就输出地而言，休闲客流是扩散的；相对于输入地，休闲客流就是汇聚的。

(2) 根据时间和季节可以划分为假日流、季节流和平时流三种。所谓假日流，是指国家法定节假日和周末双休日的休闲客流，节假日是休闲客流空间扩散的主要时间段，在我国，以"五一"和"十一"最为典型，还有各类法定节假日。季节流是指休闲客流在不同季节的空间流动，一般来讲，春季和冬季为流动旺季，夏秋季节相对次之。平时流是指休闲人群在节假日之外，即正常生活工作期间的休闲流动。对于上班族而言，这类休闲主要集中在下班之后，而且还是一种短距离的休闲扩散。

(3) 按照扩散路径的长短可以分为大尺度流、中尺度流和小尺度流三种形式(图 3.4)。大尺度流是指扩散距离在 200~300km 的休闲流动，主要有休闲旅游、农家乐休闲等；中尺度流是指扩散距离在 100~200km 的休闲流动，主要包括环城游憩带、休闲会所、市区景点等；小尺度休闲流是指扩散距离在 0~100km 的休闲流动，主要有社区广场、生态公园、近距离休闲会所等。

(三圈层城市休闲客流图)

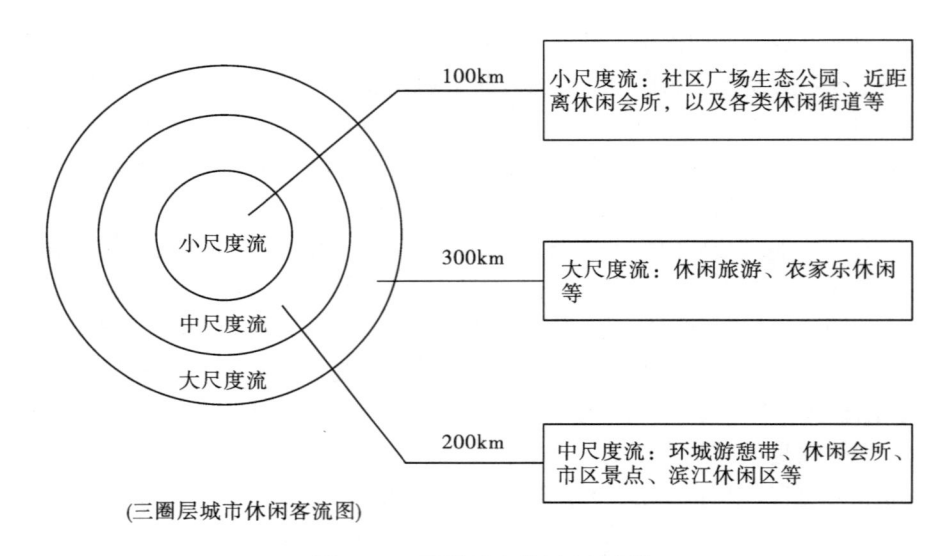

图 3.4 三圈层城市休闲客流图[①]

(4) 按照休闲主体的不同，划分为商务流、市民流。所谓商务流，是指商务人员所进行的休闲活动，由此形成的休闲流动。这类休闲流动主要发生在商务休闲场所，如休闲商务中心、商务休闲会所、商务茶楼等，这些休闲场所往往位于城市的繁华地段，环境优雅，布置高端，装饰精美，其休闲服务的等级和质量也十分高级。这也决定了来这些休闲会所的休闲主体是商务人员。相对于商务流而言，市民流则是指层次较普遍的一般休闲流动，及普通的休闲人群所进行的休闲活动，从而形成的空间休闲扩散或集聚。市民流在休闲客流中最为常见，表现为：随时休闲、随地休闲、随人休闲。随时休闲，即休闲是市民生活

---

① 资料来源：项目组参考汇编，2014 年 10 月编制。

的一个重要部分，随时都需要，随时都在发生，它一般不随时间的变化而变化；随地休闲，即市民阶层在选择休闲时，对休闲空间的要求并不高，出门即休闲；随人休闲，是人们在休闲过程中，产生并形成的一种休闲认识趋向，在这种认识趋向的作用下，休闲活动联系每个人的休闲认知。

六、休闲空间

顾名思义，休闲空间是指人们从事休闲活动所需要的空间。实际上，关于休闲空间的说法，仁者见仁，智者见智，不同的学者持有的观点也有所不同。杨国良(2005)在其《旅游流空间扩散》一书中，从具象的地理空间角度界定旅游空间，这里的旅游空间即休闲空间。学者楼嘉军则从家庭、社区、社会和网络等多个视角分析了多样化的休闲空间。关于概念的研究，普遍的观点认为，概念并无定论，即不能对某一事物或现象规定不变或多变的概念释义，而应当从广义和狭义、正面和反面、潜在层次和深层次等多个角度进行分析。因此笔者认为，休闲空间的概念也遵循这一逻辑，有广义和狭义之分。

一般意义上，休闲空间是人们从事休闲活动所需要的空间。具有休闲需求的目标休闲者或休闲群体在某一休闲空间内进行休闲活动，这一过程包含三个要素：休闲者、休闲活动和休闲空间。而实际上，休闲活动的参与者或者说是相关因素，远远不止这三项，除了休闲者、休闲活动和休闲空间之外，这一活动过程还广泛地包含着休闲产品、休闲企业、政府参与者、休闲媒介(如休闲交通、休闲信息、休闲网络等)等。狭义上的休闲空间是指人们进行休闲活动的具象地理空间。随着社会经济文化的发展，以及休闲概念的扩大化，这一定义显然不能适应理论发展的需要，因此必须从现代意义上对休闲空间进行限定。从现代意义上讲，休闲空间是指为满足休闲者休闲需求而形成的休闲娱乐场所或聚集区及其他形式的休闲空间。

楼嘉军认为，现代社会休闲文化空间结构主要包括家庭休闲空间、社区休闲空间、社会公共休闲空间和网络休闲空间。其中，家庭休闲空间是最基本的休闲活动空间，社区是休闲活动空间在空间范围内的进一步拓展，社会公共休闲空间则是休闲空间最主要的形式。网络休闲空间是指利用现代化技术，主要是互联网技术，通过一些网络程序或系统软件，为休闲爱好者提供网络休闲的场所，也包括由互联网形成的网络虚拟休闲空间，例如电子邮件、腾讯 QQ、网络游戏、视屏电视等形式多样的网络休闲活动。从空间地理的角度划分，休闲空间又分为城市休闲空间、近郊休闲空间、远郊休闲空间、中尺度休闲空间和大尺度休闲空间，其中城市休闲空间、近郊休闲空间和远郊休闲空间又统称为小尺度休闲空间，区域内的扩散称为小尺度休闲扩散。本书研究所采用的也主要是这一划分依据。

随着社会经济的发展以及休闲经济的不断进步，休闲空间也将随着休闲时代的到来不断扩大，并且融入社会生活的方方面面，在改善人们生活水平、提高生活质量的同时，也将更加凸显其在社会、经济、文化、艺术、科技、价值观念等诸多方面的重要作用。

七、空间扩散

关于空间扩散的研究，学术界普遍的观点认为始于 Hagerstrand 经典研究之后，并且涉及众多相关领域。空间扩散是指某一事物或某一现象从一个地方按照一定的路径、方向和规律，扩散、迁移到另一个地方的空间动态过程。空间扩散种类繁多，涉及面极广，主要包括接触扩散、等级扩散、迁移扩散和随机扩散等（杨国良，2008）。我国国内关于空间扩散的研究成果相对比较有限，以旅游、休闲为研究对象的空间扩散的研究才刚刚起步，而有关城市体系和城市职能扩散、病原体扩散、技术创新扩散、人口迁移扩散以及物流系统扩散等诸多方面的研究则相对比较丰富，特别是 2008 年出版的《旅游流空间扩散》一书，更是为研究休闲客流的空间扩散提供了重要的参考依据。自 21 世纪以来，我国不少学者开始关注旅游流的内聚与扩散相关话题，学者薛莹以江浙地区为研究对象，着重分析了研究区域内旅游流的内聚现象，她认为，旅游流在区域内部的流动演化实质上就是区域旅游系统的一种自组织机制。章锦河等则以皖南旅游区为研究对象，重点研究了区域内旅游流的空间扩散规律及其流动路径。

从空间扩散的角度分析休闲客流的行为特征，进而为我国休闲产业的发展提供重要的理论与实践借鉴，对区域休闲经济的发展具有重要意义。休闲客流的空间扩散研究，其中心就是空间扩散，主要包括空间扩散的路径、模式、规律等诸多方面的内容。从一定程度上来讲，休闲客流的空间扩散就是一个休闲系统的自组织机制，一方面，休闲者不断产生休闲需求，另一方面休闲企业不断创造休闲产品或服务，满足休闲需求，而这种供求之间的相互耦合就是通过空间扩散这一自组织机制完成和实现的。

第二节 理 论 基 础

本章第一节中，笔者主要针对一些基础理论和基本概念进行了阐述，休闲客流的空间扩散作为一个新兴的理论科学，在理论基础上涉及面极广，综合包含了区位与空间结构理论、旅游流空间扩散理论、休闲决策行为与空间选择理论、环城游憩带理论、旅游机会谱系理论、旅游流扩散动力机制理论、增长极理论、圈层理论八大理论，这八大理论共同构成了休闲客流空间扩散的理论体系。

一、区位与空间结构理论

休闲客流空间扩散的区位与空间结构理论主要包含两个方面的内容：其一，区位因素理论；其二，空间结构理论。这一理论的重点在于从地理空间的角度研究休闲客流的空间扩散。

（一）区位因素理论

区位（location）是指某一主体或事物所占据的空间场所、位置，具体可标识为一定的空间坐标,例如经济区位就是某一经济主体或经济现象,为其社会经济活动所占有的场所(如工业区位、居住区位、城市区位等)。实质上,经济区位所反映出来的是不同的地理坐标(空间位置)所标识的经济利益差别。在一定的经济系统中,由于社会经济活动的相互依存性、资源空间布局的非均匀性和分工与交易的地域性等特征,各空间位置具有不同的市场约束、成本约束、资源约束、技术约束、信息约束等,从而具有不同的经济利益。经济区位往往被描述为距离某一个或几个特别地点的不同位置,如与城市中心的距离、与自然资源的距离、与市场的距离等,从而反映经济利益差异。

1. 旅游区位相关研究

学术界关于旅游区位论的研究较早,而休闲区位的研究则相对较晚。学者们普遍认为,旅游区位研究始于 20 世纪 50～60 年代,其代表性事件是克里斯泰勒提出的中心地理论(Vasiliadis, et al., 1999)。中心地理论是探索最优化城镇体系的一种城市区位理论,以研究城市空间组织和布局,长期以来,这一理论都是作为旅游中心地分析的原始理论基础。另外,针对发展模式也进行了相应的研究,国外的学者,如格里斯和狄西提出了旅游吸引周围的同心影响带模式;齐瓦·乔威塞克提出了中心地的腹地模式;约克鲁和弥尔西等诸多学者,也进行了类似的研究。20 世纪 80～90 年代,学者德福特也提出了旅游业布局的五条原理;与此同时,美国学者克劳森突破性地提出了旅游区位三种指向,即利用者趋向型、资源基础型和中间型,用区位理论研究旅游业的思想引起人们的重视。

区位条件由多个区位因素构成,不同的对象,其区位因素也有所不同。例如,工业区位主要包括交通、原料、市场、与城市的距离、地理位置、土地成本等;农业区位则主要包括气候、土壤、水源、温度与湿度、地貌特征、植被等。关于区位因素的研究,方远平等将企业区位因素归纳为信息因素或科技因素、交通因素、政府及制度因素、市场经济四类,并且他们认为,这四个因素同样也是服务业区位因素的基本构成因素(刘炜,2010)。旅游区的区位通过其与客源地和周围目的地的空间关系以及交通可达性来体现,因此旅游区的区位就主要包括旅游资源区位、客源区位和旅游交通区位。旅游区位论是研究旅游客源地、目的地和旅游交通的空间格局、地域组织形式的相互关系及旅游场所位置与经济效益关系的理论(朱彦玲,2011)。

区位理论在旅游研究中的运用主要体现在两大理论成果上,其一就是旅游中心地理论。旅游中心地理论最早是由我国学者吴必虎等提出,该理论认为:旅游中心地通过提供中心吸引物,从而形成旅游区位的一般因素,交通条件在其中扮演着重要的角色。并且在此基础之上,还建设性地发展并提出了旅游中心性概念(陶犁,2007),并指出旅游中心地就是旅游中心性达到某一强度或标准的旅游景点,还提出了相应的界定方法和评价指标体系。其二就是距离衰退理论。距离衰退理论是建立在"地理现象之间是相互作用的"这一假设前提之下的,在这一前提下,其作用力就会随着距离的增加而反向递减。这一理论是在 20 世纪 60 年代后期才逐渐被引入旅游相关研究中的。吴必虎最早对国内游客市场及出游规律进行研究,并且发现中国城市游客和休闲出游都符合这一规律,游客市场都会随着空间距离的增加而降低,将近 80%的游客集中分布在距离城市 500km 以外的区域。

2. 休闲区位理论

根据国内外研究成果，笔者认为，旅游业与休闲业同属于第三产业，并且在两者关系中，休闲包含了旅游的概念，因此，旅游区位理论同样也适用于休闲区位理论的研究。综合国内外相关研究成果，笔者将休闲区位因素归纳为交通因素、资源因素、市场因素和政府因素4个方面。

交通因素是休闲区位因素的首要影响因素，从某种角度来讲，交通因素即空间距离，却又是比空间距离更为重要的因素。在空间距离的作用下，如时间距离、空间距离、经济距离、心理距离等，休闲客流量一般会随着距离的增加而呈逐渐减少的趋势，这一规律也被称为"距离衰减规律"。资源因素即休闲资源的分布状况、丰富程度、组合情况等，一般而言，理论上，目的区域内休闲资源越丰富、空间组合越合理，则其休闲客流量也就越大。市场因素，在相关研究成果中也被称为"客源区位"，它是休闲区位的核心因素，换言之，就是"休闲客流"或"休闲者"，这是一种被设计的概念。休闲场所其存在和开发的意义就在于，吸引休闲者，满足休闲者的休闲需求，这是一种被设计的理念，因此是否拥有丰富的客源市场，以及距离客源市场的"最优距离"，在很大程度上决定了一个休闲目的地的发展状况。作为第三方参与者，政府因素对区域休闲产业的发展也有着举足轻重的作用，政府参与者主要通过相关政策、法律法规、制度规划和财政资金等方面的手段影响休闲产业发展。因此，政府因素也是休闲区位因素中十分重要的因素。

（二）空间结构理论

一定区域内社会经济客体的空间活动及相互之间的关系，都会形成一种空间态势，而空间结构则是人类社会经济活动作用于一定地域范围所形成的组织形式（杨国良，2008）。空间结构理论也称为总体区位理论，它不仅仅是单一的区位理论，也是由包括增长极理论、点-轴理论、网络开发理论、圈层结构理论、核心-边缘理论和梯度结构理论等一系列理论共同构成的理论体系。休闲的空间是指构成社会休闲活动场所所需要的空间，因而休闲空间结构就是指各类休闲空间、休闲活动场所的空间组合与配置状况。因此，休闲空间结构并不仅仅是休闲活动的一种单纯的空间态势，而是反映休闲活动空间属性与相互关系的一种结构特征。

关于空间结构的研究，国内外学者的主要研究成果集中在旅游景区空间结构等方面，这些学者包括 Plog、Doxey、Miossec、Pearce、Hills、Gormsen、唐礼俊、朱力、郭城、潘丽丽、徐红罡等。在城市旅游空间结构研究方面的学者主要有Tayor、Pearce、古诗韵、保继刚、侯国林、吴必虎和张雷等。

楼嘉军认为，休闲空间结构主要包括四类空间，即家庭休闲空间、社区休闲空间、社会公共休闲活动场所空间以及网络虚拟休闲空间，并且详细地阐述了各类休闲空间的特征、功能等方面的内容，但是他并没有对各类休闲空间之间的内在关联进行研究和分析，也没有对各类休闲空间的空间配置与组合方面的特征与规律进行深入分析。从一定程度上来讲，他所说的休闲空间结构就是休闲空间的一种分类形式。休闲客流空间扩散必须依赖于休闲空间，而休闲空间的空间配置与组合则直接关系休闲空间是否优化。因此，必须对休闲空间结构进行研究和分析。

1. 宏观空间结构

休闲空间结构是指各类休闲空间、休闲活动场所的空间组合与配置状况，这里的各类休闲空间、休闲场所就是组成这一空间结构的基本单元。从整体来讲，休闲空间主要包括家庭休闲空间、社区休闲空间、社会公共休闲活动场所空间以及网络虚拟休闲空间，这就是楼嘉军的划分观点。从这个角度讲，休闲空间结构则是这四类休闲空间的有效组合与配置。

家庭休闲空间是人们休闲生活空间的基本单元，也是最基本的休闲生活空间，这个空间是每一位休闲者都可以，甚至是每天进行休闲活动的常规空间，也可以称为人们社会生活所必需的休闲空间。社区休闲空间是休闲活动的拓展空间，在空间范围和空间距离上都要比家庭休闲空间广。从社会学角度来讲，社区就是在某一区间内"围绕着其日常相互作用的方式而组织起来的人群，这些日常相互作用的方式包括住房、工作、购物、学校、教堂、政府和娱乐活动这样的行为和机构"（戴维·波普诺，1988）。

社会公共活动场所是社会休闲活动最主要的表现形式，因此也被称为"休闲活动的枢纽空间"。社会公共活动场所种类繁多，是最普遍的存在形式，诸如酒吧、KTV、电影院、歌剧院、体育馆、生态公园、游乐园、咖啡厅、网吧、棋牌茶社、农家乐等，都属于社会公共休闲活动场所。作为休闲空间的另一种存在形式，网络休闲空间是一种虚拟的休闲空间，随着科学技术的发展以及人们社会意识形态的进步，以互联网为标志的网络休闲逐渐成为人们生活中不可缺少的重要组成部分。与此同时，网络休闲空间更是在内容和形式上都使现实意义上的休闲空间有了进一步的延伸，这也是休闲时代的重要特征之一。在空间结构上，这四类休闲空间的空间结构如图 3.5 所示。

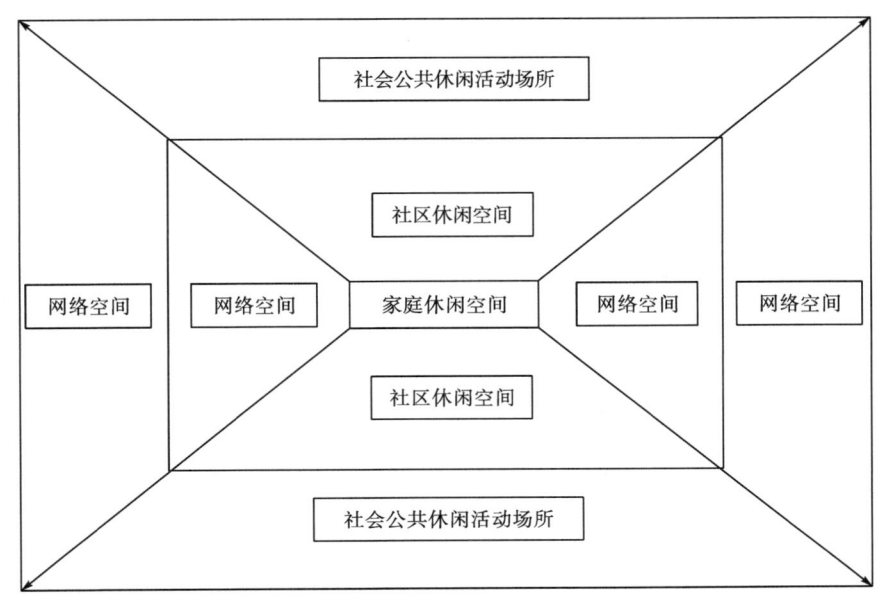

图 3.5 四类休闲空间的结构模式图[①]

---

① 资料来源：项目组参考汇编，2014 年 10 月编制。

如图 3.5 所示，家庭休闲空间作为最基本的休闲空间单元，也是休闲空间的中心，其外围依次是社区休闲空间和社会公共休闲活动场所，而网络休闲空间则作为一种纽带，将前三类休闲空间有机地联系起来，从而共同构成休闲空间结构体系。

2. 综合空间结构

上述休闲空间结构主要立足于社会整体的角度，而本书研究主要以成都市为研究对象，重点研究和分析成都市休闲客流空间扩散的相关话题，因此，为了方便研究和读者理解，笔者将从微观的视角分析休闲空间结构的相关内容。

微观休闲空间是休闲空间的细分归类方法，同时也是一种含有综合性特点的归类方法。从休闲活动的性质与内容来看，可以分为六大类：自然生态休闲场所、人文休闲场所、时尚娱乐休闲场所、健身康体休闲场所、城市大众休闲场所和餐饮服务休闲场所。从空间范围的角度看，主要包括三类：大尺度休闲空间、中尺度休闲空间和小尺度休闲空间。其中，小尺度休闲空间主要包括城市休闲空间、近郊休闲空间和远郊休闲空间三种。因此，在空间结构上，既要从休闲活动本身的内容和形式的角度进行优化组合与配置，也要把握空间范围上的完美搭配。以社区休闲空间为例，在某一特定的社区休闲空间内，必须有效规划和配置次级休闲场所，从而形成一个局部小范围内的休闲空间结构。例如，家庭休闲空间（居住区）附近，必须配套有绿化带、公园等休闲空间，同时为了方便社区生活，还必须有文化体育场所、图书馆等，从而形成一个合理的社区休闲空间结构。综上所述，综合休闲空间结构如图 3.6 所示。

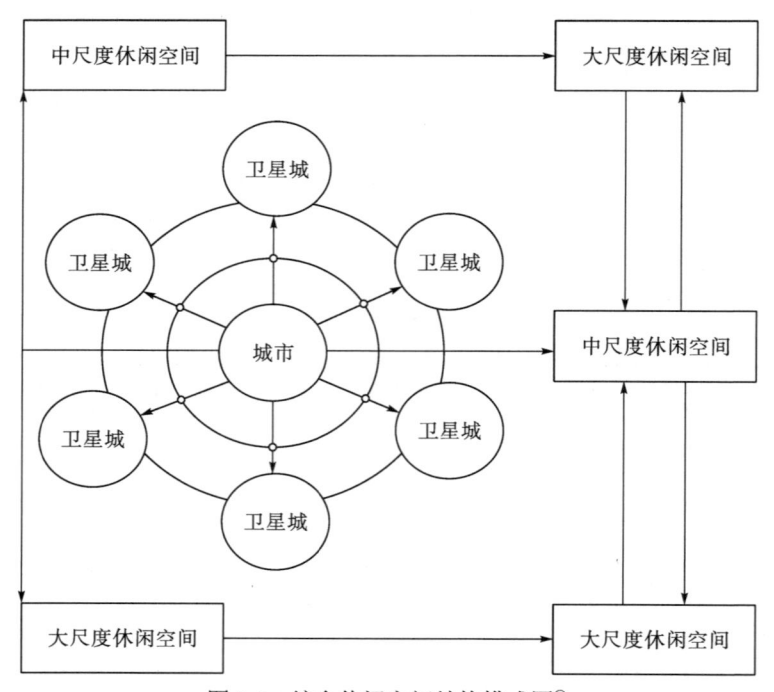

图 3.6 综合休闲空间结构模式图[①]

---

① 资料来源：项目组参考汇编，2014 年 10 月编制。

如图 3.6 所示,城市休闲空间与卫星城休闲空间(远郊休闲空间)共同构成小尺度休闲空间,其空间结构一般呈现同心圆分布形态,成都市城市休闲空间结构大致也是如此。中尺度休闲空间位于大尺度休闲空间与远郊卫星城休闲空间之间,在空间结构上具有过渡的作用。图 3.6 所反映的休闲空间结构,各级休闲空间相互协调,在空间配置上能够相互补充,从而实现休闲空间的优化配置与组合。

二、旅游流空间扩散理论

旅游流空间扩散理论是综合国内外相关研究成果与理论而形成的一个系统的理论体系,它包含旅游流空间扩散类型理论、扩散方向和路径理论、空间扩散模式理论。广义上来讲,旅游流空间扩散理论还包括旅游决策理论、旅游空间理论等相关理论。本书研究中,笔者主要就其中主要的三个理论进行简要说明。

(一)旅游流空间扩散类型理论

早期关于旅游流的研究主要来源于其他领域的相关研究,如医药学、物理或通信电子学、社会学、经济学、生物学等领域。随着旅游产业的不断发展,作为第三产业的标志性行业和全世界范围内的新兴行业,旅游业在经济、社会、文化、艺术、科学及政治等领域中的作用也越来越突出。因此,学术界对旅游相关理论的研究也逐渐兴起。关于旅游流的研究,薛莹认为,旅游流在旅游空间内部的流动和位移演化,其实是一种自组织过程,并且在其相关研究中用"内聚"来加以描述。但是,从国内外众多学者的观点来看,旅游流形式多样,仅仅通过"内聚"来描述旅游流空间流动的行为过程是远远不够的。一方面,旅游者通过旅游决策以及其他影响因素,进行旅游活动,从而在空间上形成旅游流的特征行为,这一过程即可称为"内聚"。但是,另一方面,当众多的旅游者汇聚成旅游流之后,在旅游空间范围内进行目标性流动行为时,这一过程就不仅仅是"内聚"能够描述的。相对于内聚而言,这一过程就是"扩散"。

在旅游流空间扩散类型理论研究方面,杨国良在这方面的研究成果尤为突出。在旅游流的描述上,他认为,根据旅游流的流向特征,可以将旅游流空间流动的形式划分为"内聚"和"扩散"两种形式。此外,旅游流空间扩散的类型随着划分依据变化而不同,例如,按照旅游流空间扩散所经过的城市等级,可以将其划分为递降型扩散、横向型扩散(原文是平级型扩散)、递增型扩散、跳跃型扩散和混合扩散五种类型,并且详细地阐述了各种类型的含义。而按照旅游流经过的旅游目的地站点,则可以划分一站式扩散和多站式扩散两种类型。从旅游流定义的角度来讲,这一划分思想集中体现了旅游流的扩散性特征。另外,还可以根据旅游流空间扩散的强度进行划分,具体可以划分为强扩散流和弱扩散流两种。

(二)旅游流空间扩散方向及路径理论

从扩散方向上来讲,旅游流空间扩散的方向总体上是客源地—区域旅游中心城市—旅游中心区,即旅游目的地之间的相互流动,因此,旅游流空间扩散也可以划分为出游扩散、回流扩散和域内扩散三种。出游扩散是指旅游者从旅游出发地前往旅游目的地这一扩散过程；回流扩散是指旅游者从旅游目的地返回到旅游出发地的过程；域内扩散则是指旅游者在旅游景区内的扩散活动，它是旅游流空间扩散的主体过程。

从扩散路径的角度来看，旅游者从旅游出发地出发，经由中心旅游城市，前往旅游目的地，然后直接回到旅游出发地或中心城市，这种扩散路径就称为直游式旅游扩散路径。与之相对应，旅游者经由中心旅游城市，前往某一旅游目的地游览完之后，再次回到中心旅游城市，前往另一个或另外几个旅游景点游览观光，从而形成在旅游中心城市与多个旅游景点之间的多次扩散行为，就称为多次单站往返式扩散路径。另外，随着旅游产业的发展以及旅游路线的完善和交通条件的优化，旅游商家近年来逐渐开发出了一种新型的旅游路线模式，即多站式旅游。从理论角度上来讲，这种旅游路径可以解释为：旅游者从旅游出发地经过中心旅游城市前往旅游目的地游览，只是这里的旅游目的地不是单个存在的，而是由一定路线相互连接起来的旅游系。因此，旅游者能够利用有限的时间，游览多个旅游景点，最大限度地满足旅游需求。杨国良称这一扩散路径为"多站串联式扩散路径"。在多站串联式扩散路径的基础上，又可以划分为多站闭合性扩散路径和多站开放式扩散路径。所谓多站闭合式扩散路径，就是指旅游者经由中心旅游城市依次前往旅游景点1、旅游景点2、旅游景点3……然后回到中心旅游城市的一种闭合性扩散路径。而多站开放式扩散路径则是指，中心旅游城市也作为一个旅游景点，旅游者游览完这些景点之后直接回到旅游出发地。

(三) 旅游客流空间扩散模式理论

从系统上来讲，旅游流在区域内的空间扩散模式主要包括两种，即闭合式扩散模式（图3.7）和开放式扩散模式（图3.8）（杨国良，2008）。闭合式扩散模式是指旅游者从出发地经过旅游中心城市在层级的旅游景点之间流动和扩散，最终回到出发地，这种闭合式扩散模式又细分为单站往返式、多站串联式、多站闭合式等。开放式扩散模式是指旅游者从扩散源区流出后不再回流，直接向各个景点扩散、流动，诸如一站开放式扩散、多站开放式扩散等，都属于这一种扩散路径。

另外，旅游流的空间扩散模式还主要体现为旅游景区内部的空间扩散模式。王铮认为，旅游系统在空间中抽象为由客源地、旅游区、集散地和交通网络所组成，交通网络将各个功能区连接起来，并最终形成了旅游流空间扩散的网络结构。卞显红从旅游景区六要素出发，将城市旅游地或旅游风景区的组成要素分为六个部分，分别是旅游目的地、客源市场、旅游界点、旅游区、循环路线和旅游通道。国外学者威廉姆斯，通过对大部分滨海区域的休闲旅游空间特征的分析，构建了一个滨海旅游空间结构。吴晋峰等利用并参考瑞典著名学者哈格斯特朗空间结构模型[①]的思维理念，重新构建了一个网状的旅游目的地空间扩散模式图。徐红罡运用最新的理论研究成果，建立了资源型旅游发展的一般结构模型。

---

① 第四代区位论大师瑞典隆德大学的哈格斯特朗（T. Hagerstrand）教授的空间扩散理论认为，一项创新由于能够提高系统运行的效率和创造出更高的价值，或能节约劳动和节约资本，或提供系统的功能（质量）而创造新的市场。

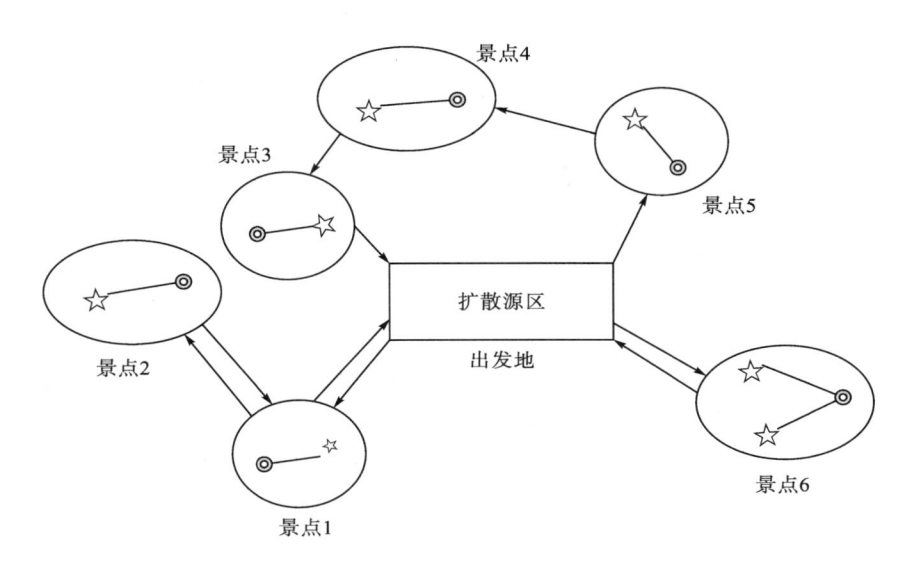

图 3.7　闭合式扩散模式图[①]

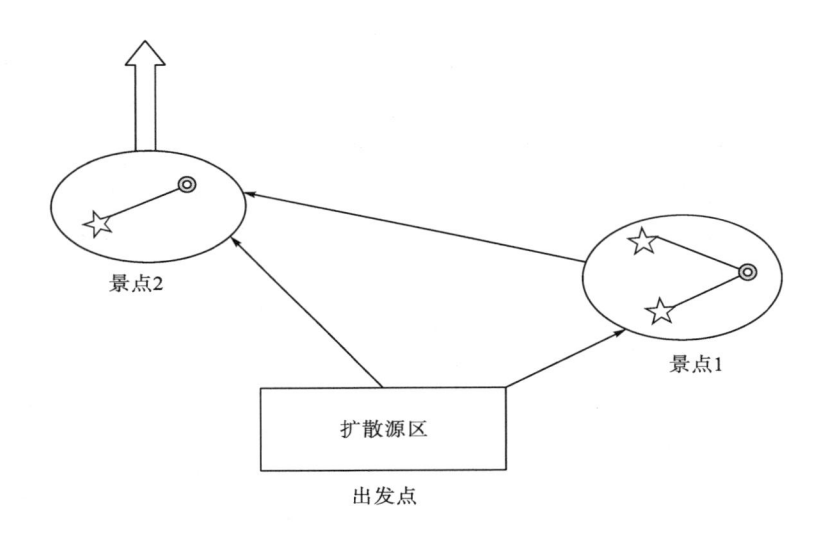

图 3.8　开放式扩散模式图[①]

在综合国内外众多研究成果的基础上，杨国良将旅游流空间扩散归纳为四种类型，即单节点扩散模式、多节点扩散模式、树枝状扩散模式和网络扩散模式。在系统空间扩散模式上，主要包括中心放射状扩散模式、点-轴扩散模式和旅游场空间扩散模式三种类型。王瑛从边际效益的角度重点分析了云南省旅游业发展状况，通过分析发现，云南省各个级别的旅游景点在空间分布上，呈现出以昆明市为中心向四周扩散的主体态势，并且还形成

---

① 资料来源：项目组参考杨国良《旅游流空间扩散》汇编，略有改动，2014 年 10 月编制。

了四条环带状分布的空间扩散模式。汪德根充分利用点-轴相关理论，在相关研究理论基础上构建了"板块旅游"的空间结构模式。

理论上，旅游与休闲同属于一个板块，并且在很大程度上，旅游从属于休闲范畴，因此，旅游相关的研究成果与理论在大多数情况下也适用于休闲相关的研究，本书在查阅参考国内外众多学者的研究成果的基础上，广泛地借鉴了这一系列理论成果。

三、休闲决策行为与空间选择理论

休闲决策行为与空间选择理论包括两个方面的内容，一方面是决策过程，另一方面是选择过程，两者是一个连续的过程。休闲爱好者在休闲出游之前，一般都会进行休闲决策行为，然后进行空间选择，最后进行实际的休闲出游活动。

决策，即抉择和策略，决策是人们认识世界和改造世界的一个重要环节（杨国良，2008）。著名的经济组织决策管理大师赫伯特·亚历山大·西蒙，在1955年最早提出有限理性的相关概念理论。该理论认为，决策是决策者提出一些可能的备选方案，并且在这些方案中检验确认一个满意方案的行为过程。美国学者斯蒂芬·P.罗宾斯认为，决策是对问题的反映，其原因在于实践的显示状态与期望之间存在着较大的差距，所以要进行必要的决策行为（Stephen，2011）。美国学者拉索认为，决策理论包括两个基本范式，其一是规范性决策理论，其二是描述性决策理论（Russo et al.，1998）。规范性决策理论又称为古典主义决策理论，描述性决策理论也称为现代决策理论或行为决策理论。

保继刚等（1999）认为，旅游决策是发生在旅游事件中的备选方案，是人们在出游之前，从搜集信息到最终做出旅游决策的动态过程。赵普光认为旅游决策就是对旅游信息进行加工筛选，从而做出选择和计划。谢彦君（2004）则认为，旅游决策是旅游者在众多旅游机会中做出最佳选择的行为过程。

笔者在总结和借鉴国内外众多学者观点以及相关理论研究成果的基础上，对休闲决策做出如下定义：休闲决策是人们在休闲需求和休闲吸引物的刺激下，根据自身兴趣爱好、经济条件等实际条件，对休闲行为方案做出的优化选择，主要包括休闲时间、休闲方式、休闲交通、休闲路径等内容。休闲是人们社会生活中极其重要的组成部分，它是生活与生产、物质与精神的"调节器"。但是在实际生活中，由于经济条件、区域发展水平差异、兴趣爱好差异以及其他相关因素的影响，每个人的休闲生活质量是不同的，不同的休闲决策带来不同的休闲感知度和满意度，因此休闲爱好者的休闲决策过程，其实质就是在可选择的范围内进行权衡，优化选择方案，这种优化并不一定是最优化结果，而是相互比较的结果（图3.9）。

休闲决策行为对个人的休闲活动具有重要的影响，直接影响休闲主体何时休闲、采用何种方式休闲、选择何种交通工具，以及在休闲过程中遵循何种休闲扩散路径等一系列行为特点。

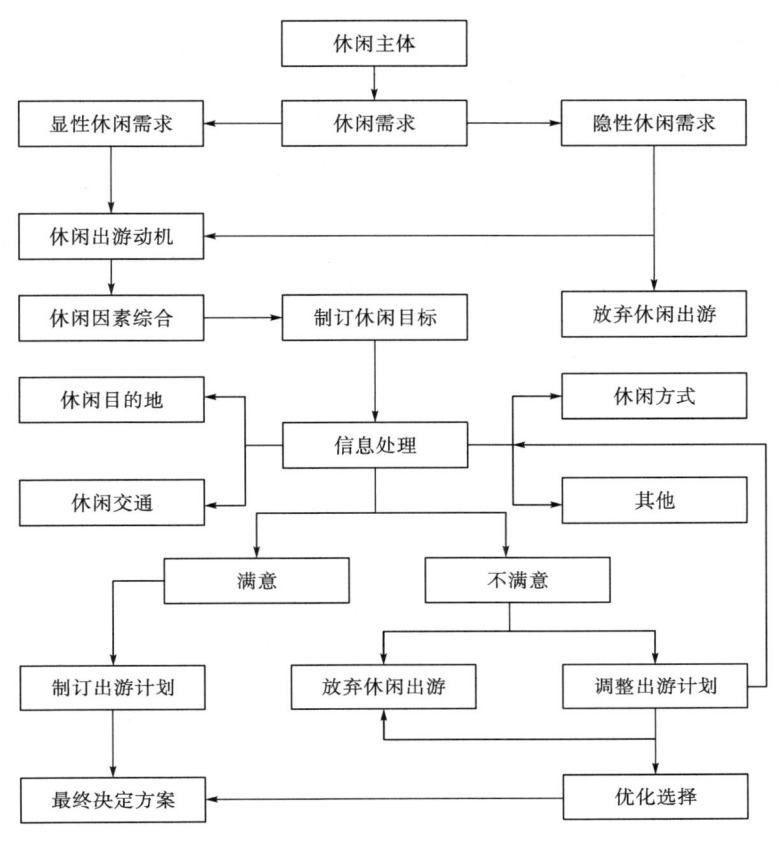

图 3.9　休闲决策行为过程图[①]

四、环城游憩带理论

西方国家关于环城游憩带的研究早于我国,这主要是经济发展水平和出游习惯的不同而造成的。发达国家经济发展水平较高,城市居民在郊区的游憩活动与国内居民游憩活动也有所不同,在很大程度上,其城市郊区已经由临时性周末出游活动空间转变为永久或半永久性的休闲活动场所空间,即游憩空间(图 3.10)。

1998 年,吴必虎首次提出环城游憩带(rec-reational belt around metropolis,ReBAM)的概念(吴必虎,1998)。在 1999 年,他通过大量的实证调查与分析,对我国多个城市进行模型分析,并且进一步提出了环城游憩带理论。该理论的主要内容为环城游憩带及其空间分布规律,环城游憩带根据字面意思可理解为位于环城郊区的休闲游憩带,在地理空间位置上主要位于城市近郊区。吴必虎认为,环城游憩带主要是为城市居民休闲娱乐而规划修建的游憩设施、休闲场所和公共空间。在特殊情况下,有些旅游景区也正好位于环城游憩带内,例如,成都市周边的青城山。为了便于研究,本书中也将这一类旅游景点纳入环城游憩带中。环城游憩带理论也认为,在特定情况下,环城游憩带还包括

---

① 资料来源:项目组参考汇编,2014 年 10 月编制。

位于城郊的外来旅游者经常光顾的各级旅游目的地,一起形成的环大都市游憩活动频发地带,简称为环城游憩带(苏平 等,2004)。2001 年,吴必虎以上海市为研究对象,对国内大城市周边的游憩带的形成及区位关系进行了充分研究。此外,在对我国 69 个不同规模的城市周边的 100 个乡村旅游地进行调研和测定处理之后,吴必虎发现,我国的乡村旅游地在大中城市周边分布存在着空间距离衰退的规律。具体来讲,距离城市 30km 以外,距离城市越远,则分布的乡村旅游地越少,超过 84%的乡村旅游地集中分布在城市周边 100km 的范围内。其中,20km 左右的范围分布最为密集,而 50km 左右则出现一个相对稀疏的分布低谷带。

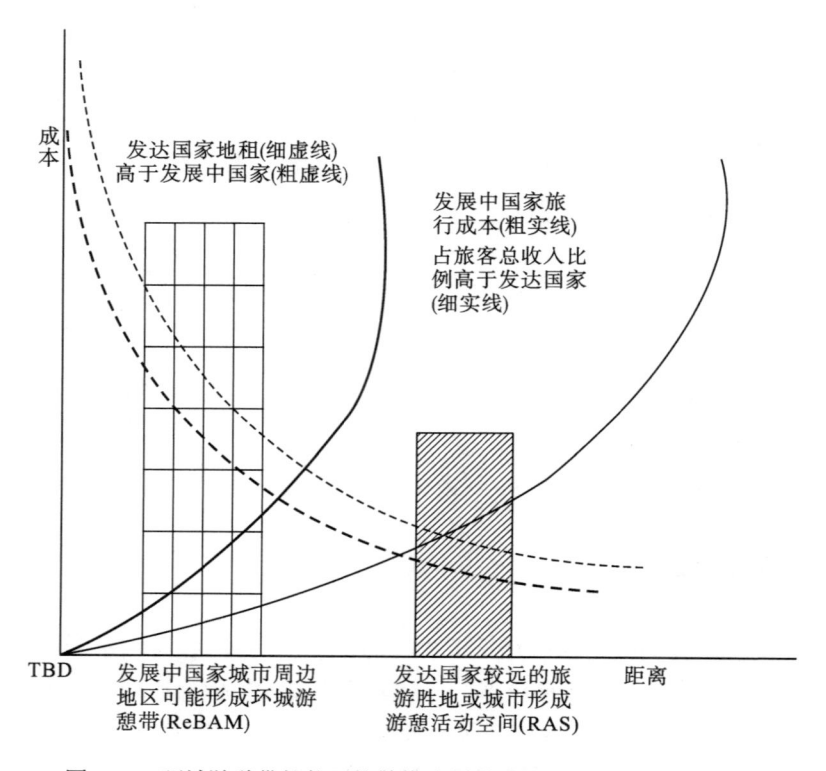

图 3.10　环城游憩带杜能环扩散模式图(杨国良,2008)(略有改动)

环城游憩带包含四大要素——环(城市)表明了区位;城市体现市场(客源);游憩指的是所提供的产品;分布形式,非圈也非点,而是不连续的一个"带",之所以称为"带",一方面,说明 ReBAM 需要比较大的单体规模及群体规模(非点),另一方面,表明 ReBAM 要因地制宜,适度发展,而不是发展成为一个封闭的圈(魏小安,2001)。秦学以宁波市为例,分析了城市内部的游憩空间分布结构;苏平等(2004)以北京市为例,将北京市周边的旅游地归纳为四个类型,即人文观光类、自然观光类、人工娱乐类和运动休闲类。在对不同发展水平的城市进行调查分析之后,吴必虎(2001a)、苏平等(2004)分别以上海市和北京市进行对比发现,环城游憩带的空间结构演变模式与杜能环的模式(图 3.11)十分一致。

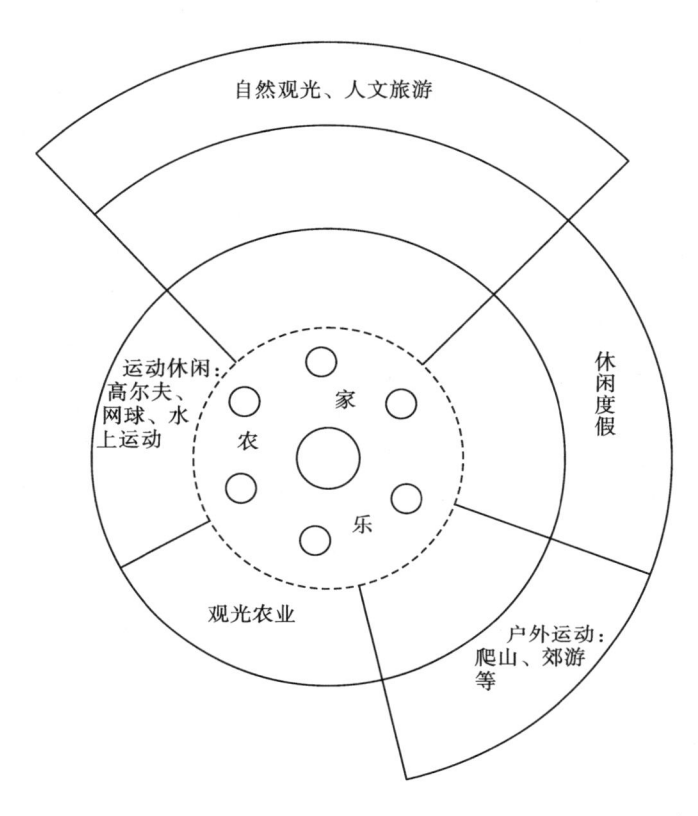

图 3.11　发展中国家与发达国家 ReBAM 区位分异图（杨国良，2008）（略有改动）

和大多数城市一样，成都市也是典型的圈层分布结构，在环城游憩带的空间分布上，同样也符合杜能环扩散模式，即以城市中心为圆心，由内向外依次扩散并形成环状分布的城市游憩带。成都市环城游憩带主要包括：一环至二环为中心游憩圈，主要以春熙路一带为中心；三环至四环、五环为农家乐休闲游憩带，主要以成都市本土特色农家乐为中心游览物；外环以外的远郊卫星城休闲游憩区，主要包括龙泉驿区、双流区、青城山、大邑县、都江堰等；远郊以外，即最外圈旅游游憩活动区间，又称为自然观光和人文观光旅游游憩带，主要包括西岭雪山、银厂沟、九寨沟、石象湖等。

五、旅游机会谱系理论

娱乐机会谱（rereation opportunity spectrum，ROS）是关于某一休闲旅游资源分级分类研究的分类系统概念，我国学者将其称为游憩机会谱，这一概念最早是由美国林务署林业研究员 Clark 和 Stankey 在 1979 年提出的。在不同环境与不同的活动中，人们总是在追求其所需的游憩体验，与之相对应的是，旅游规划者则以生产者的身份为人们提供一个具有一定时空序列的游憩机会，这也是游憩机会谱的来源。从地理空间的角度来讲，任何一种资源的空间分布都是不均匀的，因而针对不同资源状况，旅游休闲者就会有不同的需求，而规划者则提供不同性质的游憩机会。在游憩机会的规划过程中，ROS 主要考虑 6 个要素：可及性(access)、非游憩资源使用状况(other non-recreational resources uses)、现地的经营管理(onsite management)、社会互动(social interaction)、可接受的游客冲击程度(acceptability of visitor impacts)和可接受的制度化管理程度(acceptability level of regimentation)。每一种旅游分布环境，都存在着这 6 种要素的不同组合状况，从而形成旅游机会情境属性(settings)。从这一角度来讲，旅游规划者就是通过分析 ROS，为游客提供尽可能多的可供选择的游憩机会情境属性。

在实际应用上，旅游机会谱系理论的操作性并不强。旅游机会谱系理论强调环境、活动、体验三个要素，着眼于现有的旅游资源，强调从资源环境角度进行等级划分，以开发多样化的活动。因此，从本质上来讲，旅游机会谱系理论实质上是旅游开发过程中的资源导向型理论的延伸。这种开发思路过分强调资源环境，具有强烈的资源依赖性，而缺乏对不同消费市场的不同需求进行区别对待。因此，在实际操作过程中，旅游机会谱系理论很容易导致同类产品的过度开发以及"克隆""仿造"、产品同质化，缺乏创新元素与个性特色。

随着我国旅游产业的快速发展，许多学者将旅游机会谱系相关理论引入到我国旅游产业的规划应用之中。吴必虎最早对游憩机会谱的概念进行系统介绍；蔡君、符霞等、赵迪连续发表了三篇有关游憩机会谱理论的研究文章；中山大学黄向、保继刚、沃尔·杰弗里依据游憩机会图谱和生态旅游机会图谱的理论研究成果，立足于我国的具体国情，提出了生态旅游产品规划和管理工具——中国生态旅游机会图谱，从而极大地丰富并完善了旅游机会谱系在我国的发展。但是从目前来讲，游憩机会谱系理论在我国尚处于刚引入阶段，与本土实际情况结合尚不完全，运用方面也尚不熟练(叶晔，2009)。

六、旅游流扩散动力机制理论

市场经济背景下，生产行为和消费行为共同构成经济活动的主要内容。任何一种经济行为，其发展的动力主要是来源于生产和消费这两种因素的相互作用。因此，从这一角度来讲，旅游产业发展的原动力就是旅游产品生产和旅游消费。彭华认为，旅游发展动力来源于旅游消费牵动和旅游产品吸引，并且由消费行为引导和发展条件相互联系，进而形成旅游发展的动力系统，即互动型动力系统。旅游者在旅游吸引物的吸引与自身外出旅游观光的需求的双重影响和作用下，通过一定的媒介因素，产生旅游动机，从而形成最初的旅游流空间扩散，这一过程就是旅游流空间扩散的动力机制作用过程。

从彭华的角度来讲，旅游流空间扩散的原动力主要包括两种类型：其一，供给推动型动力；其二，需求拉动型动力。

所谓供给推动型动力，是指依靠旅游产品生产和供给，制造形式多样、内容丰富的旅游产品，也就是旅游吸引物，形成旅游吸引力，从而吸引旅游者进行旅游观光活动，进而推动旅游流的形成并且在一定空间范围内流动。根据旅游吸引物的不同，供给推动型动力又可细分为资源推动型、经济推动型和形象推动型三种类型。资源推动型，顾名思义，即依靠当地自身特有的旅游资源作为旅游吸引物，吸引旅游者出游，推动旅游流空间扩散的一种动力机制。资源推动型必须依赖丰富的资源优势，主要表现为资源的深度开发、新产品的不断出现和旅游空间路线的不断拓展与延伸。经济推动型主要表现为旅游吸引物的设计和制造，一般是以发达的经济基础作为后盾，在缺乏自然旅游资源的情况下，人为地、有计划地、创造性地设计、制造一些旅游吸引物，满足旅游者的需求，从而推动旅游流空间扩散。这一类吸引物带有明显的人为特征，如长江三角洲、珠江三角洲、山东半岛、天津滨海新区等经济发达的地区，通过设计制造一些具有创造性的现代建筑、城市公园、园林工艺等来吸引国内外旅游者，如东方明珠塔、世界之窗等。形象推动型主要是通过塑造一定的知名度和名誉，提高旅游景区知名度和游客认知度，最终达到吸引旅游者并推动旅游流的形成和空间扩散行为。形象推动型并不仅仅是依赖于经济和资源优势，而是通过提高旅游本身的知名度和旅游产品或服务的质量来达到同样的目的，它是一种旅游高度发展的产物。总而言之，资源推动型、经济推动型和形象推动型都是以旅游产品为依托，来吸引并满足旅游者的旅游需求，引导旅游消费，并最终推动旅游流的形成和空间扩散。换言之，供给推动型动力机制就是通过生产推动消费的一种循环动力机制，旅游产品生产是这一机制的原动力，而旅游产品或服务的消费是结果。

所谓需求推动型动力机制，就是与供给推动型完全相反的一种动力机制，它是以旅游者的需求作为原动力，通过需求刺激产品生产和供给，进而形成旅游流的空间扩散行为。这种动力机制所形成的旅游流空间扩散就称为需求导向型动力机制。这种与马克思主义经济学相违背的模式，在当今社会越来越突出，这主要得益于人们生活方式的改变，以及价值观念、思维方式、创造性思维的发展和进步。需求推动型动力机制在日常生活中也十分常见，如大城市周边逐渐形成并完善的环城游憩带。在城市形成初期，并没有相对应的环城游憩带，以及类似于环城游憩带功能的休闲空间，但是随着社会经济的发展，以及人们的休闲生活需要，也就产生了环城游憩带这一类休闲游憩场所，并最终推动了旅游的空间流动。

值得一提的是，现实中的旅游流空间扩散的动力机制并不单单是以一种动力形式影响旅游扩散，在供给推动的同时，也伴随着需求推动。一般而言，在旅游市场发展初期，主要是供给推动型动力机制，利用形式多样的旅游吸引物刺激旅游者出游；而在旅游发展后期，或称为成熟期，由于资源开发达到饱和，经济发展达到一定高度，就表现为以旅游者的需求为原动力，即需求导向型动力机制，从而形成一个循环发展的动力模式。这种循环并不仅仅是供给与需求的简单交换，而是这种综合型动力机制的优化升级。因此，旅游扩散动力机制并不是单独发生作用，而是一个动力系统，在这一系统中多种动力源共同作用，从而形成一个综合型动力机制体系。在《旅游流空间扩散》一书中，杨国良将这种动力机制用图3.12进行演绎。

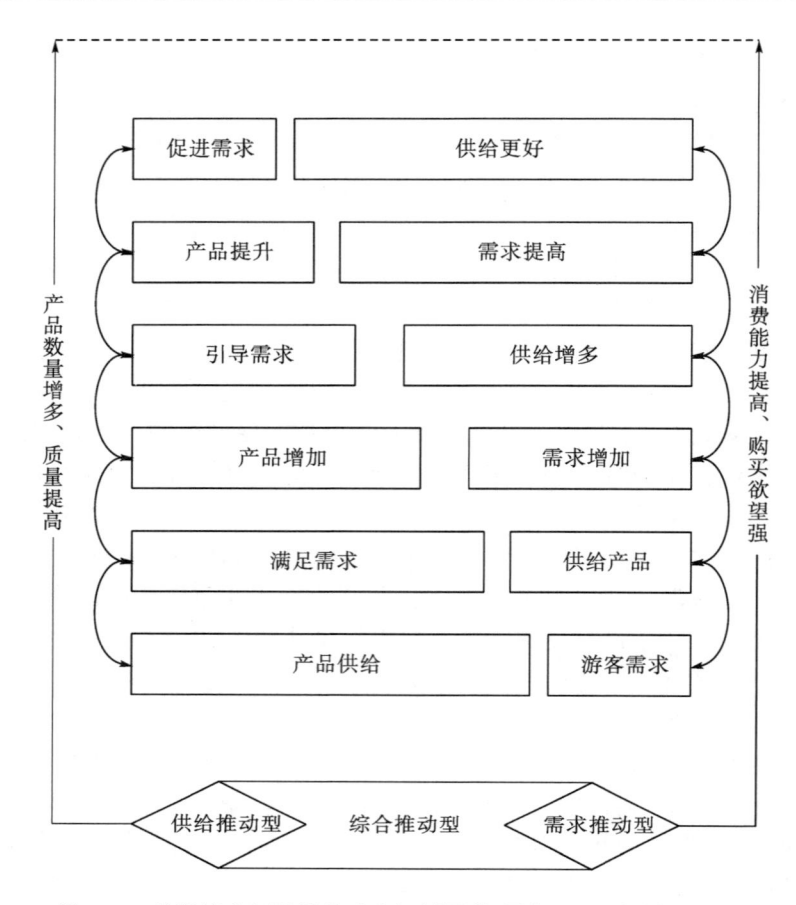

图 3.12　旅游流空间扩散的动力机制图(杨国良，2008)(略有改动)

七、增长极理论

  在理论体系上，增长极理论(佛朗索瓦·佩鲁，1995)同属于区位理论的构成理论之一。20 世纪 50 年代，法国经济学家佛朗索瓦·佩鲁首次提出了增长极这一理论。佩鲁的主要观点在于，经济增长并不是同时发生在所有的地方或生产部门中，而是优先发生在一些经济基础相对较好的国家或地区，或一些具有创新能力的行业或部门，在这种影响下，目标区域内的经济活动得到进一步的增长和发展。在增长极的影响下，必然导致发展的空间不平衡，即两极分化。这种"极化效应"主要表现为资金、技术、人才、资源、政策等诸多生产要素的空间聚集，从而导致整个行业的增长与繁荣。随着核心增长极的不断扩大，这种影响还将会发生扩散和转移，其目的在于扩大影响范围，寻求最优发展空间，实现行业上的相对垄断，在理论上，这被称为"扩散效应"(陶犁，2007)。在一定程度上，这种扩散效应将有效地促进和带动相邻地区经济社会的发展。
  增长极理论对国家或地区经济发展具有很强的现实指导意义。从全世界经济发展格局的角度来看，世界经济发展格局先后经历了一个中心——欧洲(工业革命至第一次世界大战期间)、美苏两极格局(第二次世界大战之后)、世界多极格局(当代)三个典型代表时期。

无论是哪一个时期,出现的极化区域都是增长极理论的完美体现。对一个国家或地区而言,增长极理论可以有效地指导区域经济的协调发展。以中国为例,增长极理论表现得最为突出的代表性事件就是改革开放国策。其中最为根本的理论支撑就是邓小平提出的"让一部分人先富起来,然后让先富的带动后面的人富起来,开放沿海城市,开办经济特区……"。

增长极理论对休闲旅游的发展具有十分重要的现实指导意义。首先,这一理论是以不发达地区的经济发展模式作为研究对象和分析基础,在很大程度上,增长极理论就是在研究并指导经济不发达地区的发展问题,休闲旅游亦是如此。其次,该理论还充分强调了政府宏观调控在经济发展过程中的重要作用。因此,在区域休闲旅游开发过程中,政府相关部门可以根据当地的实际情况,因地制宜,因事制宜,以增长极理论为指导,培育具有发展优势和发展潜力的休闲旅游增长极,这些增长极既可以是旅游中心城市,也可以是等级较高的休闲旅游景区。总之,增长极的要点在于集中区域内尽可能多的优势条件,包括人力、物力、财力及政策等各个方面的因素,重点开发,大力促进区域休闲产业的发展,进而充分发挥其"扩散效应",对整个区域经济产生影响。

在培育和发展休闲旅游增长极的过程中,值得一提的是,从短期来讲,培养增长极会导致区域内或增长极与周边地区之间贫富差距的扩大。从改革开放的发展模式经验来看,这一点是必然的,但是随着区域扩散效应的不断加强,这种差距在往后的一段时期内将会得到改善,贫富差距也会不断缩小,从而又产生新的增长极,如图3.13所示。

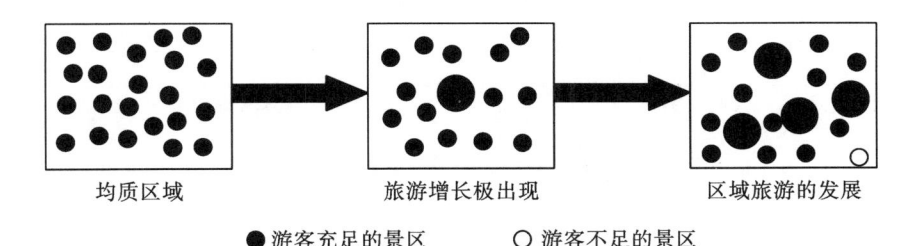

图 3.13　区域旅游开发中增长极的作用(刘磊,2008)

八、圈层理论

圈层理论,又称为圈层结构理论,该理论最早由德国农业经济学家约翰·海因里希·冯·杜能提出。约翰关于圈层结构理论的观点主要在于揭示城市经济发展与空间距离之间的内在联系,他认为,城市在区域经济发展中起主导作用,城市对区域经济的促进作用与空间距离成反比,城市是区域经济发展的中心,并且以圈层状的空间分布为特点逐步向外发展。圈层结构理论主要是从地理空间的角度来分析研究城市系统或某一对象及其经济活动的理论体系,从广义上来讲,圈层结构理论主要包括两个方面的理论体系,一是圈层理论,二是"核心-边缘"理论。下面将就这两个理论进行简要阐述。

(一)圈层理论

圈层理论是我国城市地理研究学者在研究大量城市区域规划的基础上,将城市系统圈层模式引入经济活动中,从而产生并形成的区域经济活动的圈层结构模式理论。城市系统圈层理论认为,都市圈层主要包括内层、中层和外层。内层主要是城市中心商务区,是区域经济的核心部分;中层为过渡地带,也称为城市边缘区,它是增长极扩散效应最为明显的区域;外层主要是指城市郊区,主要是以农业为主,同时也是假日休闲、花卉果蔬的供应基地。

在都市圈中,中心城市和围绕中心城市的城市体系往往体现出一定的结构特征(刘磊,2008)。实际上,许多大城市都具有这一特征。例如,东京大都市圈呈现"一都三县"的城市体系特征,成都市大都市圈呈现"一心多环"的城市体系特征,纽约大都市圈呈现"一心三环(内环、中环和外环)"的城市体系特征等。刘磊以上海大都市圈中心城市——上海为实证研究的对象,通过构建经济强度指标和聚集强度指标等体系,以及进行大量的实证研究和调查分析,最终得出上海城市圈层结构呈现三个圈层的形态特点,分别是 60km² 核心层、600km² 的中间层和 6000km² 的外层(刘磊,2008)。

为了深入研究都市旅游特征与规律,我国一些学者率先将都市圈层理论运用于都市休闲旅游研究当中,创建性地提出了一些有关休闲旅游的圈层结构理论,笔者将其称为"旅游地圈层结构理论"。在这一方面进行深入研究的学者主要有保继刚、吴必虎、阎友兵、李辉恒等。保继刚的研究主要集中在都市旅游中心区,即游憩商业中心;吴必虎等提出了环城游憩带的相关概念及理论体系,并且以上海市为例,构建、分析了上海市环城游憩带圈层分布结构;阎友兵和李辉恒对旅游圈进行了深入研究,他们认为,旅游圈的主要功能在于释放最佳经济效益、社会效益和环境效益,以旅游资源为核心,将各种相关要素联系起来,并形成具有一定地理范围的协作区域。图 3.14 为成都市圈层分布图。

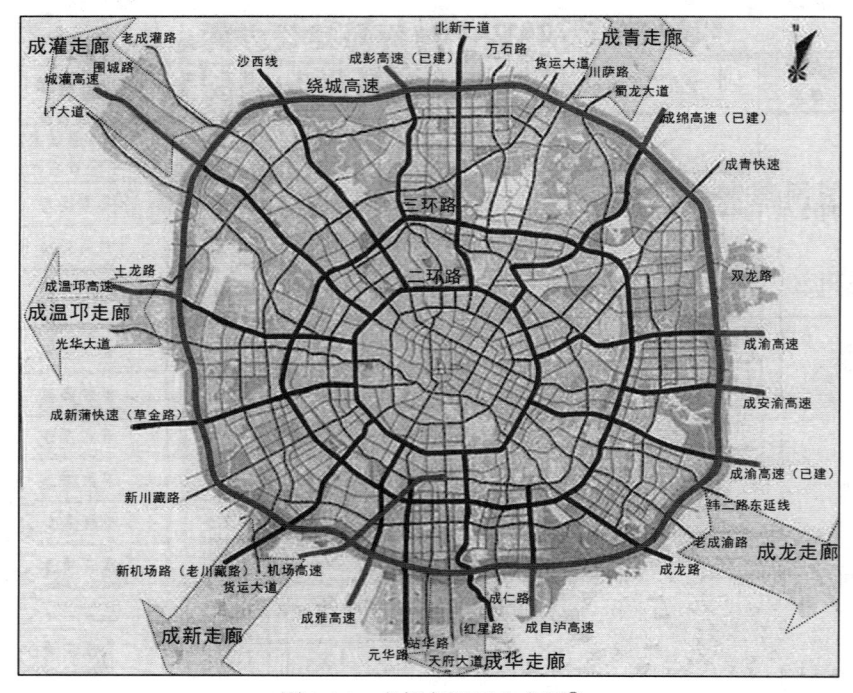

图 3.14 成都市圈层分布图[①]

---

① 资料来源:网络搜索。

(二)"核心-边缘"理论

"核心-边缘"理论最早是由美国区域规划研究专家约翰·弗里德曼提出,他认为,任何一个国家或地区无一例外都是由核心区域和边缘区域构成的,核心区域即城市聚集区。英国学者布里顿希尔斯和朗德格仁通过实证分析与研究,建立了关于旅游的核心-边缘理论模型,并且还充分强调了边缘区域必须依赖于核心区域的观点。在经济发展过程中,经济发展较快的区域往往位于城市发展中心,而发展相对较慢的区域则对中心发展区域具有依赖性,这种依赖体现在诸多方面,如资金、管理、技术、人才等。

随着旅游相关研究理论成果的不断成熟与完善,"核心-边缘"理论在区域旅游研究中得到广泛运用。严春艳、甘巧林从宏观的角度出发,认为任何一个国家或地区都存在一个旅游核心地区和边缘区域。在实际生活中,大到一个国家,小到一个城市,都存在着这样一个核心旅游区域,或核心休闲区域,这些核心旅游区域往往是一些具有旅游优势的热点区域,诸如旅游风景区、历史文化名城、休闲度假区等。另外,通过深入调查和分析,他们还建立起"核心-边缘"结构的三种常见模式,如图 3.15 所示。

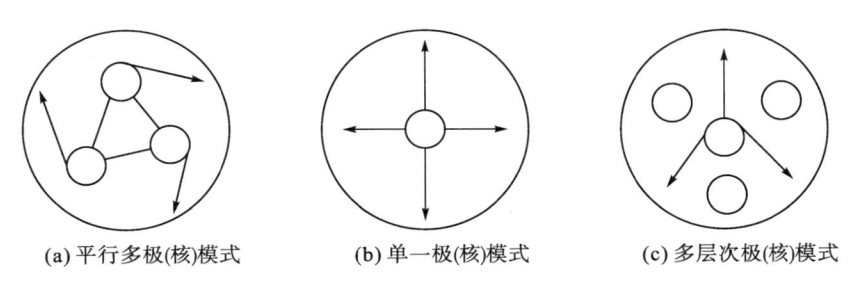

(a) 平行多极(核)模式   (b) 单一极(核)模式   (c) 多层次极(核)模式

图 3.15 三种不同核心-边缘结构模式图(陶犁,2007)(略有改动)

第四章 重点研究区域概况

休闲产业在我国是一个新兴产业，起步较晚，发展也相对滞后，在理论成果上的缺陷与不足以及实践经验的缺失，使得我国休闲产业发展相对比较缓慢。为了适应我国休闲产业发展的需要，以及促进理论成果研究方面的完善，本书将根据矛盾的普遍性与特殊性原理，进行重点研究与普遍推广。以成都市为重点研究对象，主要原因有5点。①成都市作为西部著名的休闲城市，更是以"休闲之都"闻名遐迩，是我国休闲产业发展的典型代表城市，并且在长期的发展完善过程中，已经形成一种独具特色的区域休闲文化。休闲文化底蕴是休闲产业发展的核心力量，也是现代化休闲理念的关键因素。不论是在国内，还是从全球范围来看，成都市都是研究"休闲"的典型对象。②成都拥有得天独厚的优势条件。气候条件、地理条件、经济条件、社会条件、历史文化底蕴等，对于成都市来讲，都具有典型意义。作为西部重要的政治、经济、文化中心，成都市以休闲为城市主题，休闲就是成都市的城市名片。③长期以来形成的独特休闲文化。在长期的社会历史发展过程中，成都市逐渐形成了独树一帜的休闲文化体系，诸如茶馆文化、戏曲文化、饮食文化等，都是对休闲的真实写照，这是其他城市无法比拟的。④庞大的休闲供给与需求——休闲经济。成都市是一座休闲城市，休闲融入了城市的每一个角落，融入了每一个成都市居民，也影响着每一个来蓉的游者，从而形成庞大的休闲需求；另外，随着大成都休闲的不断发展，休闲供给不断丰富，休闲供求的动态互动和此消彼长构成了休闲经济。休闲服务经济构成成都市经济的重要组成部分，极大地推动着区域经济、文化、社会的发展。⑤独特的休闲发展路径。将休闲作为城市发展的重要战略部署，并且融入城市规划的方方面面，这是绝无仅有的，也是成都以休闲立市并迅速崛起的独特发展路径。

因此，本书将成都市(大成都市)作为重点研究区域，以此为重点进行研究分析，然后再进行全国推广，使研究路径、分析理念以及研究成果具有科学性和代表性。本章主要就成都市休闲产业发展概况进行说明，包括成都市综合概况及休闲资源概况和成都市休闲产业发展状况等基本内容。

第一节 成都市概况

后蜀时期，蜀主孟昶为花蕊夫人在城墙四周遍种芙蓉花，以致花开时节成都四十里如锦绣，故而得名"蓉城"，"晓看红湿处，花重锦官城"。古时成都地区的蜀锦十分出名，朝廷特在此设立锦官以管理蜀锦的正常生产，故而成都也被称为"锦官城"。成都在三国时期就有"蜀中沃土，天府之国"之称，农业兴盛，商贸发达，堪称"西部经济中心"。

如今，成都依托深厚的历史文化底蕴和积淀，以其突出的地理优势，迅速腾飞，成为四川省省会和西部经济发展中心，是中国西南地区物流、商贸、科技、金融中心及交通、通信枢纽，亦是西南地区的文化、教育中心。成都是中国开发最早、持续繁荣时间最长的城市之一，为第一批国家历史文化名城之一，距今已有两千多年的历史，自然风貌也独具一格。成都自古便吸引了李白、杜甫等诸多文人墨客流连于此，历代蜀中王侯亦是风流自趣，成就了无数休闲文化遗珍。

一、得天独厚的自然地理环境

得天独厚的自然地理环境，赋予了"天府之国"最为独特的休闲天赋，这也是笔者选取成都市作为研究对象的重要前提条件之一。无论是独特的地理位置，还是无与伦比的适宜气候条件，都为成都市这一座休闲大都市奠定了先天基础。

（一）地理要冲

成都市位于四川省中部，地处四川盆地西部的成都平原腹地。从地理特征来看，成都市东部分布有南北走向的龙泉驿区山脉以及散落的盆中丘陵；中部为广阔的成都大平原，整个成都市区基本上都位于中央大平原；西部为邛崃山脉，主体地形地势为西部高、东部低，自北向南依次穿过德阳市、广汉市、中江县、金堂县、龙泉驿区和简阳市。虽然成都平原于位于我国一级阶梯和二级阶梯过渡区域，但是其平均海拔却只有450～720米，其原因就在它位于四川盆地，是由岷江、沱江及其支流冲积而成的冲积扇平原。邛崃山脉是横断山脉最东缘的次级山系，呈东北—西南走向，依次穿过彭州市、都江堰市、大邑县、崇州市和邛崃市，且主要位于一级阶梯上，许多山峰海拔都在4000米以上。天然的地理环境也造就了成都市丰富的地理地貌特征和优美的自然景观(图4.1)。

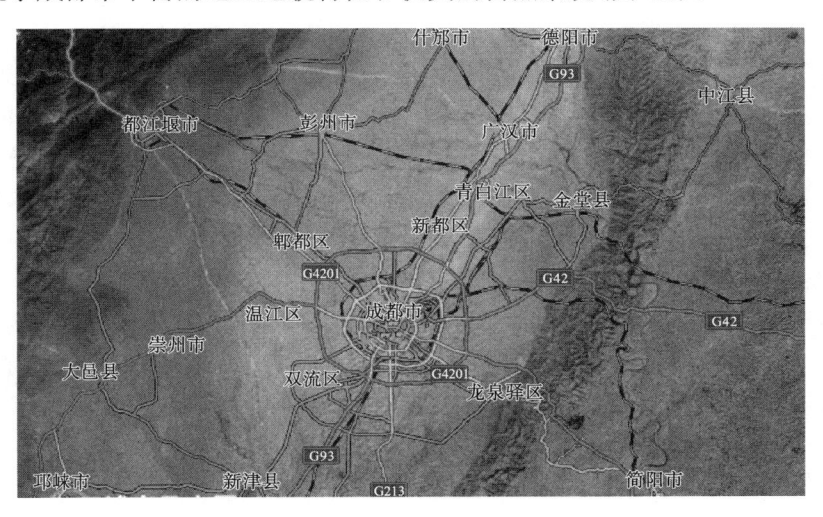

图4.1 成都市空间地理图[①]

---

① 资料来源：360地图搜索，"成都市"卫星地图截图，2015年3月。

在地理位置上,成都市自古就是川道要塞,北接甘陕,东邻渝湖,西壤青藏,南通云贵,内交绵阳、德阳、资阳、眉山、雅安、乐山、宜宾、自贡、内江、遂宁、巴中、广元、南充、达州、广安诸地,是川蜀名副其实的地理要冲。

成都市悠卧成都平原,枕首青藏高原之东麓,垂足岷江之泽,扶手太白、峨眉诸峰,泰然自若,悠然悠然。四川盆地四周山峰环绕,林壑优美,环抱其侧;府南、岷江、沱江之水,不知西东,泽润千里。

(二)适宜的气候环境

怡人的气候环境赋予成都市独特的休闲气氛。成都市的气候类型属于亚热带季风气候,温暖湿润,气候宜人。在盆地地形的作用下,更是形成了多雾的迷人环境。

成都市属亚热带湿润季风气候区。在地理位置、地形条件等综合因素影响下,其气候具有明显的垂直气候分布特点。成都平原丘陵腹地属于亚热带湿润和半湿润气候,气候温和、四季分明,无霜期长、雨水充沛、日照较少。而成都平原周边的高原山地则属于"盆周山地"凉湿气候,其中海拔1300米以上的山地地带,气候冷凉,由夏短冬长到冬长无夏,热量不足,雨水偏多,云雾常笼罩,终年阳光少;而海拔3000米以上的高原山地地带,气候寒冷、无霜期长、光照多,属高山气候,形成"春长温不高,夏短光照弱,秋凉雨绵绵,冬寒霜雪多"的山区气候特点。

在气温方面,成都市年平均气温为15.6~16.9℃,冬季平均气温为6.2~7.7℃,春季为13.6~15.1℃,夏季为23.2~24.6℃,秋季为16.3~17.6℃。最热月出现在7月,平均温度达25.0~26.3℃,最冷月出现在1月,平均温度为5.0~6.2℃。极端最高气温为35.5~37.7℃,普遍出现在7月;极端最低气温为-5.1~-3.6℃,大部分区(市、县)出现在12月,少部分出现在1月。从以往数据来看,成都市极端气温出现的频率是比较低的。总体上来讲,成都市四季温差不大,气候温暖湿润。在降水方面,成都市年平均降水量为759.1~1155.0毫米,年内降水量呈单峰变化。降水最多的时候出现在8月,为199.2~258.1毫米;最少出现在1月,降水量为4.3~19.0毫米。从降水量的四季分布来看,春季(3~5月)降水量为121.2~208.1毫米;夏季降水量最多,多达460.7~628.7毫米;秋季降水量为135.9~286.2毫米;冬季降水量为21.4~52.8毫米,降水主要集中在夏秋季节。在日照条件方面,有数据显示,成都市年平均日照时数为825.7~1202.9小时,日照相对比较充足。而相对湿度平均为79%~84%,其中4~5月相对湿度普遍出现在80%以下,其余月相对湿度出现在80%以上。

综上所述,成都市在气候上的总体特点呈现为:以亚热带季风湿润气候为主,气候温暖湿润,降水丰富,四季温差较小,湿度较大。同时,受地形地貌的影响,山地垂直气候特征显著,使得夏季凉爽,冬季温暖,因而孕育出成都市得天独厚的休闲环境。

二、雄厚的综合实力为其休闲产业发展奠定基础

近年来,成都市作为我国西部地区的核心增长城市,其综合实力不断增强,在多个领域综合评价指标中均列首位,成为西部地区经济发展的"领头羊"和"执牛耳者"。根据2013

年《成都打造"西部经济核心增长极"综合评价报告》相关数据显示，2013年成都综合评价指数上升为68.7%，提高了0.6百分点，这一指数在西部10个省会城市和一个直辖市(重庆市)中位居首位，成为"西部经济核心增长极"的综合效应程度最强、实现程度最高的城市。2013年"西部经济核心增长极"综合评价的参评指标主要包括5个方面，即城市影响力、经济实力、区域开放程度、基础设施保障和城市品质及居民生活质量。

(一)日益上升的城市影响力

根据监测报告显示，2013年，成都市城市影响力指数为76.8%，在西部城市中排名第一。随着成都市综合实力的不断提升，成都市的城市影响力也得到迅速提高，这种影响力不仅局限于我国国内的影响力，更成为影响国际众多城市的重要力量，这也是成都市全面步入国际化，走向世界并影响世界的重要标志(表4.1)。

表4.1　2013年成都市城市影响力评价指数表[①]

评价内容	具体数据
城市影响力评价指数	76.8%
GDP对西部地区贡献率	7.0%
工业对西部主要城市贡献率	21.1%
服务业对西部地区贡献率	8.4%
常住人口中非户籍人口的比例(2012年)	17.2%
全年举办展览会次数	503次
所在城市大区机构数(2012年)	12家
外国领事馆数量	10家

成都市城市影响力的迅速提升是伴随着一些国际重大事件的产生形成的。2013年，全球财富论坛高级会议最终将会议地址确定在中国成都，并于该年6月在成都成功举行。《财富》杂志总编辑苏安迪对此次论坛给予了高度的评价，她指出"成都财富全球论坛，是历届财富全球论坛之最"。同年9月25日～26日，全球最具规模和影响力的华人商界盛会——第十二届世界华商大会也在成都市隆重举行。另外，还有中国西部国际博览会、第十二届米其林必比登绿色交通全球峰会等一系列高规格会议先后在成都成功举办，对成都的城市影响力提升做出了巨大贡献。种种数据显示，成都市不仅仅是我国西部城市中城市影响力最突出的城市，在国际上，其影响力也是非常明显的。城市是休闲文化的中心，随着成都市城市影响力的不断扩大，其休闲文化也将得到更好的发展。

(二)不断增强的经济实力

2013年，成都经济实力评价指数为52.7%，与2012年相比提高0.2百分点，居西部城市第2位，重庆市GDP为12656.69亿元，位居首位[②]。从全国来看，2013年，成都市

---

① 资料来源：成都晚报，2014年4月。
② 耶鲁财富研究：2013年重庆市各区及下辖县经济指标排名，2014年4月。

经济增长总量位居全国第三,经济增长速度位居第五,成都地区经济生产总量在副省级省会城市中排名第三位,三大产业年增加值在全国副省级省会城市中均列第三(表 4.2)。

表 4.2　2013 年成都市经济实力评价指数表①

评价内容	具体数据
经济实力评价指数	52.7%
地区生产总值	9108.9 亿元
地方公共财政收入	898.5 亿元
人均 GDP	6.4 万元/人
非农产业比例	96.1%
GDP 增长率	10.2%
地方公共财政收入增长率	16.6%
社会消费品零售总额	3752.9 亿元
固定资产投资	6501.1 亿元
研究与实验发展经费支出占 GDP 比例	2.5%

(1) 第一产业:农业。2013 年,成都市农业总产值达 584.6 亿元,同比增长 3.5 百分点。在第一产业农业中,又以种植业和畜牧业为主要代表,其中,种植业创收 308.2 亿元,畜牧业创收 235.1 亿元。

(2) 第二产业:工业。2013 年,成都工业增加总值高达 3493.1 亿元,与 2012 年同比增长 13.0%,其中,轻工业增加值增长 8.1%,重工业增加值增长 16.1%。在成都市工业产业发展过程中,形成了以电子信息产品制造业、机械产业、汽车产业、石化产业、食品饮料、烟草产业、冶金产业、建材产业、轻工行业等为核心优势产业的八大产业体系。根据相关统计数据显示,2013 年,成都市八大特色产业实现产业增加值 2518.0 亿元,占全市规模以上工业的比例达 86.3%。

(3) 第三产业:服务业。在服务产业领域,经过多年的发展与不断完善,成都市逐渐形成了以核心商圈为中心,区域商圈与商业街区共同发展的产业格局。目前,成都市区共有"春熙路商圈"、"盐市口商圈"和"骡马市商圈"等三大核心商圈,有"红牌楼商圈"、"双楠商圈"、"城南商圈"、"老会展中心商圈"、"西大街商圈"、"光华商圈"和"建设路商圈"等七大区域商圈。商业街区分布比较分散,根据内容形式的不同主要分为民俗文化风情街、饮食聚集区及其他等几种类型。民俗文化风情街有:宽窄巷子、琴台路、锦里、文殊坊等;饮食聚集区有:科华北路、一品天下、锦华路万达广场、双楠路等;其他形式的商业街区还有送仙桥古玩市场、跳伞塔—磨子桥电子产品市场等专业性较强的商圈。总体来讲,2013 年,成都市实现第三产业增长值 3752.9 亿元,同比增长 13.1%。

经济实力的大幅提升无疑将会为成都市休闲产业的发展提供更为广阔的发展空间,也为休闲产业的长期稳定发展奠定坚实的基础。

---

① 资料来源:成都晚报,2014 年 4 月。

（三）不断扩大的区域开放程度

近年来，为响应国家全面深化体制改革与改革开放战略的号召，成都市进一步加快推进区域城市国际化进程，不断提高区域开放水平，广泛吸引国外投资，为经济社会的发展引进有生力量。根据2013年度监测数据显示，该年度成都市区域开放程度指数达到86.8%，比上年提高5.3百分点（表4.3）。

表 4.3　2013 年成都市区域开放程度评价指数表[①]

评价内容	具体数据
区域开放程度评价指数	86.8%
2013 年国际直飞定班航线数	32 条
2013 年落户本市世界 500 强企业数	252 家
2013 年外贸依存度	34.4%
2012 年实际利用外资	85.9 亿美元
2013 年境外旅客入境人数	176.4 万人次

进入21世纪以来，随着经济全球化和区域经济一体化趋势的不断加强，各国之间经济、政治、文化、社会等各方面的联系也日益加强。自中国共产党第十一届中央委员会第三次全体会议（十一届三中全会）以来，我国始终坚持"改革开放"的基本国策，这为我国经济的腾飞注入了全新的生命力。作为我国西部重要的经济、政治、文化中心，成都市不断调整发展战略，致力于打造"国际化大都市"和"休闲大都市"。据相关数据显示，自2013年"全球财富论坛"在成都市成功举办以来，成都市累计新增世界500强企业40余家。截至2014年2月，共计已有超过半数以上的世界500强企业落户成都，这一数量在全国排第三位，甚至已经超过了广州和深圳两大沿海发达城市。

我国休闲产业起步相对较晚，理论研究与实践探索经验都相对比较缺乏，而国外则具有相对优势，不论是在理论研究方面还是实践探索方面，国外水平普遍较高。在成都市打造西部"休闲之都"的过程中，走"国际化"发展战略无疑是最佳的选择，通过区域开放发展战略，提高区域开放水平，引进国外先进经验和管理技术，从而有效推动本区域休闲产业的发展。

（四）基础设施保障与城市品质及居民生活质量

2013年，成都市基础设施保障指数为76.2%，居西部城市首位。在城市基础设施建设方面，成都市不断加大财政资金投入，不断兴建并完善市政基础设施，具体包括交通设施建设、绿化建设、公共服务建设、医疗保障建设、文化设施建设等，其中尤以交通设施建设为主要代表。长期以来，成都市不断拓展和完善市内交通条件，在分布格局上

[①] 资料来源：成都晚报，2014 年 4 月。

逐渐形成"公路、铁路、航空"三位一体的公共交通体系，在规划建设上着力打造"地铁、公交、航空"三线相通的新型"立体城市"，最大限度地完善交通运输。在评价指标中，成都邮电业务总收入、航空货运量和轨道交通客运比例三项指标以较显著优势居首位（表 4.4）。

表 4.4 2013 年成都市基础设施保障评价指数表[①]

评价内容	具体数据
基础设施保障——评价指数	76.2%
2012 年邮电业务收入	346.9 亿元
2012 年铁路货运量	764.8 亿吨
2012 年公路货运量	38777.0 万吨
2012 年铁路客运量	14270.6 万人次
2012 年公路客运量	90980.0 万人次
2012 年航空客运量	1557.0 万人次
2012 年航空货运量	27.4 万吨
2013 年轨道交通客运比例	9.0%
2012 年每万人国际互联网用户数	5346.3 户/万人

基础设施建设与城市品质、居民生活质量息息相关。从 2010 年上海世界博览会在我国成功举办以来，"城市让生活更加美好"的主题便成了成都市的建设目标。不论是打造西部"休闲之都"，还是打造新型"立体城市"，其根本宗旨就在于提升城市品质，提高居民生活质量（表 4.5）。

表 4.5 2013 年成都市城市品质及居民生活质量评价指数表[②]

评价内容	具体数据
2013 年城乡居民收入	24771 元/人
2013 年城镇化率	69.4%
2013 年 12 月环境空气质量综合指数	5.89%

三、美食之都

值得一提的是，成都市还以其美食而闻名于世。2010 年 2 月，成都市获批加入联合国教科文组织创意城市网络，并被授予"美食之都"称号。"美食之都"是联合国教科文组织授予联合国教科文组织创意城市网络成员中一类城市的称号。联合国教科文组织于

[①] 资料来源：成都晚报，2014 年 4 月。
[②] 资料来源：成都晚报，2014 年 4 月。

2004 年发起建立"创意城市网络",是世界创意产业领域最高级别的非政府组织。该网络旨在提升发达国家和发展中国家城市的社会、经济和文化发展水平。加入了创意城市网络,可以以城市的身份参与国际非政府组织文化多样性保护活动;可以在全球范围内交流和展示成都美食文化,推动川菜走向世界,促进成都创意产业发展,提高城市创新能力和文化软实力。

四、无可比拟的休闲资源

旅游资源和吸引物经过开发和组织,构成了旅游产品,这是产生旅游需求的主要动因。参考国家标准《旅游资源分类、调查与评价》(GB/18972—2003)及其他旅游资源的分类方法,成都市的旅游资源可分为四种基本类型:自然观光生态类旅游资源(简称自然资源)、历史文化民俗风情类旅游资源(文史资源)、休闲娱乐度假类资源(休假资源)、商务餐饮购物类资源(服务资源)[1]。

从整体上来讲,成都市拥有西部地区最为丰富的休闲资源,其休闲资源的总体特征表现为:总量大、质量高、类型多样、空间搭配协调、开发潜力大。21 世纪以来,成都市集中力量打造西部休闲之都和世界休闲大都市,充分引导和开发区域内休闲产业的发展,在原有的休闲产业体系基础上不断创新,不断优化区域休闲资源的空间协调与配置,逐渐形成"大成都休闲产业体系"。对于成都市休闲资源的总量、类型、空间配置状况、开发发展潜力等方面,笔者在本书的相关章节都有详细的阐述,本章重点就成都市休闲资源的总体类型及典型代表进行分析,具体如表 4.6 所示。

表 4.6 成都市旅游资源分类[2]

基本类型	类型	类型说明	典型景区
自然观光生态类旅游资源	地文景观	沉积与构造、地质地貌过程形迹、山岳景观、峡谷景观、风沙地貌、海岸与岛礁等	4 处国家重点风景名胜区、5 处省级风景名胜区、1 处国家地质公园,如青城山、龙门山等
	水域景观	江河、湖泊、池沼、海洋、瀑布、泉等	岷江、沱江、都江堰龙池、西岭雪山獐子崖—花石峪瀑布群、花水湾温泉等
	生物景观	森林、草原、古树名木、奇花异草、野生动物栖息地等	1 处世界自然遗产、5 处国家森林公园、4 处省级森林公园、2 处国家级自然保护区、2 处省级自然保护区,如世界遗产大熊猫栖息地、成都大熊猫繁育研究基地、龙溪—虹口自然保护区等
	天象与气候景观	光现象、天气与气候现象等	西岭雪山雪景、九峰山云海等
历史文化民俗风情类旅游资源	文物古迹	古遗址、古墓葬、古建筑、石窟寺及石刻、近现代重要史迹及代表性建筑等	1 处世界文化遗产、115 处国家级、省级和市级重点文物保护单位,如武侯祠、杜甫草堂、金沙遗址等
	文学艺术	神话传说、诗词书画、楹联题刻、戏曲曲艺、音乐舞蹈等	川剧、"金沙音乐剧"、"蜀风雅韵"、"芙蓉国粹"、"天地道义"舞台剧、武侯祠博物馆旅游演出、武侯祠楹联等

---

[1] 资料来源:成都市旅游发展规划。
[2] 资料来源:项目组调查汇编。

续表

基本类型	类型	类型说明	典型景区
	民俗风情	传统民居、民族服饰、民俗节庆等	大邑刘氏庄园、黄龙溪火龙、洛带客家民居民俗等
	宗教文化	宗教建筑、宗教活动、宗教艺术等	6处全国重点寺观、石经寺新年敲钟等
	城乡风貌	历史名城、古镇名村、现代都市、乡村景观、大型工程等	2座国家历史文化名城、3座省级历史文化名城、2座中国历史文化名镇、4座省级历史文化名镇
休闲娱乐度假类资源	度假资源与设施	山地度假地、河流湖泊度假地、温泉度假地、乡村度假地、高尔夫球场、滑雪场等	青城山—都江堰国际旅游度假区、花水湾温泉旅游度假区、四川国际高尔夫俱乐部、西岭雪山滑雪场、三圣花乡、中国农家乐发源地农科村、300家星级农家乐、2家星级乡村酒店等
	娱乐休闲场所与设施	主题公园、游乐园、文化馆、图书馆、博物馆、美术馆、歌舞厅、游艺场、酒吧、茶馆、会所、运动馆等	成都市游乐园、龙泉驿区阳光体育城、国色天乡世界风情园、春江花月·天下娶都、文殊坊、38处对游客开放的博物馆
商务餐饮购物类资源	会展及住宿设施	会展中心、住宿设施	成都国际会展中心、成都世纪城·新国际会展中心、锦江宾馆等134家星级酒店
	会展与旅游节事	商务会展、旅游节事、体育赛事等	中国成都国际桃花节、中国国际美食旅游、都江堰清明放水节等
	餐饮资源与设施	名菜佳肴、特色食材、餐饮场所等	川菜、成都小吃、羊西线一品天下、草堂餐饮娱乐圈等
	购物资源与设施	地方特产、旅游纪念品、购物中心与特色市场、老字号店铺等	蜀绣、蜀锦、漆器、瓷胎竹编；春熙路商业步行街、琴台路特色商业街、锦里古街等

第二节 休闲产业发展概况

　　休闲产业于19世纪中叶在西方欧美国家初见端倪，它是近代工业文明的伴生物。自20世纪以来，随着信息时代的发展，人们生活质量的提高和闲暇时间的增加，休闲产业得到迅速的发展；尤其是21世纪后，人们的观念已经从"休闲为了工作"向"工作为了休闲"进行转变，休闲已经成为人们生活中不可分割的一部分，是工作、生活的中心。据美国《未来学家》杂志报道，2015年，世界发达国家将进入"休闲时代"，发展中国家将紧随其后，休闲将成为人类社会的重要组成部分(王琪延 等，2009)。对于休闲产业概念的界定，马惠娣认为现代休闲产业是指与服务于人的休闲生活、休闲行为、休闲需求(物质的与精神的)密切相关的产业领域，特别是以旅游业、餐饮业、娱乐业、服务业、文化产业、体育产业等为龙头的经济形态和产业系统，一般包括国家公园、博物馆、体育(运动场馆、运动项目、设备、设施维修)、影视、娱乐、交通、旅行社、餐饮业、社区服务，以及由此连带的产业群(安永刚 等，2009)。

　　关于休闲产业的结构组成，目前国内外学者还没有统一的共识。国外还没有在结构层面上对休闲产业进行分类，而是主要从休闲服务组织角度进行分析。比较流行的是把"休闲服务组织化划分为公有、私有和商业性三大类来进行论述"；也有从供给角度进行分类的，比如"把休闲行业的商业活动划分为两大类：直接供给和间接供给"等(魏小安，2006)。

在国内很多学者对休闲产业进行了结构的分类,取得了丰富的研究成果。

总的看来,我国学者对休闲产业结构分类的认识基本上是一致的。旅游业和体育产业是众多学者所公认的休闲产业重要的组成部分,而文化产业一般包括娱乐业、演艺业、音像业、传媒业、出版业、电影业、艺术品、公益活动等。值得注意的是,随着经济的不断变化,社会的不断进步,休闲产业作为社会经济的一个部门,其地位显得越来越重要,并且在不同的历史时代呈现不同的表现形态。同时,由于人们的休闲需求不断变化,社会为了满足人们日益增长的休闲需求,休闲将会以更加丰富多彩的方式呈现给人们,人们的休闲生活将更加丰富,休闲质量将不断得到提高。

经过十多年的快速发展,成都市休闲产业群已经初具规模,产业集群化发展趋势在未来十年内仍有继续加强的趋势。特别是改革开放以来,随着休闲观念的革新转变和不断深入,各类休闲设施、休闲产品、休闲服务的不断丰富,成都市休闲产业发展水平以平稳较快的速度直线上升。就目前成都休闲产业的发展情况看,笔者将成都市休闲产业划分为五大类,分别是休闲体育产业、休闲农业产业、休闲旅游产业、休闲文娱产业和休闲公益业,并分别对此进行说明。

一、休闲体育产业

体育产业是体育及其相关产业的总称,它是以体育健身休闲、体育竞赛表演和体育用品制造与销售为主营业务(包括8大类57小类),同时对旅游、商业、会展、建筑、通信、新闻出版、广播电视、游戏动漫、网络等产业具有显著拉动和辐射作用的综合产业链[①]。休闲体育产业也称为体育休闲产业,休闲体育产业是一个复杂的概念,与其说是一种产业,不如将其归纳为休闲与体育的融合,或者"体育休闲化"更为恰当。学术界认为,休闲体育产业是指社会各部门提供的与体育活动密切相关的产业领域,在内容上,休闲体育产业并不仅仅只包括体育产品和服务,还广泛地包括了与其相关的产业经营与管理活动。"休闲"是成都市走向全国、走向世界的名片,休闲体育产业是成都市休闲产业体系中一个重要的产业领域。

休闲产业是成都市重点打造的核心产业。其中,休闲体育产业更是在树立城市形象、增添城市活力、完善城市功能、统筹城乡发展、促进社会和谐等多个方面具有独特作用。近年来,成都市以休闲体育产业为重要切入点,着力打造"西部一流、全国领先"的"运动之都""活力之都"。截至"十一五"收官之年,体育场馆及设施建设数量已经增加到6737个。在休闲体育产业分布格局上,基本上形成了一个以市级中心体育场(馆)为核心、各区县级体育场(馆)为辐射聚合点、乡镇(街道)文体站(中心)为支撑、城市社区体育服务设施和农村村级农民健身工程为基础的大成都休闲体育层级网络分布格局。在休闲体育区域集成化体系上,"一核、六区、一圈"的区域集成化发展体系不断趋于完善。其中,"一核"即是中心城区,"六区"分别为双流区、温江区、都江堰区、新津区、锦江—龙泉驿区和大邑区等六个核心聚集区,"一圈"则是指环城运动休闲旅游圈。在中心城区,重点

---

① 成都市体育产业发展规划(2009~2020年),中国政府公开信息整合服务平台成都分站,2010年11月17日.

发展体育健身、体育培训和体育传媒及创意产业。在郊区(市)县,则根据地方特色优势重点打造体育产业功能集聚区,具体如表 4.7 所示。

表 4.7 成都市六大体育产业功能集聚区[①]

区域名称	项目
双流	高端体育赛事集聚区
温江	时尚运动体验休闲集聚区
都江堰—龙池·虹口	山地户外运动集聚区
新津	水上运动集聚区
锦江—龙泉驿区	赛车运动集聚区
大邑	西岭雪山冰雪运动集聚区

另外,在郊区(市、县)的自然乡村,主要是成都市三环以外、卫星城市圈以内的广大近郊休闲区域,构建环抱中心城区的田园生态运动休闲旅游圈,从而形成"一核、六区、一圈"的基本体系构造。

虽然经过多年的规划发展,成都市休闲体育产业取得了多项突破,产业增值额连攀新高,但是从总体来讲,成都市休闲体育产业仍然还处于初级阶段,许多阶段性问题仍普遍存在。例如,总量规模较小,产业结构不尽完善,体育服务供给与城乡居民的体育消费需求之间差距较大,"一核、六区、一圈"的休闲体育产业体系仍然有待进一步构建和完善,另外还有许多影响体育产业发展的深层次问题尚未得到有效解决。总体来讲,主要体现在 4 个方面:一是休闲体育产业基础薄弱,发展相对滞后,配套的体育基础设施和硬件设备不足,且空间配置不合理,特别是城乡配置不合理;二是没有形成完善的市场运行机制,市场力量明显薄弱,而政府宏观调控力度明显不够,国有体育资源配置效率十分低下,休闲体育行业的市场性不强,极大地限制了民间资本在该领域的发展;三是缺乏有力的政策支持,休闲体育产业是一个年轻的产业,必须依赖国家政策的扶持,就成都市来讲,目前政府相关部门对市场主体的培育力度还有待进一步加强,例如,引办一些具有影响力的体育赛事、引进一些知名企业、打造具有影响力的产品品牌等;四是专业性人才不足。

综上所述,发展成都市休闲体育产业必须以市场为主导,以国家相关政策为依托,以重大产业项目为契机,以重大体育赛事以及体育表演活动为媒介,以健身休闲、体育培训、体育旅游为基础,不断加强城乡、区域休闲产业一体化发展趋势,完善休闲体育产业内在发展体系。重点应综合利用"两种资源、两个市场",将国家宏观调控与市场管理机制相结合,有效促进体育产业的发展,做大做强成都"国家体育产业基地",加快形成一批具有地方特色优势的休闲体育产业聚集区。此外,还应该加强体育产业与其他相关产业的互动与融合,延伸产业链,全方位促进四川省休闲产业的又好又快发展。

[①] 资料来源:成都商报,2010 年 7 月 19 日。

二、休闲农业产业

休闲农业产业主要是指依托农业资源(农、林、牧、副、渔等),以农家乐为主要形式而发展起来的具有乡土气息的休闲产业。作为我国著名的西部休闲大都市,成都市具有发展休闲农业产业得天独厚的优势,不仅拥有丰富多样的农林资源,还有千年积淀的农业文化底蕴。经过多年的发展,成都市休闲农业产业基本上形成了具有一定规模、农家乐产品和服务水平相对较高的产业体系。

(一)基本特征与类型

农家乐指由农民充分利用自家院落及周围的田园、堰塘、花圃及自然景点等自然资源,最大限度地保留原汁原味的农家滋味,以低廉的价格、浓厚的乡村气息吸引休闲者及旅游者前来,并为其提供吃、喝、运动、购物、住宿、棋牌等于一体的一种休闲方式。农家乐具有三大特点。①提供的内容与服务具有乡土气息。人文景观及其他休闲方式为人们所提供的服务的典型区别在于农家乐所凭借的自然风光,为休闲者提供的服务内容,如乡土旅游、水果采摘、农园种植、乡村风光观光等,无不透露出浓厚的乡土气息,而人文景观所提供的服务更多的是使人们增长见识、开阔视野。②价格便宜。农家乐的平均消费价格比较低,平均为25~30元/(人·次),较低档农家乐为15~20元/(人·次),较高档次的也不会超过50元/(人·次),这是对于工作压力大、经济来源不稳定、收入不高的人平时消遣、娱乐的首选休闲活动之一。③服务对象的广泛性。来农家乐休闲的休闲者动机千差万别,总体来说,可分为三种:①放松心情,缓解压力,高节奏的生活与工作压力使人们透不过气,人们迫切希望通过回归自然方式,寻求心灵的片刻宁静;②亲朋好友团聚,满足人们归属的需要;③公司聚餐、会议、公务谈判等事务性活动。因此,农家乐休闲的对象具有广泛性。

笔者根据成都市农家乐内容的不同,将其划分为5种基本类型。①农家园林型农家乐。农家园林型农家乐主要以花卉、盆景、苗木为特色项目,吸引游客前来观光、赏景、休闲,并提供农家乐菜品等,此类型的农家乐以温江区万春镇、郫都区友爱乡农科村为代表。②水果采摘型。水果采摘型农家乐主要以花卉、果品为特色,吸引游客前来观花、采果、品果等。此类型以龙泉驿区的书房村、工农村、桃花沟、苹果村等东郊丘陵的农家果园游乐为代表。③景区旅游型。景区旅游型以景区旅游为依托,接待前来景区旅游的客人。其代表为四川都江堰、青城山周围、蒲江的朝阳湖等。④花园客栈型。花园客栈型以新都区农场改建的泥巴沱风景区、邛崃市前进农场改建的东岳渔庄、南昌县海湾农庄等为代表。把农业生产组织转变成为旅游企业,把农业用地通过绿化美化,使之成为园林式建筑,以功能齐全的配套设施和客栈式的管理,使之成为在档次上高于农家乐但低于度假村的一种休闲娱乐场所。⑤民俗风情型。以民俗风情村寨为特色,以民俗文化、民族文化和村寨建筑吸引游客,如九寨沟附近的农家乐。

除上述5种类型之外,中国其他地区也不断涌现出其他类型的农家乐,但在四川发展并不成熟,或者并不具有代表性。如以北京小汤山温泉农家乐为代表的休闲度假型,该类型农家乐依据当地环境,集吃、住、休闲、娱乐、观光、旅游于一体;以浙江省的休闲农庄为代表的休闲农庄型,该类型以田园景观和农业生产为特色,开办休闲农庄或农园,为游客提供观光、休闲、体验、娱乐、食宿、购物等多种服务;以北京怀柔区的"山水氧吧农家乐"为代表的自然生态型,该类型农家乐远离城市,自然生态良好,是城市游客回归自然的好去处。

(二)成都市农家乐概况

成都市农家乐起源于 20 世纪 80 年代末、90 年代初郫都区的农科村,迄今为止,已经完成了两次转变,正处于从第二代向第三代过渡阶段,如表 4.8 所示。目前,成都市郊共有农家乐 5596 户,直接从业人员 5.8 万人,带动相关就业人员 30 万人,2006 年实现旅游总收入 17 亿元。近年来,成都市锦江区三圣街道办事处的"五朵金花"、郫都区的农科村、龙泉驿区的万亩桃花果园等一批具有代表性的全国农业观光示范点,已经被培育成为高品位、多功能、各具特色的现代化农家乐庄园。

表 4.8 成都农家乐发展的阶段表[①]

代数	代表	特点
第一代	农科村	以吃农家饭、干农家活、住农家乐、简单的农事体验为主,其特点是原生态、粗放性,可复制粘贴,其发展对应的阶段是 20 世纪 90 年代,和我国工业化初期相匹配,适合当时消费水平较低的乡村生活体验者
第二代	五朵金花	以乡村文化品牌化展现为主,其特点是标准化、规模化、符号化。由于农家乐的特殊性,难以形成连锁经营。其发展对应的是 21 世纪初,和工业化中期相匹配
第三代	农科村	借鉴西湖龙井草堂和台湾乡村客栈的发展模式,其特点是小型化、精致化、个性化。由于有个性和特色鲜明,目标客户可细分,并量身定制,其文化含量较高,所以难以复制,其发展对应的是工业化中后期,以体验经济为主。由于能随消费者的需求变化而变化,模式多样

1. 三圣乡农家乐

三圣乡农家乐是按照城乡统筹发展的要求打造的旅游景区,是一个集商务、休闲度假、文化创意、乡村旅游为一体的旅游休闲胜地,按照城乡统筹发展的要求,三圣花乡先后打造了"花乡农居""幸福梅林""江家菜地""荷塘月色""东篱菊园"五个主题景点(简称"五朵金花")。"五朵金花"面积为 12 平方公里,是一个集商务、休闲度假、文化创意、乡村旅游为一体的旅游休闲胜地,先后被国家旅游局、建设部、文化部等部门授予"国家 AAAA 级旅游景区""首批全国农业旅游示范点""中国人居环境范例奖""国家文化产业示范基地""市级森林公园"。这里四季花开不断、蝶舞蜂飞,景区基础设施完备、文化氛围浓郁,有"梅花知识长廊""吟荷廊"等人文景观;有"许燎源现代设计艺术博物馆""蓝顶艺术中心"等艺术创意产业基地;有"高威体育公园""绿道"等运动休闲设施;有"成都传化""中国兰花博览园"等高档花卉生产示范基地。在三圣花乡,人们不仅可以感受到传统的乡村文化,还可以欣赏优美的乡村景色,体验回归田园、拥抱自然的别样情趣(表 4.9)。

---

① 资料来源:项目组调查汇编,2014 年 5 月。

表 4.9　成都锦江区三圣乡农家乐代表①

农家乐名称	简介
一品山庄	一品山庄于 2006 年被评为 4 星级农家乐，是以川西民居建筑风格修建的农家乐，山庄精巧别致，宁静优雅，经营乡村特色农家菜，并有棋牌、品茗、会议服务，同时可接纳 2 万余人聚餐，是亲近自然、品味乡村野味的好地方
天香苑	天香苑是一家三星级的农家乐，占地 30 余亩，苑内有珍奇的牡丹花、蜡梅、桂花等，花开时节，香气扑鼻。苑内以川西民居建筑为主，有各式餐厅 3 个、茶坊 2 个、大中小会议室 4 个，是举行婚寿宴及公司会议的理想场所。还有大型停车场、儿童乐园、乒乓球场、羽毛球场、垂钓池等

2. 郫都区农家乐

农科村位于成都市郫都区境内，面积为 2.6 平方公里，人口 2300 人，花卉苗木种植面积达 2300 余亩。自 20 世纪 80 年代以来，村民在政府的引导和支持下，依靠种植花卉致富，创造了农业旅游新模式，走出了一条社会主义新农村建设的新路子，成为全国农业旅游示范点，是农家乐的发源地，被誉为"鲜花盛开的村庄，没有围墙的公园"。2012 年全村接待游客 190 余万人次，实现休闲农业和乡村旅游收入 12000 余万元，全村农民人均纯收入达 52000 余元，全村过半数的农民总资产超过 100 万元（表 4.10）。

表 4.10　郫都区农科村主要农家乐代表①

农家乐名称	星级	简介
徐家大院	4	徐家大院是农科村十大景观之首，被誉为"中国第一农家乐""中国农家乐发源地"，大院由川西特色的农家平房与仿古小楼构成，大院中套着数个小院，汇景园为几个套院中的代表性院落，除庭院外，园林面积百亩有余，以种植花卉和黄桷树等绿化风景树为主
静香园（刘氏庄园）	5	刘氏庄园位于农科村迎宾路与东环线交界处，庭院占地 5000m²，一次可接待 700 人就餐，客房数 19 套，床位数 38 张，属五星级乡村酒店。园内紫葳盘扎成双龙戏珠篱笆墙，布局有序的庭院典雅而别致，丛丛金桂飘香，巍巍银杏挺立，梅花枝条编就玲珑小亭，海棠树丫盘成拱形画廊，园如其名，真是幽静中香气袭人。园林庭院八亩有余，环境安静而舒适，餐饮颇具特色，尤以草原土猪系列和龙凤汤最受游客青睐
中华盆景园	4	中华盆景园位于友爱镇，是一家集餐饮、住宿、会议、休闲、娱乐于一体的四星级乡村酒店。酒店环境优美，设施齐全，服务周到

3. 其他地区农家乐

成都市其他地区主要的农家乐如表 4.11 所示。

（1）龙泉驿区农家乐。龙泉驿区农家乐主要包括天一生态果园、龙凤山庄、黎明生态园、绿龙生态园、云青苑等，它与周围的洛带古镇、石经寺、明蜀王陵、百工堰公园等旅游景点有机结合起来，一年一度的成都国际桃花节品牌活动及发达的交通路线为其持续发展提供了便利条件。

（2）双流区农家乐。双流区的农家乐包括新皇城休闲中心、金龙奇园旅游度假村、万顺农庄等，品牌活动期间（即枇杷节），以品尝枇杷和推介枇杷为主要服务项目，以品野菜、吃水果、吃素食、观枫叶、"枇杷现场拍卖会"、文娱表演、体育竞赛为辅，并

---

① 资料来源：项目组调查汇编，2014 年 5 月。

且在服务内容上不断推陈出新,如枇杷树认养、群众性体育竞赛活动。非品牌活动期间,由于双流的农家乐综合性较强,如集休闲、娱乐、品尝"牧山一绝"的羊肉汤锅的新皇城休闲中心,有垂钓、KTV、棋牌、篝火晚会、民俗歌舞表演的金龙奇园旅游度假村,同样具有吸引力。

表 4.11 成都市主要农家乐基本状况调查表①

区域	农家乐代表	旅游资源	品牌活动	交通资源
龙泉驿区	天一生态果园、龙凤山庄、云青苑等	龙泉驿区湖、石经寺、明蜀王陵、洛带古镇等	国际桃花节	新南门车站(每隔十五分钟)、五桂桥车站
三圣乡	一品山庄	李劼人故居、合江亭		天府广场(38路)、九里堤公交站(98路)
蒲江县	静音山庄、胡老表农家乐等	西来古镇、石象湖等	光明樱花节	新南门车站(一小时一班)
双流区	新皇城休闲中心、金乐奇园旅游度假村等	黄龙溪古镇、牧马山旅游区、棠湖公园、广都城遗址等	枇杷节	新南门直达黄龙溪一小时一班,到双桥客运中心7:30~17:00滚动发车
新都区	锦源休闲山庄、海龙山庄等	宝光寺、新繁东湖等	天府荷花节	梁家巷车站(821路、127路)、五块石客运站(65路)
彭州市	大自然休闲庄、云海火锅、锦绣山庄、白果林山庄等	白水河国家级保护区、回龙沟生态旅游区、丹景山等	牡丹节	五块石客运站(86路、87路、57路、99路、73路、401路)
郫都区	徐家大院、中华盆景园、观景楼、刘氏庄园	子云亭、杨雄墓	海棠节	成都茶店子车站716路公交车,由317国道经郫都区到达农科村,每天运营时间为7:30~19:00,平均发车间距20~30分钟。成都旅游集散中心有直达农科村的旅游公交专线,从新南门车站出发,经停金沙车站,由羊西线经郫县到达农科村,每天5个班次对开

(3)彭州市农家乐。彭州市是中国西部最大的牡丹花观赏基地,牡丹品种众多,栽培历史悠久,彭州牡丹独特的"天骄寻丈,倒叶垂华,绚丽山谷"的独特风格,加上彭州市政府每年举办的牡丹节、梨花会、兰花会、风筝节等活动,吸引了众多喜爱牡丹的休闲者来彭州农家乐休闲。彭州的农家乐主要包括大自然休闲庄、云海火锅、锦绣山庄、赵家花园、牡丹阁度假村、白果林山庄等。

(4)青城山农家乐。青城山农家乐属于典型的景区旅游型农家乐,青城山冬无严寒、夏无酷暑,气候宜人,这里古朴雅洁,安宁祥和,山清水秀,四季适游,享有"避暑胜地"和"成都后花园"的美誉。青城山农家乐主要有青城后山长寿山庄、丽景湾乡村酒店、青茂山庄、飞龙休闲山庄、古镇四合院等。

(5)新都区农家乐。新都区的桂湖作为全国八大荷花欣赏地之一,每年由成都市政府举办的"天府荷花节",吸引休闲者无数,客观上为新都农家乐的发展提供了有利条件。新都主要农家乐主要包括锦源休闲山庄、海龙山庄、北湖恬水休闲庄、华利园餐馆、三原

---
① 资料来源:项目组调查汇编,2014年5月。

里俱乐部、金博庄休闲庄等(表 4.11)。

三、休闲旅游产业

休闲旅游产业是成都市发展休闲产业的一个重要内容。与旅游不同，休闲旅游是指依托一定的旅游资源、旅游设施和特定的文化景观、服务项目，以休闲为主要目的，离开定居地而到异地逗留一定时期的游览、娱乐、观光和休息。与之相对应的休闲旅游产业则是指围绕休闲旅游消费行为主体，以提供一定的休闲旅游产品或服务为主要内容而形成的产业形态。"十一五"规划以来，成都市休闲旅游产业规模不断扩大，经济产值大幅增长，已经发展成为成都市国民经济的重要推动产业，在塑造城市形象、提升居民生活品质、提高城市影响力、改善城市环境等多个方面发挥了重要作用。

近年来，成都市凭借其丰富的休闲旅游资源、优越的自然地理条件、厚重的历史文化沉淀和便利的交通条件等优势，大力发展休闲旅游产业。成都市充分利用"两种市场、两种资源、两种手段"，不断推进城市生活与休闲旅游的相互对接与相互融合，进一步完善城市休闲旅游功能、优化完善基础设施建设、提升产品开发水平与服务质量。在休闲旅游开发与空间配置方面，实际建设形成了一批质量高、环境好、空间搭配协调的休闲旅游聚集区。成都市旅游业呈现快速发展的态势，已成为国民经济新的增长点。据统计，在旅游接待人次方面，2012 年，成都市接待游客总人数 12246.47 万人次，其中入境旅游者人数 158.13 万人次，接待国内旅游者人数 12088.34 万人次。在旅游收入方面，实现旅游总收入 1050.78 亿元人民币，位居四川省 21 个市(州)第一，其中，国内旅游收入 1010.69 亿元人民币；旅游外汇收入 62785.39 万美元。

四、休闲文娱产业

从根源上讲，文化是一个国家和民族不断发展、永葆生机的力量之源。不同的国家、不同的地区、不同的民族，其形成的主流文化也有所不同，例如，欧洲的蓝色海洋文化、我国的黄色土地文化等。如今，文化产业更是成为最具发展潜力的优势产业，在许多国家和地区，甚至将"文化立国、文化强国"作为国家重要战略部署。文化是一个城市的灵魂，是城市兴盛发达的不竭动力，大唐盛世的开放文化，使得洛阳成为当时世界的经济、文化和政治中心；纽约(华尔街)的金融商业文化，使其成为当今世界的经济中心。

作为我国西部地区最重要的省会城市，成都市不仅是四川省的政治中心城市，更是整个西部地区的文化中心。自古以来，孕育了千百年的巴蜀文化使得成都市这座城市享誉世界。今天，这座城市没有停止其前进的步伐，而是在深厚的历史积淀的基础上，开拓进取，迅速腾飞，将古巴蜀文化与时代相结合，为成都市的明天注入新生的力量。休闲文化是成都市在千百年的历史沉淀与相互融合过程中逐渐形成的核心文化，"休闲之都"更是成为成都市走向世界的名片。"十一五"规划以来，成都市不断推进文化体制改革试点工程，大力引进了一批具有较强竞争力的市场主体，初步形成了文化产业区域集聚发展的基本格局，同时还规划形成了一批以创意设计、文博旅游、数字音乐、艺术品原创等为特色的文化产业园区、基地和产业功能区，做大做强文化产业，有力地推动了成都市休闲文娱产业的快速发展。

经过多年的发展，虽然成都市在休闲文娱产业领域取得了令人瞩目的成绩，但与此同时，成都市休闲文娱产业也正面临严峻的挑战与制约。休闲文娱产业是 21 世纪最具发展潜力的核心产业，同时也是发展难度最大的产业领域。大量事实证明，在发展文化产业过程中都会面临文化丢失与失真的问题，从而导致在国家大力发展文化产业、追求经济效益的同时，忽视了对文化本身内在价值与含义的理解，使得传统优秀文化逐渐消失在人们的生活中。另外，就目前来讲，成都市文化产业基础还很薄弱，产业总量规模还相对较小；产业集群化效应和规模连带效应没有得到充分发挥，资金投入相对缺乏；政府宏观调控力度有待进一步加强，文化产业政策体系尚未形成。此外，文化产业核心创意人才和领军人才，以及更高层次的专业复合型人才十分紧缺，在很大程度上成为制约休闲文娱产业健康稳定发展的瓶颈。

五、休闲公益事业

休闲公益事业是成都市大力发展休闲产业的一个重要方面。在本书中，笔者将休闲公益事业定义为：以政府及其他社会非营利性组织机构为主体，为拓展和丰富人们的休闲生活、提高休闲质量而休假的休闲公共设施，或举办的公益休闲活动等的统称。与其他四项产业不同的是，笔者此处将其界定为"事业"而非"产业"，这也是成都市以政府为主体打造休闲大都市的一大特征。

以政府及社会非营利性组织机构为主体的休闲公益事业形式十分多样，内容也非常丰富。以政府为主的主要有市政公园设施、城市绿道建设、休闲商业街建设以及博物馆、部分历史文化景点等；非营利组织机构则主要有老年人休闲活动组织、广场舞等。近年来，成都市不断推进环城生态区的规划与修建，不断完善城市绿道、生态公园等公共休闲设施建设。目前，成都市拥有大型休闲公园 40 余个，如塔子山公园、锦江体育公园、两河城市森林公园、北湖公园、江安河生态公园、永康森林公园等。另外还有"两环一线"共约 280 公里的健康绿道建设项目，以及中心城区包括人民公园、新华公园、塔子山公园、永陵公园、南郊公园 5 个公园的开敞改造，16 个市政公园建设，84 个街头绿地及小游园公园体系建设项目。从中心城区的公园绿地，到"绕城生态景观带"，全方位构建大成都公共休闲服务体系。据相关资料显示，成都市在 2015 年内将继续加大景观农田湿地建设，全年启动 3 个农田湿地、7 个特色园区、6 片森林建设[①]。以现有的公园、绿道、水利设施等为基础，在成都市环城地区打造"绕城生态景观带"，从而完善城市休闲空间布局结构与配置，提高城市休闲生活水平。

休闲公益事业是一项普及城市和广大农村的社会性事业，不仅对城市居民的休闲生活具有重要作用，同时在提高农村休闲生活质量、丰富农村居民休闲生活内容方面也具有十分重要的意义。随着改革开放的不断深入，以及新农村建设事业和城乡一体化趋势

---

① 资源来源：天府早报，2015 年 3 月第 11 期。

的不断推进，党和国家对有关农村的问题高度重视，特别是农民生活质量问题。经过长期的发展和改进，四川省新农村建设取得喜人的成绩，"三农"问题得到了很大程度的解决，农村社区全面推广，人们生活水平普遍提高。特别是在休闲文化生活方面，相关配套的社区休闲设施不断完善，各项文娱活动普遍开展。休闲生活的城乡一体化格局基本形成。

第五章 成都市农家乐休闲需求特征

第一节 市民休闲需求特征

一、数据调查

本书从需求特征方面研究旅游者的休闲需求,主要采取随机抽样进行社会调查,用问卷调查法收集数据,利用 Microsoft Excel 软件和 SPSS 社会调查分析软件进行数据统计与分析,以定量的数据为基础进行客观、充足、科学的调研。问卷调查基本情况如下。

(1) 调查方法:随机抽样调查。
(2) 调查地点:成都(重点选取成都市区休闲场所,如天府广场、春熙路、欢乐谷等,洛带古镇,黄龙溪古镇,三圣花乡等地)。
(3) 调查群体:成都当地市民、旅游者。
(4) 调查形式:发放调查问卷(调查问卷见附件)。
(5) 调查结果:此次调查共发放问卷 1000 份,收回问卷 816 份,有效问卷 799 份,有效率为 97.9%,调查数据具有科学性和有效性,能够作为研究参考的重要依据。

二、人口统计学特征分析

人口统计学特征主要包括性别、年龄、职业、文化、收入水平等基本信息,利用人口统计学特征分析市民休闲需求特征具有可行性和科学性。与其他学科类似,从休闲学角度来讲,休闲游客的人口统计学特征同样包括性别、年龄、职业、文化程度、收入、婚姻等基本方面。由于个体差异的普遍存在,如年龄阶段(少年、青年、中年、老年等)、职业状况(学生、农民、公职人员、事业人员、企业人员等)、学历层次(小学、初中、高中、大学、硕士生、博士生等)等差别,导致其休闲旅游能力与决策、出游行为也都有所不同。在本书研究调查中,成都市休闲旅游者的人口组成特征如表 5.1 所示。

另外,值得一提的是,对于表 5.1 中调查对象的性别构成及所占比例一项并非表示在抽样调查过程中所取得调查样本比例,而是根据对成都市整体休闲游客的性别构成进行的比例分析。强调这一点的目的在于:①避免因为理解差异而造成的不必要的疑惑和问题,例如,既然是抽样调查,那么就不能明确地说男性与女性各自所占比例,在抽样调查过程中,完全会出现因调查对象的配合程度或者调查者的性别倾向以及其他原因,使得男女比例不同;②本书立足于对成都市整体休闲游客的性别构成进行分析与研究,这一性别比例仅代表总体的休闲构成状况，在具体的抽样调查中，调查者则是根据男性和女性游客分别做调查统计，调查比例是一致的，从而保证了调查结果的公正性、科学性。

表 5.1 成都市旅游者年龄、性别、职业、文化程度、月收入构成分布(%)[①]

统计学特征		百分比/%	统计学特征		百分比/%	统计学特征		百分比/%	统计学特征		百分比/%	统计学特征		百分比/%
年龄	16~25 岁	35.36	性别	男	38.8	职业	农民	2.6	文化程度	小学	2.4	月收入	1500~2500 元	21.1
	25~35 岁	32.75					个体经营者	13.8		中学	6.5		2500~3500 元	21.3
	35~45 岁	14.58		女	61.2		企业员工	13.6		高中	16.0		3500~4500 元	22.2
	45~55 岁	11.54					教师	10.4		大学	66.7		4500~5500 元	18.4
	>55 岁及<16 岁	5.77					公务员	13.6		硕士生及以上	8.4		5500 元以上	17.0
	—						其他	46.0		—			—	

（一）性别构成

性别构成是影响休闲旅游决策的一个重要参与因素，但是长期以来这一影响因素并没有引起普遍的关注。在现实生活中，由于男女的生理感观不同以及在家庭和社会中地位存在差别，他们在旅游动机上存在着差异。随着社会的变迁，女性的地位逐渐提高以及女性独自外出旅游的增加，性别因素对旅游动机因素的影响会相对减少。但在旅游产品需求上仍然存在差异，这也是在研究休闲度假旅游时需要关注的。

根据对成都市市区休闲场所，如天府广场、春熙路、欢乐谷、洛带古镇、黄龙溪古镇、三圣花乡等代表性休闲场所的阶段性不完整统计结果发现：成都市旅游者构成中，男性占38.8%，女性占61.2%，如图5.1所示。男女性别比为1∶1.58，远远低于全国的平均出游性比(1.27∶1)，这也符合成都市风景区性别分布规律。尽管总体上来说女性身体素质不如男性，但成都地势平坦，适合女性休闲旅游。21世纪到来，由于女性的社会地位及受教育的程度进一步提高、女性经济收入的独立与增加，以及双休日和节假日等闲暇时间的增加，中国女性生活消费方式发生了根本的变化——从温饱型消费向发展型消费、享受型消费变化，她们更有机会释放自己，从事休闲娱乐活动。

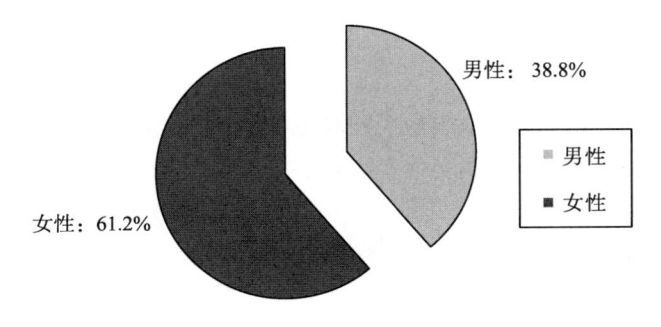

图 5.1 性别构成图

---

① 资料来源：项目组调查汇编，2014 年 5 月。

(二）年龄构成

年龄是划分人体生命周期阶段的主要依据,而阶段划分正是影响休闲旅游消费者休闲需求的重要因素之一。年龄构成对休闲需求的影响主要是通过不同年龄阶段的心理特征作用产生的。每一个人都要经历少年、青年、中年、老年四个基本阶段,每一个年龄阶段,其心理特征也是千差万别,如少年、青年的心理成熟度不高,主要是游玩心理特征；中、老年则相对趋于成熟,在休闲出游决策过程中顾虑因素较多,时间占用也相对较大,主要是持家心理特征。具体细分到每一个年龄阶段,这种差异会更加明显,由于这种差异的客观存在,使得不同阶段的休闲者对旅游项目的类型、参与的积极性及喜好程度、接受不同旅游产品服务的意愿表现出很大的差异。

根据此次对成都市重点代表调查区域的实地调查数据分析显示,成都市旅游者的年龄分布（图 5.2）在整体上基本符合一般旅游者年龄分布规律,即以青壮年旅游者为主体,幼年和老年人口比例偏低。16～25 岁和 25～35 岁的休闲游客所占比例分别为 35.36%和 32.75%,而其他阶段则相对较少,只占总量的近 1/3。青壮年是社会休闲人群的主体,不仅在心理特征上,在时间、精力等方面都具有休闲出游的优势条件；中老年和幼年,由于时间精力的制约,其隐性休闲需求往往较大,而显性休闲需求则十分不足。

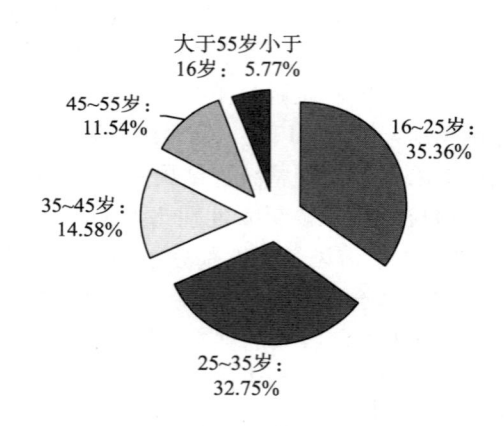

图 5.2 年龄构成

（三）职业构成

职业是旅游的一条途径,也是旅游的一种动机。旅游、休闲、职业之间是密不可分的,职业的不同除了所拥有的闲暇时间不同外,还会产生其他的影响,比如有些人从事的职业是比较乏味的,那么旅游对这类职业群体来说就是很好的解脱和调节方式；相反对于另外一些职业群体来说可能从事的是比较兴奋、休闲而愉快的工作,那么度假可能就是其延伸快乐的一种方式。总之,在大部分情况下,不同的工作类型下,人的自我满足度不同,这种不同会影响个人的需求,进而形成不同的休闲度假旅游动机。

成都市市民休闲旅游者的职业构成中,居前四位的依次是公务员、个体经营者、企业员工和教师。值得注意的是,如图 5.3 所示,在我们调查中,其他占 46%,而这部分主要是学生，这是成都市游客中学生比例相对比较大的原因，除了时间精力的优势之外，还有一点就是离农家乐比较近的这些地方高校较多，区位优势好。所谓"近水楼台先得月"，成都市几乎所有的学校附近都有相应的休闲娱乐设施和场所，有的大学为了节约成本，将学校地址选在地价低廉的城市郊区，这些地方往往是农家乐发展较好的地方。学生是目前中国国内旅游客流中一支重要的力量，虽然青少年学生的购买力较弱，但对任何一个旅游景点来说，高比例的学生消费游客对于经济效益的贡献不可忽视。从很大程度上来讲，学生消费主体还是远期休闲旅游市场的生力军，因而休闲企业应该针对青少年学生选择开发一些旅游产品、增设一些旅游项目、建设一些新的旅游设施。

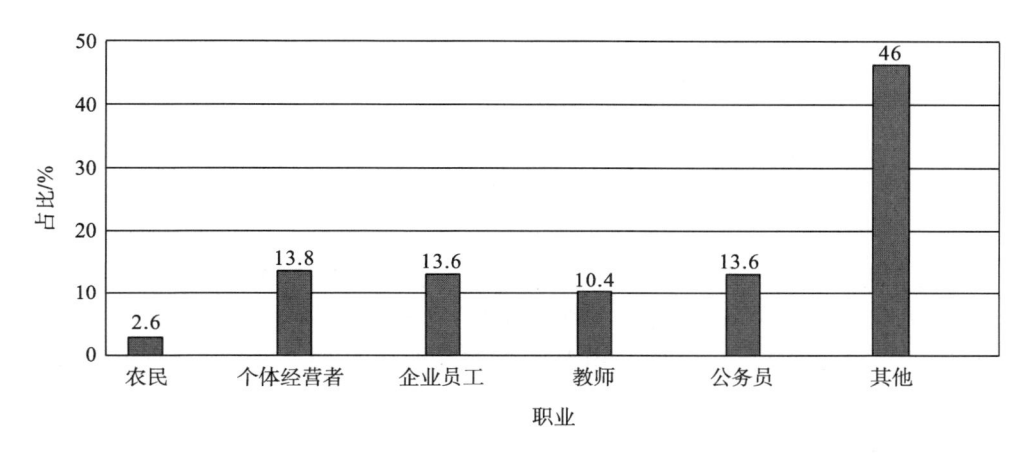

图 5.3 职业构成图

从图 5.3 中的数据不难发现，成都市休闲旅游者构成中，农民所占的比例明显较低，各类比例完全不协调，这从另一个层面也反映出目前在城乡休闲一体化上存在的巨大差距。这一比例结构与我国以农民人口为主的人口结构状况背道而驰，也与一般认为宗教旅游地农民占有较大比例不一致，这表明西南地区农村经济仍较落后，广大农村地区休闲旅游发展相对比较落后，城乡之间、地区之间仍然存在巨大的差距。

(四)教育文化构成

从所受教育程度和文化水平来看，休闲旅游愿望与对外部世界的了解呈正相关关系。一般来说，文化水平高的人基于他们对外部世界的了解，旅游目的性较强，因为拥有更多的知识和见识，因此就比较能够接受和适应外地的环境，就能够克服对陌生地区的心理障碍，外出旅游的动机就比较强烈。相反，文化程度较低的旅游者有很大的从众性，没有前者主动，外部陌生感和恐惧感影响其旅游欲望，所以特别是在长距离的外出旅游中，文化程度相对高的人的旅游者较多，如图 5.4 所示。

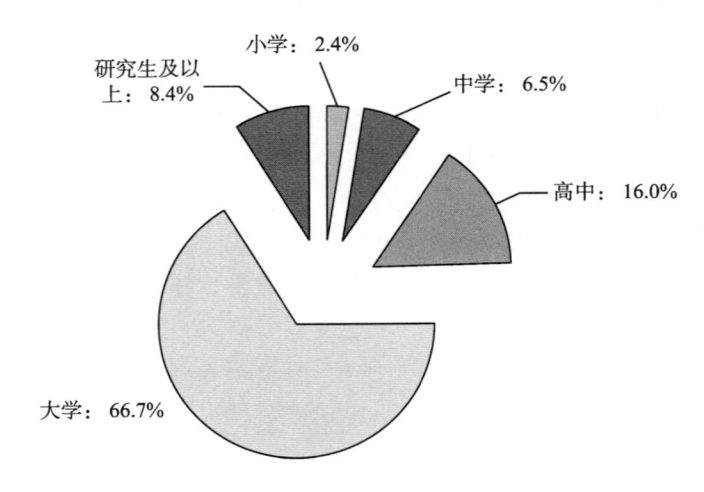

图 5.4 教育文化构成图

不同的文化程度间接地导致旅游者社会地位、经济收入及需求层次的明显差异。从图 5.4 来看，大专及以上学历的旅游者占到 75.1%，为主要客源市场。反过来也说明成都市休闲旅游者的受教育程度比较高。从调查结果可以看到，休闲度假的文化程度较高，职业分布合理。

(五) 经济收入构成

经济收入是休闲者进行休闲出游决策的主要依据和决定性因素。一个人能否成为旅游者以及其在旅游时旅游消费水平和消费结构的状况取决于其支付能力，这种支付能力在经济上就表现为个人可自由支配收入。可支配性收入不仅决定了旅游者的消费水平，而且决定了其外出的消费结构。可支配性收入越高，其休闲消费水平就越高，休闲质量也越高；反之则越低。此外，经济收入对旅游目的地或者旅游方式的选择也会产生重要影响。

经济基础决定上层建筑，收入水平即经济基础，而休闲旅游活动则是相对应的上层建筑，经济基础的状况在很大程度上决定着上层建筑的状况。一般地，人们的收入水平与其出游力存在明显的正相关关系，换言之，收入越高，旅游力就越强；反之则越弱。目前，成都市休闲旅游者的收入水平属经济消费者类型(图 5.5)，以月收入 5500 元以上者为主，占 17%；其次是收入在 3500～4500 元者，占 22.2%，这与职业构成中公务员、个体经营者、企业员工和教师为主相一致。以此类推，农村地区经济发展水平较低，农民可支配收入也相对较少，因此其出游比例也很小，绝大部分旅游者为城市居民。同样值得一提的是，无经济收入的学生占有相当大的比例，这也足见"学生市场"是成都市客源市场的重要组成部分，"学生经济"在未来几十年的发展潜力不容忽视。

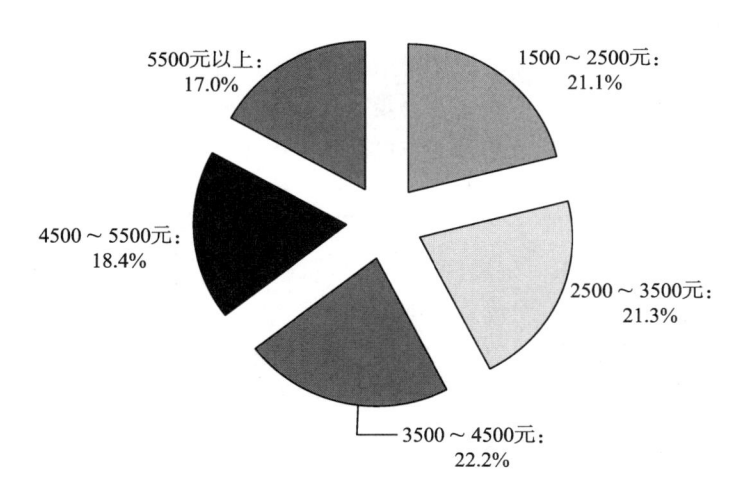

第五章　成都市农家乐休闲需求特征　　89

图 5.5　经济收入构成图

(5500元以上: 17.0%; 1500~2500元: 21.1%; 2500~3500元: 21.3%; 3500~4500元: 22.2%; 4500~5500元: 18.4%)

另外，在婚姻状况方面，未婚和已婚人群所拥有的闲暇时间不同，已婚特别是已婚女性，因为受到家庭事务的影响，她们在进行旅游决策时也受到影响。

三、偏好差异

根据成都市居民休闲、旅游情况调查问卷分析，得到周末休闲时间活动安排，如图 5.6 所示。

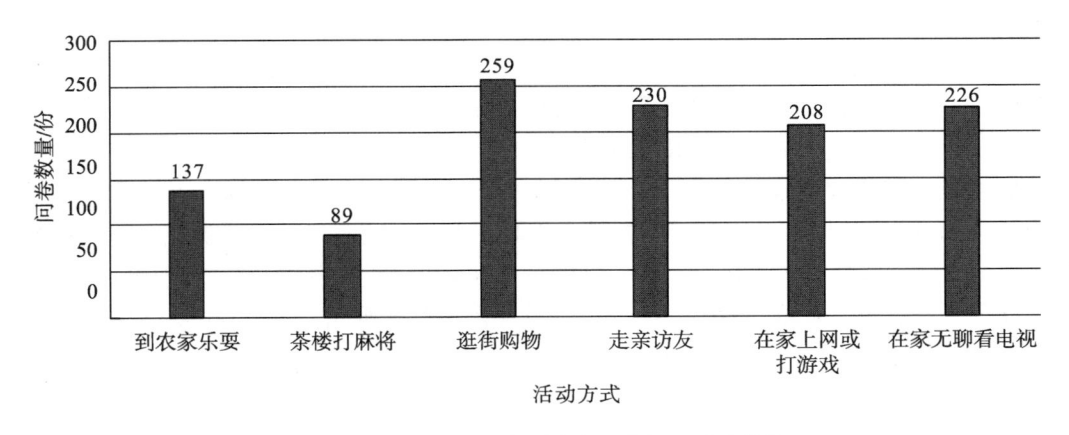

图 5.6　成都市民周末到农家乐休闲活动安排[①]

(到农家乐耍: 137; 茶楼打麻将: 89; 逛街购物: 259; 走亲访友: 230; 在家上网或打游戏: 208; 在家无聊看电视: 226)

调查结果显示，成都市居民周末的休闲方式有不同的选择。周末的休闲活动比较多元化，一般用于到农家乐、茶楼打麻将、逛街购物、走亲访友、在家上网或打游戏、在家无聊看电视或陪家人逛公园等休闲活动，休闲活动的多元化也反映出随着城市社会经济发展水平的提

---

① 资料来源：项目组调查汇编，2014 年 5 月。

高，以及城市娱乐设施配置的多元化，使得人们的休闲方式选择也趋向于多元化，休闲生活质量得到迅速提升。从周末休闲活动的选择情况来看，成都市居民把逛街购物放在第一位，而选择到农家乐游玩的居民人数所占比例不是很大，这说明成都市居民最常见的休闲消费主要是娱乐消遣类活动，如看电视或购物等，可能把外出旅游放在节假日。

（一）频次差异

根据调查显示，到农家乐休闲度假的频次与职业有关，企业员工由于职业时间限制，60%的人到农家乐休闲娱乐的次数为每年两次。而公务员因工作关系，需要参加大量社交活动，到农家乐休闲度假(比如钓鱼、喝茶闲聊、打麻将、打扑克等休闲活动)是很好的沟通方式，这在某种程度上体现了公务员休闲娱乐的多目的性，因此他们参加休闲娱乐活动的次数较多，有40%的人每年达到3~5次，30%以上的人超过5次。休闲频次与其受教育程度也有一定关系，一般学历层次越高，其出游频次也相对较多。据调查数据显示，高中、中专文化以下消费人群中有40%的人活动次数偏少，每年不足两次；有30%左右的人特别喜欢到农家乐钓鱼等，年活动频率超过5次；大学以上文化者休闲出游更加频繁，月平均出游次数为2次。

（二）休闲决策

休闲决策，即人们外出休闲的决定，其与个人主观因素(如休闲需求、动机)有密切关系，也与以下客观因素有关——闲暇时间、个人偏好、空间距离、交通水平、知名度、特色水平、服务质量、文化环境、安全问题等。

调查结果表明，成都市休闲度假者的旅游方式大多是以散客出游或者自助游为主，随团旅游的(包括单位组织的)仅占0.4%。散客旅游，也称为自助或半自助旅游，在国外称为自主旅游(independent tour)。散客旅游与一般旅游的主要区别是游客能够自行选择和安排旅游行程，在旅游活动过程中零星现付各项旅游费用。在人数规模上，散客旅游一般规定在9人以下。在人员构成上，既可以是单个出游，也可以是以家庭为单位出游，还可以是临时组建起来的散客旅游团队，形式比较多样。散客旅游是人们突破传统团体约束、追求个性化的行为表现，具有批量小、批次多、要求多、变化多以及决策自主性、内容随机性、活动分散性等特点。在对旅游者了解成都市旅游信息的途径调查中发现，口碑介绍所占比例最大，说明大多数旅游者在出发前对成都市的景区概况、交通路线、地理区位等已经有了大概的了解，从而自行设计线路的能力和单独外出旅游的自信心得以加强，这就使得成都市休闲度假者中选择散客旅游的方式所占比例很大。

（三）休闲愿望与动机

旅游者的休闲动机是促使人们离开居住地外出旅游的内在驱动力，格里克斯曼在分析旅游的原因时，将旅游动机分为心理、精神、身体和经济四大类，田中喜一在格里克斯曼研究的基础上把心理动机分为思乡、交游和信仰动机，把精神动机进一步分为知识、见闻和欢乐的需要，把身体的动机分为治疗、休养和运动的需要，把经济的动机分为购物动机和商务动机(刘纯，2000)。马惠娣认为，人们为满足各种需要便产生了外出旅游的愿望，当具备了一定的客观条件之后，各种旅游动机也随之产生，他将旅游动机归纳为扩展和更新生活的旅游动机、寻求广义人类之爱的旅游动机、逃避现实的旅游动机好奇、探索的旅游动机、健康娱乐的旅游动机及社会交往的旅游动机。实际上，旅游动机是维持和推动旅游者进行旅游活动的内部原因和实质动力，其层次性和表现形式的多样性构成旅游行为外在形式差别的重要原因。

调查结果表明成都市休闲度假者的休闲动机分为：①增加自己的休闲旅游经历，获得成就感；②消费能力增强，希望提高休闲旅游质量；③在陌生的休闲旅游环境中尽情展现自我；④获得情感的归属；⑤喜欢休闲的生活气氛；⑥寻求平静的气氛；⑦身体、心理放松休息；⑧欣赏美丽的自然风光；⑨逃避日常生活，缓解工作学习压力；⑩很好地了解自然；⑪参观历史文物、古迹等景点；⑫了解异域风情，文化体验，增加知识；⑬遇见和结实新的朋友；⑭公务考察、商务出差、参加培训学习；⑮在节假日找个事做，打发时间避免无聊；⑯享受购物的乐趣；⑰享受各种美食；⑱享受沐浴阳光、康复疗养健康；⑲去以前想去但没去过的地方休闲旅游；⑳看到周围的人都去，自己也想去。

成都市居民休闲旅游者旅游动机可以分为7个层次：自我实现动机、放松动机、探索学习动机、实践动机、从众休闲动机、享受休闲动机、健康休闲动机。

(1) 自我实现动机，包括增加自己的休闲旅游经历，获得成就感；消费能力增强，希望提高休闲旅游质量；在陌生的休闲旅游环境中尽情展现自我；获得情感的归属。

(2) 放松动机，包括喜欢休闲的生活气氛；寻求平静的气氛；身体、心理放松休息；欣赏美丽的自然风光；逃避日常生活，缓解工作学习压力。

(3) 探索学习动机，包括很好地了解自然；参观历史文物、古迹等景点；了解异域风情，文化体验，增加知识；去以前想去但没去过的地方休闲旅游。

(4) 实践动机，包括遇见和结实新的朋友；公务考察、商务出差、参加培训学习。

(5) 从众休闲动机，包括在节假日找个事做，打发时间避免无聊；看到周围的人都去，自己也想去。

(6) 享受休闲动机，包括享受购物的乐趣；享受各种美食。

(7) 健康休闲动机，包括享受沐浴阳光、康复疗养。

对休闲度假旅游者的各项旅游动机层次构成进行排序，如表5.2所示。

表 5.2 旅游动机排序表[①]

旅游动机	排序
身体、心理放松休息	1
喜欢休闲的生活气氛	2
欣赏美丽的自然风光	3
去以前想去但没去过的地方休闲旅游	4
逃避日常生活，缓解工作学习压力	5
很好地了解自然	6

① 资料来源：项目组调查汇编，2014年5月。

续表

旅游动机	排序
寻求平静的气氛	7
享受各种美食	8
享受沐浴阳光、康复疗养	9
参观历史文物、古迹等景点	10
了解异域风情，文化体验，增加知识	11
增加自己的休闲旅游经历，获得成就感	12
在陌生的休闲旅游环境中尽情展现自我	13
享受购物的乐趣	14
遇见和结实新的朋友	15
获得情感的归属	16
公务考察、商务出差、参加培训学习	17
在节假日找个事做，打发时间避免无聊	18
消费能力增强，希望提高休闲旅游质量	19
看到周围的人都去，自己也想去	20

从表 5.2 可以看出，排名前 11 位的旅游动机中除了享受美食这一项是属于享受休闲动机外，其他的都来自放松动机、学习动机和健康休闲动机。因此得出结论，成都市居民到农家乐休闲旅游的愿望是为了消除平时紧张、忙碌的工作带来的紧张、压力和疲劳，通过周末或节假日来暂时逃离日常的学习、工作和生活，去寻求一种平静和休闲的生活氛围，从而使身心得到彻底的放松和休息。放松动机是指旅游者为了暂时摆脱日常学习和工作的压力，而在本地或外地的某个旅游地度假、休息、疗养，使疲惫的身体、心理得到放松。学习动机是指旅游者希望了解所处的环境和现有知识之外事物需要的欲望而产生的动机。包括追求不同的文化知识、不同的生活方式、不同的自然审美知识等方面的动机。健康休闲动机是指旅游者为了摆脱社会发展带来日益增加的身心压力，通过一段时间的休闲度假旅游，尽情地享受山地、海水、沙滩、阳光，康复、疗养、健身，恢复身心的健康。

四、存在的问题

（一）分析内容阶段性与分析对象变化性难以完全耦合

城市居民休闲度假行为偏好是一个动态变化的客体，笔者对这一对象的研究仅限于对当前阶段的分析，研究分析结果仅能代表当前阶段以及未来一定的时间内的状况，并不能完全适用于该研究客体的整个演变过程。休闲是一个相对复杂的课题，它涉及社会、文化、政治、经济等方方面面，对休闲者行为的研究必须综合考虑其他相关领域。随着时间的变化，社会经济发展状况也在不断变化，休闲者的休闲价值观念、收入、家庭和工作状况等因素都在发生改变,这也势必会影响其休闲行为决策、休闲方式选择以及休闲层次与类型。因此,就长远来讲,刻板地把休闲旅游者定位为固定的某种类型是不正确的,也是无法适应休闲研究发展的。在现实生活中,应采取动态分析方法,因时制宜、因事制宜、因地制宜,在变化中研究他们的消费行为,揭示其内在的规律。旅游企业在规划、管理和营销时,不仅要考虑度假旅游者现实的消费偏好和需求,更要从战略层面上预见、引领和创造度假需求。

(二)收集信息失真性客观存在

此次调查问卷是项目组成员发送到每一位游客手中并由他们亲自填写,因此不排除有部分潜在的休闲度假旅游者碍于面子夸大消费数目,或对自己的度假活动内容有所隐瞒,以及存在敷衍了事、随意填写等现象,从而造成调研结果失真,存在一定程度的误差。同时,我们也必须注意到,存在一定比例的休闲游客在选择度假目的地和度假活动过程中可能并没有自主权,而是由某一个人全权决定。因此旅游者的度假行为经常是一种妥协,可能并不能反映真实的意愿或性格,这也给调研工作带来巨大的挑战。大多数调研工作中都面临这一问题,如何才能获取最为准确的信息也成为广大调研工作者正在思考的问题。

(三)对老年度假旅游者的调研难度相对较大

老年人普遍文化程度不高,加之身体条件的限制,笔者在调研前对老年人休闲需求相关问题考虑不够全面和细致,造成针对此类人群的问卷设计不够完善和科学,对老年人调研的效果不够理想。今后做问卷设计时,应更具有针对性,充分考虑不同层次人群的需求。

(四)定量分析方法的固有问题客观存在

在处理本书所获得的调查数据过程中,笔者主要采取的分析方法是相关分析法和回归分析法,在一定程度上,利用这两种方法能够取得一些靠常规的定性分析无法获取的信息,比传统研究方法的结论更加科学、准确。但值得注意的是,这些结果是完全建立在对数据进行数学处理的基础上的,一方面,数据存在一定的失真性,从而使得分析结果存在误差;另一方面,定量分析在解释因果关系时会显得勉强,而且定量分析必须建立在大量充分的数据基础上,随着样本数量的增加,其代表性才会越高,否则其结果不具有代表性,不能用于最终分析的主要依据。

第二节 游客休闲满意度

一、调查情况

此次问卷调查的内容设计主要包括3个方面:①被访问者平时出游的一般情况,如休闲出游目的、出游方式、时间安排、信息来源等内容;②被访问者的休闲度假选择偏好,主要包括休闲出游目的、目的地类型偏好、交通方式选择、出游方式选择偏好、出游同伴构成、休闲出游频次、出游时间选择、休闲消费水平、休闲项目选择、休闲设施和休闲方式偏好程度，以及相关的综合要求等多个方面的内容；③对所有的被访者进行总体上的人口统计学特征分析，分别从年龄、性别、职业、文化水平、经济收入等方面进行概括统计，并得出最终分析结果。

（一）度假信息来源

休闲度假信息来源多种多样，形式也比较多样。一般来讲，休闲者可以通过旅行社、旅游网站、报纸杂志、亲朋好友、电视等途径获得相关的出游信息。偏好休闲度假的城市居民对各种信息来源渠道选择比例比一般潜在休闲度假需求者要高出许多，而且选择方式也并不单一，为了了解详细的休闲出游信息，在出游决策之前，休闲出游偏好者往往会借助多个渠道综合了解出游信息，加强对此次出游的预见性了解以及保证信息的准确性。有数据显示，休闲出游偏好者选择各类旅游网站获取出游信息的比例为52.15%，亲朋好友为47.24%，报纸/杂志为46.01%，旅行社为37.42%，旅游指南书籍/宣传册为20.86%。这一组数据不仅反映出休闲出游偏好者在获取信息方式上的选择偏好，更加说明偏好休闲度假的城市居民在出游决策之前对信息的收集更为全面，同时还反映出随着科学技术的发展，特别是互联网技术的发展，人们的生活越来越方便，选择范围也越来越大。

从上文数据我们不难发现，偏好休闲度假的居民更加倾向于通过旅游网站、亲朋好友和报纸杂志中获取休闲出游信息，其选择比例分别为52.15%、47.24%和46.01%，而旅行社和旅游宣传指南则相对较低。笔者通过对上组统计数据进行相关分析发现，旅游网站、亲朋好友和报纸杂志三种途径的皮尔森相关系数分别为0.238、0.161和0.149，双侧检验系数分别为0.000、0.009和0.016。偏好休闲度假的群体主要是16~35岁的青壮年群体，这一类群体是时尚、现代、个性、独立的新时代主体人群，他们熟悉最新科技成果，并且非常善于利用这些最新工具获取出游信息，因此网络成为偏好程度和选择比例最高的方式。同时，我国十分重视亲戚传统，休闲出游在很大程度上就是家庭成员、亲戚朋友的意见综合，因此在休闲出游决策过程中，来自亲朋好友的意见也是十分重要的。另外，报纸杂志被人们认为是真实性比较高的传媒工具，特别是报纸，人们普遍相信报纸。而且成都报业发达，拥有各种报纸十多种，且定位各具特点；居民生活闲适，平日阅读报纸、杂志是生活的重要组成部分，成都市居民习惯于从各种报纸杂志中获取相关信息。电视、电台作为人们生活中最为常见的信息工具，按照常理利用这一工具获取信息最为方便、最为直接，其选择偏好比例应该最高。但事实并非如此，调查发现，电视、电台是唯一呈显著负相关的信息来源渠道，其皮尔森相关系数仅为0.001。一方面，电视、电台过分夸大实际情况，信息真实性得不到保障，电视欺诈现象也屡见不鲜；另一方面，广大休闲企业利用大众传媒时，没有对旅游信息和潜在顾客进行分类处理，在广告设计和内容安排上一贯渲染，对吸引潜在休闲旅游者毫无帮助，从而使得电视、电台宣传不仅没有达到预期的效果，反而让人们反感、抵制。

(二)到农家乐休闲度假的目的

现在,我们将放松心情、观赏乡村景色、聚会增进友情、品尝特色菜、换个好的环境打麻将、果蔬采摘、农事体验、康体活动、采购农村新鲜水果或蔬菜等作为旅游的目的(图 5.7)。

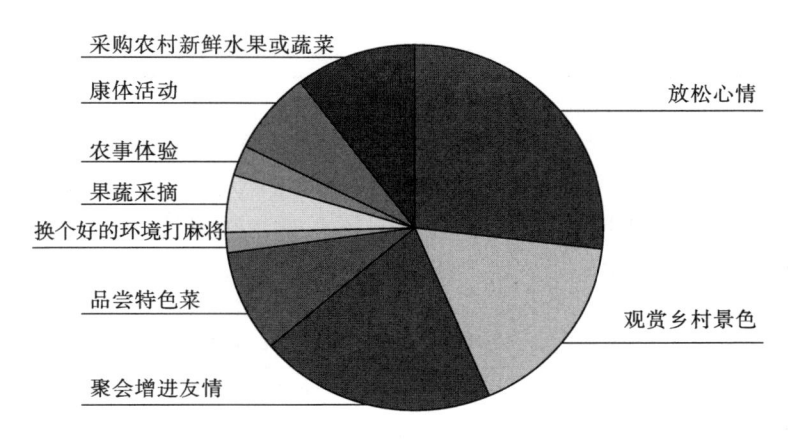

图 5.7 成都市民到农家乐度假目的的比例图①

图 5.7 说明了偏好休闲度假的居民更希望放松心情,以及通过聚会增进友情、观赏乡村景色,享受宁静的度假时光。

二、出游度假基本情况

(一)出游度假规模与工具

从大多数被访问者的出游偏好来看,无论是近距离还是远距离出游,偏好休闲度假的居民更加喜好自由组织出游,即自助或者半自助形式出游,而不是由单位或者旅行社来组织。近年来,随着交通条件的改善,人们越来越钟爱自助游与自驾游。值得一提的是,偏好休闲度假的居民对于距离较远的休闲出游,并不喜欢自驾游方式,在远距离出游中,自驾游的皮尔森相关系数也是负数。这无疑说明偏好休闲度假的居民以追求放松身心和享受生活为主要目的,而非自驾车远游或是徒步探险旅游的背包客。

从成都市居民休闲旅游者采用的交通工具表(表 5.3)中可以看出,休闲出游者采用的交通工具主要是骑自行车。一方面,成都市交通发达,城市绿道通达度高;另一方面,成都地势比较平坦,适合骑自行车,自行车旅行将会感受更多的旅行乐趣,更为真切地欣赏壮美的风景,更细致地体验各地的人文风情。表 5.3 还说明,长途游客选择农家乐比较少,休闲度假的市民出游时越来越注重高效和方便。随着生活节奏的加快,成都市居民大多以上班族为主,快节奏的生活使他们对周末出游放松以缓解疲劳十分青睐,骑自行车不仅经济方便,而且能够锻炼身体,保持健康,放松心情,自然成为广大休闲偏好者的最佳选择。

---

① 资料来源:项目组调查汇编,2014 年 5 月。

另外，成都市休闲出游偏好者人群中，学生占有相当大的比例，学生人群休闲出游的主要交通方式主要也是公交车和自行车。

表 5.3 成都居民出游交通方式情况统计(%)[①]

交通方式	步行	骑车	坐公交	打的	自行车	随团	其他
比例	0.1	1.5	3.6	0.9	98.0	0.4	0.5

在出游规模上，调查结果表明成都市休闲度假者以散客为主，随团旅游的(包括单位组织的)仅占 0.4%。调查结果显示，成都市休闲出游者的一般规模为 2 或 3 人，其次是 4~6 人。为了更好地反映休闲出游规模与出游方式之间的内在关联，笔者将出游规模与出游方式进行了相关分析，分析结果如表 5.4 所示。

表 5.4 成都市休闲出游规模与出游方式相关系数表[①]

项目类别	相关系数值	双侧检验值
10 人以上的出游规模与旅行社组织	0.280	0.000
10 人以上的单位组织出游方式与旅行社	0.435	0.000
单位组织与 7~10 人出游规模	0.145	0.040
单位组织与 10 人以上的出游规模	0.589	0.000

表 5.4 中的数据表明：10 人以上出游规模与旅行社组织呈正相关；10 人以上出游规模的单位组织与旅行社呈正相关；单位组织与 7~10 人和 10 人以上的出游规模均呈正相关。因此，成都市城市居民出游规模在 7 人规模以上时，其出游方式一般为旅行社或单位组织。

此外，将休闲出游偏好者与其出行情况进行相关系数分析，结果发现：①在出游形式选择上，休闲偏好者更喜欢结伴式出游；②在出游规模上，他们更喜欢 2~6 人的出游规模，一人单独出游和规模较大(7 人以上规模)的出游方式选择比例十分小，在相关系数上两者均为负数；③在旅行社组织方面，成都市休闲出游者普遍表示排斥，他们更加喜欢自由组织的结伴式散客游。此外，偏好休闲度假的成都居民受传统文化以及家庭和友情观念的影响比较重，他们选择休闲出游并不单单是满足自身休闲需求，同时更是希望通过休闲度假的方式与家人、朋友分享快乐的心情与氛围，沟通亲情、友情和爱情，密切关系，达到放松心情、增进感情的目的。

从以上的分析可以知道：大多数旅游者在出发前对成都市的景区概况、交通路线、地理区位等已经有了大概的了解，从而自行设计线路的能力和单独外出旅游的自信心得以加强，这就使得成都市休闲度假者以散客旅游的方式所占比例很大。

---

① 资料来源：项目组调查汇编，2014 年 5 月。

(二)休闲度假时间和消费能力

通过相关分析发现：偏好到农家乐休闲的居民将周末作为首选，成都市居民选择的时间主要集中在周末(52.69%)和其他节假时间(28.79%)，选择在平常时间的仅有6.01%，黄金周也只有12.52%，如图5.8所示。

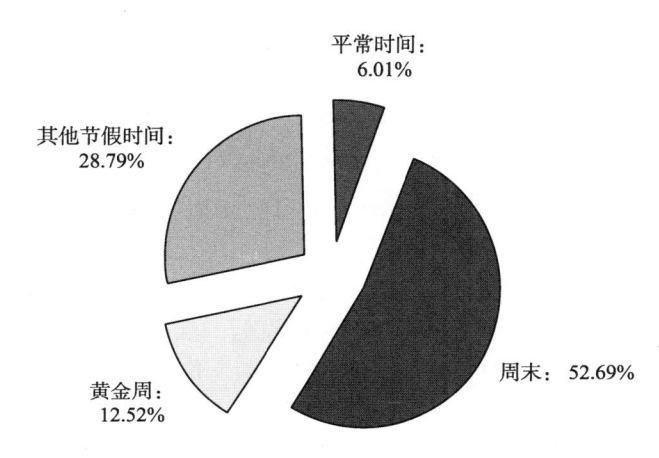

图5.8 成都居民意愿选择度假时间统计图[①]

这也集中反映了成都市乃至我国当前阶段典型的"周末经济"现象，周末出游的相关系数为0.237，双侧检验为0.008，呈现一种正相关的关系。这也说明休闲者到农家乐的主要目的在于希望通过一个短暂的休息来缓解身心压力，进一步激发他们对于工作的热情。调查结果还发现，周末到农家乐休闲的游客停留的时间一般为一天，一般是周六去，当日即返回；当然也有相当比例的游客选择周六前往周日返回的，以亲身体验居住在农家的感觉。农家乐一般环境优美、风景秀丽，和煦的阳光、适宜的气温、清新的空气，这对于久居城市的朋友们来说，在都市里很难体会到，无疑具有强大的吸引力。农家乐能反映当地多彩的乡土文化、纯朴的民俗风情和恬淡的农家生活，以满足游客求新、求特、求变的消费心理。每到周末，都市的人总会带上一家人到农家乐，度过愉快的两天。

这与我们前面分析的一致，大部分旅游者选择在周末休闲度假，所以选择到农家乐住的时间也主要集中在1天内往返，所占比例达81.85%；而两天内往返的则相对较少，只占不到16%。另外也有一定比例的游客选择3～5天往返，但是只占很小一部分比例，如图5.9所示。

---

① 资料来源：项目组调查汇编，2014年5月。

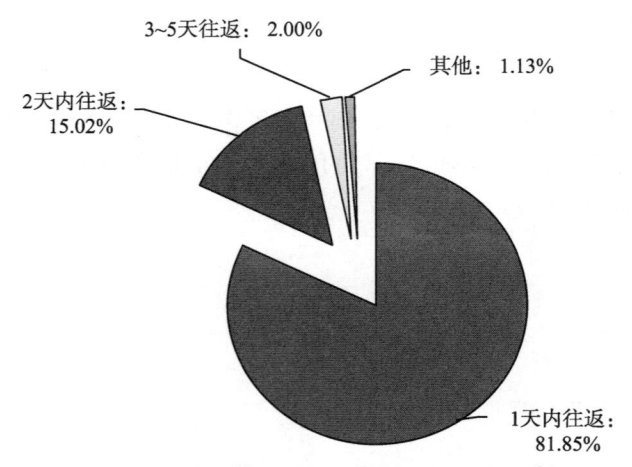

图 5.9　到农家乐休闲选择居住时间统计图[①]

相比一般居民而言，偏好休闲度假的居民外出休闲度假更为频繁，也具有适度较高的消费能力。根据相关性分析结果显示，偏好休闲度假的居民与一年内度假 3~6 次的休闲出游频率呈正相关，相关系数为 0.121，与其他频率呈负相关。每人消费 20 元以下占了 6%，每人消费 20~30 元占 17%，每人消费 30~40 元占 33%，每人消费 40~50 元占 16%，无所谓的占 28%，如图 5.10 所示。此次参与调查的对象大都在 35~45 岁，说明已具备一定的消费能力，所以消费能力每人 30~40 元的最多，这反映了成都市已经存在小部分具备从事休闲消费能力的居民。显而易见，成都市居民的休闲消费动机比较理性，休闲消费支出占家庭收入的比例较为合理，同时也反映了成都市居民的主体已经支撑起中端休闲消费的市场。

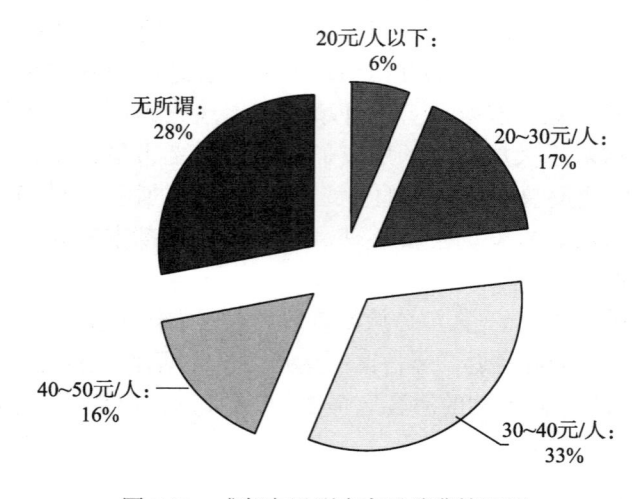

图 5.10　成都市民到农家乐消费情况图

[①] 资料来源：项目组调查汇编，2014 年 5 月。

三、满意度

（一）从人口学特征对成都市居民休闲满意度进行分析

表 5.5 为个人情况的总体满意度调查情况。

表 5.5　个人情况的总体满意度调查表[①]

个人情况	年龄	性别	职业	文化程度	月收入
满意程度	5	3	4	2	1

（二）不同指标下的个人细分满意度调查表

（1）不同年龄层次的休闲游客满意度。从年龄层次分析（表 5.6、图 5.11），16~25 岁和 45~55 岁的休闲人群的休闲满意度较高，而 25~45 岁以及 55 岁以上的休闲游客满意度相对较低。16~25 岁为青少年休闲人群，这类人群休闲时间充足、休闲动机强烈。55 岁以上为老年人群体，目前针对老年人休闲的项目设施十分稀缺，老年人休闲成为社会各界关注的重要话题。

表 5.6　不同年龄层次的休闲游客满意度调查表

年龄层次	16~25 岁	25~35 岁	35~45 岁	45~55 岁	55 岁以上
满意度	4	3	2	4	1

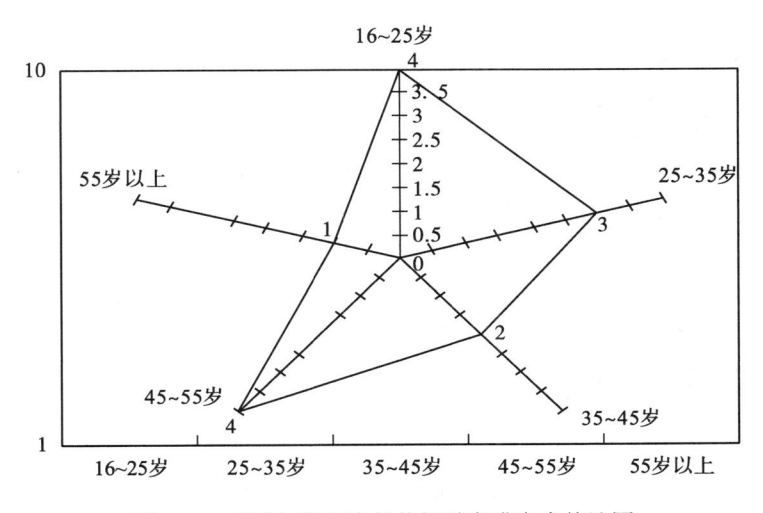

图 5.11　不同年龄层次的休闲游客满意度统计图

[①] 资料来源：项目组调查汇编，2014 年 5 月。

(2)不同性别的休闲游客满意度。从性别层面来讲(图 5.12、表 5.7),男性对于休闲出游的满意度总体上要低于女性。一方面,男性的休闲项目相对有限,诸如棋牌、垂钓等,据调查结果显示,很多男性休闲游客在具备休闲时间的前提下却不知道该怎么度过。女性的休闲出游动机更为强烈,休闲方式也十分多样,诸如购物、旅游、餐饮、逛街、游玩等。这也是各类休闲场所女性休闲游客总是多于男性休闲游客的原因所在。

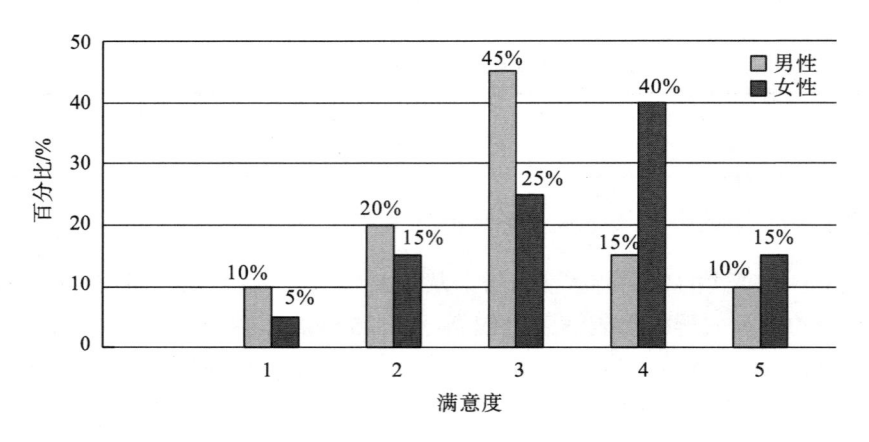

图 5.12 不同性别的休闲游客满意度统计图

表 5.7 不同性别的休闲游客满意度调查表(%)

满意度	5	4	3	2	1
男性	10	15	45	20	10
女性	15	40	25	15	5

(3)不同社会职业的休闲游客满意度。从社会职业层次来讲,如表 5.8、图 5.13 所示,个体经营者和教师的休闲满意度最高,其次是公务员和企业员工,农民以及其他职业群体最低。造成这一现象的主要原因在于:个体经营者和教师享有更多自由支配的闲暇时间,而且经济比较宽裕,休闲出游条件更加丰富。特别是教师,享有寒暑假,可保证充足的时间出游。相对于这类群体而言,企业员工和公务员的休闲满意度相对较低。对于农民而言,一方面由于经济发展水平的限制,自身经济实力较弱,休闲意识不强,即使有出游机会,他们更多的还是会选择居家休闲;另一方面,则是农村、城镇地区休闲资源十分有限,不能提供较好的休闲服务。

表 5.8 不同社会职业的休闲游客满意度调查表

职业	农民	个体经营	企业员工	教师	公务员	其他
满意度	2	4	3	4	3	2

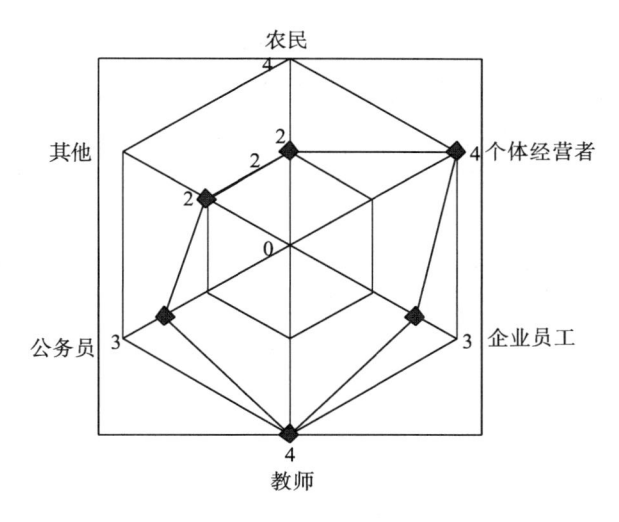

第五章 成都市农家乐休闲需求特征

图 5.13 不同社会职业的休闲游客满意度统计图

(4) 不同文化程度的休闲游客满意度。从文化程度上来讲(表 5.9、图 5.14),大学文化层次的休闲人群休闲满意度较高,而高中文化层次的休闲人群相对较低,其他层次居中。一般来讲,大学层次的休闲群体拥有更多的休闲时间,具有休闲出游的更多优势条件,而高中层次学业压力较大,经济能力也十分有限,几乎没有休闲出游的条件;对于小学、中学、硕士及以上层次的休闲人群,一般为社会工作的主体人群,拥有休闲能力的同时,却没有多余的休闲时间,因此在休闲满意度上位于中等水平。

表 5.9 不同文化程度的休闲游客满意度调查表

文化程度	小学	中学	高中	大学	硕士及以上
满意度	3	3	2	4	3

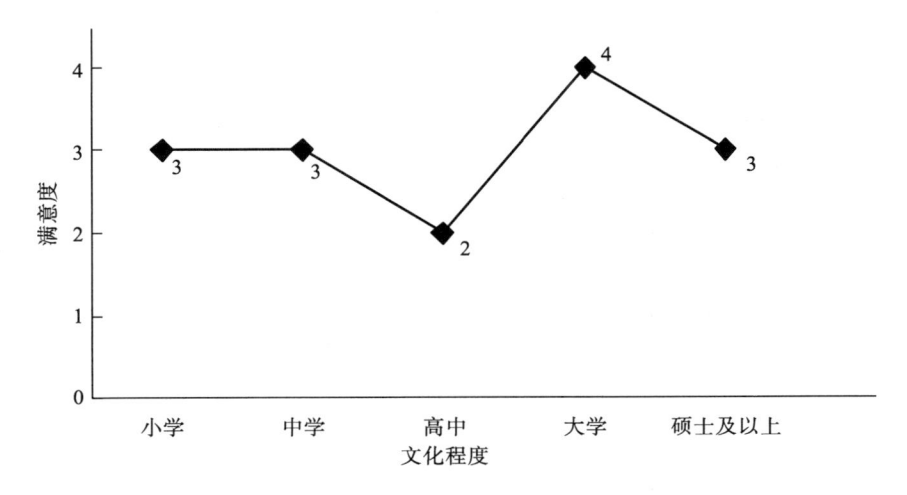

图 5.14 不同文化程度的休闲游客满意度统计图

(5) 不同月收入的休闲游客满意度。经济基础决定上层建筑，良好的经济条件是休闲出游的重要前提和保障，同时也是休闲出游质量的关键因素。一般来讲，居民可支配性收入越高，其休闲满意度也越高，休闲消费水平也越高（图 5.15、表 5.10）。另外，从社会经济学角度来看，经济收入要素的重要性在所有要素中居于首位。农家乐休闲是一个综合性极强的经济形式，它广泛地涉及地产行业、酒店行业、餐饮业、农业、渔业、林业等多个行业，良好的经济水平和开放的休闲理念无疑是这一休闲方式的坚强后盾。广大休闲爱好者也必须具备良好的经济基础，才有能力进行农家乐休闲消费，才能够获得高质量、高满意度的休闲生活。因此，经济收入因素无可厚非地成为影响农家乐休闲满意度的第一因素。

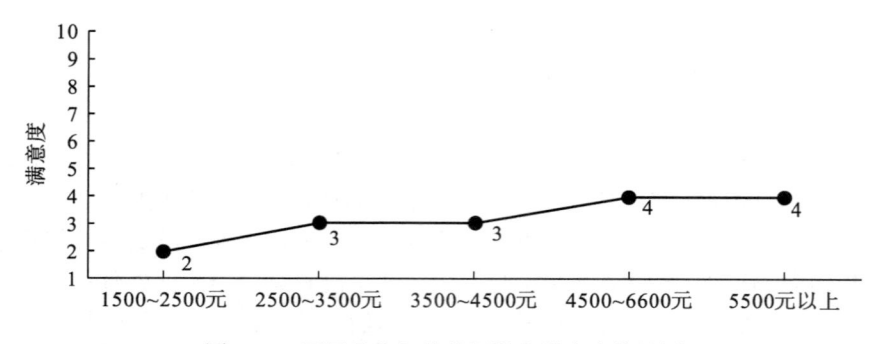

图 5.15 不同月收入的休闲游客满意度统计图

表 5.10 不同月收入的休闲游客满意度调查表

月收入/元	1500～2500	2500～3500	3500～4500	4500～5500	5500 以上
满意度	2	3	3	4	4

（三）到成都附近农家乐各方面满意度分析

从表 5.11 可以看出，成都市民对农家乐休闲的交通、距离还是很满意的，不满意率不超过 10%，而在服务设施、服务内容、休闲产品、服务质量、环境方面还是存在问题。比如设施非常满意的仅有 5.1%、服务内容为 4.4%、休闲服务质量为 1.5%、环境为 2.1%，这说明大家对到农家乐的设施和休闲产品等方面是不满意的，在这些环节还要逐步完善，虽然休闲度假已经被大众所接受和认可，但还需要依赖更多科学、有效的宣传，特别需要完善的诚信体系来支撑其深入发展，所以给顾客提供的产品和服务就很重要了。

表 5.11 成都市民休闲指标满意度调查表(%)[①]

休闲条件	非常满意	比较满意	基本满意	不满意	很不满意
交通	19.4	32.4	38.3	5.7	4.2
距离	24.1	44.3	12.3	12.1	7.2
设施	5.1	23.8	38.5	28.2	4.4
服务内容	4.4	19.2	48.3	25.5	2.6
休闲服务质量	1.5	22.7	43.7	22.1	10.0
环境	2.1	27.5	48.1	18.2	4.1

四、存在的问题

虽然成都市拥有丰富多样的农家乐休闲资源以及深厚的历史文化底蕴，并且经过多年的发展取得了一定的成绩，但不可否认，就农家乐休闲产业总体发展水平来讲，成都市农家乐依然存在许多问题与不足，与发达国家相比仍然还有较大的差距，仍需要不断完善和提高。总的来讲，其问题主要表现在 4 个方面。

(一)基础设施不健全，服务质量有待提高

基础设施不健全是目前成都市农家乐最突出的一个问题。以成都市"五朵金花"为例，截至 2015 年 3 月，成都市"五朵金花"（东篱菊园、荷塘月色、江家菜地、花乡农居和幸福梅林）基本没有正式的停车场等相关设施，另外，交通道路狭窄、数量有限、农居客房较少、公共性服务设施严重缺乏、游憩设施十分单一，以及配套设施空间搭配不协调等，严重影响了休闲客流的流动与扩散，降低了游憩满意度。

(二)同质化现象严重

同质化严重已经成为成都农家乐发展的最大瓶颈。由于地域的因素，加上绝大多数的人都经历同一批次的培训，相邻区域内的农家乐经营的同质化现象极其严重。这体现在经营观念、经营方式、经营内容等方面的同质化。首先，经营理念的同质化，人们过于追求短期利益，难以摆脱家庭经营观念视野短浅的制约，缺乏长期观与创新意识，一味地把经营的重点放在菜品的改善之上，而忽略了产品的特色化与差异化，及改善从业人员的服务质量等重要因素。其次，提供的经营内容与经营服务的同质化。几乎所有的农家乐提供的服务都是吃饭、住宿、打麻将、打牌，使休闲者产生"审美疲劳"，从而造成休闲者休闲次数与满意度呈反比例关系。

(三)集群化发展程度不高，规模化体系尚未形成

在集群化发展方面，除三圣花乡以及其他少数几个休闲农家乐聚集区外，成都市农家乐普遍比较分散，而且规模也较小，集群化程度普遍不高。在空间分布上，成都市农家乐

---

① 资料来源：项目组调查汇编，2014 年 5 月。

主要分布在市区东南部、东部和西北部部分区域，空间分布极不协调，从而造成成都市农家乐主体呈现出发展不协调和两极分化的发展格局。发展强势区域依托政府支持及资源优势，发展水平不断提高，发展规模不断扩大，形成"强势极区"；而发展相对落后的地区由于缺乏竞争优势，规模较小，经营分散，规模效应得不到发挥，因而形成"弱势极区"。特别是空间分布不协调，农家乐分布与城市环形空间形态不相适应，城市郊区没有形成以农家乐为主要形式的"农家乐环形休闲带"，这也加大了人流成本，加重了交通负担，从而制约休闲农业产业体系的形成和发展。

（四）人才队伍建设滞后，专业素质低下

首先，从业人员素质有待进一步提高。一方面，农家乐缺乏优秀的经营管理者，缺乏良好的农家乐管理知识、实践经验；另一方面，成都市农家乐的主要就业人员是由家庭成员、同村村民、外地务工人员构成，整体的文化素质、思想道德素质、服务意识、服务礼仪、服务质量等整体水平不高。其次，安全卫生缺乏保障，尤其是食品卫生，一方面，由于对农家乐食品安全卫生监管上存在盲区；另一方面，大多数"农家乐"从业人员为当地农民，食品安全法律意识较差，部分业主对食品安全重要性认识不足，导致农家乐餐饮现状不容乐观，这主要体现在食品加工场所卫生条件差，加工操作程序不规范，卫生管理制度不健全，从业人员健康管理不严格，设施不完善，食品采购、入库、储存过程不符合食品安全要求，食用原料的采购使用无专人管理等。

综上所述，要想发展成都市休闲农业产业，提升集群化产业发展水平，就必须建立以市场为主导、政府宏观指导为抓手的管理机制，完善市场运行机制，加强政府宏观调控力度，大力提供财政及政策方面的支持，完善相关制度建设，进行严格的制度化管理。大力拓展并完善交通网络体系，以及基础设施建设，提高休闲农家乐客流容量，提升服务质量。此外，还应加强农家乐品牌塑造，提高创新开发水平；加强产业交流与沟通，走产业集群化发展道路，拓展休闲农业产业与其他相关产业的连带关系，全面促进成都市休闲农业产业的集约化发展。

第六章 休闲空间分布特征

第一节 成都市休闲空间分布总体情况

成都市休闲活动内容丰富,有动态活动,如体育健身、旅游、户外运动等;有静态活动,如品茗、喝咖啡、看电影等。随着经济社会的不断发展,新兴的休闲方式也逐渐走进人们的生活,诸如网络休闲活动、乡村休闲活动,以及与国际接轨的登山攀岩、游泳、家宴、自助露营、自驾车旅游、城郊一日游等休闲旅游。休闲活动的内容也大大超越了传统的餐饮消费,拓展了文化精神和健康生活的状态。

一、市内休闲场所及休闲空间

(一)市内休闲场所类型

市内休闲空间及场所是指供市民及周边群众休闲娱乐的公共空间及公共场所,主要有茶楼、咖啡、休闲餐饮、健身茶馆、活动中心、网吧等。通过对成都市市内休闲空间及公共场所的实地调查与空间作图,笔者以休闲活动性质与包含内容为划分标准,将各种休闲场所、休闲空间划分为6种基本类型。①自然生态休闲场所。顾名思义,这一类休闲场所是以各种自然资源、自然景观为主要依托,通常是休闲旅游的目标,包括水城、农家乐、湖泊水系等。②人文休闲场所。这类休闲场所以文化知识传播为特征,主要强调人文精神层面的理解,主要包括博物馆、音乐厅、文化馆、科技馆、展览馆等。③时尚娱乐休闲场所。这类休闲场所是顺应时代发展而产生的新型休闲场所,以现代化的休闲娱乐为主,其消费人群也主要是青少年,包括电影院、咖啡店、茶馆、音乐工厂等。④健身康体休闲场所。以健身和康体为主,包括体育馆、健身房、老年活动中心等。⑤城市大众休闲场所。为广大市民服务的休闲场所,包括城市公园、动物园、植物园、市民休闲广场等。⑥餐饮服务休闲场所。以提供市民餐饮消费为主,并形成成都餐饮文化,餐饮服务休闲场所有火锅、冷啖杯、烧烤、串串店等。根据休闲设施的数量,休闲空间具体细分为7大类:茶水酒吧类、餐饮类、休闲游乐类、歌舞会所类、人文瞻拜类、运动健身类、影剧类等。

茶水酒吧类主要包括酒吧、茶楼、水吧、咖啡吧等,这类休闲空间在各类休闲空间中数量最多,差不多占了所有休闲空间的一半,达到5173个,占成都市休闲空间数量的42.15%;餐饮类包括火锅、串串香、冷啖杯店等,该类设施在各类设施中数量居第二,达到3554个,占成都市休闲空间数量的28.95%;休闲游乐类设施包括一般休闲会所、休闲街区、网吧、公园、植物园、大学校区等,这类设施在各类设施中数量居第三,达到1683

个，占成都市休闲空间数量的 13.71%；歌舞会所类主要包括歌城、夜总会、娱乐城、迪吧等，该类设施占成都市休闲空间数量的 5.56%；人文瞻拜类包括庙、寺、纪念馆、烈士陵园、祠堂等，该类设施占成都市休闲空间数量的 2.44%；运动健身类包括高尔夫球场、保龄球馆、滑雪场、旱冰、游泳、赛车俱乐部等，该类设施占成都市休闲空间数量的 6.21%；影剧类包括影院、音乐厅、剧院等，该类设施相对较少，仅占成都市休闲空间数量的 0.98%。

(二) 市内休闲场所总体分布

成都市内休闲空间分布是指中心城区的休闲空间分布，主要分布在市区第一大圈层——5个城区(锦江区、青羊区、成华区、武侯区、金牛区)及高新区，即一环、二环、三环以内的休闲设施空间分布。

一环基本上在 5km 范围内，二环基本上在 10km 范围内，三环基本上在 15km 范围内，以上即为中心城区。

三环以外基本上是近郊区(都市区范围)，包括 15km 以外, 20km、25km、30km、40km 以内基本是都市区的范围。这里包括龙泉驿区区域(三圣花乡、幸福梅林、荷塘月色)、万亩桃园、洛带古镇等休闲空间。40～50km、50～100km 区域基本包括了彭州、都江堰、邛崃市、大邑县、新津县、蒲江县等周边县城，是大成都市范围。

从总体来看，各类休闲场所除自然生态休闲场所在绕城高速带内有分布外，其余主要分布在三环内，东三环附近休闲场所少甚至无休闲场所分布，究其原因，是东三环主要是一些工业园区、科技园区的集中地，所以休闲场所在这部分区域分布较少。

有的休闲场所(如时尚娱乐休闲场所、餐饮服务休闲场所)规模较大，集聚程度很明显。健身康体休闲场所、城市大众休闲场所规模相对较小，而且分散分布。

(三) 市内休闲场所容量

近几年，市内休闲场所数量呈现井喷式增长。市内各类休闲娱乐场所很多，分布很密集，据初步调查统计，成都市有 762 处健身康体休闲场所、109 所一般休闲会所、1324 间网吧、94 处水吧、474 处烧烤店、54 处冷啖杯店、337 间咖啡厅、953 处酒吧酒廊、2283 处火锅店、743 处串串店、3789 处茶楼、682 处 KTV 和歌舞厅等。按照休闲空间场所的日容量均值进行初步估算：健身康体休闲场所日容量为 200 人/所，一般休闲会所日容量为 50 人/所、网吧日容量为 220 人/间、水吧日容量为 80 人/处、烧烤店日容量为 200 人/处、冷啖杯日容量为 350 人/处、咖啡厅日容量为 100 人/处、酒吧酒廊日容量为 100 人/处、火锅店日容量为 200 人/处、串串店日容量为 200 人/处、茶楼日容量为 80 人/处、KTV 和歌舞厅为 200 人/处，计算得出，市内休闲场所日容量总均值为 1748030 人，比成都市主城区总人口 330 万的 1/2 还多一点。

(四) 市内休闲场所设施

休闲场所设施可以从 4 个方面来进行阐述。

1. 空间构成

市内休闲场所的位置都是那些能够吸引各种使用者的地点，在具备较大规模的客源市场的区域范围内，客源是休闲场所和设施的服务对象，足够的客源是其存在和发展的基础。作为一种非生活必需性消费支出，休闲需求的产生与人们的收入水平、消费能力息息相关。并随着不同人群的不同的休闲兴趣和习惯偏好，其空间位置都有变化。所以市内休闲场所在居民区分布都比较密集。

商业性的休闲场所的位置要考虑目前不断上升的土地价格，考虑到所选择的区位的土地成本和未来预期的营业收入之间的差额。在三环内中心地区一般都是比较高档的休闲场所。

从空间设置的角度进行划分，休闲空间可分为动态休闲空间和静态休闲空间两种。动态休闲空间也称动态活动区，主要是指为满足人们一系列动态生活所必需的活动空间，如健身房、老年活动中心、运动中心、小区公园健身区、广场等。动态休闲空间是人们休闲生活的主要活动空间，具有客流量大、人群层次复杂等特点，因此动态休闲区一般地面平坦防滑，视野开阔，各项基础设施比较健全，人们可以在此进行非私密性的健身活动。与动态休闲空间相反，静态休闲空间(也称静态休闲区)则是指利用绿荫、廊道、建筑外缘平台等形成休憩空间，其主要功能在于满足人们闲适轻松的生活需求，人们在此观望、聊天及开展其他娱乐活动，静态休闲空间一般以室内休闲空间为主要形式，如街边茶馆、咖啡厅等。在空间配置上，两类活动区保持了适当距离以免互相干扰，动态休闲空间能够最大限度地满足人们健身等休闲活动，静态休闲空间则能够为人们创造宁静的环境氛围，同时静态区能观赏到动态区的活动，以满足"人看人"的心理需求。

2. 景观

三环内植物设施一般都在公园、小区生活区中，以供市民能满足日常对自然、清新的休闲空间的需求，绕城高速带内的自然生态休闲场所提供大范围的植物景观，人们可以通过短期旅游达到体验自然风光、舒缓身心的需求，景观设施有植物、水景、照明等。

亲水性，反映了人们对自然的渴望，此类设施在休闲场所运用较多，如广场喷泉、滨水地带、室内外水池、叠水等。平静如镜的水中倒影给人以视觉的美感；潺潺的流水声让人们聆听自然的声音；涉足水中让人们又感受水的抚摸。水景营造的是可戏、可听、可赏的触觉、听觉、视觉综合感受的休闲空间。

丰富的夜生活是工业社会城市生活的典型特征，市内精心布置的照明系统使夜间休闲场所充满活力，形成丰富多彩的城市夜间休闲空间，使得 KTV、酒吧、酒廊等休闲空间展现出其活力。

3. 交通系统

市内休闲场所拥有系统化的步行空间、多层次的道路体系，全力支持休闲活动的发生与展开。区域步行空间，在整体上形成一个由道路、休闲空间和建筑物构成的连续的步行系统，便于人们接近与使用休闲场所，也满足了人们进行步行体验的需求。具备多样性和层次感的立体化道路体系，能有效地提高休闲场所的空间利用率。

对于绕城区内的短期旅游区，交通设施就更为重要。人们出行首先就会考虑交通条件是否便利，具有良好的交通条件，才会便于人们前来游玩。

4. 服务设施

服务设施是构成休闲空间必须具备的基本要素，在很大程度上，区域内基本服务设施的完善程度决定了休闲空间的整体水平。随着现代社会生活节奏的加快，休闲成为人们社会生活的重要组成部分，是生产、生活行为之外的第三行为构成。因此，休闲基础服务设施也必须与时俱进，特别是城市休闲公共服务设施。具体来讲，休闲空间内的基础服务设施主要有游憩设施、娱乐游戏设施、通信文化设施、卫生管理设施等。

游憩设施是休闲场所基本构成要素，坐憩设施主要包括桌、凳、座椅等。各种娱乐游戏设施是人们休闲活动的主要去处，包括适宜老年人、儿童、青少年等的娱乐设施，如健康步道、秋千、滑梯、爬杆、吊网等。通信文化设施包括公用电话亭、书报亭、时钟、电子显示屏等。卫生管理设施包括垃圾箱、饮水处、公厕、岗亭、消防栓等。

(五)市内休闲场所服务内容

自然生态休闲场所提供一个自然、清新的休闲空间，使人们满足体验自然风光、舒缓身心的需求；人文休闲场所(如科技馆、博物馆、图书馆等)提供给市民一个汲取知识的场所，营造良好的文化氛围，更注重为人们提供一个进行交流、思考的文化环境；时尚娱乐休闲场所使人们在工作学习压力下可以放松，在茶楼人们可以进行品茗、畅谈时事；健身康体休闲场所，满足人们强生健体的需求；餐饮服务休闲场所，为市民提供餐饮消费。

二、近郊休闲空间

三环以外基本上是近郊区(图 6.1)，包括两个部分：一部分是中心城区外的都市区范围部分，包括 15~20km 的空间范围，这一区间基本是在都市区的范围内，这里包括龙泉驿区域(三圣花乡 幸福梅林、荷塘月色)、万亩桃园、洛带古镇等游憩空间；另一部分包括该圈层的 20~40km 区域，整体上覆盖了成都市的温江区、新都区、龙泉驿区、青白江区、双流区、郫都区以及新津县等近郊区县的全部或大部分行政区域。

(一)第一部分(15~20km)

1. 基本状况

15~20km 的区域主要位于成都市城市边缘地带，临近中央城区，是真正意义上的城乡过渡地带和城乡接合部，是连接城市和农村的重要纽带。该圈层由于距离中央城区较近，具有十分突出的地理优势。一方面，随着城市化进程的不断加快，城市规模不断扩大，城市用地向周边农村地区扩散的趋势越来越明显，在这一过程中，伴随而来的是大量城市工业、商业、文娱产业向这一区间扩散，使得这一圈层具有城市和农村双重特性。另一方面，

第六章 休闲空间分布特征

城乡过渡地带天然连接着外围广阔的乡村地带，农林资源丰富，生态环境良好。在很大程度上，该圈层通常被看作是城市中央游憩区向近郊区的拓展和延伸区间。因此，该圈层是发展农家乐最理想的区间。利用独特的地理优势、交通条件以及自然生态环境，建设和发展环城生态游憩区对满足成都市城市居民日益增长的休闲游憩需求具有重要意义。

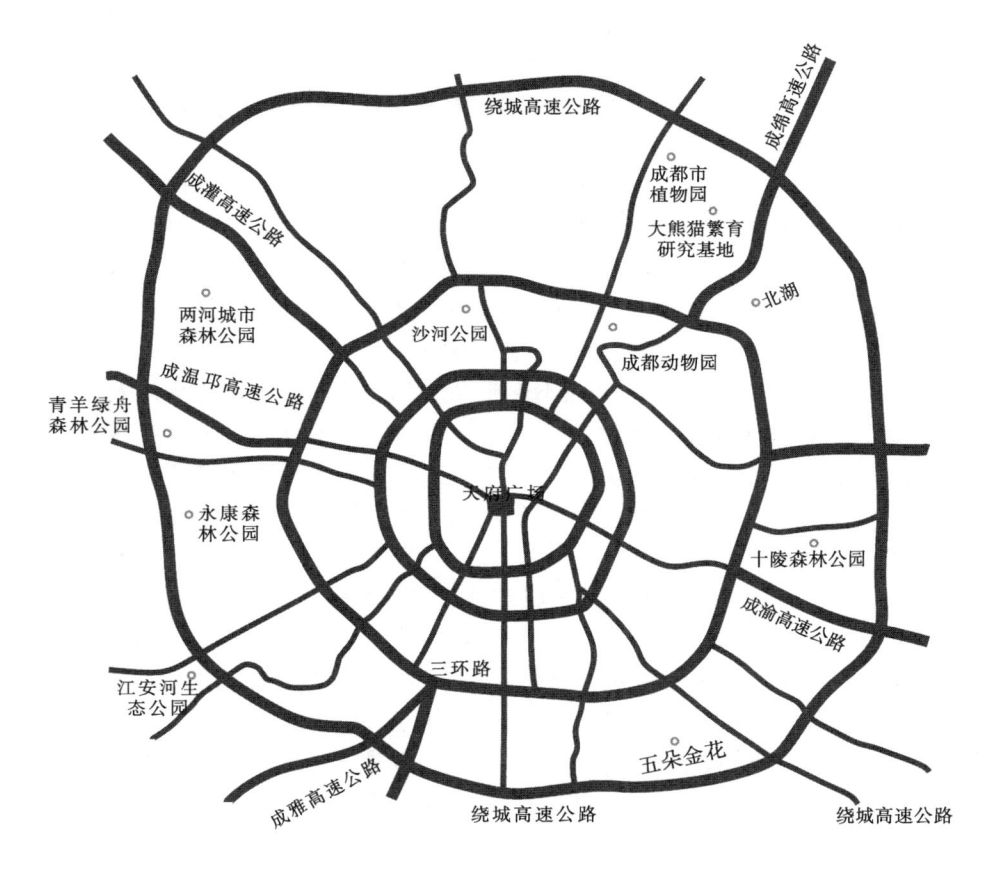

图 6.1 近郊休闲空间分布图[①]

15～20km 区域的第一圈层最突出的优势就在于地理位置优越和交通条件发达。随着成都市绕城高速以及"五路一桥"等重大交通工程项目的相继竣工，一个完整的环形放射状交通网络体系正式形成。与道路交通系统相对应的还有发达的公共交通系统，以及快速公交、快速通道等，使得该圈层与成都市中心紧密地联系在一起，加强了城市功能扩散效应。15～20km 区域是成都市环城生态景观带（也称环城绿带）的主要分布区域，该圈层主要发展以政府为主导的休闲公益事业，休闲景点以市政绿化公园和绿化带为主，也有少量的动物园和体育场所，如熊猫基地和动物园，以及锦江体育公园等，但数量十分有限，类型也相对单一，总体上人文休闲景观相对缺乏。该圈层从东向西依次分布有成都市植物园、成都动物园、成都大熊猫繁殖基地、北湖公园、十陵公园、"五朵金花"、高新体育公园、

---

① 资料来源：项目组调查汇编，2014 年 5 月。

锦城公园、江安生态公园、永康森林公园、青羊绿洲森林公园和两河城市森林公园等12个大型休闲景点。

2. 农家乐的胜地

三环-绕城高速（15km内）主要发展农业生态旅游和休闲观光旅游。这一圈层是成都市农家乐的摇篮，成都市第一家农家乐便产生于这一圈层。在农业经济发展过程中，影响最为突出的是郫都区农户最先发起的农家乐，此后农家乐如同雨后春笋在成都市近郊区域迅速发展，成为这一圈层的代表性产业。

广大农户依托当地有利的地理位置条件和交通条件，凭借丰富的自然资源、优美乡村风景，以田园风光和农产品为吸引物，提供餐饮、住宿、游玩为一体的休闲服务。在形成中期，农家乐发展十分迅速，在郫都区，仅农科村一村的农家乐数量便多达102家。2006年初，成都市锦江区三圣乡提出打造"五朵金花"——花乡农居、荷塘月色、东篱菊园、幸福梅林和江家菜地的乡村旅游规划。目前，"五朵金花"已被评为国家"4A"级旅游景区。"五朵金花"的示范效应不仅带动了其他圈层现代观光休闲农业的发展，其开发、经营模式也在本圈层内得到大力推广。目前，北湖公园、十陵森林公园、青羊绿洲森林等公园内，及公园周围修建了大批的农家乐，将公园休闲游憩与农家乐有机结合起来，以公园良好的生态环境吸引大量市民前往休闲娱乐，从而促进该圈层观光休闲农业的蓬勃发展。

农家乐经济形式是农业经济的重要组成部分，它对农村经济的发展、促进农民增产增收具有重要意义。同时，农家东还为城市居民提供了舒适的休闲去处，丰富了城市居民的休闲文化生活，具有一定的社会效益。然而，其缺陷也是客观存在的，大多数农家乐都是由当地农户自主经营起来的，由于自身知识文化及思想观念的先天不足，在农家乐发展过程中往往也伴随着层次不高、产品服务质量低下、类型单一、缺乏特色、硬件设施不完善、卫生条件差等问题。随着社会经济的不断发展，农家乐固有缺陷越来越明显，这些"缺陷"将严重制约农家乐的持久健康发展。近年来，广大农家乐经营效益已大不如前，农家乐数量也呈现出减少的趋势，部分农家乐甚至关门歇业，另谋出路。目前，只有尚存的5000多家农家乐在一定时期内将继续保持农业旅游在成都市环城游憩带旅游发展中的主体地位。因此，农家乐要想长久、健康发展，必须走改革创新和结构转型的新路子。

（二）第二部分（20～40km）

20～40km区域包括成都市的温江区、新都区、龙泉驿区、青白江区、双流区、郫都区以及新津县等近郊区县的全部或大部分行政区域。该圈层的旅游资源，无论是自然旅游资源还是人文旅游资源，都要丰富得多，资源类型也多种多样，包括自然风光、历史名胜、宗教朝圣、民俗风情、现代农业等。第二圈层的旅游开发主要是在各区县自身旅游资源优势的基础上进行的。农业旅游、会展旅游、宗教朝圣以及自然观光等旅游全面展开，形式多样。

20～40km区域一级、二级分类游憩设施量与集中度指数如表6.1、表6.2所示。

第六章 休闲空间分布特征

表 6.1 20～40km 区域(都市圈)一级分类游憩设施量与集中度指数[①]

一级分类名称	游憩设施数量/个					部门集中度			
	全省	20km	25km	30km	40km	20km	25km	30km	40km
茶水酒吧类	1755	28	13	14	62	0.07	0.03	0.03	0.15
歌舞会所类	1506	40	26	11	53	0.13	0.09	0.04	0.18
影剧乐厅类	176	1	0	0	1	0.25	0.00	0.00	0.25
运动健身类	709	10	16	7	32	0.15	0.24	0.11	0.49
洗浴按摩类	243	4	2	3	2	0.52	0.26	0.39	0.26
旅行服务类	376	2	1	1	10	0.11	0.05	0.05	0.54
休闲游乐类	1579	39	45	21	38	0.12	0.14	0.06	0.12
人文瞻拜类	1302	9	13	17	38	0.04	0.06	0.08	0.17

表 6.2 20～40km 区域(都市圈)二级分类游憩设施量与集中度指数[①]

一级分类名称	二级分类名称	游憩设施数量/个					部门集中度			
		全省	20km	25km	30km	40km	20km	25km	30km	40km
茶水酒吧类	酒吧	197	3	1	—	6	0.59	0.20	0.00	1.18
	茶楼	1325	24	9	10	49	0.10	0.04	0.04	0.21
	水吧	16	—	—	—	2	0.00	0.00	0.00	59.73
	咖啡	217	1	3	4	5	0.16	0.49	0.65	0.81
歌舞会所类	歌城	415	6	1	2	15	0.27	0.04	0.09	0.67
	夜总会	18	—	—	—	—	0.00	0.00	0.00	0.00
	娱乐城	149	—	1	—	—	0.00	0.34	0.00	0.00
	休闲会所	375	8	5	2	9	0.43	0.27	0.11	0.49
	迪吧	4	—	—	—	—	0.00	0.00	0.00	0.00
	休闲庄	545	26	19	7	29	0.67	0.49	0.18	0.75
影剧乐厅类	电影院	118	1	—	—	1	0.55	0.00	0.00	0.55
	剧院	39	—	—	—	—	0.00	0.00	0.00	0.00
	音乐厅	19	—	—	—	—	0.00	0.00	0.00	0.00
运动健身类	体育馆	127	2	3	—	7	0.95	1.42	0.00	3.32
	广场	75	3	3	1	8	4.08	4.08	1.36	10.87
	高尔夫俱乐部	4	—	1	—	—	0.00	477.81	0.00	0.00
	保龄球俱乐部	13	—	—	—	—	0.00	0.00	0.00	0.00
	滑雪场	1	—	—	—	—	0.00	0.00	0.00	0.00
	旱冰场	6	—	—	—	—	0.00	0.00	0.00	0.00
	游泳馆	25	—	—	—	—	0.00	0.00	0.00	0.00
	健身俱乐部	48	—	—	—	1	0.00	0.00	0.00	3.32
	钓鱼城	2	—	—	1	—	0.00	0.00	1911.25	0.00

---

① 资料来源：项目组调查汇编，2014 年 5 月。

续表

一级分类名称	二级分类名称	游憩设施数量/个 全省	20km	25km	30km	40km	部门集中度 20km	25km	30km	40km
	网球俱乐部	6	—	1			0.00	212.36	0.00	0.00
	漂流基地	2					0.00	0.00	0.00	0.00
	赛车	2					0.00	0.00	0.00	0.00
	赛车俱乐部	4					0.00	0.00	0.00	0.00
	网吧	221	2	4	4	10	0.31	0.63	0.63	1.57
	武术馆	173	3	4	1	6	0.77	1.02	0.26	1.53
洗浴按摩类	洗浴中心	88	1	—			0.99	0.00	0.00	0.00
	温泉	19					0.00	0.00	0.00	0.00
	按摩店	115	3	1			1.73	0.58	0.00	0.00
	足浴	21		1	3	2	0.00	17.34	52.01	34.67
旅行服务类	旅行社	376	2	1	1	10	0.11	0.05	0.05	0.54
休闲游乐类	农家乐	175	6	2	—	10	1.50	0.50	0.00	2.50
	生态园	81	4	5	1	3	4.66	5.83	1.17	3.50
	成都水族馆	1	—				0.00	0.00	0.00	0.00
	公园	345	5	5	2	5	0.32	0.32	0.13	0.32
	游乐园	31	1	—			7.96	0.00	0.00	0.00
	广场	132	—			1	0.00	0.00	0.00	0.44
	风景区	814	23	33	18	19	0.27	0.38	0.21	0.22
人文瞻拜类	庙、寺	889	8	10	10	28	0.08	0.10	0.10	0.27
	纪念馆	50	—	1	1	—	0.00	3.06	3.06	0.00
	人文景点	197	—	—	2	4	0.00	0.00	0.39	0.79
	烈士陵园	76	1	1	1	3	1.32	1.32	1.32	3.97
	祠堂	90	—	1	3	3	0.00	0.94	2.83	2.83

绕城高速 20～30km 区域的主要休闲场所包括温江花博园、芙蓉古城、新都宝光寺、桂湖公园、龙泉驿区桃花山、洛带古镇、郫都区望丛祠以及新津梨花沟、五津等。景区类型丰富多样，既有自然风光（桂湖公园），也有历史名胜（洛带古镇、芙蓉古城）、宗教朝圣（新都宝光寺、郫都区望丛祠）、民俗风情（新津梨花沟）、现代农业（温江花博园）等；既有传统的经典景区，又有近年来发展迅速的新兴休闲景区。

1. 郫都区、龙泉驿区、新津县等区县主要发展农业生态旅游

郫都区发展的农业生态旅游主要以郫都区友爱镇农科村为代表。2006 年 4 月 12 日，首届中国村旅游节在成都开幕，国家旅游局授予成都市郫都区友爱镇农科村为"中国农家乐发源地"。郫都区农科村在花木生产的基础上，大力发展农业旅游，开创了农家乐这一旅游新模式。2006 年 1～6 月，农科村共接待游客 40 余万人次，旅游收入 1600 余万元，较上年同期增长 46%，并被评为国家 3A 级景区。

成都市龙泉驿区万亩观光果园是成都市近郊最大的独具特色的生态农业观光区，由枇

杷园、梨园、现代农业观光园、乡间别墅园、怡然桃园等景点组成，拥有100余家洋溢着浓郁川西民族风情的农家乐。龙泉驿区在提高科技含量之后又着力提高文化含量，在传统农业基础上发展观光农业，吸引了大量城市居民前往休闲游憩。

郫都区农科村的花木生产、龙泉驿区的水果种植，这些农业产业和农家乐有机结合，使传统农业旅游发展为现代农业生态旅游，满足了成都市民多层次的游憩需求。

2. 温江区主要发展休闲体育产业和会展业

温江既是成都的体育产业中心，同时也是成都市花卉果蔬种植基地。在休闲体育产业方面，根据《成都市体育产业发展规划(2010~2020)》，温江区被定位为"时尚运动休闲体验集聚区"，休闲体育产业将成为其重点发展的对象，成为该区的支柱性产业。目前，温江区投资10多亿元建设金马国际马术体育公园，该体育公园将成为温江区作为成都市体育中心的新地标。

在花卉果蔬产业方面，温江区、锦江区以及三圣花乡等是成都市主要的花卉果蔬生产基地。我国加入WTO(The World Trade Organization，世界贸易组织)后的全国性花事盛会——第六届中国花卉博览会(简称花博会)，也是西部第一次举办花博会，举办地就是成都市温江区。温江花博会的举办为其花卉果蔬产业的发展奠定了基础，花卉种植业也成为温江区经济增长的重要组成部分。

不管是休闲体育产业，还是花卉种植业，在功能作用上都为其休闲产业发展产生了重要推动作用。目前，正在修建的国际马术体育公园，以及花博会结束后，设施完善、功能齐备的现代化展馆群与室外景观展点及其配套设施，都成为成都市民休闲游憩的重要基地。

此外，新都区主要发展宗教朝圣旅游，新都区宝光寺是我国历史悠久、规模宏大、结构完整、文物众多的佛教禅宗寺院，2001年6月25日被国务院列为全国重点文物保护单位。宝光寺旅游资源丰富且品位高，基础设施比较完善，社会及自然环境优越，是成都市民宗教朝拜的主要场所之一，也是市民日常游憩的重要场所之一。

三环以外的近郊区(都市区范围)集中度比较高的有钓鱼城(1911.25)、高尔夫俱乐部(477.81)、网球俱乐部(212.36)、足浴(104.01)、水吧(59.73)、广场(20.39)、其次是生态园(15.15)、游乐园(7.96)、烈士陵园(7.94)、祠堂(6.61)、纪念馆(6.12)、体育馆(5.69)、农家乐(4.49)、武术馆(3.58)、健身俱乐部(3.32)、网吧(3.13)等；另外，按摩店、咖啡店、休闲庄、酒吧、休闲会所、人文景点、电影院、公园、风景区、歌城的集中度都在1~3不等。该带缺乏的游憩部门是夜总会、迪吧、剧院、音乐厅、保龄球俱乐部、滑雪场、旱冰场、游泳馆、漂流基地、赛车、赛车俱乐部、温泉、成都水族馆等科学教育馆。

尽管绝对数量上不如前述中心城区，但该带在数量上较多的是风景区(93)、茶楼(92)、休闲庄(81)、庙寺(56)、休闲会所(24)、歌城(24)、网吧(20)。

三、远郊休闲空间

40~50km和50~100km区域基本包括了彭州市、都江堰市、邛崃市、大邑县、新津县、蒲江县等远郊市县城，属于大成都市范围。该圈层距离城市远，受城市的影响最小，属于丘陵、山区地区。该圈层由于距离市区最远，交通可达性和便捷性与前两个圈层相比要差一些，随着成温邛和成彭高速的通车，以及城际快速通道的形成，一般可乘坐中短途客运汽车在一个小时左右到达。该圈层的主要景点有：都江堰、青城山、龙池、九峰山、龙门山、银厂沟、西岭雪山、天台山、黄龙溪古镇、刘氏庄园、石象湖、朝阳湖、云顶山等景点。该圈层包括 2 个国家级风景名胜区、3 个省级风景名胜区、5 个森林公园以及 2 个省级自然保护区。该圈层的自然景观比较发达，人文景观也富丽多彩，旅游资源多集中在龙门山—邛崃山一线。

该区域以自然观光为主、休闲度假旅游为辅，为成都市远郊游憩带，该圈层旅游资源最丰富，品质也很高，国家级风景区西岭雪山，省级风景区九龙沟、银厂沟、天台山等集中在龙门山—邛崃山一线，还有著名的世界自然、文化双遗产青城山—都江堰景区。由于该区域与成都市区距离较远，旅游资源又多为胜地型目的地，因此该圈层主要发展是传统的观光旅游，此外，随着次级旅游中心的形成，远郊休闲度假旅游也得到大力发展。

近年来，随着都江堰市、大邑县、彭州市二级旅游中心以及蒲江县、邛崃市、新津县三级旅游中心的形成，位于第三圈层的远郊休闲空间在旅游形态上也发生了质的变化。众所周知，远郊区域是发展旅游业的重点区域，其传统的产业功能定位就是以旅游业为主体，打造远郊旅游聚集区。但是这种传统格局与产业定位在近年来正在逐渐发生变化，其主要特征表现为传统的观光旅游逐步发展为休闲度假旅游。这一转变并不仅仅是文字上的简单差别，更不是简单意义上的概念交换，而是从学术层面上将"休闲"与"旅游"进行区分对待，将"休闲"从泛化的"大旅游"概念体系中分离独立出来。在一定程度上，这反映了成都市打造休闲大都市在"休闲"内涵上的一次探索与飞跃。促生这一变化的因素是多方面的，如经济因素、社会环境因素、交通条件、学术研究、价值观念等。加之旅游资源的一般配置规律总是由较低层次的旅游区向较高层次的旅游中心汇聚，实力雄厚的大型旅游"大亨"占据越来越多的资源优势，在其他综合因素（如交通、地理位置等）的影响下，旅游者出游成本不断增加，加重了普通家庭的旅游负荷，部分热点景区因拥挤导致游客满意度和舒适度的降低。因此，许多市民开始回避热点景区，有意识地选择一些较低级别和较低层次的景点或景区，近郊游以及远郊休闲游自然成为广大市民的上上之选。根据成都市今年统计数据显示，成都市近郊游和远郊休闲游近年来持续升温，都江堰、青城山、黄龙溪、洛带古镇、街子古镇等一度成为最为火爆的出游市场，而倍受吹捧的热点旅游景区如峨眉山、九寨沟等则突遭冷落。史本凤指出，成都市远郊休闲度假带的形成使成都环城游憩带第三圈层逐渐摆脱了过去单一的观光旅游形式，获得更为广阔的发展空间，也为成都市民的环城游憩活动提供了更加丰富的选择。

在 40~100km 区域（都市圈）内，从游憩设施的绝对数量（表 6.3、表 6.4）来看，庙、寺数量最多，有 208 个，其次是茶楼 193 个、风景区 159 个、休闲庄 96 个、歌城 50 个、公园 43 个、休闲会所 38、咖啡 32 个、农家乐 32 个。从集中度来看，集中度最高的为滑雪场（7645），其次是高尔夫俱乐部（955.63）、迪吧（477.81）、水吧（179.18）、保龄球俱乐部（90.47）、音乐厅（63.53）、夜总会（47.19）、足浴（34.67）、游乐园（31.82）、剧院（30.16）、温泉（21.18）、健身俱乐部（16.59）、广场（12.72）及纪念馆（12.23）等（表 6.3，表 6.4）。

表 6.3　40～100km 范围(都市圈)一级分类游憩设施量与集中度指数①

一级分类名称	游憩设施数量/个 全省	游憩设施数量/个 40～100km	部门集中度 40～100km
茶水酒吧类	1755	268	0.67
歌舞会所类	1506	210	0.71
影剧乐厅类	176	24	5.92
运动健身类	709	76	1.16
洗浴按摩类	243	24	3.11
旅行社	376	27	1.46
休闲游乐类	1579	267	0.82
人文瞻拜类	1302	249	1.12

表 6.4　40～100km 范围(都市圈)二级分类游憩设施量与集中度指数①

一级分类名称	二级分类名称	该类游憩设施总量/个 全省	该类游憩设施总量/个 40～100km	部门集中度 50km	部门集中度 100km	部门集中度 40～100km
茶水酒吧类	酒吧	197	32	0.20	6.11	6.30
茶水酒吧类	茶楼	1325	193	0.10	0.74	0.84
茶水酒吧类	水吧	16	6	0.00	179.18	179.18
茶水酒吧类	咖啡	217	37	0.00	6.01	6.01
歌舞会所类	歌城	415	50	0.27	1.95	2.22
歌舞会所类	夜总会	18	2	0.00	47.19	47.19
歌舞会所类	娱乐城	149	23	0.34	7.58	7.92
歌舞会所类	休闲会所	375	38	0.00	2.07	2.07
歌舞会所类	迪吧	4	1	0.00	477.81	477.81
歌舞会所类	休闲庄	545	96	0.44	2.03	2.47
影剧乐厅类	电影院	118	15	0.55	7.69	8.24
影剧乐厅类	剧院	39	6	0.00	30.16	30.16
影剧乐厅类	音乐厅	19	3	0.00	63.53	63.53
运动健身类	体育馆	127	20	0.47	9.01	9.48
运动健身类	广场	75	14	2.72	16.31	19.03
运动健身类	高尔夫俱乐部	4	2	0.00	955.63	955.63
运动健身类	保龄球俱乐部	13	2	0.00	90.47	90.47
运动健身类	滑雪场	1	1	0.00	7645.00	7645.00
运动健身类	旱冰场	6	0	0.00	0.00	0.00
运动健身类	游泳馆	25	1	0.00	12.23	12.23

① 资料来源：项目组调查汇编，2014 年 5 月。

续表

一级分类名称	二级分类名称	该类游憩设施总量/个 全省	该类游憩设施总量/个 40~100km	部门集中度 50km	部门集中度 100km	部门集中度 40~100km
运动健身类	健身俱乐部	48	5	0.00	16.59	16.59
	钓鱼城	2	0	0.00	0.00	0.00
	网球俱乐部	6	0	0.00	0.00	0.00
	漂流基地	2	0	0.00	0.00	0.00
	赛车	2	0	0.00	0.00	0.00
	赛车俱乐部	4	0	0.00	0.00	0.00
	网吧	221	3	0.47	0.00	0.47
	武术馆	173	28	0.00	7.15	7.15
洗浴按摩类	洗浴中心	88	11	0.00	10.86	10.86
	温泉	19	1	0.00	21.18	21.18
	按摩店	115	10	0.00	5.78	5.78
	足浴	21	2	17.34	17.34	34.67
旅行服务类	旅行社	376	27	0.11	1.35	1.46
休闲游乐类	农家乐	175	32	0.50	7.49	7.99
	生态园	81	0	0.00	0.00	0.00
	成都水族馆	1	0	0.00	0.00	0.00
	公园	345	43	0.32	2.44	2.76
	游乐园	31	4	0.00	31.82	31.82
	广场	132	29	0.44	12.29	12.72
	风景区	814	159	0.23	1.60	1.83
人文瞻拜类	庙、寺	889	208	0.33	1.68	2.01
	纪念馆	50	4	0.00	12.23	12.23
	人文景点	197	17	0.39	2.95	3.35
	烈士陵园	76	9	0.00	11.91	11.91
	祠堂	90	11	1.89	8.49	10.38

第二节 成都市休闲空间结构与分布特征

一、市内休闲空间分布特征

成都市城市分布呈现圈层分布的总体格局，由市中心向四周呈环状依次分布，受城市空间地理结构的影响，其休闲资源的空间分布状况也有所不同。

(一)各类休闲空间分布状况

1. 茶水酒吧类

茶水酒吧类具体包括茶楼、咖啡、酒吧、酒廊、水吧等。近年来,随着对外开放和国际交流频繁,咖啡吧的数量开始有所增长。

茶楼类饮吧常常冠以茶楼(如八仙茶楼)、茶坊(百里香茶坊)、茶屋(如音乐茶屋)、茶园(如安江茶园)、茶艺(如安然茶艺)、茶座(如东宫音乐茶座)、茶城(如百灵鸟茶城)、茶庄(如大众茶庄)、茶苑(汉都生态茶苑)、茶府(如大藏金沙茶府)、茶餐厅(竹园茶厅)、茶阁(如金祺茶阁)、茶社(如长乐居茶社)、茶房(如城市之心商务)、茶吧(如好运茶吧)、茶莊(如好友茶莊)、茗楼(如海天茗楼)、茶居(如和睦休闲茶居)、茶室(如府河边老地方休闲茶室)、茶语(如鼓浪屿茶语)、阁茶楼、茶院(如红太阳茶院)、茶缘(如建新茶缘)、茶号(江上居茶号)、茶艺馆(如金花园茶艺馆)、茗苑(如九品茗苑)、老茶壶、老茶客、量点茗茶、茗阁楼、茗壶留香、茶铺(如蓉城老妈茶铺)、茶艺馆、天雨楼茶道、茶舍(如西农茶舍)、茶轩(如鑫雅轩)、茶酒楼等名称。

茶楼类休闲空间网点密集(图6.2),在二环以内分布较均衡,二环到三环之间的西边、西北角和南边有较多的网点分布,作为内生性城市休闲空间,能够较好地满足当地民众的休闲需要,对当地茶文化的传播也起到很好的促进作用。但在偏东这个方向只有靠二环边有一些网点分布,接近三环基本上只有零星的几个网点,对这一片区的居民喝茶休闲需求还不能完全满足。

酒吧类具体涉及的关键词有酒廊、酒馆、酒吧、酒坊、啤酒馆、啤酒休闲广场、音乐酒吧、咖啡音乐酒吧、KTV 酒吧等。这也体现了城市的消费特色。酒吧类休闲空间主要分布在一环和二环以内,在城市中心区域是一片空白,而在三环内只有西北方向和偏南方向有零星分布的少数几个点存在(图6.3)。

水吧包括音乐水吧、饮料店(统一饮料店)、果吧(如丛林果吧)、奶茶店、饮店、奶茶店、水廊等。水吧类休闲空间相对较少,一环、二环、三环均有分布,但较分散(图6.4)。

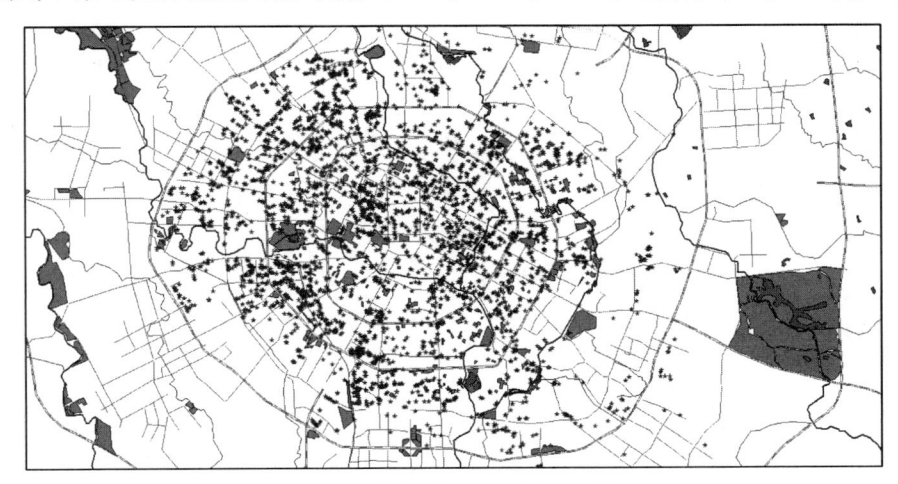

图6.2 茶楼类休闲空间分布图

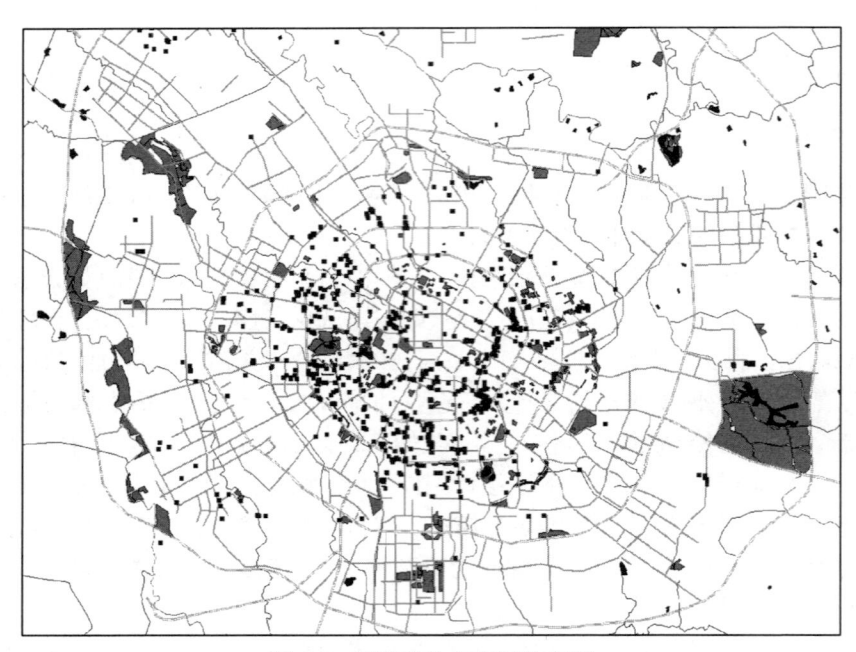

图 6.3　酒吧类休闲空间分布图

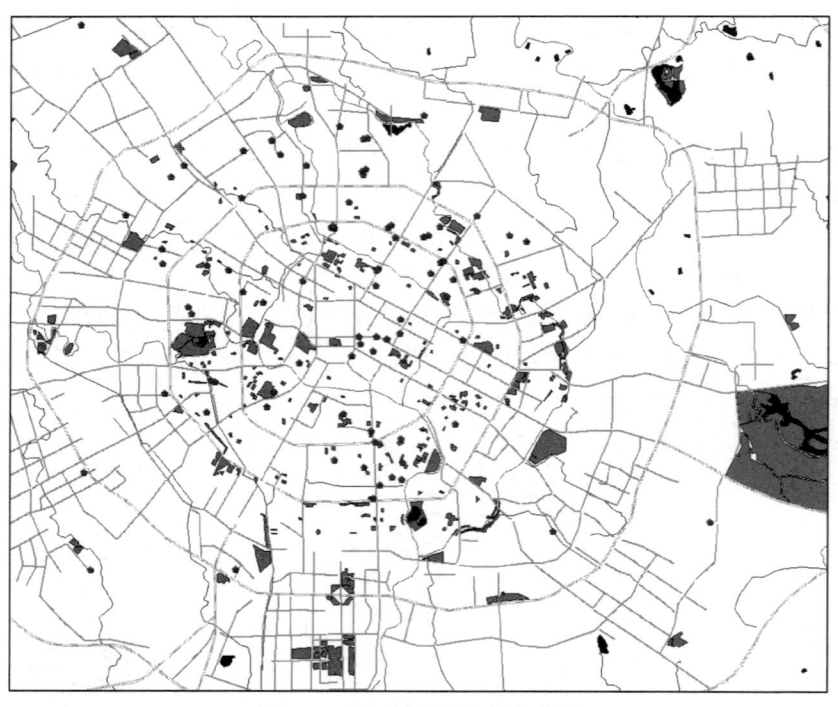

图 6.4　水吧类休闲空间分布图

咖啡店包括咖啡屋（台湾老街咖啡屋）、咖啡馆（维也纳咖啡馆）、咖啡地带、咖啡海岸、咖啡吧（如欧罗吧）、咖啡厅、咖啡港湾、咖啡苑等。其空间分布（图 6.5）比较稀疏，在一环二环内分布比较均衡，三环内主要集中在西北部、东边及南边有一些集中点。

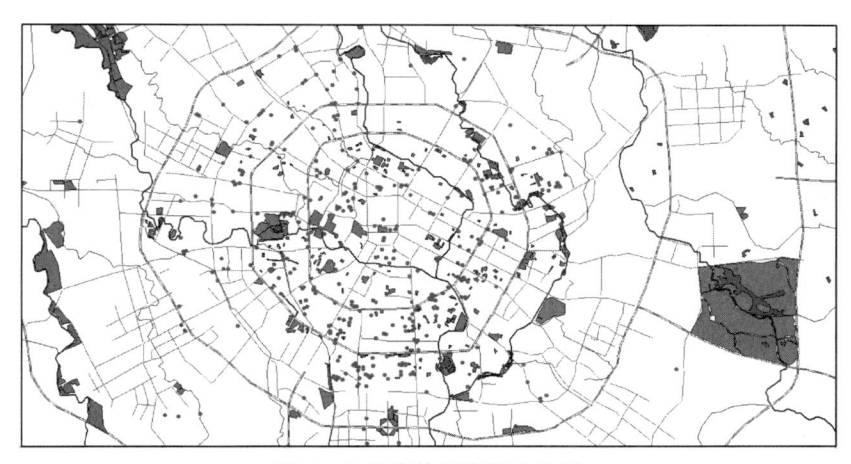

图 6.5 咖啡类休闲空间分布图

2. 休闲游乐类

休闲游乐类空间包括各类自然风景区、公园、广场、游乐园、水族馆等，其中公园占该类数量的 51.58%。

自然公园包括新华公园、百花潭公园、两河森林公园、滨河公园、成都民俗公园、成都市成华区雕塑公园、非物质文化遗产公园、熊猫体育公园等，主要分布在河流水系的两岸，但在偏北部区域公园分布较少，而在西边和西南方向较为集中(图 6.6)。三环以内，面积较大的两个公园分别是塔子山公园和东湖公园，其他公园面积较小。

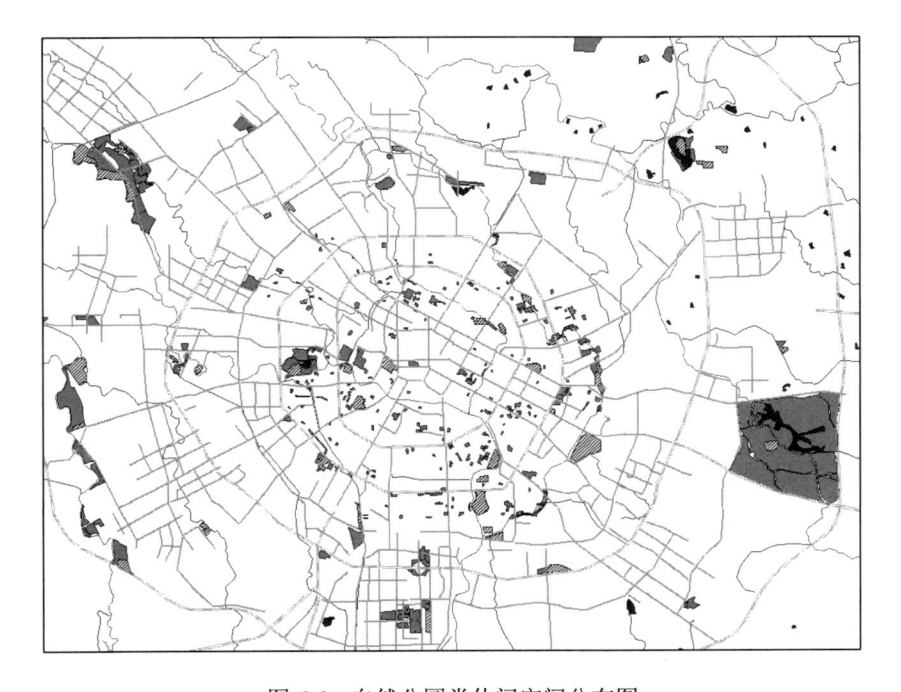

图 6.6 自然公园类休闲空间分布图

游乐园包括儿童乐园、小游园、游乐中心、水上乐园等。

广场是居民日常休闲散步游憩的重要场所，如巴人广场、滨江广场、城市中心广场、人民广场、三苏故里广场、世纪广场等。成都市内休闲广场较多，主要分布在城市绿化周边和干道旁边。在一环内分布较密集，但都很零碎，面积较小，基本属于啤酒广场、社区生活广场这类休闲空间，只有市中心有天府广场和二环路干道两侧有几个较大的广场，如大地新光华广场、休闲广场、万竹广场等（图6.7）。

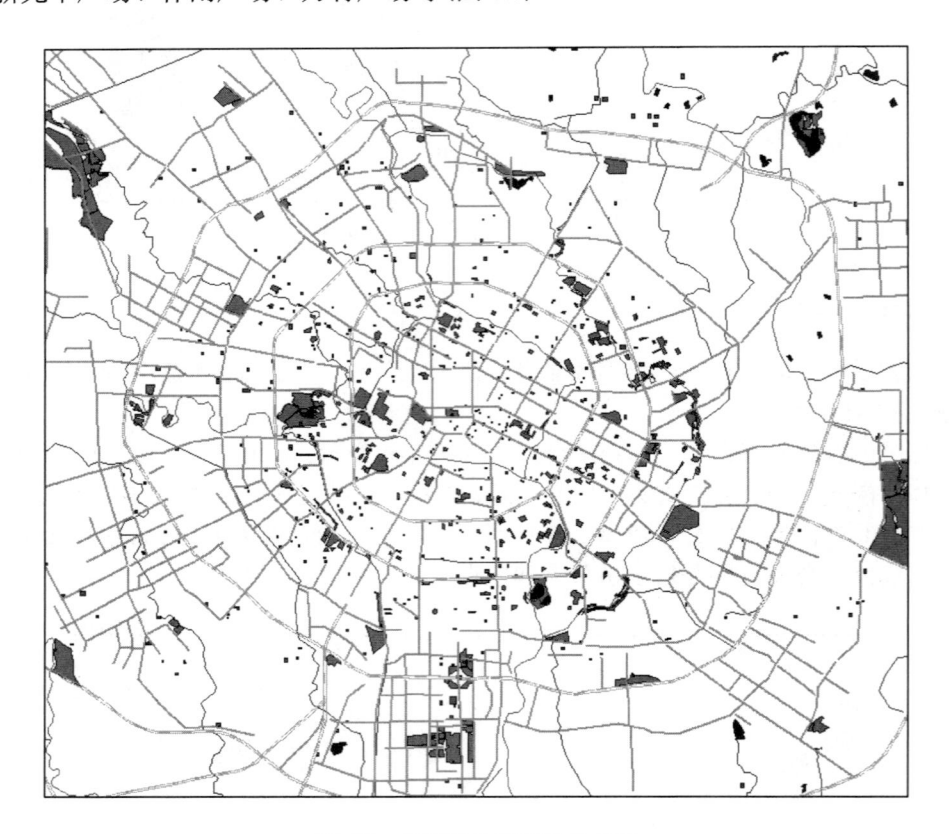

图6.7 广场类休闲空间分布图

3. 歌舞会所类

歌舞会所类休闲空间包括歌城、休闲会所、夜总会等，其中休闲会所占该类设施数量的36.24%。

歌城常冠以歌城、音乐空间、歌唱俱乐部、KTV（如百姓 KTV）、时尚吧、音乐汇、音乐港（如大榕树音乐港）、音乐广场（迪尼斯音乐广场）、歌厅（海上海歌厅）、歌舞厅、音乐会所（如东方魅力音乐会所）、音吧、歌友俱乐部、音乐沙龙、娱乐广场、卡拉OK厅、音乐超市、歌房（金珠练歌房）、演唱城等名称。分布较为均衡，一环、二环、三环均有这类休闲空间分布，而在三环东边除靠近绿化休闲空间集中有一些歌城外，东北、东南等区域较少有此类休闲空间（图6.8）。

休闲会所常冠以休闲会所、娱乐会所、休闲俱乐部、健康会所、休闲广场、休闲村、休闲中心、休闲港、休闲城、休闲世界、休闲地带、休闲天堂、休闲驿站、休闲阁、休闲苑、休闲天地、休闲吧、休闲坊等名称。休闲会所的分布比较有规律(图 6.9),主要集中在城市道路两侧,尤其是二环的城市主干道两边比较集中,三环内南边集中分布有一片休闲会所,西边也集中分布有部分会所,而在东边除接近二环路有几个外,其他区域则无休闲会所分布。

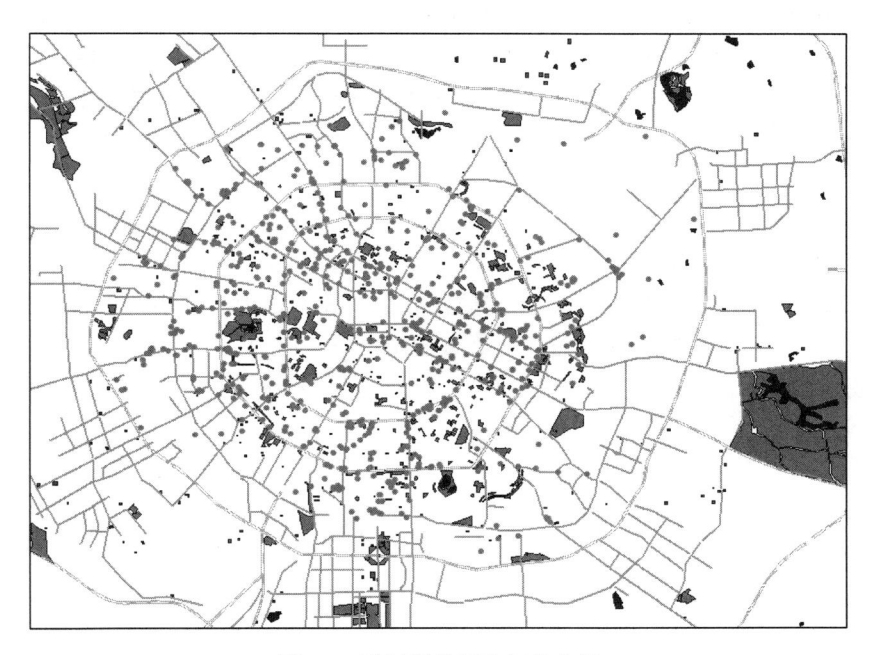

图 6.8 歌城类休闲空间分布图

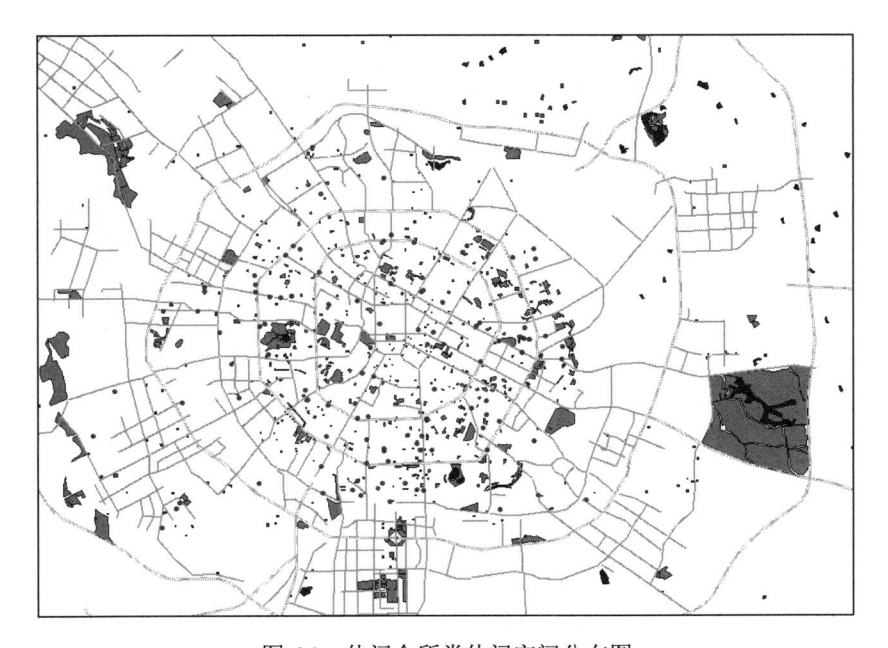

图 6.9 休闲会所类休闲空间分布图

夜总会有如不夜城夜总会、梦工厂、梦幻地带等。

4. 人文瞻拜类

人文瞻拜类休闲空间占总休闲设施数量的 17.04%，主要包括庙、寺、纪念馆、烈士陵园、祠堂等设施，其中庙、寺等占该类设施数量的 68.23%。庙包括安家庙、八角庙、白腊庙、叶家庵、兴隆庙，香林寺、小喇嘛寺、扬华斋、玉皇道观、云居塔等。

纪念馆包括陈毅纪念馆、大禹纪念馆、邓小平纪念园、叠溪大地震博物馆、杜甫草堂、郭沫若旧居、李白故居、文君阁、张爱萍故居、张澜故里、中国羌族博物馆及赵一曼纪念馆等。

5. 运动健身类

运动健身类休闲空间包括体育馆、广场、高尔夫俱乐部、保龄球俱乐部、滑雪场、旱冰场、游泳馆、健身俱乐部、钓鱼城、网球俱乐部、武术馆等。其中广场占该类设施数量的 41.19%，其次是体育馆，占该类设施数量的 19.56%。

运动健身类休闲空间(图 6.10)在一环、二环、三环分布比较均匀，基本满足了居民的日常活动及健身需要。

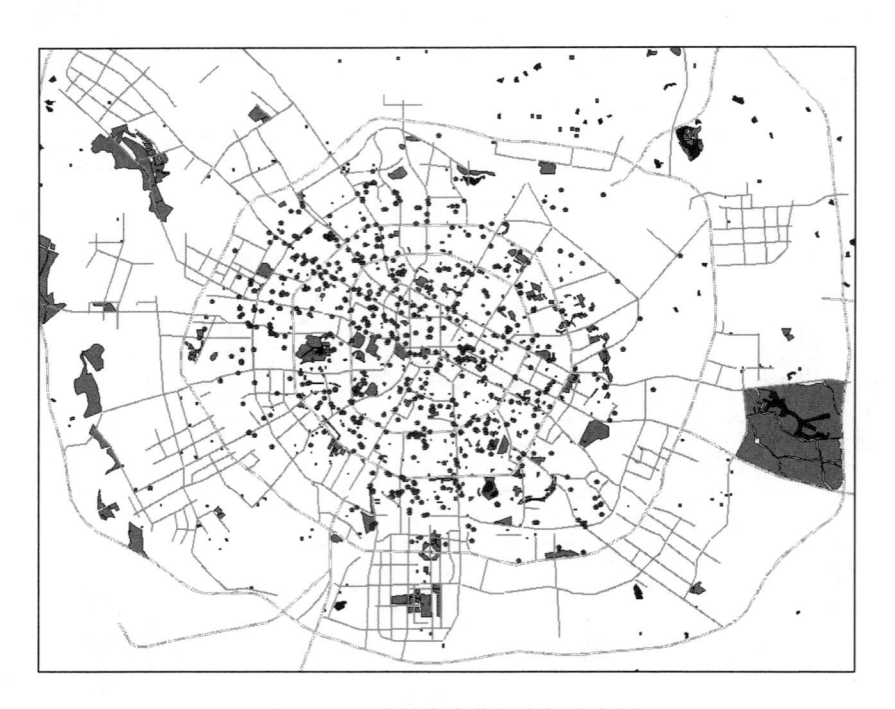

图 6.10　运动健身类休闲空间分布图

6. 影剧院厅类

其中，电影院占该类设施数量的 73.75%。

(二)中央游憩区与环城游憩带的划分

1. 研究方法与数据处理

(1) 核密度估计方法(kernel density estimation, KDE)。核密度估计方法认为地理事件发生在空间任何位置上，但在不同的位置上事件发生的概率不一样。点密集的区域事件发生的概率高，点稀疏的地方事件发生的概率低。根据事件发生的概率，研究区域范围内任何一个位置都有一个事件密度。通常用单位面积上事件数量来估计。根据样本数据对密度进行估计，可以直观地得到居民点的空间分布类型。本书利用已建立的游憩资源空间数据库，借助 ArcGIS 分析工具，采用核密度分析方法，根据游憩资源空间分布情况划分游憩带。

(2) 地理集中度。以成都市中心向外分别以 5km、10km、15km、20km、25km、30km、40km、50km、150km、200km、250km、300km 做缓冲区分析，统计每一个缓冲带内的游憩设施的分布情况。按公交车出行 30km/h 计算，缓冲距离分别是 10min、20min、30min、40min、50min、60min、80min、100min、140min 车程不等。根据游憩资源在空间上的距离衰减规律，同时参照核密度分析结果，对成都市游憩带进行划分。

(3) 数据处理。首先，在 ArcGIS 中分别以距成都市中心 5km、10km、15km、20km、25km、30km、40km、50km、150km、200km、250km、300km 做缓冲分析，然后通过空间联合(spatial join)将各缓冲地带与各游憩设施点进行关联。

一环基本上在 5km 范围内，二环基本上在 10km 范围内，三环基本上在 15km 范围内，以上是中心城区。

三环以外基本上是近郊区(都市区范围)，包括 15km 以外，20km、25km、30km、40km 以内基本是都市区的范围。这里包括龙泉驿区区域(三圣花乡、幸福梅林、荷塘月色)、万亩桃园、洛带古镇等游憩空间。40~50km、50~100km 区域基本包括了彭州、都江堰、邛崃市、大邑县、新津县、蒲江县等周边县城，是大成都市范围，100km 以外的区域是成都的远郊地区。

接着，在 ArcGIS 中通过空间联合将成都市各区县的面要素与各游憩设施点进行关联。借助地理集中度指数，统计各游憩设施在各行政区的集中程度(图 6.11、图 6.12)。

2. 中央游憩区与环城游憩带的划分

(1) 核密度分析。根据核密度分析结果，发现从不同尺度看，游憩设施的在空间上的中心扩散规律明显。当邻域半径为 0.08km 时，游憩设施密度由成都市中心城区向外围扩散，然后呈多中心等级梯度扩散趋势，即成都市中心城区成为最大的极核，然后在都江堰市、邛崃市、新津县等区域形成明显的次级中心(图 6.13)。

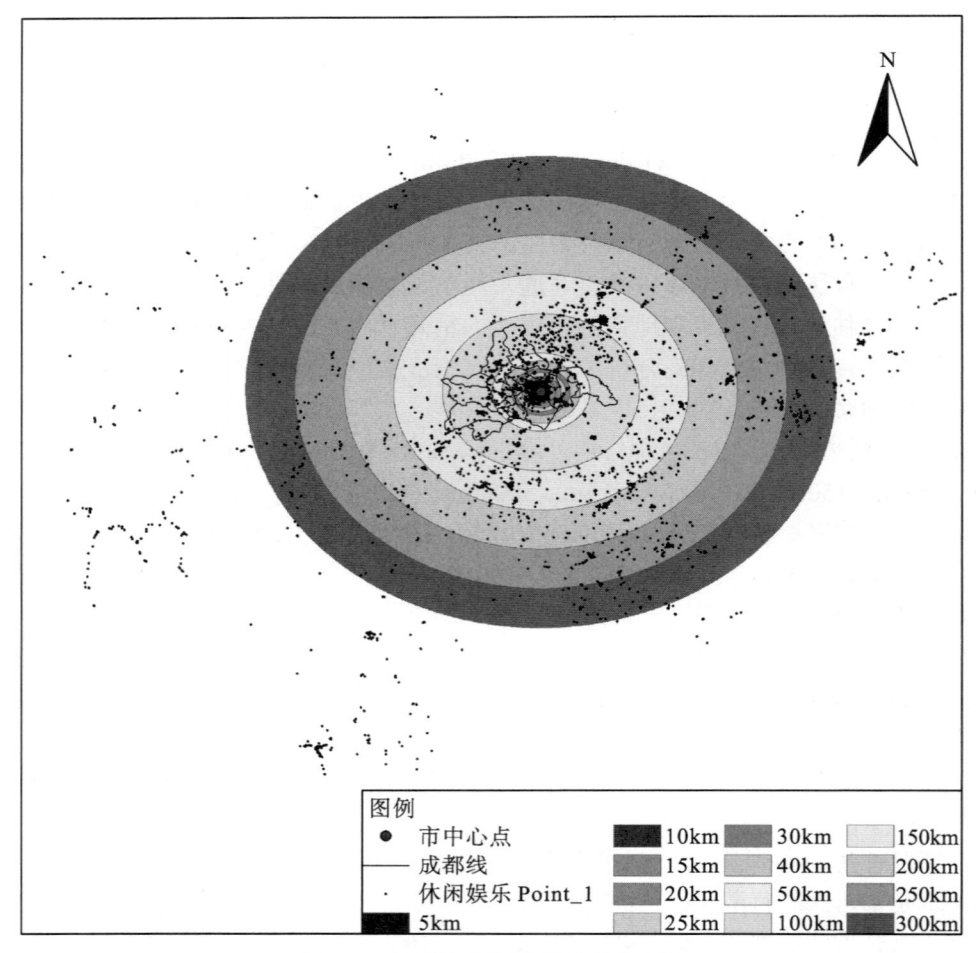

图 6.11 成都市环城市游憩带分布图

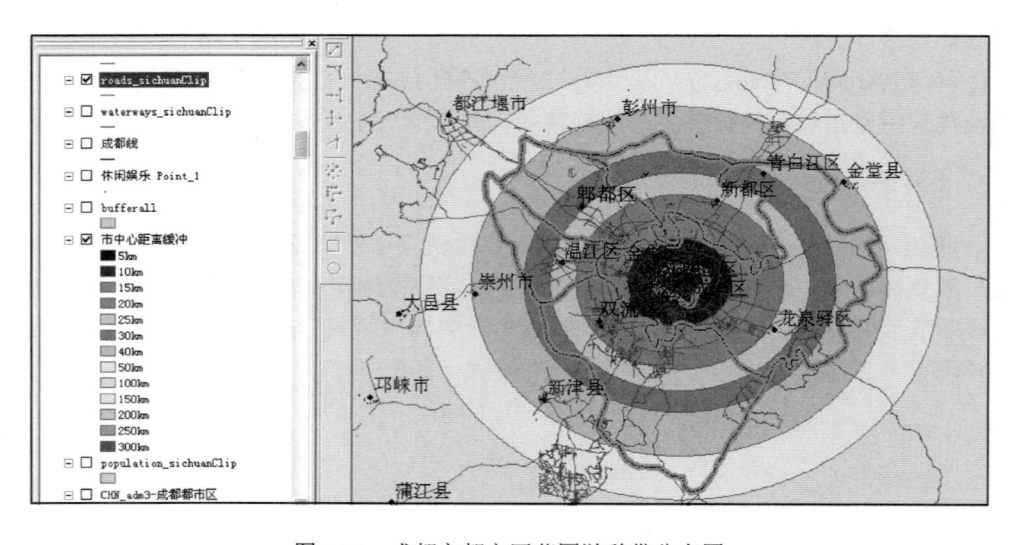

图 6.12 成都市都市区范围游憩带分布图

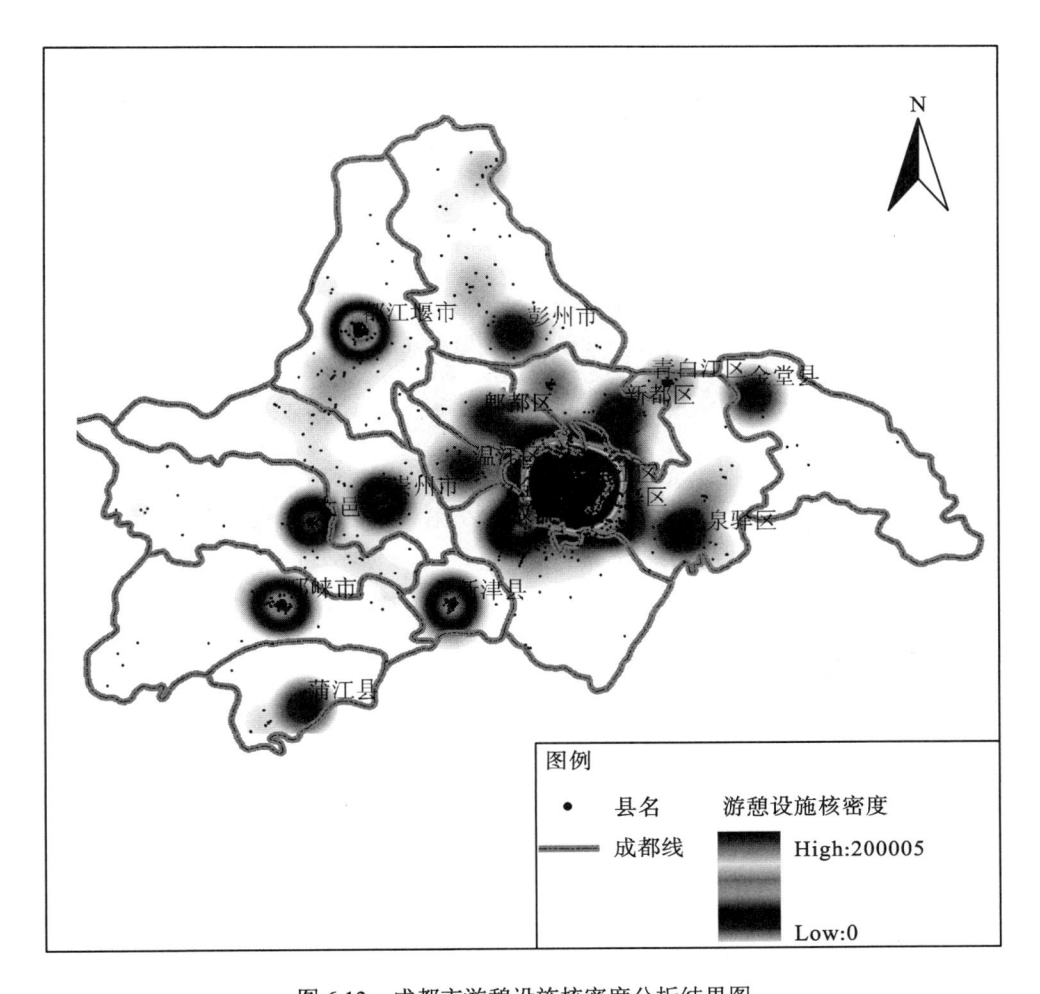

图 6.13 成都市游憩设施核密度分析结果图

注：该图具体设置为输出单元尺寸为 0.001，邻域半径 (search radius) 为 0.08km。

(2) 缓冲区分析。通过统计每一个缓冲带内的游憩设施的分布情况，发现在离市中心 5km 范围内，游憩设施最为集中，在全省 7645 个游憩资源中，有 1518 个游憩点集中在该带范围内，占全省数量的 19.86%。随着距离增加，游憩资源与设施急剧下降，在离市中心 5～10km 区域，游憩设施下降到 670 个，10～15km 区域下降到 223 个，分别占全省资源总量的 8.76% 和 2.92%。然后在 15～50km 区域形成一个低谷地带。大概在 50～200km 的 150km 处形成一个新的次一级峰值地带，该地带游憩点达到 1274 个，占全省游憩数量的 16.66%，仅次于离市中心 5km 的范围带。之后，200km 以外形成一个次低谷地带(图 6.14)。

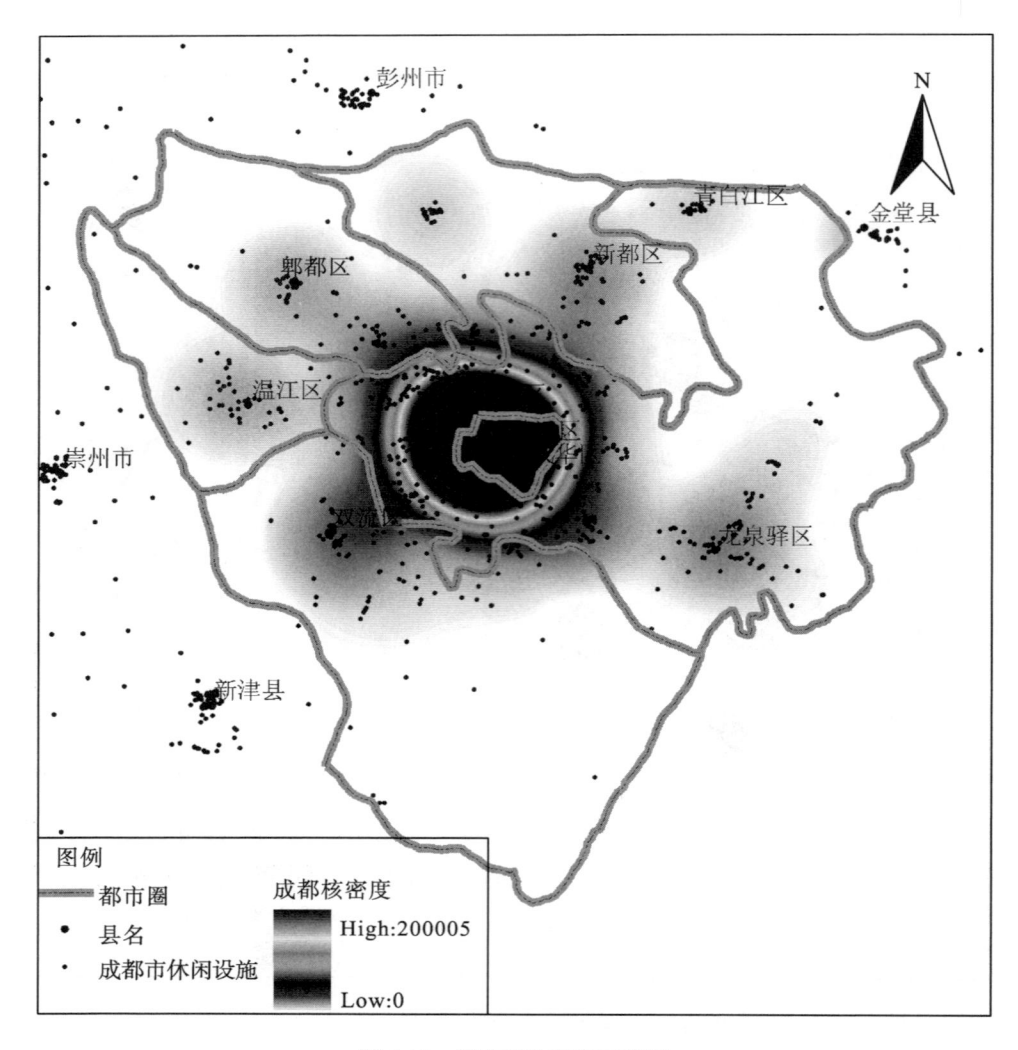

图 6.14　都市圈休憩空间格局

　　缓冲带是休闲产业发展的后备空间，根据城市呼吸理论的观点，城市与卫星城之间必须留有一定的缓冲带。但是从目前来看，成都市各个区之间的缓冲带日益缩小，城市街区相互连接，主要表现为各大行政区集中靠近，占用城市缓冲带。以龙泉驿区为例，近年来，龙泉驿区与成都市区之间的缓冲带越来越小，龙泉驿区逐渐向成都市区靠近，形成"片状"发展趋势，这种趋势在我国现行的大城市发展过程中日益普遍，成为我国城市发展的重要问题之一。

　　三环以外到绕城高速之间形成了以成都中心城区为核心，依托高等级公路向龙泉驿区、华阳、双流、温江、郫都区、新都、青白江游憩空间呈梅花瓣般扩散趋势（图6.15、图 6.16）。另外，成都市游憩资源的数量与距离关系表 6.5 所示。

第六章 休闲空间分布特征

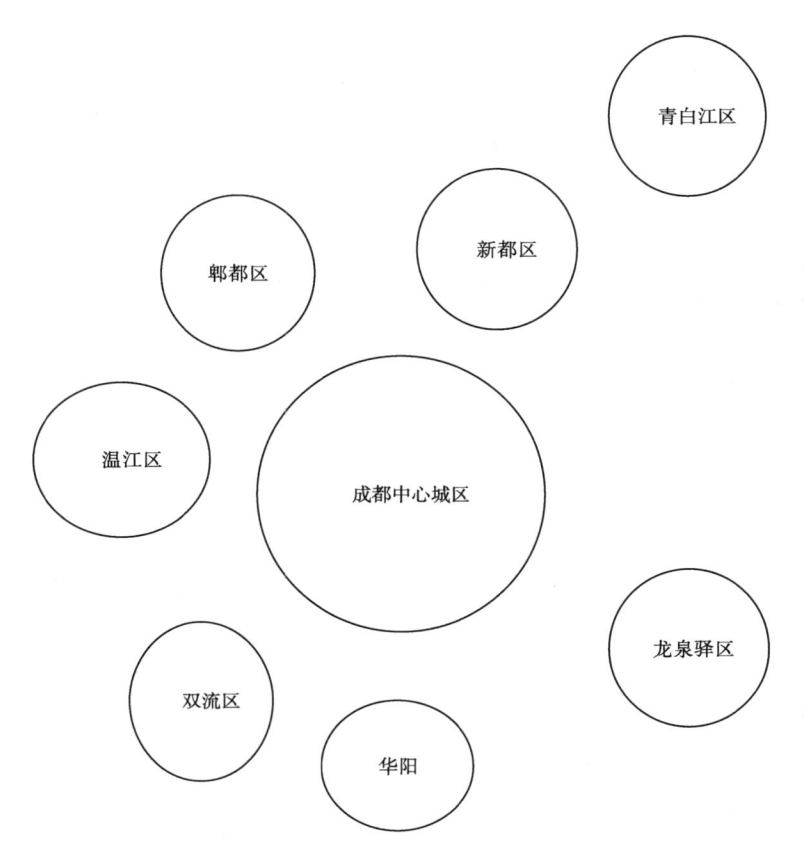

图 6.15 都市圈休憩空间分布模式

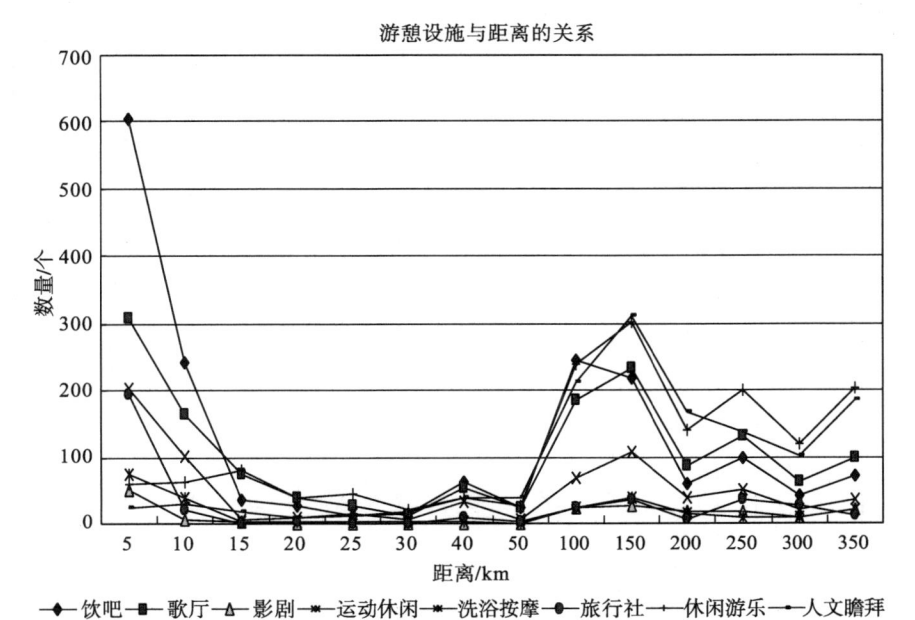

图 6.16 成都市游憩资源的数量与距离关系

表 6.5 成都市游憩资源的数量与距离关系统计表

游憩资源数量/个

一级分类名称	全省	5km	10km	15km	20km	25km	30km	40km	50km	100km	150km	200km	250km	300km	350km
茶水酒吧类	1755	603	243	36	28	13	14	62	23	245	217	59	98	41	73
歌舞会所类	1506	309	165	76	40	26	11	53	24	186	233	86	132	64	100
影剧乐厅类	176	50	7	2	1	0	0	1	1	23	26	17	18	9	21
运动健身类	709	203	101	7	10	16	7	32	6	70	107	40	52	22	36
洗浴按摩类	243	74	38	4	4	2	3	2	1	23	40	16	8	8	20
旅行服务类	376	195	22	0	2	1	1	10	2	25	36	7	35	27	13
休闲游乐类	1579	60	64	80	39	45	21	38	28	239	303	141	199	119	203
人文瞻拜类	1302	24	30	18	9	13	17	38	38	211	312	167	138	101	186
合计	7645	1518	670	223	133	116	74	236	123	1022	1274	533	680	391	652
比例	100%	19.86%	8.76%	2.92%	1.74%	1.52%	0.97%	3.09%	1.61%	13.37%	16.66%	6.97%	8.89%	5.11%	8.53%

(3) 地理集中度。地理集中度指数 $c=h/H\times100\%$，其中，c 为某分区游憩设施集中度指数，h 为某分区游憩设施数，H 为成都市区游憩设施总数。由表 6.6 可看出，成都市游憩设施高度极化，从数量上看，65.44%集中在中心城区，这在一定程度上增加了中心城区的交通、用地等方面的压力。

表 6.6 成都市区游憩设施分布情况（按行政区）

区县	游憩设施数量/个	集中度指数/%	累计百分比/%
中心城区	2232	65.44	65.44
龙泉驿区	166	4.87	70.31
都江堰	146	4.28	74.59
双流区	117	3.43	78.02
邛崃市	99	2.90	80.92
郫都区	89	2.61	83.53
彭州市	88	2.58	86.11
崇州市	86	2.52	88.63
大邑县	84	2.46	91.09
新津县	83	2.43	93.52
新都区	74	2.17	95.69
温江	42	1.23	96.92
金堂县	41	1.20	98.12
蒲江县	41	1.21	99.33
青白江区	23	0.67	100.00
总计	3411	100	—

(4) 中央游憩区与环城游憩带的划分。综合上述分析，将以成都市为中心的游憩活动以及支持这种活动的游憩设施和土地利用在空间上划分为中央游憩区与环城游憩带。中央游憩区在离市中心 15km 范围内，该范围总计占全省游憩数量的 31.54%，是名副其实的游憩高地。中央游憩区以外区域是环城游憩带。该地带包括中央游憩区以外的次级游憩极核及其之间的低谷地带。

二、游憩资源的空间集聚与扩散分析

一环基本上在 5km 范围内，二环基本上在 10km 范围内，三环基本上在 15km 范围内，这三部分属于中心城区。中心城区游憩空间与设施高度集中，但在分布上梯度差异也很明显（表 6.7、表 6.8）。

这里借助 GIS 缓冲分析与采用部门集中度指数来研究城市中心区游憩空间分布特征。

表 6.7 成都市中心 15km 范围内（三环）游憩空间一级类部门集中度指数

一级分类	游憩设施数量/个				部门集中度指数/%		
	全省	5km	10km	15km	5km	10km	15km
影剧乐厅类	176	50	7	2	12.34	1.73	0.49
旅行服务类	376	195	22	0	10.54	1.19	0.00
洗浴按摩类	243	74	38	4	9.58	4.92	0.52
运动健身类	709	203	101	7	3.09	1.54	0.11
茶水酒吧类	1755	603	243	36	1.50	0.60	0.09
歌舞会所类	1505	309	165	76	1.04	0.56	0.26
休闲游乐类	1579	60	64	80	0.18	0.20	0.25
人文瞻拜类	1302	24	30	18	0.11	0.14	0.08

资料来源：项目组调查汇编，2014 年 5 月。

表 6.8 成都市中心 15km 范围内（三环）游憩空间二级类部门集中度指数

二级游憩设施类名称	部门集中度指数/%		
	5km	10km	15km
酒吧	16.50	4.33	0.20
茶楼	2.00	0.90	0.15
水吧	89.60	0.00	0.00
咖啡	8.30	2.27	0.16
歌城	3.00	0.62	0.00
夜总会	47.20	23.60	0.00
娱乐城	6.90	0.69	0.34
休闲会所	6.10	3.21	0.33
迪吧	477.80	0.00	0.00
休闲庄	2.80	2.29	1.78
电影院	11.00	3.29	0.55
剧院	75.40	5.03	5.03
音乐厅	317.70	0.00	0.00
体育馆	0.00	3.79	1.42
广场	4.10	2.72	1.36
高尔夫俱乐部	0.00	477.81	0.00
保龄球俱乐部	316.70	45.24	0.00
滑雪场	0.00	0.00	0.00
旱冰场	424.70	424.72	0.00
游泳馆	110.10	61.16	0.00

续表

二级游憩设施类名称	部门集中度指数/%		
	5km	10km	15km
健身俱乐部	99.50	16.59	3.32
钓鱼城	0.00	0.00	500.00
网球俱乐部	637.10	212.36	0.00
漂流基地	0.00	0.00	0.00
赛车	0.00	500.00	0.00
赛车俱乐部	0.00	500.00	0.00
网吧	17.10	0.00	0.16
武术馆	10.20	18.14	0.00
洗浴中心	23.70	15.80	1.97
温泉	0.00	42.35	0.00
按摩店	24.90	9.25	0.00
浴脚店	121.30	69.34	34.67
旅行社	10.50	1.19	0.00
农家乐	0.00	0.00	0.00
生态园	0.00	16.31	29.13
成都水族馆	500.00	0.00	0.00
公园	2.20	1.28	0.77
游乐园	47.70	7.96	7.96
广场	0.00	0.00	0.00
风景区	0.20	0.33	0.48
庙、寺	0.10	0.10	0.09
纪念馆	6.10	12.23	3.06
人文景点	1.00	0.59	0.20
烈士陵园	0.00	3.97	7.94
祠堂	6.60	9.44	0.94

资料来源：项目组调查汇编，2014年5月。

(一) 一环集中度指数

在成都市5km范围（一环）内部门集中度指数最高的一级游憩设施主要是影剧乐厅类（12.34）、旅行服务类（10.54）、洗浴按摩类（9.58），其次是运动健身类（3.09）、茶水酒吧类（1.50）。其中，歌厅部门集中度为1，以农家乐、生态园、自然风景区为代表的休闲游乐相对较少，以庙、寺和烈士陵园为代表的人文瞻拜活动空间也表现出明显的不足。

二级设施类中按部门集中度指数从高到低依次是特色科学教育馆（如水族馆）、网球俱乐部、迪吧、旱冰场、音乐厅、保龄球俱乐部、浴脚店、游泳馆、健身俱乐部、水吧、剧院、游乐园、游乐园、夜总会、按摩店、洗浴中心、网吧、酒吧、电影院、旅行社、武术馆、咖啡馆、娱乐城等，该地带游憩设施丰富多样，地理集中度高，设施密度大，占地空间较小。缺少的二级休憩空间，包括体育馆、高尔夫俱乐部、钓鱼城、滑雪场、漂流基地、赛车、赛车俱乐部、温泉、农家乐、生态园、广场、烈士陵园。

（二）二环集中度指数

二环基本上在 10km 范围内。在成都市 10km 范围内（二环）部门集中度指数最高的一级游憩设施主要是洗浴按摩类（4.92），其次是影剧乐厅类（1.73）、运动健身类（1.54）、旅行服务类（1.19）。饮吧、歌厅、休闲游乐、人文瞻拜等集中度低于 1。但人文瞻拜相对一环有所升高。

二级设施类中按部门集中度指数从高到低依次是赛车、赛车俱乐部、高尔夫俱乐部、旱冰场、网球俱乐部等高度集中，足浴、游泳馆、保龄球俱乐部、温泉、夜总会、武术馆、健身俱乐部、生态园、洗浴中心、纪念馆等比较集中，祠堂、按摩店、游乐园、剧院、酒吧、烈士陵园、体育馆都有集中趋势。

该地带游憩设施也比较丰富多样，地理集中度高，设施密度较大，占地空间较大，指示性娱乐项目是赛车、高尔夫俱乐部、网球俱乐部等。优势度较低的是茶楼、娱乐城、歌城、人文景点、风景区、庙、寺；缺少的二级休憩空间包括水吧、迪吧、音乐厅、滑雪场、漂流基地、钓鱼城、网吧、农家乐等。

（三）三环集中度指数

在成都市 15km 范围内（三环）部门集中度指数都在 1 以下，最高的洗浴按摩类也只有 0.52，其次是影剧乐厅类（0.49）、歌舞会所类（0.26）、休闲游乐类（0.25）、运动健身类（0.11），然后是茶水酒吧类及人文瞻拜类，缺乏旅行服务类。

从表 6.7 和表 6.8 可以看出，游憩设施的部门集中度指数并没有因该类游憩设施的绝对数量而导致集中度绝对增高，表明集中度指数能较好地指示某设施的相对集中程度。

第七章　休闲客流空间扩散特征

第一节　成都市休闲客流空间扩散的总体特征

一、休闲主体的行为特征

休闲客流的行为特征是指休闲主体在其休闲活动中所表现出来的行为特征规律，主要包括休闲者的休闲方式、休闲偏好、休闲选择、交通工具选择、休闲消费选择，以及他们对休闲资源和休闲消费的认知感等。研究休闲客流的行为特征，有利于分析休闲客流的空间扩散规律。本章重点研究休闲主体对休闲方式、交通工具、休闲资源（休闲空间）以及休闲消费相关的选择偏好特征。

（一）不同性别休闲主体的休闲方式选择性偏好

性别影响人们的休闲方式选择，同时也影响休闲主体对交通工具、休闲消费、休闲资源空间等的偏好。根据调查显示，男性休闲者普遍比较偏爱休闲会所类休闲活动，如棋牌麻将、品茗饮茶等；而女性休闲者更加钟爱休闲旅游与休闲购物，如逛街、购物、休闲旅游等，相对于其他休闲方式而言，这类休闲方式差别十分明显。对于休闲购物和休闲旅游，成都市的女性休闲者的数量明显高于男性，对于休闲会所，男性休闲者数量则远远高于女性休闲者的数量，这在成都是非常明显的（表7.1）。

表7.1　成都市不同性别休闲者的休闲选择偏好（%）[①]

性别	休闲购物	休闲旅游	休闲会所	休闲公园	社区	文化艺术	其他
男性	36.7	42.5	65.1	34.3	43.2	17.5	9.6
女性	78.3	74.2	24.6	52.3	51.8	14.3	14.8

（二）不同性别休闲主体的休闲交通工具偏好

性别特征影响交通工具的选择，不同性别的休闲主体，对交通工具的选择也有明显的差异。对于小尺度流，男性更加偏好自驾休闲，女性则更加青睐公交或者步行；对于大、中尺度流，男性偏好于自驾或者客车，女性更加喜欢客车和火车。随着科学技术的发展，成都市交通条件也得到极大的改善，高效发达的交通网络为广大休闲爱好者提供了更为便

---

① 资料来源：项目组调查汇编，2014年5月。

利的休闲环境。因此，性别差异所引起的交通选择偏好也在发生变化，但就目前来讲，仍然是以公共交通工具为主的休闲交通格局。

（三）不同性别休闲主体对休闲资源的偏好

根据调查结果显示（表 7.2），男性休闲者比较喜欢棋牌茗茶、名胜古迹、书画艺术品；女性休闲者则偏爱山水风光、公园景观、时装配饰，以及文娱活动等，两者对其他的休闲资源没有表现出特别明显的差异。但是，对于休闲旅游中的自然或者人文景观，女性的钟爱程度明显高于男性，这在全国各地都具有相似性。

表 7.2　成都市不同性别休闲者对休闲资源的偏好（%）[①]

性别	棋牌	名胜	艺术	山水	时尚	文娱	其他
男性	72.4	52.1	63.5	35.5	11.7	24.6	14.7
女性	12.6	46.7	38.6	69.4	87.9	58.3	16.9

二、休闲客流流量

流量是指单位时间内通过特定表面的流体（液体或气体）的量（体积或质量）。休闲客流的流量是指在具体某一时刻点或者某一时间段流经某一休闲地点的客流数量，就总体来讲，它是一个动态的变量，但是就某一时刻点来讲，它是一个定量。根据休闲客流流量的概念，我们可以将这一流量分为：点流量和段流量。点流量是指在具体某一时刻点，某一休闲地点的休闲客流的人流量；而段流量就是指在一段时间内，某一休闲地点的休闲客流的人流量。

一般来讲，流量是一个动态的概念，它有一个流动的过程，因而，流量是变动的、不确定的。但是为了研究具体的问题，我们引入了点流量和段流量的概念。例如，如果要调查 A 地的休闲客流状况，我们就可以通过点流量和段流量来确定其客流状况，进而知道该地休闲产业发展状况。但是，如果要弄清具体的状况，单独使用点流量，或者单独使用段流量，都是不全面、不科学的。因为，如果只是用点流量调查并统计数据，由于休闲客流的随意性特点，有时流量大，有时流量少，这就会导致我们得到的数据具有片面性，不能客观地反映实际情况。反之，如果只是用段流量，我们又难以确定休闲客流的具体特征，缺乏定量分析依据。

三、影响休闲客流流量的因素

影响休闲客流流量的因素有很多，归结起来主要有以下两种。

[①] 资料来源：项目组调查汇编，2014 年 5 月。

(一)时间(或者季节)

时间是影响休闲客流流量的重要因素之一。一方面,时间是休闲的前提条件,没有时间就没有休闲。本书前述内容指出,休闲时间的增加是休闲发展的重要基础,也是重要标志。另一方面,时间对休闲的影响,其中最突出的方面就是对休闲客流流量的影响,具体表现为时、天、月、季、年,甚至是时期。

(1)一天中,休闲客流的流量存在明显的差异。根据现代社会人们的生活方式和生活习惯,一般来讲,一天之中,上午到中午时分,休闲客流量最大,表现为"午流高峰";晚上8点以后又会出现一个继中午之后的次高峰,表现为"夜流高峰"。这在各大城市都十分明显,成都人常常说的"下午茶"一般也是在这个时间段。

(2)对于每一天,休闲客流流量存在明显的差异。一般来讲,周一至周五的工作日,休闲客流量较少,且平缓,而周末则相对较多,表现为"周末高峰流"。这一点在世界各国都表现得十分明显,我们可以形象地将其称之为"周末经济",即在周末双休日出现的经济景象,主要表现在人们的休闲娱乐方面,故也可以称为"休闲周末经济"。"休闲周末经济"是研究休闲客流的空间扩散活动的重要内容,也是目前成都市休闲研究的重要形式。

(3)一年之中,每个月的休闲客流量存在差异。由于我国法定节假日的改革,休闲客流季节分布差异也显得格外明显,根据调查显示,2～3月、4～5月以及9～10月、11月都是休闲旺月。成都市休闲客流量的月分布,大致也遵循这一规律。从一定程度上来讲,对于以休闲生活慢节奏著名的成都,这种季节差异表现得并不是非常突出,而只是对于一些受季节影响明显的休闲娱乐方式,这种差异会更为突出,诸如休闲旅游、游览观光等。根据调查统计数据显示,成都市区内不同月份的休闲客流量分布如图7.1所示。

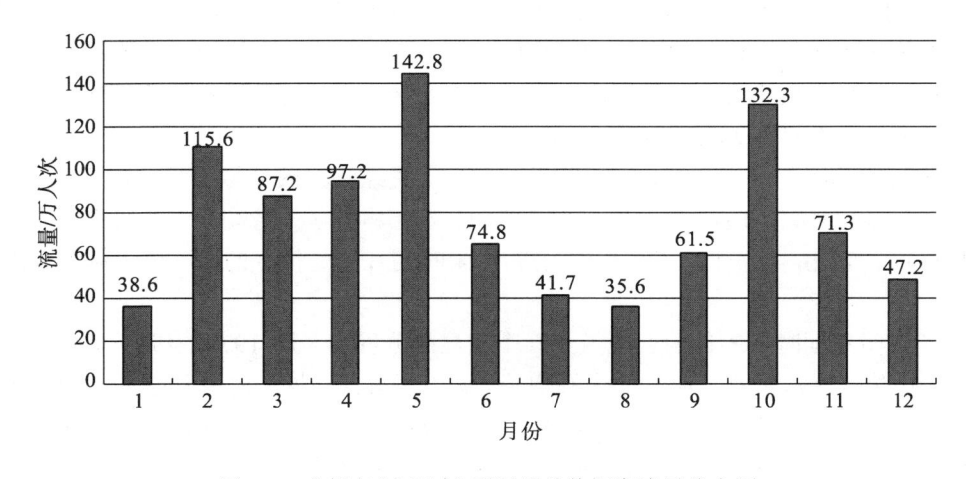

图7.1 成都市(市区内)不同月份休闲客流量分布图

(4)不同的季节,休闲客流量的差异是非常明显的(图7.2)。虽然季节差异相对于时间、天、月比较平缓,但是季节之间的差异却也现实存在。根据统计数据表明,春秋和秋季是休闲客流的高峰季节，夏季和冬季则相对较淡，但这只是相对来讲，就实际数据来看，这种差距并不是太大。

研究休闲客流的淡季和旺季要注意区别于旅游活动的淡季和旺季，相对于休闲活动，旅游活动的季节差异显得十分突出，这也体现了旅游活动的季节影响因素。在我国，夏季是旅游的旺季，春、秋、冬季则相对为淡季。

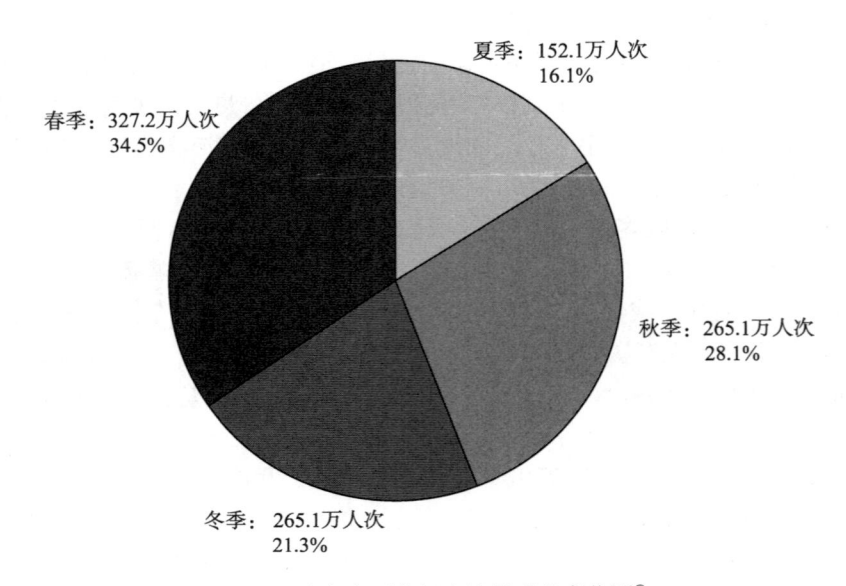

图 7.2　成都市区休闲客流量季节变化图①

(5) 不同年份，休闲客流量的差异十分小，本书不做详细说明。

(6) 对于不同时期，休闲客流量的差异需要通过数据收集与整理才能得出详细的情况，但是，休闲客流量的时期差异是比较明显的。就我国而言，对于这类数据的收集，可以从新中国成立开始。虽然当时并没有休闲这一具体的学说指导与理论体系，更没有可以借鉴的研究成果，但是休闲却是普遍存在的现象。

中华人民共和国成立初期，全国重点工作为国民经济的恢复与重建，工作占据了人们80%甚至更多的时间。1949 年以后，全民劳动，普遍树立了"劳动光荣"思想观念，大刀阔斧搞生产。因此，这一段时期内，人们的休闲时间几乎是很少的，以至于休闲客流量也很少。

研究我国不同时期的休闲客流量有一个明显的分界点，即 1979～1989 年这一时期。这一时期，休闲客流量有了明显的大幅增长，这主要得益于这一时期刚刚兴起的改革开放大潮。随着改革开放的不断深入，经济社会不断发展，人们的思想观念和价值观有了前所未有的进步，发展至今，休闲客流量几乎是 1949 年的 10 倍。

总体上，从中华人民共和国成立到现在，休闲客流量呈不断上升的趋势，并且进入 21 世纪后，这一变化趋势极为明显，变化幅度和区间跨度十分大。

---

① 资料来源：项目组调查汇编，2014 年 5 月。

（二）经济社会发展水平

经济基础决定上层建筑，休闲作为人类社会的高级生活形态，是现代社会人们生活、思想意识观念的上层建筑，它是建立在一定程度的经济基础之上的。

在古代，由于经济水平落后、收入差距大，休闲娱乐只是贵族阶层的特权，一般普通百姓基本上没有什么休闲的可能。另外，在古代，人们的思想观念还比较落后，封建保守观念十分严重，以至于人们的生活内容比较单一，习惯于"日出而作，日落而息"的传统劳作生活方式。随着时代的进步，经济社会的发展，现代人们的思想观念有了空前的进步；经济水平的极度发展以及社会收入、贫富差距的逐渐缩小，休闲得到了广泛的发展，随之，休闲客流量也逐渐增大。

现代休闲根据经济条件的差异可划分为商务流和市民流。

对于商务流，其占据社会财富的80%，享有高级休闲服务的特权，但是其在数量上却只占有20%，或许更小的比例。相反，对于市民流，市民阶层在社会总财富上只占有20%左右的比例，但是，他们却创造了80%的社会财富。因此，就整个社会而言，市民流是休闲客流的主要形式，占主导地位。

（三）城市微区位功能规划及分布格局

城市微区位功能规划主要针对中、小尺度休闲客流，或者更为准确地说，是发生在城区100km以内的小尺度流。根据休闲空间的延伸化理论，100～300km及其以外的空间，属于外延休闲空间，中尺度流和大尺度流就发生在这一区间内。城市微区位功能规划和分布格局的不同，也会影响休闲客流量的空间差异，具体参见成都市休闲客流区位分布图（图7.3）。

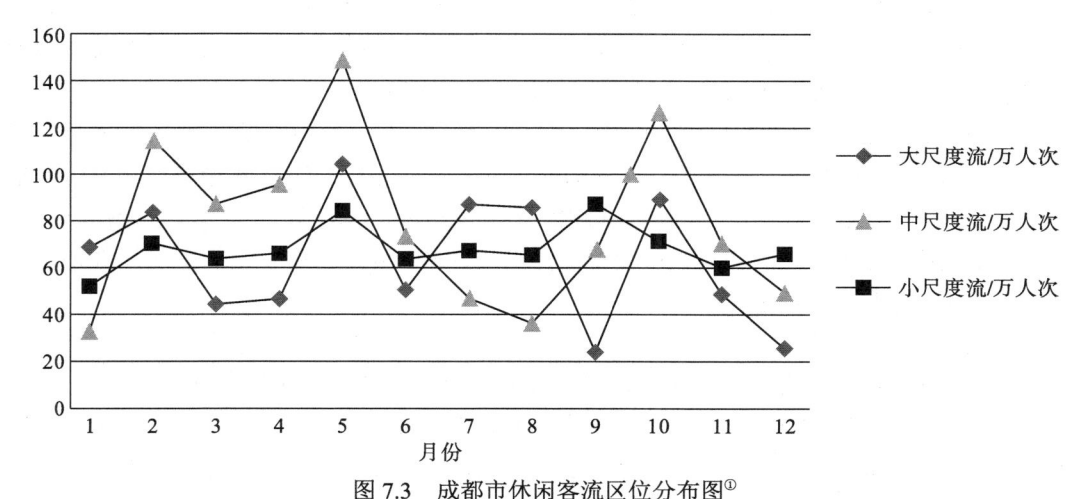

图7.3 成都市休闲客流区位分布图[1]

---

[1] 资料来源：项目组调查汇编，2014年5月。

就全国来看，休闲客流的主要形式还是中、小尺度流，同时也有短时间内的大尺度流，一般集中在国家的法定节假日，如"五一""十一"等假期。在这些相对较长的节假日期间，大尺度流的比例会出现"瞬时骤变"，即短时间内的休闲客流量骤然增大。例如，根据2013年全国假日旅游部际协调会议办公室10月7日的通报显示，国庆黄金周期间，全国纳入监测的125个直报旅游城市和景区点共接待游客3124.51万人次。

四、成都市休闲客流空间扩散的动态特征

休闲客流空间扩散的动态特征主要是指休闲客流在空间扩散运动过程中所表现出来的流动方向和流动速度特征。如果说研究某一时段成都市某一区域内的休闲客流量或是静态分析的话，那么对成都市休闲客流空间扩散的动态特征的分析就是对这一问题的动态把握。众所周知，休闲客流的空间扩散是一个运动变化的过程，这个运动变化过程既包括了时间上的变化，也包含了空间区域的变化。休闲客流在空间扩散过程中必然会受到时间、季节等因素的影响，因而在不同的时间段、不同的季节，其扩散的方向和速度是不一样的。另外，休闲客流的空间扩散本身就涉及一个空间问题，由于休闲资源的空间配置与组合具有差异性，以及区域内交通状况的完善程度不同，因此就某一空间区域而言，其扩散动态特征也表现出明显的差异性。

（一）成都市休闲客流空间扩散路径分析

在研究分析成都市休闲客流空间扩散路径这一问题时，我们必须指出，这里所研究的对象——成都市，不仅仅局限于成都市区范围，而是指以成都市为中心，向四周辐射的广大区域，这一区域系统地包括了成都市所辖的区（县、市），以及四川省和相邻省市广大地区，即"大成都市休闲扩散区"。在第三章中，笔者将休闲客流空间扩散的模式划分为两点式、点线式、点面式、点线面结合式4种，这里，笔者将以这一理论基础作为前提和主要依据，系统分析大成都市休闲客流空间扩散的具体路径。

之所以以此划分休闲客流空间扩散的路径，其原因在于休闲活动有别于旅游观光活动。旅游观光往往具有持续性和目的性，即旅游活动往往发生在某一旅游景区内，或者某几个相邻近的旅游景区内，并且持续时间相对较长，持续时间一般为1～3天，或者更长。而休闲活动则带有随意性的特点，一般发生在1天之内。因此，旅游流的空间扩散路径与休闲客流的空间扩散路径是大相径庭的。

从整体上来讲，成都市三环主市区内，休闲客流的空间扩散主要表现为点、线、面结合式。市区内休闲场所的分布往往以居住区或者商业区为导向，分布也较为集中。因此，对于市内的休闲客流空间扩散路径，主要是居住区与休闲生活区之间的扩散。一般而言，城市内部无论是休闲场所还是居住场所、工作场所，其分布都相对比较集中，因此成都市三环主市区内，休闲客流的空间扩散主要表现为点线面结合式。

（二）成都市休闲客流空间扩散速度分析

休闲客流空间扩散速度主要取决于休闲者的休闲目的、休闲偏好、休闲者类型以及时

间季节因素和交通条件等,这与旅游流空间扩散相类似。一般来讲,人们从事休闲活动或者旅游活动主要的目的在于获得身心的愉悦与放松,因此在扩散过程中节奏较慢。

(1)从休闲者的休闲目的来讲,休闲者的休闲目的主要包括时尚生活、商务交流、养生康体、游览观光和文化艺术五种。以时尚生活和游览观光为休闲目的的休闲扩散,一般为点线式和点面式扩散路径,空间扩散速度较快,这一类扩散在成都市休闲扩散中占有相当大的比例。而以商务交流、养生康体和文化艺术为目的的休闲扩散则相对较慢,所占比例在近年来也大幅增加。

(2)从时间季节因素的角度出发,休闲扩散与旅游观光活动相类似,受时间、季节因素影响十分明显。休闲客流空间扩散的速度也是如此,不同的时间、季节,其空间扩散的速度特征也明显不同。对此,项目组分别于2014年1~12月对成都城区及温江区、郫都区、新都区、龙泉驿区等地进行测试调查(图7.4)。

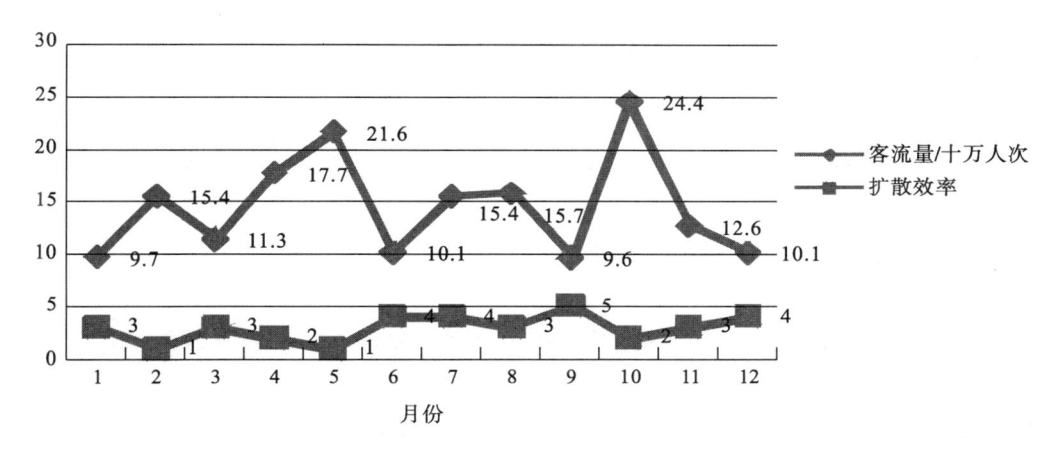

图7.4 休闲客流量与扩散效率图

注:其中休闲客流量是根据各地的平均月流量计算得出的,扩散效率则是根据休闲人群对交通条件的满意度得出的,休闲扩散在很大程度上受交通条件的影响,一般而言,在休闲出游旺季,人们对交通的满意度较低,扩散效率较低;反之则较高

根据测试结果显示,5月和10月,各个地区休闲客流量达到最高值,但是休闲客流空间扩散的效率却是最低,即休闲客流空间扩散的速度最低,不能很好地进行空间扩散。而7月与12月,各地休闲客流量相对较小,扩散效率也比较高,休闲者能够在休闲空间内进行有效的扩散。其中尤以成都市中心城区为典型,受诸多因素的影响,及成都市中心城区一些特殊原因,如天气状况、社会动乱、欢庆节日、特殊地段等,休闲客流量的月变化很小,但是其空间扩散的速度并未受到特别明显的影响。

(3)交通条件是影响休闲客流空间扩散最为根本的原因,同时也是休闲客流空间扩散的重要保障。一般来讲,交通条件好、交通网络完善、各类交通工具协调的地区,其休闲客流空间扩散的速度也相对较快。从交通条件的角度分析休闲客流空间扩散问题,主要包括两个维度:两点维度和曲线维度。

所谓两点维度,就是将休闲者休闲空间扩散的过程定义为居住点(出发点)与休闲点(休闲目的地)之间的扩散,笔者所研究的交通状况就是这两点之间的总体情况。从这一维度来讲，休闲客流空间扩散的速度越快，越有利于休闲产业的发展。对于都市休闲而言，休闲扩散的主要交通工具是汽车和公交车，因此，城市交通规划与建设状况直接影响都市休闲扩散的效率。休闲客流空间扩散的效率也反映出该区域公共交通状况的完善程度。从总体而言，在成都市及其卫星城广大的都市休闲空间内，交通网络相对比较完善，交通方式多样，已经建立起相对比较高效的交通网络系统，这一点笔者在本书相关章节都有详细说明和介绍。

所谓"曲线维度"，就是将休闲者的空间扩散活动定义为一个线性的轨迹问题，即曲线式扩散，笔者所研究的交通状况就是该曲线轨迹的详细情况。从这一维度来讲，休闲者在曲线式扩散轨迹中，主要从事具体的休闲观光或休闲娱乐，是休闲者具体参加的休闲生活方式和具体内容。因此，在这一维度中，休闲客流空间扩散的速度越慢，代表休闲者的休闲消费越多，休闲生活水平也越高，对地区休闲产业的发展也越有利。对于这一维度的研究，笔者主要采用了重点区域分析法，以天府广场和春熙路步行街为重点研究区域，调查发现，这两大区域均符合这一维度特征，其休闲消费水平也相当高。

第二节　成都市近郊休闲客流空间扩散特征

一、近郊休闲客流空间扩散总体情况

在本书理论基础部分，笔者根据休闲扩散距离，将休闲客流划分为大尺度流(200~300km)、中尺度流(100~200km)和小尺度流(0~100km)三种类型。小尺度休闲空间主要包括市区休闲空间、近郊休闲空间和远郊休闲空间，因此，笔者所研究的近郊休闲客流空间扩散情况，其实际就是在研究小尺度流的一个部分。从空间距离的角度来讲，成都市区休闲空间主要是指以天府广场为中心，呈同心圆向四周辐射达15km的空间范围；近郊则是指都市圈以外，15~30km的一段城郊过渡带的空间范围。从成都市实际情况出发，具体的近郊是指：三环路到市郊卫星城(区)形成的环城休憩带，这一区域包含诸如龙泉驿区域(三圣花乡、幸福梅林、荷塘月色、万亩桃园)、洛带古镇、新都区在内的广阔空间。

（一）走向繁荣的近郊游休闲市场

近年来，成都市"近郊游"浪潮不断高涨，与21世纪初炙手可热的旅游观光相比，距离相对较近的近郊休闲游逐渐成为备受广大休闲爱好者青睐的休闲生活方式。除了近郊休闲产业的大力发展，2013年9月起开始实施的72小时过境免签政策，极大地促进了成都入境游和近郊游。毫无疑问，72小时过境免签政策的实施，有力地促进了成都市旅游、交通、餐饮、购物、住宿、休闲等消费，以及会议、会展、商务、航空业发展，而过境游客在成都72小时的停留也将积极推动成都近郊休闲旅游产业的发展。

根据2014年成都市近郊游相关数据显示，在"五一"小长假期间，天台山景区推出的看萤火虫、亲子游活动，受到不少游客青睐。该景区与成都旅游集散中心首次试行"一票通"，游客在车站就可以一次性购买前往天台山景区的车票和景区门票，避免了多次排

队购票,而且景区门票有小幅度优惠,使得该景区接待游客数量同比大幅度增长。其中,小长假前两天每天接待游客近 1.5 万人次。该景区相关工作人员称,"五一"小长假三天内,该景区共接待游客 3 万多人次,同比增长 20% 左右,景区入住率几乎达 100%,其中自驾游游客占 80% 左右。与此同时,作为成都市近郊游的著名景区,青城山、都江堰等景区接待游客数量也同比大幅增加,其中八成左右的游客为自驾游。

放弃了知名景点,更多的人选择了周边游。据统计(表 7.3),2014 年"五一""十一"假期,黄龙溪景区接待游客 71.00 万人次,同比增长 35.52%;街子古镇接待游客 46.30 万人次,同比增长 61.19%;洛带古镇接待游客 51.00 万人次,同比增长 14.29%;国色天乡景区接待游客 18.50 万人次,同比增长 32.43%;成都极地海洋世界接待游客 2.32 万人次,同比增长 20.21%;刘氏庄园接待游客 10.73 万人次,同比增长 33.33%。而整个国庆长假期间,全市共接待游客 904.8 万人次,同比增长 23.1%;实现旅游收入 62.69 亿元,同比增长 32.8%,顺利实现了"安全、秩序、质量、效益"四统一的目标的同时,休闲产业实现突破性增长。大假期间全省共接待休闲游客 3935.59 万人次,同比增长 22.7%,实现休闲旅游总收入 196.77 亿元,同比增长 26.1%。

表 7.3 2014 年"五一"和"十一"假期成都市休闲客流量统计图[①]

编号	休闲场所	客流量/万人次	同比增长幅度/%
1	黄龙溪古镇	71.00	35.52
2	平乐古镇	57.90	27.90
3	洛带古镇	51.00	14.29
4	街子古镇	46.30	61.19
5	幸福梅林	20.03	32.43
6	国色天乡	18.50	26.37
7	花乡农居	17.86	16.54
8	欢乐谷	14.40	12.97
9	熊猫基地	13.46	24.58
10	刘氏庄园	10.73	33.33

近年来,近郊游休闲市场的逐渐兴起,其实是旅游市场慢慢走向成熟的一种标志。一方面,大家的休闲出行选择更加理性,不再扎堆于传统景区;另一方面,城乡互动增加也使得郊区开发出更多乡村休闲旅游项目,吸引更多周边游客。近郊游的炽热化是成都市构建休闲都市的一个重要转变和进步,是打造"现代化田园城市"的重要标志。

(二)问题与不足

虽然近郊游逐渐成为人们休闲出游的最佳备选方案,近郊游休闲市场也正在走向繁荣,但是近郊休闲市场存在的问题与不足却也逐渐显露出来。鉴于此,项目组对成都市近郊游进行了详细调查,并且将存在的问题与不足归纳为 4 个方面。

---

① 资料来源:成都市假日办 2014 年 10 月不完全统计。

1. 硬件基础设施不健全

与传统旅游景区不同，现代化近郊休闲市场是近年来才逐渐兴起的一种都市休闲方式，它既没有像传统景区一样成熟高效的经营模式，也没有一系列完善齐备的基础硬件设施，这就使得近郊休闲市场的发展在很大程度上受限。硬件设施是近郊休闲市场的基础，但是由于发展时间较短，缺乏相关经验，同时也缺乏政策资金的支持，成都市近郊休闲企业在经营发展过程中普遍面临"短腿"的问题。

以近郊游典型代表农家乐为例。近年来，成都市周边兴起了一股"田园风"，广大休闲爱好者可以进行采摘、玩耍，有的还能体验农耕，备受青睐。但是就目前来讲，这些农家乐普遍规模较小，基础设施不健全，周边环境不够优化。例如，接待客房普遍不足，停车位较少，休闲游憩设施不健全，乡间道路通达度不够高，垃圾、污水处理不当等。硬件设施缺乏，使得近郊休闲市场无法很好地满足广大休闲者的需求，尤其是游客越来越多，本来就不完善的旅游设施更是不堪重负。

2. 大同小异，缺乏特色

在逐渐兴起的近郊休闲娱乐方式中，主要的休闲项目包括农家乐、古镇、游乐园等。特别是农家乐，为了满足日益扩大的近郊休闲需求，作为最受欢迎的休闲娱乐方式，成都市周边农家乐的数量也在增加。与数量上的增加截然相反的是，其服务内容却是大同小异，缺乏创新元素，没有什么特色。例如，以亲身体验式为主的农家乐，普遍的休闲娱乐项目大都以品茶、棋牌、麻将、钓鱼、采摘等为主要方式，而且品茶、棋牌、麻将等平民化休闲娱乐项目所占比例大大超过了具有农家特色的休闲娱乐项目，使得成都市周边地区大多数农家乐休闲项目特色不足、开发不充分等问题比较严重。

3. 管理落后，人才匮乏

近郊休闲旅游主要以城市周边地区的自然休闲资源(如山水景观)或者人文休闲资源(如农家乐、古镇等)为经营形式，在经营管理方面倾向于传统的模式化管理，家族色彩浓厚。同样以农家乐休闲为例，成都市农家乐发展具有比较久远的历史，发展至今，成都的农家乐已经有相当大的规模。据相关历史统计数据，截至 2005 年，全市农家乐数量多达 5596 家(其中星级农家乐 300 家)，星级乡村酒店 2 家，旅游古镇 6 个，全国农业旅游示范点 4 个，以农业旅游为主题的国家 A 级旅游景区 3 个，乡村旅游商品购物中心 3 个。但是与之相对应的人才管理队伍发展却相对滞后，造成这一问题的主要原因是经营理念的落后与专业人才的缺乏。与一般的企业经营不同，成都市农家乐主要以城市郊区农村为主，主要采取家族式经营，人员配置上也是家族垄断，这也就造成了严重的管理水平滞后的问题。

4. 没有形成规模连带体系

区别于传统旅游景区，成都市近郊休闲区主要是以家庭为单位的单独的经营模式，并没有充分考虑与周边相邻单位的协调与配合。因此，虽然从总体上来讲，成都市近郊休闲已经具有相当程度上的规模效应，但是这种规模效应是比较微弱的。有学者表示，除了大假期间游客井喷式增长外,近郊游主攻的还是市民平时的休闲市场,随着游客对观光旅游的体验要求越来越高,近郊游要"细水长流",还需进一步挖掘、整合乡村旅游资源,尤其是城市周边旅游项目需要形成一个完善的体系,完善公共服务体系,用心把游客留住。

二、近郊休闲客流细分市场空间扩散情况

近郊休闲客流空间扩散受诸多因素的影响,如年龄、性别、时空特征、出游目的等,因此,参考因素不同,其扩散的具体情况也有所差别。下面就年龄、性别、时空特征、游客目的和流量流速四个主要方面进行详细阐述。

(一)年龄、性别与空间扩散

从年龄与性别角度分析近郊休闲客流空间扩散问题,项目组对此进行了相关调查,调查区间包括成都市龙泉驿区(三圣花乡、幸福梅林、荷塘月色)、万亩桃园、洛带古镇等在内的休闲空间。根据调查结果显示,从性别的角度来讲,男性休闲爱好者和女性休闲爱好者对于近郊休闲扩散的反应明显不同。在被调查的近郊休闲游客中,女性休闲游客所占比例高达64%,而男性比例则为36%。另外,从年龄的角度分析,在被调查的近郊休闲游客中,12~18岁占22%,18~35岁占42%,35~55岁占28%,55岁以上占8%,基本上呈"橄榄球形"两级分布特征(图7.5)。

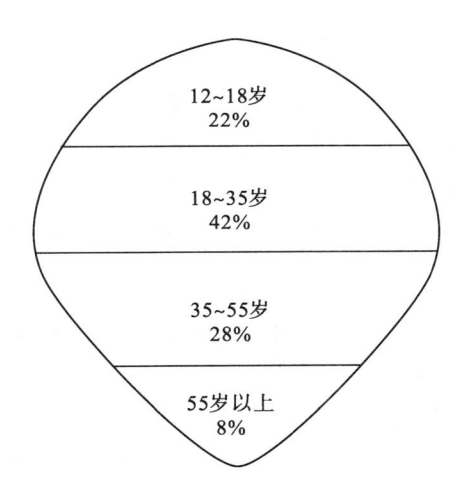

图 7.5　休闲游客的橄榄球模型图[①]

(二)时空特征与空间扩散

与传统旅游景区类似,在时空特征上,近郊休闲扩散也表现出明显的时空波动。根据调查发现,近郊休闲扩散的一般规律表现为在周末或者节假日期间形成客流高峰,而平时则相对较少。但是,与传统旅游扩散不同的是,近郊休闲客流扩散所受时间和空间的影响

---

① 资料来源:项目组调查汇编,2014 年 8 月。

程度比较轻，这主要是由于近郊休闲旅游具有自身独特的优势条件。

(1) 距离优势。近郊休闲的距离优势主要表现在两个方面，即时间距离与空间距离。空间距离角度上的近郊是指15~30km的休闲空间范围，这一空间范围距离城市居民住宅区较近，距离工作区也较近，因此成为人们休闲出游的理想去处。在成都市，交通条件十分方便，除了城市公交系统之外，还有目前正在完善的地铁交通系统。交通条件的完善使得居住区与工作区和休闲区之间的空间距离大大缩短，城市居民休闲出行更加方便，也使得成都市近郊休闲越来越受欢迎。时间距离上的近郊，则是休闲爱好者从居住区到休闲区所需要的时间尺度，这一时间尺度往往成为广大休闲人群休闲出游的主要考虑因素。

(2) 交通优势。近郊区域靠近城区，受城市发展影响十分明显，这种影响主要就表现在交通条件上。交通条件的改善使得近郊休闲成为都市休闲爱好者青睐的对象，成都市周边广大近郊区间不仅有公交、地铁、客运等发达的交通体系，近年来，近郊自驾游更是成为一大趋势。根据调查统计数据显示，2014年的"五一""十一"假期，成都市周边地区近郊自驾游的游客数量占所有游客数量的80%。正是因为近郊休闲具有诸多优势条件，才使得近郊游在表现出相对明显的时空差异的同时，也呈现出较低的影响程度，即休闲客流量的时空变化量较小。因此，近郊休闲出游带有浓厚的时空特征。

(三) 休闲者目的与空间扩散

近郊休闲扩散受休闲者休闲出游目的影响十分明显。为了研究近郊休闲扩散与休闲者出游目的之间的内在关联，项目组对成都市三个典型的近郊休闲场所进行了调查统计。调查结果显示，成都市近郊出游的目的主要包括放松心情、聚会交友、游览观光、体验采摘、商务会谈、康体保健及其他目的。其中，以放松心情为目的的游客占20.3%，聚会交友占18.6%，游览观光占21.4%，体验采摘占11.5%，商务会谈占7.3%，康体保健占16.9%，其他占4.0%（表7.4）。

表7.4 成都市近郊休闲出游目的统计表(%)[①]

出游目的	放松心情	聚会交友	游览观光	体验采摘	商务会谈	康体保健	其他
比例	20.3	18.6	21.4	11.5	7.3	16.9	4.0

三、近郊休闲扩散的动态特征

近郊休闲客流空间扩散的动态特征主要包括三大方面：流量特征、流速特征及流向特征。在本书研究中，笔者将这三大特征定义为近郊休闲客流空间扩散的动态特征。

---

① 资料来源：项目组调查汇编，2014年5月。

(一)流量特征

与传统旅游活动不同，近郊休闲扩散受时间、空间影响相对较小。第一，近郊休闲空间距离城市居民区与工作区较近，交通便利，来往所需时间少。第二，与远距离的旅游出游相比，近郊休闲所需时间少，经济实惠，并且节省精力，休闲者能够将更多的时间用在休闲娱乐方面，而不是浪费在路上。第三，近郊距离较近，往返便利，休闲者可以根据自身需要随时出游。因此，在流量特征上，近郊游普遍能够保持规模较大的客流量。但是就同一地区的不同时间进行对比，休闲客流量的变化幅度依然很大。例如，在平时，黄龙溪古镇日客流量基本保持在2000~3000人次，而在节假日或者周末，如"十一""五一"、端午、中秋等，其日客流量则会出现井喷式增长，最高可达日流量10万人次左右。

(二)流速特征

在流动速度上，近郊休闲扩散所考虑的主要影响因素与传统旅游扩散相类似，主要影响因素为交通条件。但有所区别的是，近郊休闲场所距城市生活区间近，近郊休闲扩散的扩散距离更短，交通条件更加完善和便利，因此，在流动和空间扩散的速度方面也表现出明显的优势。一般来讲，近郊休闲扩散的速度较快，除去休闲游玩的时间外，近郊扩散也可在一日之间往返，最快只需要几个小时；而旅游扩散速度相对较慢，最快也需要两日才能往返，并且不包括游览观光的时间。正是因为扩散速度较快，使得近郊休闲扩散的频率也相对较高，其休闲扩散的平均次数为每周1或2次。

(三)流向特征

成都市近郊休闲出游主要集中在4个方向，即城西休闲出游、城北休闲出游、城南休闲出游和城东休闲出游。近郊休闲客流的空间扩散与休闲空间的空间分布大体一致。总体来讲，在三环路以外到绕城高速之间，形成了以成都中心城区为核心，依托高等级公路向龙泉驿区、华阳镇、双流区、温江区、郫都区、新都区、青白江区游憩空间呈梅花瓣般的扩散趋势。

四、近郊休闲客流空间扩散的基本形态

休闲客流的空间扩散是一个地理学的范畴，从地理空间的角度来讲，空间范围不同，休闲客流空间扩散的特征也必然表现出差异性。扩散的基本特征表现为休闲游客在不同的休闲偏好以及综合环境条件的影响下，采取不同的方式，按照不同的休闲路径，在一个或者多个休闲结点、休闲带之间发生的综合位移现象。为了研究成都市休闲客流空间扩散的基本形态，笔者将休闲扩散划分为外向扩散和内向扩散两种基本形态。

(一)内向扩散

内向扩散是近郊休闲扩散的主要形态，它是指目标休闲空间或目标休闲空间的相邻空间之外的休闲游客进入目标休闲空间内，进行休闲活动的一种扩散形态。在本书研究中，

这种扩散还包括外地游客，有效地避免了统计误差的问题。

根据休闲客流空间扩散的尺度划分，内向扩散主要包括大尺度内向扩散、中尺度内向扩散和小尺度内向扩散三种。以成都市为例，成都市区范围内的扩散就属于小尺度内向扩散，空间距离一般在0～15km。对成都市而言，小尺度内向扩散主要发生在成都市区内。近郊内向扩散（15～30km）则主要是外来的休闲游客（主要来自卫星城市和其他距离相对较近的行政区域，以及范围更广的外省）进入目标休闲空间之内，在休闲空间内进行休闲观光活动。这种休闲扩散往往伴随着规模较大的消费，经济性强。

值得一提的是，内向扩散和外向扩散是相对的两个概念，简言之就是，就某一区域来讲，休闲客流的外向流动形成外向扩散，而外来的休闲客流则形成内向扩散，因此对于同一个目标区域来讲，在作为内向扩散区域的同时，也扮演着外向扩散的角色，在本书研究中，笔者为避免重复分析而仅对内向扩散进行研究。

(二) 成都市休闲客流的内向扩散

小尺度内向扩散主要发生在成都市区和近郊范围内，这种扩散主要受两大主导因素的影响，其一是人口分布，其二是休闲资源的空间分布。一方面，休闲人群是休闲活动的主体，是休闲扩散的主要行动者，一般而言，人口集中的区域，休闲扩散现象相对比较普遍。另一方面，休闲资源，诸如各类休闲场所，是休闲活动的重要对象和客体，它与经济发展水平有着紧密的联系，经济社会发展水平越高，休闲资源的质量就越高。

1. 人口分布状况

从人口分布的角度来讲，目前成都市除天府新区外，各区人口分布呈现出局部集中化和区域差异化的总体特征，部分行政区诸如武侯区、金牛区，人口已经超过百万，而另一部分行政区如锦江区、高新区，人口总量仍然只有几十万。但是近年来，成都市人口增长速度有较大幅度的提高，2000～2011年，户籍总人口增加了150多万，达到了1163万的水平，其中，常住人口就达到了1532万。就目前来讲，成都市的人口分布总体上呈现出东、西、北集中，而南、东南较少的格局，在未来几年内，成华区、青羊区等区域人口总量将逾百万，成为人口大区（图7.6、图7.7）。

2. 休闲资源空间分布状况

从休闲资源的空间分布角度来看，成都市内的休闲资源主要是人文休闲资源，例如杜甫草堂、天府广场、春熙路、人民公园、塔子山公园、两河公园、十陵公园等；还有一些位于城市边缘地带的具有自然田园风光特色的休闲农家乐，例如幸福梅林、江家菜地、荷塘月色等。如果按照成都市行政分区划分的话，人文休闲空间主要集中在武侯区、天府新区、青羊区等，农家乐自然休闲空间则主要集中在锦江区、金牛区和成华区以及近郊的部分县（镇），如郫都区、龙泉驿区等（图7.8、表7.5）。

第七章 休闲客流空间扩散特征

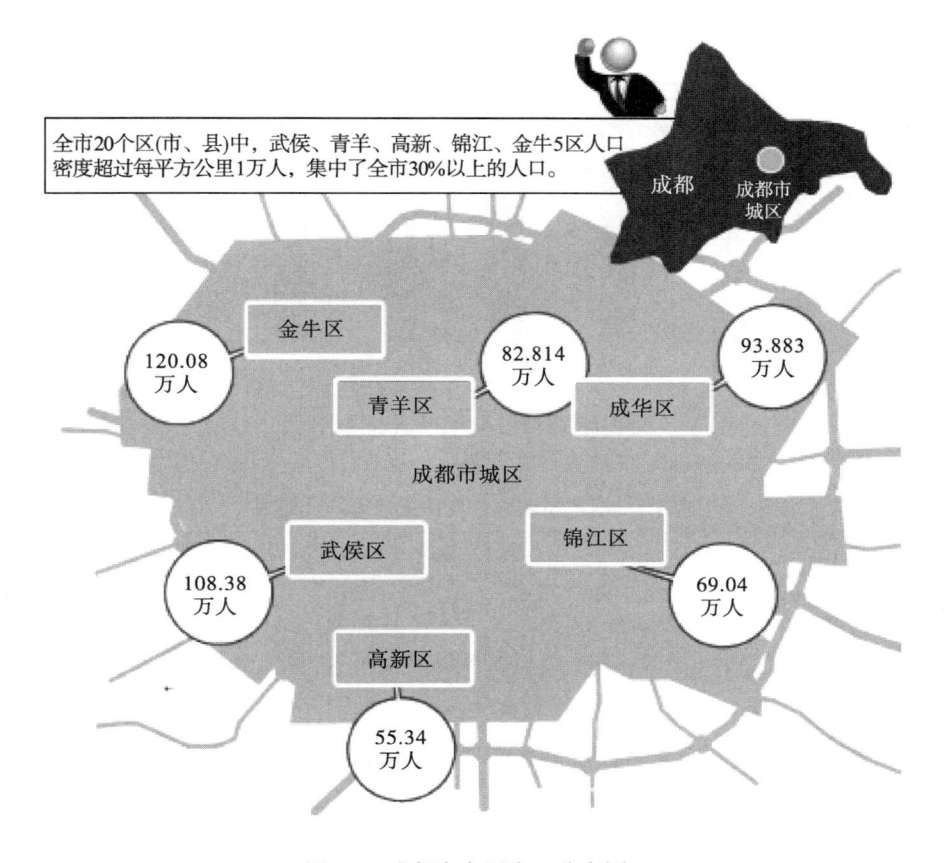

全市20个区(市、县)中，武侯、青羊、高新、锦江、金牛5区人口密度超过每平方公里1万人，集中了全市30%以上的人口。

图 7.6 成都市六区人口分布图

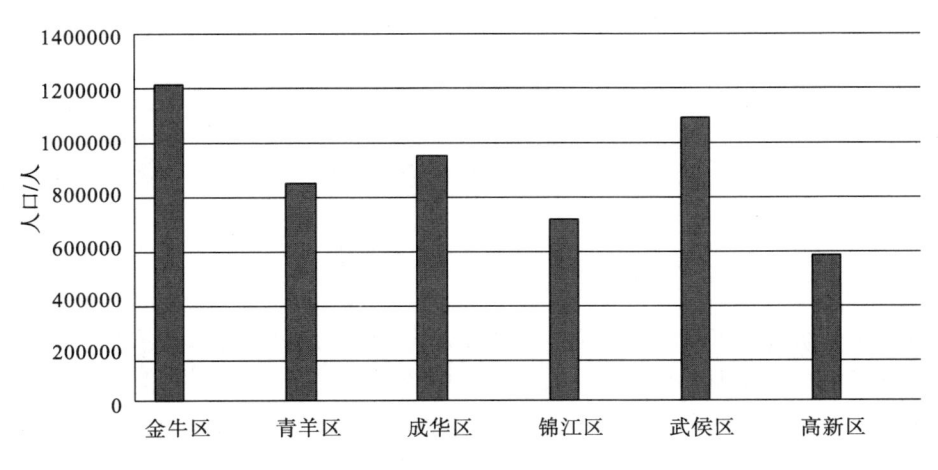

图 7.7 成都市六区人口统计图

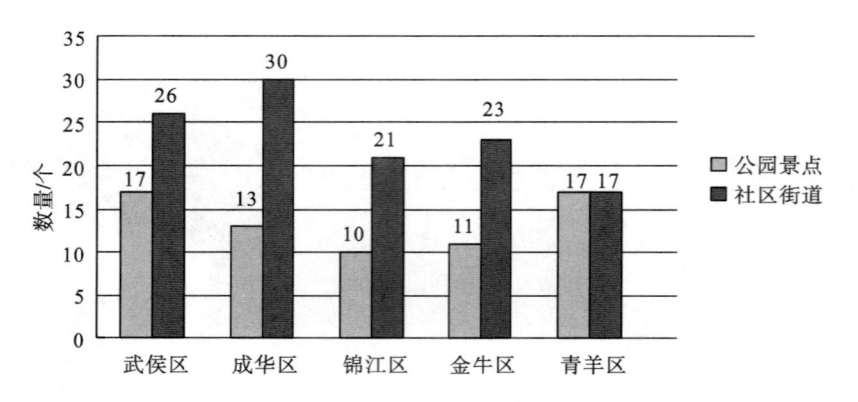

图 7.8 成都市各区公园社区统计图

表 7.5 成都市各区主要休闲资源统计略表[①]

类别	公园	人文景点	农家乐	其他
武侯区	永康森林公园、江安河生态公园、高新体育公园、望江楼公园等	锦里、武侯祠等	无	现代化休闲街区等
成华区	北湖公园、成华公园、新华公园、沙河公园等	大熊猫基地、东郊记忆音乐公园、动物园、昭觉寺等	无	现代化休闲街区等
锦江区	成都锦江体育公园、东湖公园、活水公园等	大慈寺、塔子山公园、李劼人故居等	幸福梅林、江家菜地、东篱菊园、荷塘月色、红砂村香农居等	春熙路等
金牛区	两河城市森林公园、茶店子公园、金牛公园、湿地公园等	永陵博物馆、成都青少年科技园、城北体育公园等	蒋家院子、天回银杏园等	欢乐谷等
青羊区	青羊绿舟森林公园、成飞公园、苏坡公园、清水河公园、苏坡体育公园、浣花溪公园等	金沙遗址博物馆、杜甫草堂、青羊宫、四川博物院、人民公园、宽窄巷子、文殊院等	无	天府广场等

总体来讲，青羊区、锦江区、成华区的休闲资源分布较为集中，而武侯区和及金牛区则相对较少。

3. 市内休闲客流空间扩散特征

笔者与项目组成员组织部分研究生于 2014 年 6 月分别对成都市内的各个代表性的休闲场所进行了抽样问卷调查和统计，在各个休闲场所发放调查问卷 50 份，共计 2000 份，收回问卷统计 1875 份，有效回收率为 93.75%。此次调查统计的数据对本书具有重要意义，通过对这些数据做进一步分析，笔者将成都市内的休闲扩散路径归纳为 10 个主要路径，并且对各个扩散路径的游客特征进行了详细统计和分析。

(1) 市内休闲客流空间扩散路径。综合成都市人口与休闲资源的分布情况，笔者对成都市内的内向休闲客流空间扩散特征进行了细分归纳。人口集中在武侯区、金牛区和成华

---
① 资料来源：项目组调查汇编，2015 年 3 月。

区，而休闲资源却集中在青羊区、锦江区，这种空间分布的不对等性使得成都市内的内向休闲客流空间扩散呈现出独特的特点(图 7.9)。

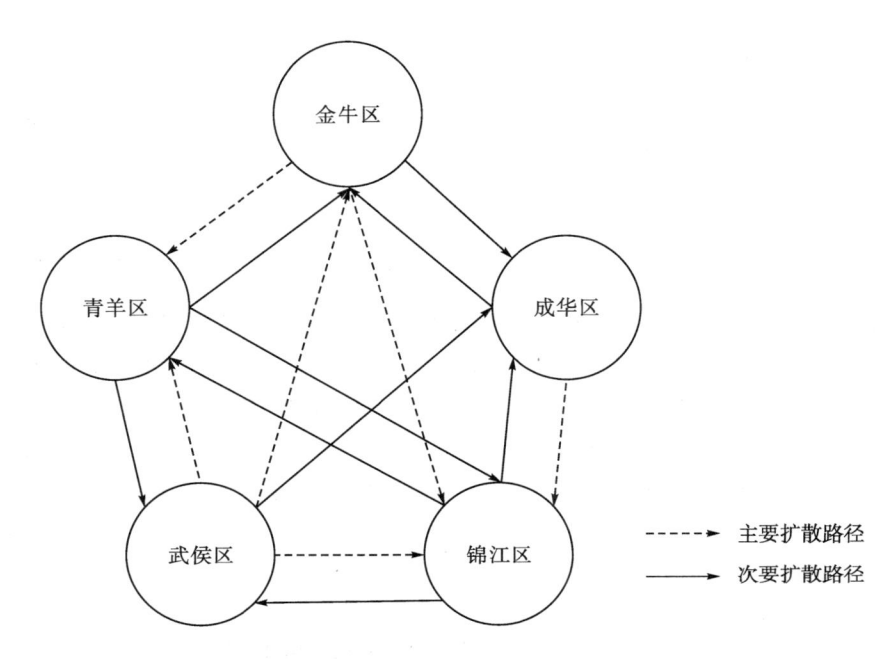

图 7.9　成都市区内向扩散路径图①

根据图 7.9 可以发现，市内休闲客流空间扩散的一般规律是以人口聚集区向人口分散区扩散为主，以休闲资源稀疏区向休闲资源集中区扩散为主。

为了进一步弄清楚市内休闲客流空间扩散的具体特征，笔者对市内各区主要景点之间的客流扩散情况进行了抽样调查，并且总结归纳出市内休闲客流空间扩散的十大主要路径(表 7.6)。

表 7.6　成都市内休闲客流空间扩散路径表①

类别	路径结点	人数比例/%
路径一	武侯祠—人民公园—天府广场—大慈寺—塔子山公园	7.653
路径二	茶店子公园—欢乐谷—湿地公园—成都动物园—海昌极地海洋世界	8.664
路径三	天府广场—青羊宫—四川博物院、杜甫草堂、浣花溪公园—金沙遗址博物馆—清水河公园	8.791
路径四	成华区、金牛区、武侯区、锦江区—三圣花乡	8.684
路径五	成都动物园—东郊记忆音乐公园—塔子山公园—望江楼公园—东湖公园	5.762

---

① 资料来源：项目组抽样调查调查汇编，2014 年 8 月。

续表

类别	路径结点	人数比例/%
路径六	两河城市森林公园—青羊绿舟森林公园—永康森林公园—江安河生态公园—江安河郊野公园	4.147
路径七	欢乐谷—永陵博物馆—天府广场—文殊院—宽窄巷子	8.585
路径八	东郊记忆—新华公园—春熙路—望江楼公园—国色天香	8.462
路径九	地铁一号线	11.679
路径十	地铁二号线	12.231

各休闲结点的客流量分布(表 7.7)在一定程度上可以间接反映休闲客流的空间扩散方向特征,结合市内休闲扩散路径表与主要休闲场所客流分布状况表的调查数据可以发现,市内休闲客流主要集中在春熙路、天府广场、三圣花乡、欢乐谷、国色天香、金沙遗址、博物院、海洋世界等休闲场所,这与客流的扩散路径一、二、三、四、七、八比较吻合。另外值得一提的是,成都市内的休闲扩散受交通条件的影响尤为明显,特别是地铁和快速公交运行之后,休闲客流的空间扩散表现出按照交通路线扩散的整体特征。例如,地铁 1 号线和地铁 2 号线带来了大量的休闲客流,使得休闲客流沿着地铁线路呈现出直线扩散的特点。

表 7.7 2014 年成都市内主要休闲场所月均客流分布情况① (单位:万人次)

休闲场所	客流量	休闲场所	客流量
春熙路	126.94	文殊院	64.54
天府广场	79.85	四川博物院	101.79
武侯祠	67.37	望江楼公园	27.43
两河公园	25.58	人民公园	72.44
青羊宫	31.47	湿地公园	21.61
东郊记忆	66.35	永康公园	15.86
海洋世界	79.31	江安河公园	19.94
欢乐谷	135.84	清水河公园	23.37
三圣花乡	147.75	茶店子公园	16.65
成都动物园	58.43	大慈寺	44.13
金沙遗址	82.43	永陵博物馆	52.39
国色天香	103.58	宽窄巷子	65.84
杜甫草堂	76.63		

(2)市内休闲客流空间扩散细分情况。为了更加详细地了解成都市内的休闲扩散情况,笔者从人口统计学的角度对细分客流的性别、年龄、职业、学历、收入与出游目进行了调查分析,如表 7.8 所示。

---
① 资料来源:项目组调查汇编,2015 年 3 月。

第七章 休闲客流空间扩散特征

表 7.8 市内休闲客流空间扩散细分情况表(%)[①]

项目		R1	R2	R3	R4	R5	R6	R7	R8	R9	R10
性别	男性	3.690	3.690	4.225	2.282	1.000	1.282	2.408	3.563	9.296	8.732
	女性	4.674	5.092	5.858	4.674	2.418	1.418	4.418	6.255	8.787	7.531
年龄	16~25 岁	4.131	2.235	2.634	1.033	0.518	0.114	1.113	1.531	9.992	8.567
	25~35 岁	2.242	1.221	2.231	1.001	0.453	0.551	1.654	1.332	8.768	8.634
	35~45 岁	3.121	1.102	2.032	1.001	0.023	0.031	1.012	1.201	7.583	7.664
	45~55 岁	1.001	2.214	1.312	0.147	1.221	1.258	1.339	0.996	6.543	7.146
	55 岁以上	0.551	0.747	1.156	0.337	0.000	0.554	1.221	0.656	6.663	5.551
职业	农民	0.031	0.258	0.667	0.554	0.321	0.213	0.147	0.036	0.054	0.587
	个体	2.687	1.357	2.669	3.454	0.637	1.212	5.585	6.732	7.343	8.552
	员工	3.336	2.258	1.147	2.221	1.031	0.499	6.663	4.425	7.772	6.459
	教师	1.111	0.685	1.143	1.332	1.101	0.231	4.279	5.553	6.852	9.991
	公务员	2.431	1.113	1.348	1.036	1.001	1.021	3.553	2.123	5.558	4.479
	其他	3.241	2.174	1.158	1.313	1.169	2.031	4.442	5.581	7.794	8.855
学历	小学	0.123	1.001	1.231	1.455	1.663	0.007	1.147	1.147	3.336	4.247
	中学	2.224	2.031	1.335	2.258	1.063	0.058	2.258	3.369	5.554	6.713
	高中	3.334	3.132	2.226	3.404	1.355	1.041	4.422	2.296	4.431	5.557
	大学	3.654	3.331	2.212	2.207	2.608	2.225	5.553	4.031	7.264	9.692
	研究生	0.994	1.358	4.673	6.667	1.027	1.031	2.692	5.557	3.321	3.069
收入	1500~2500 元	3.324	3.006	2.745	1.066	0.005	0.000	4.483	5.501	7.231	8.979
	2500~3500 元	1.603	2.358	2.081	2.081	0.056	0.314	2.333	5.562	7.585	8.045
	3500~4500 元	3.331	3.021	1.473	2.056	0.069	1.058	4.973	5.552	8.631	9.697
	4500~5500 元	4.013	3.352	7.679	2.111	0.000	0.000	1.001	6.997	2.254	5.558
	5500 元以上	7.384	7.001	1.032	2.225	3.674	0.000	3.331	5.545	5.054	6.000
目的	观光	3.667	2.545	6.423	2.123	2.084	2.084	1.001	6.679	7.701	7.225
	愉悦	5.504	6.731	4.113	2.654	0.107	1.001	5.286	4.079	8.553	6.633
	访古	1.013	1.002	0.002	1.001	1.020	0.000	0.000	0.123	1.001	2.134
	时尚	3.364	5.479	2.231	1.332	1.010	0.000	1.110	3.605	7.101	6.544
	康体	1.001	0.031	0.254	0.123	0.000	0.000	0.000	0.000	2.214	1.606
	交流	1.145	0.000	0.117	1.006	1.002	0.000	0.001	0.000	3.545	2.763
	其他	3.334	3.601	2.079	2.114	1.774	2.000	1.003	3.564	6.178	8.582

注：R1~R10 分别表示路径一至路径十，后同。

表 7.8 数据显示：①以地铁线路为扩散路径表现出强大的生命力，占有绝大部分比例，从侧面反映出交通条件对休闲客流空间扩散的重要性，特别是市内休闲扩散；②不同性别的休闲游客的扩散路径有所不同，女性游客更加倾向于时尚娱乐和购物，例如，R2、R3、

[①] 资料来源：项目组调查汇编，2015 年 3 月。

R7、R8 等，男性游客则更加倾向于公园、访古和棋牌，例如 R3 和 R9；③不同年龄、职业、学历和收入的休闲人群对休闲路径的选择同样存在明显的差异；④不同出游目的的休闲人群在休闲路径选择上差异较大，以观光、愉悦和时尚为目的的游客主要的路径为 R1、R2、R3、R8、R9、R10，以宗教、康体和交流为目的的游客则主要是 R1、R9、R10。

另外，从内向扩散的游客来源角度分析，成都市内的休闲游客主要包括三种基本类型：①市内居民，这一部分休闲游客所占比重最大；②近郊和远郊休闲游客；③部分省外游客和其他游客，这一类游客所占比例相对较少。

(三)近郊内向扩散特征

近郊内向扩散一般发生在 15～50km 区域，就成都市来讲，这一空间主要包括三环路以外、50km 以内的空间范围(绕城高速之间)，从行政区域角度来讲主要包括新都区、青白江区、龙泉驿区、华阳镇、双流区、温江区和郫都区等七大区域(图 7.10)。

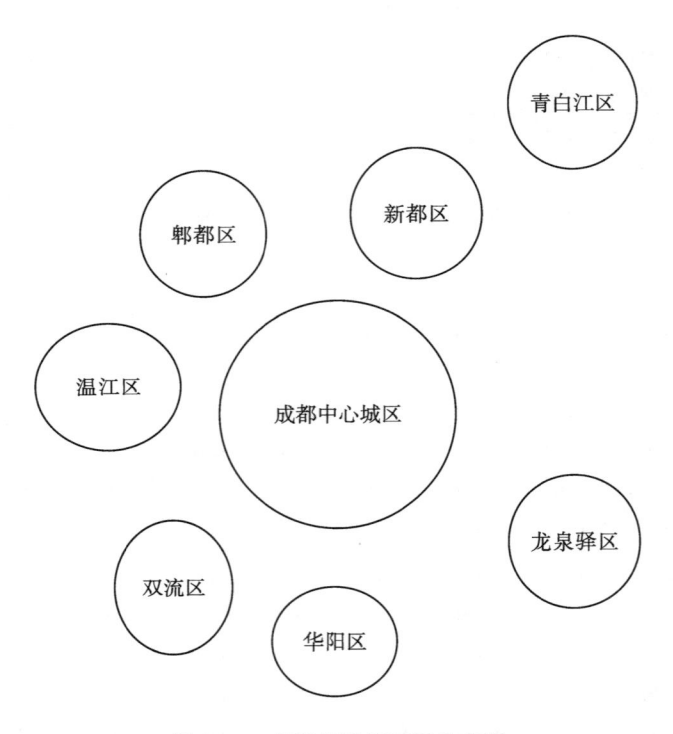

图 7.10 成都市近郊空间分布图

成都市近郊七大区域休闲资源十分丰富，不仅拥有历史文化底蕴的名胜古迹，同时也有现代化的休闲场所和著名的自然风光。为了更加详细地了解和掌握近郊区域休闲客流的内向扩散特征，笔者及项目组其他成员对各个区的休闲资源、区域面积、人口数量等基本情况进行了简要统计(表 7.9)。

表 7.9　近郊七区基本情况统计表[①]

类别	面积/km²	人口/万	休闲景点
青白江区	378.94	40.9	凤凰湖湿地公园、金刚池、觉皇殿
新都区	428.00	69.0	桂湖、宝光寺
郫都区	437.50	75.6	望丛祠、农科村、扬雄墓、杜鹃城、郫都区古城遗址、德源商周遗址
温江区	277.00	56.2	国色天乡、鱼凫遗址、绿道、花木交易中心、泰迪熊公园、陈家桅杆
双流区	1068	96.0	黄龙溪古镇、紫湖公园、永柞公园、明水寺、万柏、古佛堰
华阳区	70.70	17.8	南湖梦幻岛、安公堤纪念碑、成都极地海洋世界
龙泉驿区	3059	28.9	龙泉驿区山、青瓷小镇、青瓷宝剑园、卯山、披云山、白云岩

从表 7.9 不难发现，近郊七大区域中，郫都区、温江区和龙泉驿区以及双流区等地，休闲资源相对比较丰富，除龙泉驿区以外，其他几个区域也都是人口比较集中的区域。据此，笔者进一步对各个区域之间的休闲扩散进行了抽样调查，并且绘制出休闲客流空间扩散的基本路径（图 7.11）。

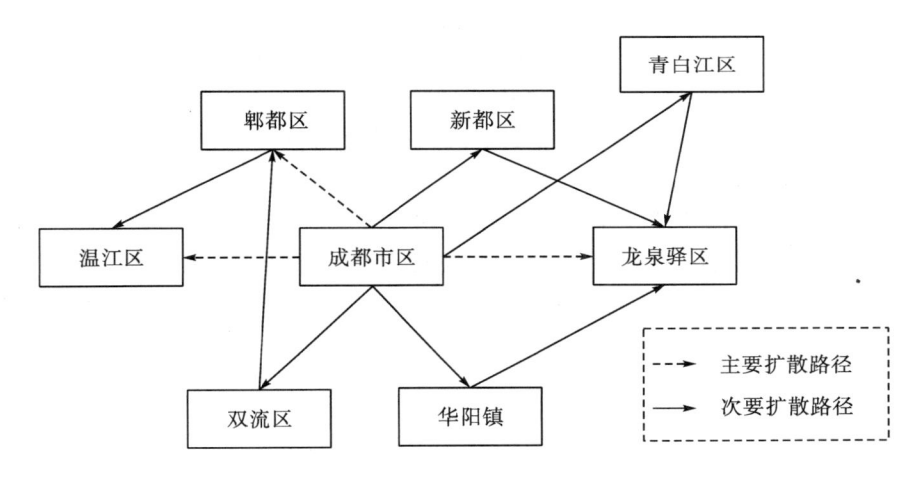

图 7.11　近郊休闲客流空间扩散路径图

从图 7.11 可以发现，成都市近郊休闲扩散主要有四个主要的路径：成都—郫都区、成都—温江区、成都—龙泉驿区以及成都—双流区—郫都区等。此外，值得一提的是，近郊扩散并不仅仅是点对点的扩散，同时也伴随着点面扩散和点线扩散。例如，在某一区域内的扩散就具有典型的点面扩散和点线扩散特征，而例如成都—双流区—郫都区、成都—新都区—龙泉驿区以及成都—青白江区—龙泉驿区、成都—华阳镇—龙泉驿区等还表现出节点式扩散特征。具体来讲，近郊休闲扩散主要有七大主要路径（表 7.10）。

---

① 资料来源：项目组调查汇编，2015 年 4 月。

表 7.10 近郊休闲扩散路径表

类别	路径结点	人数比例/%
路径一	成都—郫都区 [节点 1, 2, 3, 4…] —温江 [节点 1, 2, 3, 4…]	8.653
路径二	成都—温江区 [节点 1, 2, 3, 4…]	7.664
路径三	成都—双流区 [节点 1, 2, 3, 4…]	4.791
路径四	成都—华阳镇 [节点 1, 2, 3, 4…] —龙泉驿区 [节点 1, 2, 3, 4…]	8.684
路径五	成都—龙泉驿区 [节点 1, 2, 3, 4…]	7.642
路径六	成都—青白江区 [节点 1, 2, 3, 4…]	3.147
路径七	成都—新都区 [节点 1, 2, 3, 4…] —龙泉驿区 [节点 1, 2, 3, 4…]	8.585

注：郫都区 [望丛祠、农科村、扬雄墓、杜鹃城、郫都区古城遗址、德源商周遗址]；温江区 [国色天乡、鱼凫遗址、绿道、花木交易中心、泰迪熊公园、陈家桅杆]；双流区 [黄龙溪古镇、紫湖公园、永祚公园、明水寺、万柏、古佛堰]；龙泉驿区 [龙泉驿区山、青瓷小镇、青瓷宝剑园、卯山、披云山、白云岩]；青白江区 [凤凰湖湿地公园、金刚池、觉皇殿]；新都区 [桂湖、宝光寺]；华阳镇 [南湖梦幻岛、安公堤纪念碑、成都极地海洋世界]。

近郊休闲客流空间分布情况（图 7.12）总体呈现出不均衡的特点，具体表现为成都市区—温江区—郫都区—龙泉驿区—新都区的独立节点和关联节点为休闲客流的集中分布区域，分别是 R1、R2、R5 和 R7。在很大程度上，近郊休闲客流的空间扩散（表 7.11）主要受空间距离和休闲资源分布情况等因素的影响和制约，诸如郫都区、温江区、新都区等区域，距离较近，休闲资源相对比较丰富，休闲客流量也相对较大；龙泉驿区距离虽然较远，但是休闲资源较为丰富，休闲客流量也相对较大；而双流区、华阳镇等区域空间距离虽然较近，但是休闲资源相对稀少；对于青白江区而言，一方面距离较远，另一方面休闲资源相对稀缺，休闲客流量也相对较少。因此，从总体上讲，成都市近郊休闲扩散包括三大主流扩散路径和其他支流扩散路径，扩散路径与休闲资源的空间分布大致一致，但是也存在一定程度上的差异性和特殊性。

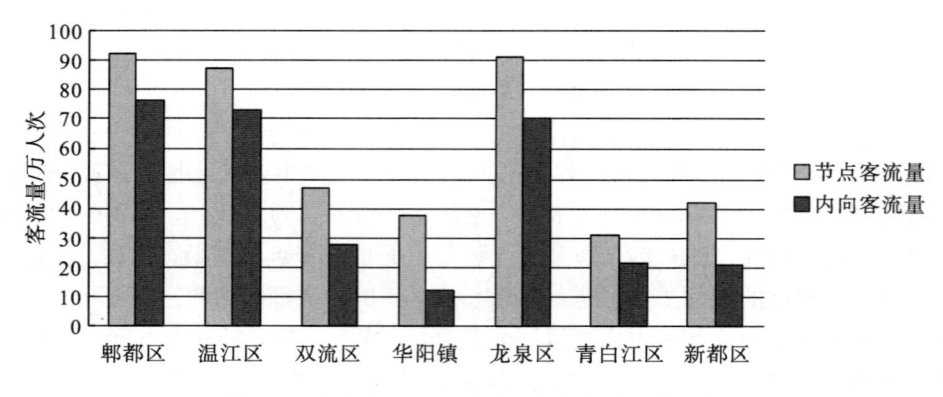

图 7.12 成都市七大区域月平均休闲客流量分布

表 7.11　近郊休闲客流空间扩散细分情况表(%)[①]

项目		R1	R2	R3	R4	R5	R6	R7
性别	男性	8.432	6.554	3.727	4.123	5.764	1.371	6.664
	女性	8.379	6.631	2.794	4.674	5.614	2.156	6.732
年龄	16~25 岁	7.253	7.332	3.031	3.854	4.385	2.241	5.556
	25~35 岁	7.363	8.241	4.001	2.315	3.031	1.474	6.565
	35~45 岁	6.273	6.332	2.014	1.568	2.674	0.156	4.337
	45~55 岁	4.623	4.515	1.117	0.147	1.164	1.024	2.114
	55 岁以上	2.158	2.664	0.213	0.001	0.056	1.347	1.662
职业	农民	0.103	0.001	0.000	0.000	0.000	0.151	0.000
	个体	5.642	6.731	3.585	4.901	6.664	2.713	7.147
	员工	8.856	7.703	3.369	5.581	7.674	2.110	7.095
	教师	3.364	1.166	2.237	1.009	2.264	0.069	2.963
	公务员	4.474	3.665	2.031	4.358	5.279	0.550	4.063
	其他	5.864	6.031	2.173	4.361	4.665	2.101	7.332
学历	小学	4.679	5.034	2.115	3.069	5.582	1.663	6.604
	中学	6.301	4.662	3.766	2.106	4.227	1.604	6.608
	高中	8.695	6.583	3.664	4.279	6.997	2.258	6.583
	大学	9.604	7.979	5.332	6.443	7.152	3.031	8.001
	研究生	4.244	2.058	1.000	1.604	2.031	0.064	2.585
收入	1500~2500 元	5.757	5.637	2.079	3.567	5.854	2.114	6.031
	2500~3500 元	6.933	5.584	3.662	4.374	6.061	4.001	7.356
	3500~4500 元	8.854	7.769	4.487	3.665	7.274	4.631	8.534
	4500~5500 元	9.697	8.783	5.569	6.997	7.774	4.001	8.154
	5500 元以上	8.534	6.046	4.448	7.789	7.663	3.010	5.584
目的	观光	8.645	6.031	7.456	8.693	5.462	7.734	8.053
	愉悦	9.069	7.611	4.604	8.857	4.073	2.091	8.464
	访古	3.664	2.031	1.002	0.147	0.354	1.069	1.330
	时尚	9.854	7.694	5.521	5.031	6.474	0.347	5.993
	康体	2.531	2.006	0.003	0.000	0.000	0.654	1.000
	交流	4.441	3.012	1.002	1.030	0.000	1.274	2.002
	其他	3.583	2.100	0.101	0.000	1.002	0.000	2.584

---

① 资料来源：项目组调查汇编，2015 年 3 月。

第三节　成都市远郊休闲客流空间扩散特征

一、远郊休闲客流空间扩散总体情况

远郊休闲，在空间距离上是指城市郊区 30～100km 区域内的休闲活动空间，远郊休闲是在近郊休闲与都市休闲基础上，对休闲空间的扩展。在成都，这一远郊休闲空间包含都江堰、邛崃、眉山、资阳、德阳等众多地方。其中，都江堰为成都市七大卫星城市之一。

休闲活动受多重因素的影响，其中尤以城市辐射影响最为明显和突出。近郊休闲活动受城市辐射影响最强，因而表现出近郊休闲的都市化特征，即休闲客流量大、流速快、季节变化幅度小等特征。而远郊休闲，乃至于中尺度休闲、大尺度休闲活动，在空间距离上远离城市中心区，所受到的城市引力也相对较小。主要表现为距离城市越远，引力越小。大城市远郊地区与中小城市近郊地区处于交集地带，受到两级城市双重辐射作用力的影响，也表现出其独特的优势。

（一）趋于稳定的远郊休闲市场

近年来，成都市远郊休闲市场发展速度逐渐趋于平缓，增长幅度也呈现出逐年缩小的态势，种种迹象表明，成都市远郊休闲系统正在趋于饱和。据相关数据显示，自 2010 年以来，都江堰、邛崃、眉山、资阳、德阳等地的入境休闲客流量变化幅度呈现变小的趋势，具体如表 7.12 所示。

表 7.12　成都市远郊五市各年份月平均休闲客流量变化情况表[①]

区域	2010年休闲客流量/万人次	涨幅/%	2011年休闲客流量/万人次	涨幅/%	2012年休闲客流量/万人次	涨幅/%	2013年休闲客流量/万人次	涨幅/%
都江堰	24.4	18.4	36.4	49.1	51.7	42.0	82.1	58.8
邛崃	19.6	12.3	26.7	36.2	47.5	77.9	64.0	34.7
眉山	20.5	14.7	25.7	25.3	31.2	21.4	50.3	61.2
资阳	15.3	21.0	21.5	40.5	24.0	11.6	41.2	71.7
德阳	17.1	16.4	24.7	44.7	40.3	63.2	61.4	52.3

由表 7.12 可知，成都市远郊休闲市场在近几年来，一直保持相对稳定且较大规模的休闲客流量，但是年增长幅度却呈现出下降的趋势，这反映出远郊休闲市场正在逐渐趋于饱和。值得一提的是，都江堰市和眉山市的变化幅度相对比较明显，具有明显的传统旅游活动表征。以 2014 年为例，"五一"和"十一"假期期间，两市休闲客流量明显

---

① 资料来源：项目组 2014 年 7 月调查统计数据。

偏低。

(二)问题与不足

随着远郊休闲市场不断趋于饱和,近郊休闲逐渐成为人们休闲出游的第一选择,这也从一定程度上反映出远郊休闲在发展过程中的问题与不足。从理论上来讲,经过长期的发展,远郊休闲市场由发展的黄金时期进入饱和稳定阶段,符合事物发展的一般规律,但是其问题也就表现在这种相对的"饱和"与"稳定"之中。

近年来,随着远郊休闲市场不断趋于稳定,其发展创新也逐渐趋于缓慢,因此在很大程度上,远郊休闲正处于相对停滞不前的状态。总体来讲,其问题主要表现在两大方面,管理水平滞后,开发深度不够;创新发展不足,没有形成区域规模化体系。具体来讲,表现在3个方面。

(1)创新性不足。创新是事物发展进化的灵魂,休闲企业亦是如此。但是,笔者根据调查得到的一个现状却是,四川省的休闲企业普遍存在创新性不足的问题,创新性不足进而导致企业发展受限,不能做大做强。远郊休闲市场创新性不足主要表现在休闲产品或服务单一、重复;休闲公共基础设施不健全,相关配置设施脱节,以及管理方面的创新性问题等。特别是在休闲产品或服务的开发方面,这一问题显得尤为突出。经调查发现,在成都市远郊范围内的广大休闲空间内,同类休闲产品占区域所有休闲产品或服务相当高的比例,并且同类型休闲服务场所也占有相当一部分的比例,他们一般提供类似的产品或服务,具有相同的运作模式,使区域产品或服务雷同现象比较严重,不具有创新性和竞争性。创新性不足无疑是远郊休闲市场退化的关键性因素。

(2)开发深度不够。与近郊休闲市场相比,除了在城市辐射效应方面的不足之外,远郊休闲市场具有相当的优势,诸如资源优势、环境优势、物价优势等。但是事实并非如此,远郊休闲空间在许多方面都存在欠开发的问题。例如,一些地区拥有较好的资源优势,却不能加以良好的开发,造成资源浪费,这也是广泛存在的。休闲客流空间扩散,其目的在于充分享受区域空间内的休闲资源,满足自身休闲需要。因此,加强区域休闲资源开发,整合区域整体优势资源,优化休闲资源的空间配置与组合也将成为远郊休闲开发的重点工作之一。

(3)交通条件有待优化。随着四川省经济实力的不断增强,以及科学技术的发展进步,区域交通网络也在不断趋于完善。总体上来讲,四川省交通状况已经有了十分突出的改善,区域完善程度也有了较大幅度的提高,特别是以成都市为中心的一心多向式交通网络,更是加强了各地之间的联系。但是,就局部区域来讲,交通环境问题仍然不容乐观。随着家庭小轿车的普及,自驾休闲出游也逐渐成为广大休闲爱好者休闲出游的最优选择,据相关数据显示,2014年"十一"小长假期间,成都市休闲出游交通工具中,自驾游所占比例竟然高达八成。自驾游的兴起,无疑会加重道路的压力,这也是远郊地区节假日出游"拥堵"问题的原因之一。

二、远郊休闲客流细分市场空间扩散情况

(一)性别、年龄与空间扩散

性别、年龄差异同样影响着远郊休闲客流的空间扩散活动。性别差异主要表现为空间感知度和选择偏好的区别。男性一般具有冒险和新奇的特点,对空间距离较远的休闲活动往往也比女性更加感兴趣。对此,项目组对成都市周边远郊范围内的3个典型休闲空间(都江堰、眉山、德阳)进行了抽样调查,每地抽样访谈了100名游客。

调查结果显示,在休闲出游的游客当中,来自异地的男性游客占比为54%,女性游客占比则为46%,两者差异相对较小。从休闲方式和内容上来讲,男性休闲者更加喜欢登山访古、游览观光,女性休闲者则倾向于购买纪念品等。年龄上的差异基本上与近郊休闲扩散相类似,有所区别的是,远郊休闲的年龄结构中,18~35岁休闲游客的占比更大,达54%,而55岁以上的老龄游客占比则明显降低,仅为3%,其他年龄阶段,诸如12~18岁和35~55岁的休闲游客占比分别为19%和24%。

(二)时空特征与空间扩散

与近郊休闲相比,远郊休闲扩散活动的时间、空间特征表现得更为明显和突出,这主要是受远郊休闲的空间距离和交通通达度的影响。从时间角度来讲,成都市周边广大的远郊休闲空间,由于距离城市较远,远离人们的居住生活区和工作区,使得人们无法像近郊休闲一样做出类似的休闲出游决策,而要重点考虑时间因素。一般来讲,远郊休闲所需最短时间为1~2天,这就决定了人们选择远郊休闲时必须具备充足的闲暇时间。因此,从这一角度来讲,远郊休闲具有传统旅游活动的特征,表现为节假日高峰和周末高峰,而平时的客流量则相对较少。受时间的影响,休闲爱好者的空间扩散路径、速度、流量和人口学特征也都有所不同。

远郊休闲空间扩散速度一般较快,流量变化也相对较大,在出游旺季和出游高峰期,男性休闲者占比较大,从年龄结构来讲,18~55岁的休闲者占比较大;而平时则是女性休闲者占比较大,55岁以上的休闲人群占比略大。在扩散路径上,远郊休闲扩散具有明显的多向性,由于时间空间的限制,特别是时间因素的制约,休闲者必须充分利用有限的时间使游览收益达到最大化。因此,在一定程度上,远郊休闲扩散带有明显的时空特征,并且也受到这一特征的深刻影响。

(三)休闲者目的与空间扩散

休闲目的是休闲出游的重要决定因素,同时也是影响休闲客流空间扩散的重要因素,休闲出游目的多种多样,目的不同,其空间扩散的方向、路径、速度、流量等表征也有所不同。与近郊休闲目的不同,远郊休闲的目的主要包括游览观光、放松心情、访古登山、宗教习俗以及游历记事等,其中又以游览观光和放松心情为主要的出游目的。大多数的休闲游客在远郊休闲活动中,其扩散方向和路径具有明显的多向性,扩散速度相对较慢,即

使是出于游览观光和放松心情的目的，由于时间等诸多因素的制约，其空间扩散速度也相对较慢。而其他目的的休闲者，如访古登山、宗教习俗、游历记事等，其空间扩散的表征又有所区别，表现为扩散路径单一、速度较慢、流量变化也相对较小。

(四)远郊休闲扩散的动态特征

在前述内容中，笔者已经从不同方面提到远郊休闲扩散的动态特征，如人口学角度、时空角度、休闲目的角度等。总体来讲，远郊休闲场所由于距离客源市场的空间距离相对较远，交通通达度也相对较低。因而，其空间扩散的距离也相对较远，扩散时间较长，扩散速度受交通、路况、客流量等因素影响比较严重，表现为相对较慢。从某种角度来讲，远郊休闲扩散与旅游流空间扩散具有相似性，这种相似性主要表现在远郊休闲扩散的动态特征上。在流量特征上，远郊休闲扩散由于具有明显的时空表征，时间季节性较强，加之休闲出游目的主要表现为游览观光和放松心情，因此，远郊休闲客流量的时间季节变化比较大。在流向特征上，成都市远郊休闲空间范围内，休闲场所的空间分布相对分散，因此在扩散方向上也就表现出明显的多向性。但是从具体的远郊休闲场所空间分布来看，成都市周边远郊休闲空间范围的休闲场所又集中分布在成都市北部、西北部、西南部和南部等地，其他方向上分布相对较为稀疏，因此在空间扩散方向上，主要有这4个方向上的流动。

远郊休闲客流空间扩散与近郊休闲扩散存在明显的差异，在扩散路径上，远郊休闲扩散主要表现为两点式和点线面结合式扩散路径，由于这种扩散统计难度相对较大，笔者仅对其进行简要描述。

第四节　休闲客流空间扩散的动力机制

我们所研究的休闲扩散问题，从根本上来讲，就是在研究某一地区的休闲系统运作的动态过程，这一系统包括休闲游客、休闲企业、休闲场所(休闲空间)以及第三方休闲参与者等诸多单元。休闲客流空间扩散受多种因素的影响，杨国良(2008)曾指出：影响旅游流空间扩散的因素主要来自3个主要方面，分别是游客特征、旅游目的地和政府、旅游中介等。其中，他还指出，旅游目的地因素主要包括目的地区位因素、资源结构特点以及所在地自然、社会、文化、经济等背景因素，其中政府、旅游中介机构等就是笔者所总结的第三方参与者。

从休闲系统运作的角度来讲，休闲客流空间扩散存在一个内在的动力机制，在这个动力机制的系统作用下，各方因素相互作用、相互影响，并最终推动了休闲客流的空间扩散活动的开展。从一定程度上来讲，休闲客流空间扩散的动力机制主要就是研究影响休闲客流空间扩散活动的因子，以及这些影响因子是如何影响休闲扩散的。笔者将这些影响因子归纳为3个主要方面：游客特征；休闲目的地，即休闲空间；间接因素条件，主要包括交通条件和时间、季节、天气等因素。笔者将在后文中以此为中心进行详细阐述。

一、游客特征对休闲客流扩散的影响

一般来讲，学术界所定义的游客特征主要包括出游动机、个人经济条件、休闲时间以及人口学基本特征，如年龄、性别、职业、受教育程度等。出游动机是人们休闲出游的需求与愿望，它是休闲活动得以产生和进行的内在动力和源泉。任何动机都来源于对某一事物的需求和欲望，休闲需求也是如此。从马斯洛的需求层次理论角度来讲，休闲需求属于较高层次的需求（保继刚 等，1993），是人们满足自身社会情感、社会尊重和自我实现而产生的需求。相关研究诸如，Crompton 提出的休闲旅游的 9 种动机，包括逃避世俗环境、寻求自我与评价自我、放松、声望、回归、增进关系、加强社会交流以及新奇和教育等社会心理动机和文化动机概念；Dann 在此基础上提出了旅游动机的 7 种类型，并且还将这 7 种动机整合归纳为推动型和拉动型两大主要因素。

不同的人，其生活背景、文化背景等都有所不同，即个体差异化特征的普遍存在，因此不同的人，其休闲需求动机和休闲行为层次也明显不同，并且同一休闲主体在不同时间段表现出的休闲需求动机和休闲行为方式也存在明显的区别，笔者将这种因个体差异化特征导致的差异性休闲动机与行为称为休闲需求的多元化差异特征。休闲需求动机引发休闲客流的空间扩散，因此多元化、差异性的休闲动机也将产生差异性、多元化的休闲客流空间扩散，这种差异性主要表现为流量、流向、流速 3 个方面的动态特征。

休闲主体的经济状况所考虑的参照指标主要是个人或者家庭可支配性收入，这是休闲者是否出游、何时出游、选择何种层次的休闲出游的决定性因素。因此，有学者曾经指出，休闲客流的空间扩散不单单是休闲主体的空间流动，更是休闲经济的空间运转。休闲客流的空间扩散是一个相互联系的复杂巨系统的有序运行，这一系统包含休闲主体流、资金货币流、信息流等多种要素，资金货币流是休闲客流空间扩散的经济性表现形式。换言之，可支配性收入即是休闲主体的消费能力，一般而言，居民可支配性收入越高，其休闲扩散的活动半径越大，休闲行为层次也比较倾向于高端的休闲娱乐场所；相反，居民可支配性收入越少，用于休闲方面的支出也相对较少，休闲消费能力所对应扩散半径也就相应较小，一般只能就近选择一些级别较低的近郊或者社区附近的休闲场所。对此，杨国良在 2003 年曾经指出，可支配性收入的影响同样适用于城市休闲旅游者，即可支配收入影响人们的休闲目的和休闲活动空间。因此，经济条件对休闲客流的空间扩散具有深远的影响。

闲暇时间是休闲活动得以顺利展开的另一先决条件，是居民除去工作时间和生活时间之外，用于个人精神需求的可自由支配的时间。闲暇时间是休闲活动的重要保障，如果在不考虑其他因素的前提下，休闲者所拥有的闲暇时间越多，其用于休闲活动的时间就越多，在空间范围内游览的景点就越多，休闲活动半径也就越大，并且对扩散方向、流动速度以及客流量都会产生一定程度的影响。总体上来讲，闲暇时间越充分，休闲者的扩散范围越广，同水平的休闲客流量越大、流动方向更加趋向于多元化、流动速度也会相应减缓，以求充分休闲。

休闲者人口学特征主要包括性别、年龄、职业和受教育程度 4 个方面。性别方面的差异主要表现为感知偏好、动机等方面，正是因为这些方面的差异性普遍存在，使得男性和女性在休闲扩散过程中所表现出的行为特征也有所不同。一般而言，男性的休闲空间感知能力强于女性休闲者，在此基础上，Yukseletal 通过研究发现，对于一些无形的而又难以表达的休闲服务，女性游客的感知能力明显高于男性。谢晖和保继刚在 2006 年也曾指出，女性游客在休闲出游的整个过程中所收集的信息类型多于男性，而且她们更加倾向于出游费用、路线安排等方面的信息收集。在休闲旅游方式上，女性则偏好于观光游览和购买特色纪念品等。不同的年龄阶段，在休闲扩散活动中的表征也有明显的区别，这主要与休闲游憩活动的参与频率有关。20～50 岁的休闲游客更加倾向于自然休闲景观，而 50 岁以上的游客则对文物古迹类更感兴趣，12～18 岁的休闲游客则青睐于现代娱乐游戏项目。职业因素对休闲扩散活动有着十分深刻的影响，职业因素包含居民可支配性收入、闲暇时间以及受教育程度和消费价值取向等。笔者将现有的职业划分为四类：学生、商人、公职人员和离退休人员。其中，学生的休闲出游频率较高，商人中第三产业从业人员的休闲出游频率也相对较高，公职人员主要利用节假日安排休闲互动，离退休人员则经常选择走亲访友、康体保健、休闲娱乐等项目。受教育程度主要影响休闲主体的文化感知。一般来讲，文化程度越高，其文化感知度也越高，这一类休闲游客会比较青睐于蕴含深厚的文化内涵的休闲娱乐项目，如历史文化景观、博物馆等。

二、休闲空间（休闲目的地）对休闲客流扩散的影响

休闲空间（休闲目标区间）的区位分布、资源结构以及自然、社会、经济、文化等多方面的因素对休闲客流的空间扩散都有着十分深远的影响。区位分布条件主要是客源市场空间距离和交通通达度，距离客源市场相对较近的休闲场所，更容易受到广大休闲人群的青睐。交通条件亦是如此，交通不畅的休闲场所缺乏市场竞争力和开发潜力，因而对休闲人群没有较大的吸引力。休闲空间内资源分布及组成结构、层次规模、质量品位等也是影响休闲客流在休闲目标区间空间扩散的重要因素。休闲资源是一个地区休闲产业发展的基础，区域内部休闲资源质量等级越高、空间分布与组合越合理，则相应的休闲市场越具有发展潜力，也越容易受到广大休闲人群的喜爱和青睐。从另一个层面上来讲，休闲资源的空间分布与组合状况，也是休闲目的地休闲游憩路线设计的主要依据，同时也是休闲者制定休闲出游计划的重要依据，因而在很大程度上，休闲目的地资源分布与组合状况也决定着区域内休闲客流空间扩散的动态特征，即流量、流向、流速等综合因子。

休闲目的地的自然、社会、经济、文化等影响因素，并不直接对区域内的休闲客流空间扩散活动产生影响，而是通过塑造区域整体形象影响休闲客流的形成，最终影响其空间扩散的路径、方向、流动速度及客流量。自然环境在影响休闲公共建设的同时，也作为休闲资源客体，提供一系列自然休闲资源供休闲人群观赏。诸如地形地貌、水文环境、动植物环境、气候状况等，都是自然环境因素的重要方面。经济与社会环境则是通过社会背景下的市场行为和社会运作来影响人们生活的方方面面，诸如休闲目的地的经济发展状况、人文环境、生活习俗、价值观念等。

三、间接因素条件对休闲客流空间扩散的影响

　　间接因素条件是指对区域内部休闲客流空间扩散活动不产生直接相关影响的因素，除了前述内容中所指出的社会、经济、文化和历史背景因素，这里还主要包括交通条件、时间季节和第三方参与者因素。对于交通因素，在本书相关章节都已经进行了详细阐明，这里不再赘述。时间季节因素作为休闲者休闲出游的重要参考因素，对休闲客流的空间扩散有着深远的影响。一方面，闲暇时间是广大休闲人群进行休闲活动的必备条件之一，没有充足的闲暇时间，就不能够进行休闲扩散活动；另一方面，休闲资源也受到时间、季节因素的影响，特别是一些季节性特征突出的自然休闲资源，如云海、枫林、潮汐、日出、花卉等，都有着强烈的时间季节表征，休闲者在决定何时出游时必须充分考虑这些因素。

　　第三方参与者因素主要是指在休闲扩散活动过程中，除了直接相关的休闲主客体以及休闲供应商之外的参与主体，例如政府相关部门、休闲中介等。政府相关部门对休闲客流空间扩散的影响主要是通过制定相关政策（财税货币政策、城市公共休闲基础设施规划与建设等）、城市功能分区规划建设以及第三产业发展规划等来体现。总的来讲，政府相关部门对休闲客流空间扩散的影响主要是一种宏观的影响机制，即从宏观和整体的角度对休闲行业相关方面进行引导和规范。例如，在休闲出游高峰期间，出台相应的措施防止因休闲客流相对集中而造成的诸多问题，如错峰休假制度、带薪休假制度以及轮休制度等。休闲中介是休闲旅游路线以及部分休闲产品或服务的提供者，也是休闲信息的制造者和传播者，他们在休闲扩散活动中扮演着十分重要的角色，在很大程度上影响着区域休闲客流空间扩散的路径方向、流量及速度等。

四、休闲客流空间扩散的动力机制

　　休闲客流空间扩散的动力机制是围绕休闲需求与供给这两大中心而形成的，在休闲消费行为的引导下，将各种相关联的因素有机地联系起来，是各因素之间相互联系、相互制约的联动型螺旋动力系统。在这一系统之中，需求与供给是两条主要的"联动 DNA 基因链"，而消费则是连接这两条"基因链"的纽带。总体来讲，休闲客流空间扩散的动力主要来源于 3 个方面：休闲需求、休闲供给及休闲调和。休闲需求主要是指休闲者的休闲需求，休闲供给主要是指休闲产品或服务的提供者，休闲调和则主要是指第三方参与者的力量，如政府、休闲中介等。根据驱动力的不同，笔者将休闲客流空间扩散的动力机制划分为需求导向型动力机制、供给导向型动力机制和政府宏观导向型动力机制。

　　需求导向型动力机制是以休闲需求为原动力，需求拉动供给，从而促进休闲扩散的发展，从这个角度来讲，需求导向型动力机制具有主动性和先发性。这种机制是在需求产生之后，为了满足这种需求才衍生出来的供给，因此是需求拉动供给，并带动休闲扩散的发展。例如，城市周边环城游憩带的构建，正是由于长期以来广大休闲人群存在着这一需求，只是在现代社会表现得更加明显。供给导向型动力机制则是以休闲供给为原动力，通过生产并提供休闲产品或服务，推动需求的发展，进而促进休闲扩散的发展。供给导向型动力

机制是休闲客流空间扩散的主要动力机制，如各类城市公共休闲设施的构建、旅游景区的兴建、近郊休闲和远郊休闲场所的建设等，都是这一动力机制的集中体现。长期以来，成都市致力于打造西部休闲大都市，将休闲规划建设放在极其重要的战略位置，不断完善区域休闲空间规划与布局，完善公共交通、环城游憩带等基础设施，提升区域休闲服务水平，加大对各类休闲产业的资金、政策投入，通过提高供给水平来推动休闲扩散的发展。从经济学的角度来讲，产品供给先于需求而产生，因此在很大程度上供给机制具有主动性和先发性。但是随着休闲时代的到来，休闲需求在不断发展，需求拉动型机制在诸多方面都表现出相对的先发性和主动性，甚至成为推动休闲产业发展的主要驱动力。

　　政府宏观导向型动力机制主要站在政府的角度，从宏观调控的层面，强调政府在休闲发展过程中不可缺少的重要力量。政府的力量对于休闲产业的发展具有十分重要的作用，随着市场竞争的逐渐加剧，休闲市场环境也越来越复杂，这就必须要求政府相关部门的参与，利用宏观调控的杠杆，对休闲产业进行有效调和。

第八章　休闲供给与需求的契合度分析

研究一个区域内的休闲结构是否合理、休闲产能状况、休闲资源空间布局状况，以及休闲供给与需求之间的内在联系情况，就必须借助契合度分析。广义上来讲，契合度是指内容与形式，或者说名称与内容之间的匹配程度，有时也可称为"偶合度"。本书所针对的契合度特指休闲供给与需求之间的匹配程度，换言之就是休闲供给是否能够满足休闲需求，从而在数量上进行量化分析。研究成都市休闲供给与需求的契合度对成都市休闲产业的发展具有重要意义，一方面，通过调查分析，可以清楚地了解成都市休闲供给与休闲需求之间的契合状况，发现其中存在的问题；另一方面，针对出现这些问题的原因，以及相关理论经验借鉴，提出具有实用价值的参考意见。笔者主要从两大方面进行分析：①休闲供给与需求的均衡理论，从一定程度上来讲，休闲供给与需求的契合度分析就是在研究两者之间的均衡问题，但是又不能完全用均衡理论进行说明；②成都市休闲供给与需求的契合度分析，着重研究成都市休闲供给与需求的契合状况，以及研究对策。

第一节　休闲供给与需求均衡理论

休闲（旅游）供给与需求均衡理论的主要观点认为，休闲供给与休闲需求是休闲经济活动的两个核心环节，我们可以从休闲市场上买卖双方的角度来理解，即休闲供给代表的卖方和休闲需求代表的买方，它们之间的关系是休闲活动中最基本的经济关系，也是本书休闲供给与需求契合度问题的主要内容。从一般的情形来讲，在休闲市场上，休闲供给与需求的契合度，或者说是均衡，是一个动态变化的过程，基本上保持着一种从不平衡到平衡再到不平衡的动态适应的运动过程，也正是由于这种不平衡与平衡之间的动态适应和不断变化，才推动了休闲供求的发展。

一、休闲供求均衡的暂时性

一般来讲，供求间的平衡是暂时的，而不平衡是经常的。休闲供给与需求也是如此，休闲供求平衡总是暂时的，而且休闲供求之间的平衡是一种存在差距的大致契合，严格意义上来讲，休闲供求之间是无法达到完全平衡的。一方面，随着经济社会的不断发展，人们思想观念的不断进步，在休闲方面的需求也在不断向多元化、丰富化、高质量等方面转变；另一方面，与之相对应的休闲供给却需要根据休闲者的休闲需求状况来确定供给水平、供给规模，并且在经济技术等条件的限制下，休闲供给的发展水平总是会低于休闲需求的发展水平，这是休闲领域最典型的矛盾所在。

因此，笔者所研究的休闲供求的平衡，只是休闲供给与休闲需求大致相符的一般状况。休闲供给与休闲需求各自以对方的存在作为自身存在与实现的前提条件，两者从根本上是一种对立统一的辩证关系：一方面，休闲者的休闲需求只有通过与之相适应的休闲产品或服务的供给才能得以满足；另一方面，休闲产品或服务供给也必须通过具有支付能力的休闲者的休闲需求进行休闲消费才能实现。因此，从这个角度来讲，休闲供给和休闲需求都要求对方与之相适应，即供给与需求相互和谐、相互适应，以达到两者的相互平衡，也就是说，休闲供给和休闲需求互为对方存在的一个先决条件。

休闲供给与休闲需求的平衡，主要表现为休闲产品或服务的供给水平、供给数量、供给规模，基本上能够满足广大休闲者的休闲需求，这种满足不仅体现在数量、规模上，也体现在层次、水平，以及基于休闲者休闲感知的满意度上。在一定时期内，这种平衡状态是能够达到的，例如经济的跨越式发展阶段、社会结构的变革、国家政策等影响。在我国，主要是改革开放初期以及中后期，由于对内改革与对外开放同期进行，对我国的经济社会产生了巨大的影响，除了经济上的飞跃，休闲产业方面也表现得十分突出。在这一时期，休闲供给水平和规模保持着较快、较高的水平，基本上能够满足广大休闲者的休闲需求，当然，这里所指的休闲者仅限于城市休闲者，农村以及乡镇，由于发展相对较晚，休闲产业的发展也相对落后，因此休闲供给与需求长期处于一种不平衡的状态，并且在一定时期内还将处于这种状态。

二、休闲供求失衡的普遍性

在大多数情况下，休闲供给与需求是非均衡的，这种失衡具有明显的普遍性。从供求关系的角度来讲，对于现代社会，需求对供给的影响远远大于供给对需求的影响。特别是近年来，随着经济社会的不断发展，教育事业的不断深入，人们的思想意识也在不断进步，体现在休闲方面，就是人们日益增长的休闲需求，并且这种休闲需求逐渐摆脱数量上的要求，进而表现为对供给水平、供给质量，以及多元化、丰富性的复杂要求。与此同时，广大休闲商家也在不断了解休闲者的休闲需求状况，不断引入新元素休闲理念，政府公共部门也在不断完善城市公共休闲基础设施。但是，目前的供给水平依然远远不能满足休闲需求的发展水平。加之休闲人群的不断扩大，包括近年来不断增加的农村乡镇一级的休闲人群，即使是以休闲之都闻名遐迩的天府名都——成都市，也面临着同样严峻的挑战。

另外，不同的发展阶段也存在着明显的差异。正如上述所言，在不同的发展时期，休闲供给与需求的主导地位是不一样的。一般来讲，在休闲产业发展早期，相对有限的休闲需求导致休闲供给在数量上持续增长，并且在质量上也不断提高，因此就表现为休闲供给大于休闲需求。而当休闲产业发展到一定程度的时候，随着休闲供给产品或服务越来越多，供给市场越来越大，进而从休闲商家的层面被动创造了新的休闲需求，使得休闲需求不断进化。另外，随着休闲产业的不断发展，休闲需求发展的速度也在不断加快，人们被动地接受现有的休闲供给状况也必然会改变，从而形成消费者市场，即休闲者主动地选择或增加新的休闲需求，休闲供给商家则被动地来满足这些需求。这种局面在最近几年内最为突出,即"消费的含义不是看商家卖什么,而是看消费者想要买什么"。这也造成了休闲产品或服务的供给与休闲者的休闲需求之间失衡,而且是差距化趋势不断凸显的又一个原因。

在休闲市场中,由于各种主观和客观因素,休闲供给和休闲需求总是处于平衡与不平衡的矛盾运动与动态适应过程中。因此,休闲供给和需求之间的不平衡是普遍的。

休闲供给与需求之间这种从不平衡到平衡再到不平衡的运动过程,是休闲产业发展的根本原因,在两者矛盾统一过程中,休闲商家不断提高供给水平,以满足休闲者丰富多样的休闲需求;而休闲者则是关注于自身休闲满足程度的变化,追求最大的满足,以丰富自身休闲生活。笔者将这种交替出现的状态,即动态适应状态,称之为休闲供求动态矛盾。休闲供求动态矛盾主要表现在4个方面:数量、时间、空间和结构。笔者将在下述内容中对这一问题进行详细说明。

三、休闲供求失衡的表现形式

休闲供求失衡表现形式多样,笔者主要就其最为典型的4个方面进行说明,即数量、时间、空间和结构。数量上的失衡和空间分布上的失衡又是其中最具代表性的两种形式,主要表现为休闲供给总量与休闲需求总量的不对称,即休闲供给不能满足休闲需求的发展需要;就局部空间来讲,由于休闲资源空间分布存在不均匀性,导致区域间休闲供求之间的失衡。此外,时间上的失衡和结构上的失衡也是两种重要的表现形式。时间上的失衡表现为受时间季节等因素的制约,在某一特定的时间内,休闲供给出现相对减少,而休闲需求却出现相对短时间的突增,或者休闲供给总量未变,而休闲需求量却增加,从而导致休闲供求的失衡。结构上的失衡主要表现为休闲供给与需求内在结构上的不平衡,如供给产品或服务的类型、层次、规模等方面,从而导致休闲供求难以达到相互契合。

(一)数量上的失衡

休闲供给与休闲需求在数量上的失衡主要表现为休闲供给总量与休闲需求总量的不对称,休闲供给(或休闲接待能力、休闲场所容量)与休闲者的总量(或者说休闲者总人次)不相容,从根本上来讲就是休闲供给不能满足休闲需求的发展需要,笔者将休闲供求数量上的失衡称之为休闲供求的数量契合度,或者规模契合度。休闲目的地通常会根据当地的社会经济发展状况,选择适合目前发展阶段的最佳休闲发展模式,通常情况下,在一定区域内的这种发展模式都是固定的。正是这种模式化发展,才形成地区休闲产业集合,并最终形成该地区的休闲供给能力,这种休闲供给能力主要表现为包括休闲场所数量、休闲场所容量在内的具体可量化的因素等。

因此,在一定时间内,某一地区的休闲供给能力基本上是既定的,相反,由于受到经济、政治、社会环境、休闲者偏好、休闲产品或服务供给状况等诸多方面因素的影响,休闲需求随时都处于动态变化过程中,因而具有较大的不确定性因素。我们在研究休闲市场中的休闲供给与需求之间的契合问题的时候,往往也会受到这些因素的影响,休闲产品或服务供给和休闲需求两者本身所固有的、不可避免的不稳定性,是导致两者不平衡的根本原因,从而造成休闲产品供不应求或供过于求。从目前来讲,成都市休闲产品或服务的供给主要表现为供不应求。

休闲供给与需求在数量上的失衡是休闲供求失衡所有表现形式中最根本的失衡。为了能够更为具体和详细地研究并分析休闲供求的失衡问题,笔者引入了两组可量化的因素:①休闲供给量化因子,即休闲供给场所数量、休闲场所容量;②休闲需求量化因子,即休闲人群总量、人均年休闲次数。休闲供给场所数量和休闲场所容量可以基本上确定区域内休闲供给能力,即休闲供给总量;而休闲人群总量与人均年休闲次数则能够将区域内的休闲需求状况大致确定下来,通过建立数学统计图表等方法进行更为方便的操作。另外,我们还可以在此基础上对这一问题进行延伸,运用这一研究分析模式,还可以引入局部区域休闲供给场所数量和休闲场所容量,及局部区域休闲人群总量和人均年休闲次数,从而研究某一固定区域内的休闲供求状况。

当然,笔者此处的休闲供给量化因子与休闲需求量化因子属于宏观分析,只是从大体上把握某一地区的休闲供给与需求在数量上的契合状况,要想更为详细地分析问题,还需要借助更为微观的分析工具。例如,在分析休闲需求问题的时候,应该广泛地调查统计与休闲需求相关的因素,如休闲者的构成、显性休闲需求、隐性休闲需求等,并不仅仅局限于单纯的休闲者人数和休闲次数的分析。对于更为详细的调查分析,笔者将在本书的其他相关章节进行详细说明。

(二)时间(季节)上的失衡

在本书的其他相关章节中,笔者已经指出,休闲客流的空间扩散受到时间、季节分布的影响,另外,就休闲供给而言,也是如此,一些休闲场所由于受到时间、季节的影响,只能在一年中的几天或者几个月才能供广大休闲人群参观游览,诸如黄山雾海、东北雪松、西安牡丹等。因此,休闲供给与需求常在时间(季节)上不相适应,从而形成休闲旺季与淡季。

休闲供求的时间(季节)上的差异主要表现为节假日休闲高峰,一方面,节假日是城市绝大多数休闲者的闲暇时间,而在平时,上班工作、家庭事务等占据着人们大部分时间;另一方面,也是出于对传统节假日的庆祝和家人团聚需求,外出游玩自然成为最佳的选择。人们在节假日纷纷出游,休闲客流在短时间内瞬间剧增,笔者将这一现象称为休闲客流的瞬间效应,这一效应造成休闲需求在短期内达到高峰期。然而相对于一般情况下的休闲供给,节假日却并没有多大的变化,供给总量不变,而休闲需求总量大量增加,这也必然造成休闲供求之间的不协调,即休闲供给无法满足休闲需求。这在我国十分典型,如"五一"和"十一"假期,以及其他一些法定节假日,都会不同程度地带来休闲出游的高峰,在各大休闲旅游景区、休闲场所通常都能看到人满为患的场景。

然而在其余时间,除了老年人和商务活动的游客外,工作占据着绝大多数人的时间,因而人们很少外出,这也就形成了休闲需求的平缓期。分析这种现象出现的原因,主要包括两个方面。①休闲资源的季节性。笔者已经指出了这一问题,一些休闲资源尤其是自然资源,在一定时期内会发生周期性的变化,这种变化必然使休闲者的休闲活动产生同样周期的变动。例如,一些随着季节性产生的景观,如西安牡丹园、承德避暑山庄、北京香山红叶、东北雪景等。再如某些自然奇观，如闻名遐迩的钱塘江大潮，最佳观潮期仅为每年农历八月十八前后几天。这种景观在每年特定的时期发生，季节性强，通常在这几天都是人潮如涌，而平时几乎没有休闲者。另外，以"避暑"为主要功能的休闲地在一年之中也产生淡季—旺季—淡季的变化，如承德避暑山庄、青岛海湾、贵阳和哈尔滨等都是以避暑功能为主的休闲度假胜地，夏天人满为患、冬季冷冷清清。②休闲需求的季节性。对于广大休闲者来讲，其闲暇时间的分布是极为不均匀的，并且绝大多数休闲人群属于工薪阶层，由于休闲者的闲暇时间分布不均，带薪假日、节假日相对集中，因此都集中在此时进行休闲活动，也就形成休闲相对比较集中的休闲高峰季；而在平时，绝大多数休闲者一般很少有机会外出休闲，也没有相对充裕的闲暇时间供自己外出进行休闲娱乐活动，因而也就形成休闲客流相对较少的休闲淡季。

休闲供给与休闲需求在时间季节方面表现出来的这种相互矛盾的现象，笔者将其称之为休闲供求的时间契合度。对于广大休闲企业来讲，最重要的就是要通过采取各种有效的方法，使得休闲供求的时间契合度达到最优，即休闲供给与需求的时间季节适应性最高，互斥性降到最低，从而实现双赢。

1. 休闲供求时间矛盾产生的原因

总体上来讲，休闲供给与需求在时间上存在着突出的矛盾。一方面，休闲产品或服务的供给具有季节性，一些休闲资源、休闲场所，诸如休闲公园、休闲旅游景区受时间、季节影响较为明显，造成一定时期内的休闲供给不足，无法满足休闲者的休闲需求。另一方面，绝大多数休闲者的闲暇时间相对比较集中，从而造成在闲暇时间内休闲需求的急剧增加，使得有限的休闲供给规模难以满足这种需求。具体来讲，休闲供需时间矛盾产生的主要原因在于两个方面。

(1) 休闲产品供给的不均衡。目前，休闲产品或服务供给主要包括休闲公园、休闲旅游、餐饮娱乐、养生康体、文娱活动等类型。具体来讲，主要有城郊农家乐休闲、生态公园或者城市游憩带、KTV、酒吧、水吧、棋牌茶楼、主题餐厅、文娱俱乐部、广场舞等。虽然在内容上比较丰富，拥有相对多元化的休闲娱乐项目，但是休闲产品或服务的供给却是不平衡的，主要表现在区域内休闲产品或服务供给单一，时间季节性比较明显。例如，一些休闲旅游景区、休闲生态公园、度假公园等，其所提供的休闲产品或服务都具有不同程度的季节性，一些度假公园或景区主要以避暑、康体及探险休闲胜地的休闲形象示众，例如漂流、户外拓展等休闲项目大多集中在夏秋季节，而冬季以及其他时间，这些休闲场所却门可罗雀，少有游客光顾。

因此，对于受季节性影响比较明显的休闲场所，应该合理规划休闲产品或服务供给结构，着力开发主打产品之外的休闲产品。例如，除了保持并优化旅游旺季的休闲娱乐项目之外，还应该有计划地开发平时休闲客流相对较少的一些休闲项目，充分利用当地的休闲资源。

(2) 休闲主体闲暇时间比较集中。闲暇时间是休闲主体参与社会休闲活动，进行休闲度假、休闲娱乐的重要保证，没有休闲时间，即使有支撑休闲娱乐活动的经济条件和丰富多样、高质量的休闲娱乐项目，休闲者也无法进行休闲活动。相对集中的休闲时间则会造成参与社会休闲活动的人群急剧增加,导致短时间内休闲需求的突然增加,从而使得休闲供给不能满足休闲需求,即出现供求失衡。

目前,社会主体人群大多为工薪阶层,受工作、家庭等多方因素的影响,其休闲时间也相对较少,并且十分集中,主要集中在节假日。根据相关调查数据显示,当前社会人群中,参与休闲活动、进行休闲度假的休闲者主要集中在16~35岁这一年龄段,16~25岁和25~35岁的休闲游客所占比例分别为35.36%和32.75%,而其他阶段则相对较少,只占总量的近1/3。成都市民休闲旅游者的职业构成中,居前四位的依次是公务员、个体经营者、企业员工和教师。根据各人群的特征(离退休人员除外),以上客源群体的闲暇时间大多集中在周末、国家法定节假日(其中学生的空闲时间还包括寒暑假),对一般的工薪阶层来讲,闲暇时间的有限和集中,是导致各休闲者选择在休闲高峰出行,节假日休闲需求急剧上升,并且进一步加剧休闲供需的时间矛盾的主要原因。

2. 休闲供需时间矛盾的表现

一般而言,在一定时期内,某一地区或国家的总体休闲供给水平和供给规模是相对稳定的,即在一定时期内基本保持不变。休闲场所、休闲景区的休闲容量基本保持固定,在休闲产品或服务的供给上也基本保持稳定,只是在一些日常管理、休闲基础设施、休闲环境,以及休闲服务水平等方面有一定程度的提高和完善。因此,某一地区在一定时期内,其休闲供给规模是相对稳定的,其他诸如休闲设施、休闲环境等要素在同期内也基本维持在同一水平上。从休闲商家的角度来讲,现有的休闲产品或服务的供给在大多数情况下能够满足休闲者的休闲需求,同时也能为自己盈利,诸如一些中小型休闲企业,如KTV、棋牌茶楼、酒吧等,其日常收入也能达到相当可观的水平,因此这类企业不愿意再投入资金扩展休闲供给规模。另外,对于一些大型的休闲项目,如大型的休闲生态公园、休闲旅游景区,经过多年的发展和完善,其休闲产品或服务供给已经相对稳定,并且大多形成了自己内部的休闲供给体系,各种配套设施也逐渐趋于完善,因此在休闲供给基本达到饱和的情况下,也不愿意再投入巨额资金进行再开发。

但从休闲度假、休闲客源市场的需求角度进行分析,由于受到休闲时间过于集中、工作压力等诸多因素的制约,大多数休闲者在休闲出行时机上更加偏向于在法定节假日和周末进行休闲活动。因此,节假日、周末等相对集中的休闲出游带来的休闲小高峰极易形成。而在休闲出游季节方面,绝大多数休闲者表示更加愿意选择在夏秋季出行,这种休闲活动选择具有典型的季节性特征。因此,在包括休闲生态公园、休闲景区、KTV、餐饮服务、棋牌茶楼等在内的广大休闲场所内,休闲供需时间矛盾主要表现为休闲高峰期或休闲旺季时各休闲产品供不应求,而高峰期以外的工作日或休闲淡季时则供过于求,具体表现在以下两个方面。

(1)休闲度假休闲需求的时间契合度与休闲资源及休闲设施的稳定性表现为不相适应。以酒店为例,据大多数调查数据显示,休闲公园、休闲景区及周边饭店的入住率随着时间、季节的波动极其明显,在夏秋旺季或者节假日期间,入住率可高达96%以上,大部分休闲接待设施供不应求,如房间、停车位、餐厅、休闲娱乐项目等;而在休闲客流量相对较少的冬季,这些酒店的入住率仅仅保持在10%左右,有的甚至更低,一部分配套设施一般、区位条件较差的酒店，其接待率甚至降至 5%以下。在淡季，由于休闲客流的大量减少，休闲需求和休闲消费也随之减少，从而出现休闲接待设施大量闲置的现象，即休闲供给相对过剩，造成休闲资源的浪费。

(2)休闲度假休闲需求的时间契合度与休闲环境承载力、休闲场所容量的有限性形成鲜明的对比。休闲环境承载力相关理论认为，某一休闲场所或休闲景区在保持休闲公共配套设施等基本条件不变的情况下，其可容纳休闲者数量是一定的，即休闲场所的容量是相对固定的。以休闲森林公园为例，森林休闲度假是一项以休闲、放松、娱乐以及疗养等为主要特征的休闲活动，与休闲生态公园类似，其对于休闲环境以及休闲公共设施的完善状况有着较高的要求。然而在这些休闲公园或者休闲景区、休闲场所出现休闲旺季或休闲高峰时，客流量的剧增导致的休闲地拥挤、接待设施供不应求、休闲服务质量下降、休闲场所内的公共环境杂乱等现象，使得当地休闲环境质量大大降低，从而使以愉悦身心、放松心情为休闲出游愿景的广大休闲者无法真正享受休闲所带来意义，反而产生负面的影响，使休闲者的体验大打折扣，降低了休闲者的休闲满意度。

(三)结构上的失衡

休闲供求的结构失衡是指休闲供求在构成上不相适应，笔者将休闲供求结构上的失衡称之为休闲供求的结构契合度，即休闲产品或服务供给的类型、层次、规模、空间分布等结构与休闲者休闲需求的类型、层次、规模、空间分布等结构不相适应、不对称。休闲供求的结构失衡主要表现为：休闲供给类型或项目与休闲者所需求休闲类型不相适应；休闲供给档次或等级与休闲需求不相适应；休闲供给规模与休闲需求不相适应；休闲供给的空间分布与休闲者休闲需求的空间分布不协调，休闲供给质量与休闲需求不相适应。总体来讲，这种失衡主要表现在类型、层次、质量、空间分布 4 个方面。

休闲供求的数量失衡是直接表现形式，而结构上的失衡则是休闲供求内在的契合度问题。从根本上来讲，本书所针对的休闲供给与需求的契合度问题，其核心就在于休闲供求的结构契合度。一方面，对于目前休闲产业领域而言，各类休闲商家、休闲企业在休闲产品或服务的供给方面，即休闲产品或服务供给的类型、层次、质量、空间分布等诸多方面，都逐渐形成相对固定的内在体系和结构。休闲产品或服务的供给市场运行机制，其实质就是这种内在结构系统的供给运行，其休闲产品或服务的类型、层次、质量、空间分布都有一定的结构。具体来讲，在一定时期内，某一休闲场所或者整个地区，其休闲供给的产品或服务的类型主要包括哪几种形式，其中主流形式又是什么；休闲供给的层次或等级又是怎样的，主要是高层次供给，还是一般水平的产品供给；其供给的质量状况如何，如休闲服务水平、休闲设施质量等；休闲资源或休闲场所，以及休闲产品的空间分布状况，例如在这一地区以休闲旅游产品为主，在另一个区域则是以棋牌茶楼为主，或者时尚购物、文娱活动、餐饮娱乐等。与之相对应的休闲者的休闲需求也有自身的需求结构，作为单个的休闲者，由于受自身的经济状况、休闲选择偏好等因素的制约，也会形成符合自身状况的关于休闲产品或服务供给的类型、层次、质量、空间分布等方面的需求结构。乃至于某一地区或国家整体休闲人群，也会存在着具有代表性的休闲需求结构。

本书研究所针对的休闲供给与需求的结构契合度问题，既包含休闲供给结构与休闲需求结构之间的契合度均衡性分析，同时也包括其中一个方面内部的结构契合度分析。正如前述内容所指出，由于休闲供给是根据休闲客流市场预测和休闲地客观条件设计的，一经形成就具有相对的稳定性，然而在多种因素的影响和作用下，休闲需求往往具有多样性和多变性的特点，这一特点在当代休闲领域中十分常见。因此，就会出现休闲供给与休闲需求在结构上的矛盾，在同一时期，某一种休闲产品出现供不应求的同时，另一种休闲产品出现供给过剩。另外，休闲商家生产并提供的某一类型的休闲产品并不一定是休闲者喜欢的类型；以此类推，层次、质量、空间分布等方面也都存在着这样的问题，这也是休闲供求结构失衡的集中体现。

休闲供给和需求的数量矛盾、空间矛盾、时间（季节）矛盾及结构矛盾是不同形式的休闲供需矛盾，它们彼此密切相关。休闲供给和休闲需求的矛盾是可以通过市场机制和宏观调控解决的，处在这一矛盾运动中的休闲经济活动也会得以发展。休闲供需均衡理论的研究，有助于休闲目的地的产品开发及市场定位。

总之，休闲供求的数量（规模）契合度、空间（地域）契合度、时间（季节）契合度和结构契合度是休闲供给与需求契合度的4种不同的主要表现形式，它们之间既密切相关，又互相影响。一方面，要解决休闲供给与休闲需求的矛盾，需要建立完善有效的市场运行机制，充分利用市场机制来进行自我调解；另一方面，任何市场活动都离不开政府的宏观调控和全局把握，作为21世纪最具发展潜力的休闲产业，尤为如此。作为休闲供给与需求矛盾运动的结果，休闲经济活动在这种矛盾运动中得到了发展，促进休闲产业的总体发展和进步。休闲供给与需求契合度与均衡性问题的研究，为休闲目的地的产品开发、市场定位、制定营销策略等提供了思路。

1. 休闲供求结构矛盾产生的原因分析

休闲供求的结构矛盾是指休闲供求在结构上不相适应，具体来讲就是休闲供给结构与休闲者的休闲需求结构在休闲产品或服务的类型、层次、质量和空间分布结构上的不协调、不对称、不相符。因此，休闲供给与需求结构矛盾产生的主要原因包括两个方面：休闲供给方面的原因和休闲需求方，即休闲者的原因。但是总体上来讲，产生休闲供需结构矛盾的最根本原因仍然在于当前相对落后的休闲产品开发程度不能与日益提升的休闲者需求相适应，这既是当前阶段我国休闲产业领域最主要的矛盾所在，同时也是本书研究的核心议题。综上所述，具体原因包括两个方面。

(1) 休闲供给总量不足，供给结构有待优化升级。虽然经过多年的追赶和发展，我国的休闲产业取得了一定的成绩，但是就我国休闲产业总体发展水平来讲，还相对落后，基础还有待进一步完善。影响休闲供给结构的原因是多方面的，笔者主要就其中最为典型的两个方面进行分析。

① 交通通达度。交通条件对休闲供给具有十分深远的影响，这一点主要体现在休闲供给的空间分布结构上。由于休闲资源的空间分布是极不均匀的，在休闲资源空间配置与组合方面也存在一定程度的不足，因此休闲供求的空间契合度问题是普遍存在的。此外，交通通达度对休闲供给的类型、质量等诸多方面也有一定程度上的影响，因此优化休闲供给结构，首先应该强调交通条件，优化地区交通设施，提高交通通达度。

②除了交通条件，影响休闲供给结构另一个最根本的原因就是休闲产品或服务的开发，不仅局限于数量上的开发，更在于休闲产品或服务多样化类型的开发、多层次开发、高水平高质量的开发，以及全面广泛地开发。我国目前在休闲产品或服务开发方面的一个现状是：休闲产品单一、同质化严重、创新性不足。一般而言，休闲供给的开发总是相对滞后于休闲需求的发展，因此在休闲产品开发方面必须进行休闲需求市场的前瞻性预测与分析，充分把握休闲市场发展的动向。根据相关调查数据显示，目前我国大部分休闲者对现有的各类休闲场所所提供各类休闲产品或服务(如餐饮、娱乐、时尚购物、休闲旅游、农家乐、KTV 等)的满意度均值基本为 3~3.5，这一水平正集中地反映出目前休闲供给的现状。休闲供给结构的不合理体现在方方面面，一方面，不能满足以休闲度假游客为代表的高端休闲消费者的需求，另一方面，也会阻碍休闲产业自身的发展。

(2) 休闲者需求层次提高，需求形式多样化。休闲供求结构失衡除了休闲供给方面的原因之外，休闲者的休闲需求结构因素也起着重要的作用。首先，随着经济社会的不断发展，人们的生活水平也越来越高，马斯洛需求层次理论就指出：当人们在生存、安全等基本需求得到满足之后，其需求会进一步向更高层次发展。因此，人们对休闲生活的需求也越来越大，休闲要求也越来越高，不仅在休闲供给的数量和规模上提出了更高的要求，而且在供给产品或服务的质量、水平、层次、类型以及多样化等方面也提出了更高的要求。其次，休闲者的空间分布不均自然也会导致休闲需求的空间分布不均，因此在一定区域内，休闲供给与需求也难以达到完全的契合。

此外，休闲者的休闲需求结构发展总是快于休闲供给的发展，即休闲供给具有相对滞后性，这就容易造成休闲者所期望的休闲供给无法得到满足，换言之，就是休闲需求结构的超前性太过突出，超出了目前社会经济条件下休闲厂商所能提供休闲产品或服务的能力。种种情形表明，休闲者的休闲需求结构在一定程度上也会造成休闲供求结构的失衡，因此从休闲者的角度出发来分析这一问题的解决办法，就要求休闲者建立符合经济社会发展状况的休闲需求结构。以休闲度假为例，休闲度假者在自身经济条件得到改善，以及其他一些客观因素影响下，其休闲需求会进一步向爱、受尊重以及自我实现等高层次需求转变。这即是说，休闲者的休闲需求随着一些主、客观因素的变化，会对休闲供给的类型、层次、质量等诸多方面提出新的要求，并且形成新的休闲需求结构。同样以休闲度假为例，市场调查的结果表明，尽管欣赏自然风光依旧是人们休闲出行的一种主要目的，但相比之下，社交商务以及探险体验等更具挑战性的体验式休闲需求正在逐步增加，这种需求层次及需求形式和类型的多样化，对休闲景区及其他休闲场所在个性化服务、产品开发等方面提出了更高的要求。

2. 休闲供需结构契合度的表现

前文中笔者已经指出，休闲供给与需求的结构矛盾主要表现在 4 个方面，即休闲供求的类型、层次、质量和空间分布，下面就这 4 个方面的内容进行详细说明。

(1) 休闲供给与需求的类型契合度。休闲供求的类型契合度主要表现为，休闲供给的产品或服务与休闲者所需求、期望的休闲产品或服务在类型上基本相一致，但是在大多数情况下，这种契合度是非常低的。一方面，休闲资源的空间分布是不均匀的，另一方面，各个休闲场所内部也基本上以自己的主打产品或服务为主要内容,因此在休闲产品或服务的类型上就显得相对比较单一。而作为消费者的休闲者,其进行休闲活动的目的往往是多样的,追求休闲效益的最大化,其中就体现在休闲供给的类型上。作为休闲者,考虑到交通、经济等因素,往往希望在某一休闲场所内实现多样化休闲体验的目的,而不是单一的主打品牌。例如,在休闲景区内,不仅能够提供优美的自然人文风光,更能提供除此之外的休闲娱乐项目,诸如棋牌、茶道、高尔夫、漂流等多样化的休闲体验。然而,作为休闲供给一方的休闲商家在这些方面则显得相对无力,只有一些实力雄厚的大型休闲企业才能集中各种休闲项目供广大休闲者娱乐,例如,华侨城、金牛宾馆、黄龙溪、峨眉山等,这些休闲场所不仅包括了休闲旅游观光产品,还有棋牌茶道、农家乐、商务休闲、游乐场、餐饮娱乐等多种类型的休闲项目。但是总体来讲,休闲供给与需求的类型契合度在一定时期内还很难完全达到均衡,不均衡状况仍将持续。

(2) 休闲供给与需求的层次契合度。休闲供给与需求的层次契合度包括两个方面的内容,既是指休闲供给产品或服务的层次、等级、档次,同时也包含着休闲者的需求层次。因此,休闲供给与需求的层次契合度是休闲供给的层次与休闲需求的层次在一定程度上的偶合,或者说相适应。随着休闲时代的到来,广大休闲企业纷纷进军高端休闲产品或服务的开发,抢夺高端休闲领域的市场份额,诸如高端的休闲娱乐会所、养生健体专属SPA、高级主题餐厅等,而对于大多数休闲者来讲,他们主要的休闲方式还倾向于一般的大众化休闲,高级的休闲方式仍然属于少数中高收入人群的专利。此外,随着大众化休闲供给逐渐趋于饱和,而这方面的休闲需求却在日益增加,休闲供给与需求在层次上也出现了严重的失衡。

以休闲度假为例,休闲度假是随着人们收入水平提高、闲暇时间增加和文化品位提升,而逐渐出现的较高层次的休闲娱乐方式,大部分休闲度假休闲者是传统的旅游观光休闲者逐渐成熟后转变而成的。一般而言,休闲度假是高收入休闲人群以及少部分中等收入人群的休闲娱乐方式。因此,相对于普通的休闲观光者而言,休闲者除消费能力相对较高外,其对于休闲目的地的文化及内涵、休闲产品的等级层次等方面有着更高的要求。但是就目前而言,广大休闲者的平均经济水平还处于中等偏下的状况,仍然是以一般的大众化休闲方式为主。另外,从休闲度假供给上看,我国目前休闲产业供给方面存在的一个普遍问题,即休闲产业的根本矛盾依然存在,广大休闲企业目前的休闲度假供给尚存在休闲产品开发程度不高、休闲交通有待改善及休闲服务接待水平不高等多方面的缺陷,换言之就是基础设施尚不健全,转而开发高层次的休闲供给,这是非常不合理、不科学的,因此,也不能满足休闲度假休闲者高层次的需求。

(3) 休闲供给与需求的质量契合度。在质量和水平方面,广大休闲企业在盈利的同时,必须不断提高休闲供给产品或服务的质量和水平;同时,随着经济社会的发展,休闲者对休闲供给的质量和水平也有了更高的要求。我国休闲产业起步较晚,发展滞后,缺乏相应有效的管理。因此,在质量方面,休闲产业的现状是:休闲供给水平较低,产品或服务质量有待提高。正是由于这一现状的普遍存在,造成了休闲需求者对休闲供给质量较高的期望与休闲供给质量普遍低下不能满足休闲者期望之间巨大的差距。

对于休闲供求的质量契合度,笔者主要借助于休闲者休闲感知满意度调查法进行研究分析。一般理论认为，当现实休闲体与休闲者个人的偏好相背离时，其休闲感知满意度也将大大降低，这也是导致许多休闲场所、休闲景区内休闲客流稀少、休闲市场萧条的主要原因之一。

(4) 休闲供给与需求的空间契合度。从上述的分析我们可以清楚地知道，休闲供给和休闲需求在空间(地域)上存在着明显的矛盾，这种矛盾与不均衡在很大程度上是由于休闲资源空间分布不均匀造成的。就一般城市市区而言，新开发区的休闲设施普遍比较丰富，而且各类设施相当完备，可供人们休闲的公共休闲场所，休闲资源也相对比较充足。而对于老城区，或者一些边缘的区域，由于远离主城市区，发展相对滞后，缺乏相应建设，在休闲资源开发与建设等方面就会表现出明显的不足。特别是在老城区，更新缓慢，更新难度大，工程复杂，而且许多休闲基础设施都已经荒废，无法正常使用。另外，随着城市外围高新城区的快速崛起，又进一步削弱了老城区及老街区的休闲发展能力。笔者将这种现象称之为休闲供给的空间分布不均。与之相对应，休闲需求的空间分布也存在着分布不均匀现象，主要表现为中心城区或主城区人口密集，休闲客流量大，休闲需求也大；而经济发展相对落后的区域或者边缘地区，人口密度小，交通条件差，休闲需求也相对较小。

由于休闲供给与需求都存在着空间分布不均的现象，这也就造成了休闲供求的空间分布不均衡，笔者将其称之为休闲供求的空间契合度。休闲供给与需求的这种空间搭配不均衡矛盾，表现在休闲总供给和总需求状况基本不变的情况下，休闲供给和需求在空间(地域)的失衡，主要表现为两种形式：即供不应求的休闲热点地区与供过于求的休闲滞后地区。归纳其原因，即不同的区域，其休闲资源的类型及丰富程度也有所不同，并且在休闲接待设施的类型、规模、层次等方面也存在明显的差异性，正是这种普遍存在的休闲资源供给与休闲需求之间的空间配置不均衡，才形成了不同的休闲客流流向和交通流的空间(地域)差异。总的来讲，某一地区内的休闲设施状况，休闲资源的类型及其丰富程度是产生休闲供给与需求在空间(地域)矛盾的最根本原因。

第二节 成都市休闲供给与需求的契合度分析

众所周知，成都市一直都是以休闲之都、天府之都、西部名都而闻名遐迩，得天独厚的休闲资源，既有丰富多样的自然休闲资源，如西岭雪山、峨眉山等，也有具有深厚文化底蕴的丰富多彩的人文休闲资源，如武侯祠、杜甫草堂、都江堰、青城山、天府广场、历史文化博物馆等。成都的休闲文化是历史的产物，同时也是成都市发展之路上一颗璀璨的明珠。为了成都市休闲产业的长远发展，就必须对现有的成都市休闲供给与需求两者的各方面契合状况进行调查分析，进而还需要对这种契合状况未来的发展趋势进行前瞻性预测，以准确地掌握成都市休闲产业发展的总体趋势。

一、休闲供给分析

休闲供给分析是休闲供求契合度分析的前提，也是重要的分析因素之一。在本章第一节中，笔者已经对休闲供给主要涉及的方面进行了详细阐述。系统上来讲，休闲供给分析主要分析的内容包括供给数量(规模)分析、供给层次分析、供给质量分析、供给的空间分布状况分析，以及有效供给分析、休闲场所容量分析等诸多方面。

(一)供给数量(总量)与类型分析

关于成都市休闲供给数量的分析，在本书其他相关章节中，都有或多或少的涉及，特别是在第六章中，笔者和项目研究组不仅对成都市现有的休闲场所及其数量、类型、空间分布状况进行了比较详细的调查和分析，并且还对休闲场所的容量进行了系统科学的统计，进而对成都市休闲供给与需求的契合度问题进行了描述。

据调查，近几年成都市内休闲场所数量呈现井喷式增长，成都市内各类休闲娱乐场所很多，总体分布相对比较密集，据初步调查统计，成都市现有762处健身康体休闲场所、109所一般休闲会所、1324间网吧、94处水吧、474处烧烤店、54处冷啖杯、337间咖啡厅、953处酒吧酒廊、2283处火锅店店、743处串串店、3789处茶楼、682处KTV和歌舞厅等，另外还有博物馆5个、休闲景区37处、休闲公园27个、书社19家，共计11692家休闲场所。如果按照大致的类别差异进行归类，主要包括：养生康体类762处，餐饮服务类4938处，时尚娱乐类2006处，休闲观光类69处，文娱生活类3813处，一般休闲会所109处。

根据调查分析发现，成都市各类休闲场所中，茶水酒吧类主要包括酒吧、茶楼、水吧、咖啡吧等，这类休闲空间在各类休闲空间中数量最多，达到5173个，占成都市休闲空间数量的42.15%；餐饮类包括火锅店、串串香店、冷啖杯店等，该类设施在各类设施中数量居第二，达到3554个，这类设施占成都市休闲空间数量的28.95%；休闲游乐类设施包括一般休闲会所、休闲街区、网吧、公园、植物园、大学校区等，这类设施在各类设施中数量居第三，达到1683个，占成都市休闲空间数量的13.71%；歌舞会所类主要包括歌城、夜总会、娱乐城、迪吧等，该类设施占成都市休闲空间数量的5.56%；人文瞻拜类包括庙、寺、纪念馆、烈士陵园、祠堂等，该类设施占成都市休闲空间数量的2.44%；运动健身类包括高尔夫球场、保龄球馆、滑雪场、旱冰馆、游泳池、赛车俱乐部等，该类设施占成都市休闲空间数量的6.21%；影剧类包括影院、音乐厅、剧院等，该类设施相对较少，仅占成都市休闲空间数量的0.98%。

因此，从成都市目前的总体休闲供给状况来看，在休闲供给数量上，仍然以一般大众化休闲供给为主要供给形式，诸如休闲公园、餐饮服务、休闲旅游等。同时，相对比较高端的休闲产品或服务供给的开发也在逐渐兴起，充斥着成都市现有的休闲供给市场。虽然目前这类休闲供给的数量只占相对较小的比例，从休闲供给层次与质量的角度来讲，这也是休闲市场自我平衡的重要表现形式，有利于满足越来越多的休闲者对高层次、多样化、创新性休闲供给产品或服务的需求。

随着经济社会的发展和休闲时代的到来，近年来，成都市不断向具有时代元素的新时代休闲产业方向发展，试图将成都市建成以国际化休闲都市为目标的休闲大都市。除了政府相关部门的政策指导外，各大休闲企业也纷纷进军高端国际化休闲产品或服务领域。因此，在休闲供给方面也出现了以高端国际化产品或服务为重要标志的休闲新产品或服务，但是目前，这类产品或服务只占有相当小的一部分比例，而且只是在一些实力雄厚的大型休闲场所才具备。

以华侨城为例，成都市西部华侨城位于成都市金牛区盛兴路，是一个集餐饮、娱乐、购物、休闲等多功能休闲项目为一体的现代化休闲中心。其中主要包括了华侨城高尔夫会所、华侨城欢乐谷、大剧院、击剑中心、华侨城极速空间站、华侨城大公园、正天影城、上风上水、麦鲁小城等，另外还有一些高级的主题餐厅、咖啡厅等。

(二)休闲供给的空间分布分析

对于成都市现有的休闲供给的空间分布状况，第六章已经做了详细的分析。本书中，成都市内休闲场所、休闲资源的空间分布是指中心城区及七大卫星城区的休闲空间分布，主要分布在市区第一大圈层，即5个市内城区(锦江区、青羊区、成华区、武侯区、金牛区)和天府新区，即一环、二环、三环以内，还包括郫都区、温江区、双流区、青白江区、龙泉驿区、新津县和都江堰等在内的七大卫星城。

笔者按照成都市三环分布的实际状况，一环基本上在5km范围内，二环基本上在10km范围内，三环基本上在15km范围内，并且由三环向外延伸5km，作为误差和模糊统计带，以上即为中心城区。三环以外基本上是近郊区(都市区范围)，包括15km以外的20km、25km、30km、40km内区域，基本是都市区以及部分距离较近的卫星城的范围。总的来讲，包括卫星城在内的成都市休闲资源空间分布距离在150km范围内。对于20~40km这一区域，主要包括龙泉驿区(三圣花乡、幸福梅林、荷塘月色)、万亩桃园、洛带古镇等休闲资源。40~50km以及50~150km区域基本包括了彭州、都江堰、邛崃市、大邑县、新津县、蒲江县等周边县城，是大成都市休闲资源分布的空间范围。

从总体来看，各类休闲场所除自然生态休闲场所在绕城高速带内有分布外，其余主要分布在三环内，在三环内中心地区一般都是比较高档的休闲场所。东三环附近休闲场所少甚至无休闲场所分布，究其原因是东三环主要是一些工业园区、科技园区的集中地，所以休闲场所在这部分区域分布较少。有的休闲场所，如时尚娱乐休闲场所、餐饮服务休闲场所规模较大，集聚程度很明显。健身康体休闲场所、城市大众休闲场所规模相对较小，而且分散分布。

从总体情况来看，在成都市区与各大卫星城区域，各类休闲场所分布相对比较密集，总体呈现由中心区域向四周逐渐减少的状态。另外，从休闲场所分布的空间状况来看，还表现出明显的空间分布不均匀的特征。

(三)休闲场所容量分析

城市内休闲场所容量是指城市内部所有休闲场所所能容纳的最大限度的休闲客流量，休闲场所的容量分析是休闲供给与需求的数量(规模)契合度的重要分析工具。通过对成都市所有统计在内的各大休闲场所的休闲容量进行分析(图8.1)，我们可以比较详细和准确地掌握成都市现有的休闲场所的休闲容量状况，并且利用休闲场所容量，再参照项目研究组对成都市休闲人群数量的统计，以及休闲次数的大致统计，就能够比较准确地得出结论，即成都市休闲供给与休闲需求的数量契合度状况。

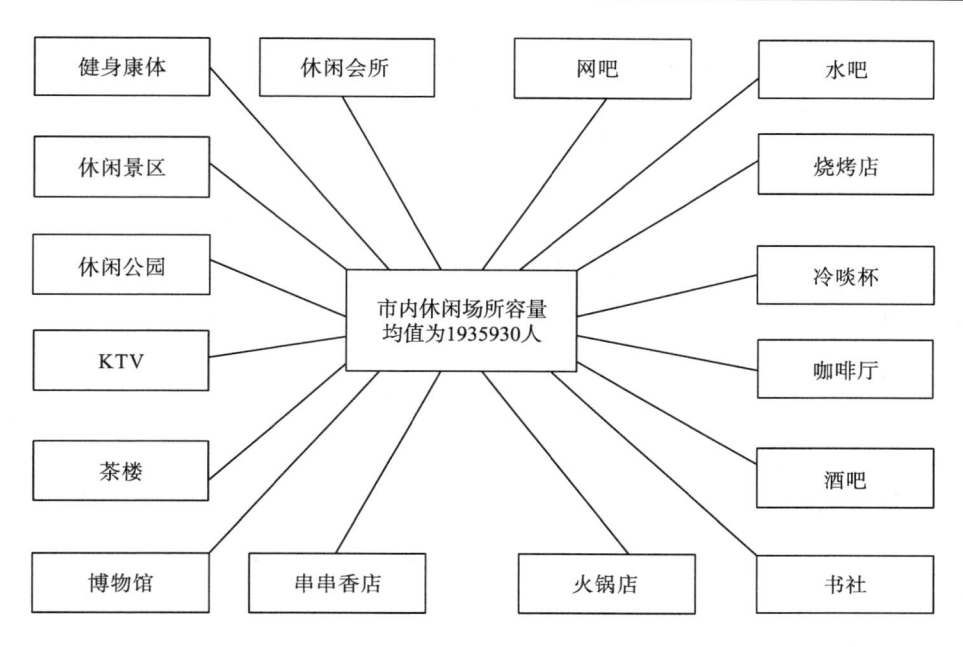

图 8.1　市内休闲场所容量分布图

对此，项目组于 2013 年 6 月对成都市现有的各类休闲场所进行了大致统计。总体来讲，近几年，成都市内休闲场所数量呈现井喷式增长。市内各类新增休闲娱乐场所很多，分布也相对比较密集。

按照休闲空间场所的日容量均值初步估算：健身康体休闲场所日容量为 200 人/所、一般休闲会所日容量为 50 人/所、网吧日容量为 220 人/间、水吧日容量为 80 人/处、烧烤店日容量为 200 人/处、冷啖杯店日容量为 350 人/处、咖啡厅日容量为 100 人/处、酒吧酒廊日容量为 100 人/处、火锅店日容量为 200 人/处、串串店日容量为 200 人/处、茶楼日容量为 80 人/处、KTV 和歌舞厅为 200 人/处、博物馆为 2000 人/座、休闲景区为 3200 人/处、休闲公园为 1500 人/个、书社为 1000 人/家计算得出，市内休闲场所日容量总均值为 1935930 人，比成都市主城区总人口 330 万的 1/2 还多。

(四)有效供给分析

根据上述分析可以知道，一般来讲，休闲产品供给与休闲产品需求是既互相依存、又互相矛盾的辩证统一关系，它们通过休闲产品市场交易行为有机地结合起来，从而形成了休闲供给与休闲需求相互依存和相互矛盾的运动规律，也正是这一规律支配着休闲市场与休闲产业的不断发展。从休闲产品供给与休闲产品需求的相互依存关系来讲，影响休闲产品与服务供给的因素有很多，如市场状况、国家政策、交通条件等，但是其中最根本的因素在于休闲者的休闲需求。休闲产品供给的规划和发展都要以休闲产品需求为前提，因此休闲需求是休闲企业、休闲商家等休闲产品或服务的提供者制定相应的休闲供给规划与策略的根本依据。一方面，自然和社会等各种因素对休闲供给的影响是一种间接性的影响机制，往往也就是通过间接地影响休闲者的休闲需求选择从而间接性地作用于休闲供给,一般都是通过抑制休闲需求来限制休闲供给的发展。另一方面,休闲产品供给又是休闲需求实现的保证,休闲供给者提供各种各样的休闲产品或服务,是休闲需求得以实现的物质前提。因此,休闲供给只有不断发展,才能更好地适应成都市日益扩大的休闲需求。

从休闲需求与供给的矛盾方面来讲,休闲产品供给根源于休闲产品需求,并且从一定程度上来讲,休闲产品或服务的供给发展水平总是表现为落后于休闲需求发展水平。在旅游业发展到一定程度之后,旅游产品供给又能激发旅游产品需求,促使人的休闲需求内容不断扩大,以及水平不断提高,从而改善人们的生活质量(赵立民,2008)。伴随着休闲需求的不断扩大,休闲供给往往又不能及时跟上脚步,适应这种变化速度,因而也就表现出诸多的矛盾。休闲供给与休闲需求的矛盾关系表现形式多种多样,究其主要表现形式,主要有休闲产品或服务质量、数量规模、时间配置、空间搭配和结构层次五个方面的矛盾冲突。在现实生活中,只有当休闲产品的供给适应休闲需求的发展水平,与休闲需求的变化发展步伐相协调,并且能够较好地满足休闲产品需求时,笔者将这一水平的休闲供给称之为休闲产品的有效供给,换言之,休闲有效供给就是指一定时期内,某一区域的总体休闲供给能够被同时期休闲需求所消耗,或者略有剩余。例如,A市2012年内休闲供给总量为20万(市内所有休闲场所的容量),如果同时期内饱和性休闲需求的总量略小于或者等于20万,那么就说明此时的休闲供给处于有效供给状态。

目前,成都市休闲产业领域也存在比较严重的休闲产品有效供给不足的情况。前述内容中,笔者通过对成都市休闲容量的大致统计指出,成都市休闲供给总量远远大于休闲需求总量。这也就说明,就宏观角度来看,成都市目前休闲供给方面存在着相当比例的无效供给,这种无效供给则是由供给过剩造成的,笔者将其称之为"休闲供给的反向失衡"。简言之,即宏观休闲供给过大,而实际休闲需求过小,供求严重失衡,造成两者之间的契合度过低。由于"供非所求"带来的无效供给也越来越突出,从一定程度上来讲,"休闲供给的反向失衡"是造成"供非所求"的重要原因之一。

这里也存在其他形式的无效供给,例如供给过剩、供给不足等都属于无效供给。即使在一定时期内,某一区域存在休闲产品的大量供给,但是由于这类休闲供给与休闲需求不协调,因而不能满足人们对其的需求,那么这类休闲产品或服务就被称之为休闲产品无效供给过剩。从一定程度上来讲,这种休闲产品无效供给过剩的情况也有可能是由于休闲产品有效需求不足造成的,但是一般情况下是由于休闲产品供给商忽略了人们的需求而造成。

二、休闲需求分析

作为西部休闲大都市,成都市一直以来都着力于打造休闲之都,这种发展理念除了依靠成都市得天独厚的自然条件、丰富的休闲资源、舒适的气候条件以及文化底蕴外,最重要的因素就是广阔的休闲市场和巨大的休闲需求。根据四川省统计局发布的《四川省2010年第六次全国人口普查主要数据公报》显示:四川省常住人口为8041.82万人,据第六次全国人口普查结果,截至2010年11月,四川省人口密度为166人/km^2。按照第六次人口普查的数据:成都市人口密度约为1134人/km^2;成都城区的人口密度约为8300人/km^2。

从这些数据中我们不难发现，成都市蕴含着巨大的休闲需求，这种休闲需求既包括显性需求，还包括隐性需求，即尚未得到充分开发和释放的休闲产能。

对于休闲需求的分析，笔者主要从需求总量和需求类型两个方面进行阐述。基于前述内容中对成都市休闲需求的总体分析，从休闲需求总量上来讲，成都市拥有西部最巨大的休闲需求市场。除显性休闲需求之外，巨大的隐性休闲需求使得成都市休闲市场蕴含着巨大的发展和开发潜力。关于成都市休闲需求的详细分析，诸如显性需求分析、隐性需求分析等，笔者在本书的相关章节已经做出了详细分析，此处不再赘述。

从休闲需求的类型方面来讲，目前成都市休闲需求的类型还相对有限，但是近年来这种状态逐渐有所改变，保持着丰富化、多样化的总体趋势，具体来讲主要包括：旅游观光、餐饮服务、文化艺术、农家乐、时尚购物、棋牌茶楼等方式。成都市休闲产业发展前期，休闲需求的形式类型十分单一，内容也十分有限，主要局限于棋牌茶楼和旅游观光，除此之外，也存在着一定比例的其他休闲方式，但是数量十分稀少。随着休闲产业的不断发展，特别是改革开放之后，成都市经济实力迅速提高，人们的经济收入也随之得到大幅增加，同时，文化教育、休闲建设、劳动法律法规等各方面都得到了一定的发展。尤其是在成都市将休闲产业定位之后，以打造西部休闲之都为长远目标的休闲工程建设，大大促进了成都市休闲产业的发展，这体现在休闲需求的类型方式上就是休闲需求类型的多样化。至此，休闲也逐渐突破传统的旅游观光定式，而呈现休闲产业领域百花齐放的态势，各类休闲企业纷纷成立，政府加强对相关企业的指导，不断引进国内外丰富多彩的休闲企业及休闲方式。

进入21世纪以来，以"休闲时代"为重要特征的休闲浪潮席卷了西方众多发达国家，并且逐渐影响中国。作为西部休闲之都，成都市也抓住了这一机遇，不断引进西方现代化休闲元素，拓展休闲空间，拓宽休闲内容，开发休闲形式，使得成都市休闲产业得到了巨大的发展。在这一时代浪潮的作用下，以及受现代化国际交流、现代化休闲教育的发展和人们思维方式的开放的影响，成都市休闲需求的类型也得到了拓展，这也使得休闲供给的发展步伐难以跟上休闲需求的发展步伐。就目前来讲，这一趋势保持着相对的稳定状态，但是种种迹象表明，如果休闲供给的发展一直落后，那么这种相对稳定的状态就必然会被打破，只是时间早晚的问题。

三、成都市休闲供给与需求的契合度分析

有学者曾经明确指出，休闲供给与需求间的相互协调、相互契合关系，是实现休闲系统功能的基础；而对休闲系统分析的关键，就是对休闲产品供给和需求的分析。从休闲供给与休闲需求两者相互关系的角度来讲，休闲供给与休闲需求是构成休闲经济活动的两个主要环节，分别代表着休闲市场上的买卖双方，即休闲供给代表的休闲商家、休闲企业一方，以及休闲需求代表的休闲消费者一方，它们之间的相互关系是休闲活动中最基本的经济关系。研究休闲客流的空间扩散活动，其核心就在于掌握休闲客流空间扩散所包含的休闲供给与需求两者之间的相互契合状况及其演变发展规律。根本上来讲，这两者的关系是辩证统一的关系，两者相互促进，相互作用，正是这种矛盾运动的关系促进了休闲产业的

不断发展。一方面,休闲供给与休闲需求各自以对方的存在作为自身存在与实现的前提条件;另一方面,休闲需求只有通过相适应的供给才能满足,休闲供给必须以休闲消费者的消费为前提,并通过有支付能力的休闲需求才能实现。综上所述,休闲供给和休闲需求只有相互适应,以达到两者的相互平衡,才能实现休闲产业的健康、稳定和可持续发展。

休闲产业是成都市经济构成系统中十分重要的组成部分,也必将在未来的十年内发挥重要作用。因此,对成都市休闲供给与需求的契合度进行现状分析和前瞻性预测就显得极为迫切和必要。

(一)数量分析

根据前述的分析我们知道,休闲供给与需求在数量方面存在相对比较突出的矛盾,这种矛盾主要表现为供给能力与实际休闲者人数之间的矛盾。一方面,休闲供给的社会总量在一定时期内具有相对稳定性,在量上的变化很小;另一方面,休闲供给的发展总是相对落后于休闲需求的发展。作为休闲需求者,随着经济社会的发展,其休闲需求量在不断增加,基本保持着与经济发展水平同步的变化程度。简言之,休闲供给总量具有相对稳定性,而休闲需求量则具有不稳定性和随机性的特点。因此,在一定时间内,休闲供给总量与休闲需求总量之间的不平衡性是常有的,而两者的相互契合则是偶尔才有的。

基于前面的认识和理解,笔者对成都市休闲供给总量和休闲需求总量的契合性问题进行了细致研究和分析。尽管成都市将休闲产业定位为重点发展产业,政府相关部门也在大力支持休闲产业的发展,但是这也没能改变休闲产业内部深层次的矛盾与问题。前述内容中,笔者利用对成都市休闲容量的大致统计,计算出成都市休闲场所日容量与成都市休闲人群之间的契合关系为1/2。从这一角度分析,成都市休闲供给的数量是能够满足休闲需求的,即能够做到休闲数量的基本契合。但是这种基本的契合是基于对成都市"饱和性数据"的统计得出的,饱和性数据是指每个休闲场所都能得到充分消费,每个休闲者都能实现休闲需求,这两个条件是同时满足的。因此,这种基本契合是统计性契合,而非实际契合。

假设同一时期内,休闲需求量与休闲供给量其中一个是不变的,至少是基本不变的,那么就有两种情况:休闲需求量不变与休闲供给量不变。如果休闲需求量不变,同一时期内的休闲供给在不断增加,增加到一定程度时达到饱和,即两者的契合点,如果再继续增加,那么增加的这一部分供给量就是无效供给。如果休闲供给量不变,同一时期内的休闲需求是不断增加的,当两者达到饱和之后,休闲需求还会继续增加,那么休闲供给难以满足休闲需求的发展。从现实情况上来讲,这两种情况都是可能存在的,甚至是同时存在,成都市目前正是如此。一方面,休闲供给量不断增加,日容量大大超过了休闲需求量,形成无效供给;另一方面,休闲需求量也在不断增加,有效供给远远小于休闲需求量。在休闲旺季或者节假日,各类休闲场所人满为患,休闲需求大于休闲供给;而在休闲淡季或者一般时间,各类休闲场所门可罗雀,供给大于需求。这一矛盾是休闲产业发展的基本矛盾,也是主要矛盾。

(二)空间分析

受地形空间分布差异的影响,就某一特定区域来讲,其休闲资源的空间分布是不均匀的，休闲客流的空间分布也是不均匀的，这是造成休闲需求与休闲供给空间契合度问题的根源。对于这一问题，笔者在前述内容中也做过相关说明。总体来讲，休闲供给与休闲需求在空间分布上保持着大致的一致性，除一些自然休闲资源外，一般的人文休闲资源的空间分布与休闲需求的空间分布是基本一致的。因此，本书所关注的空间契合度问题主要是指休闲资源与休闲需求集中地之间的空间组合的契合度，具体包括市内居民区与休闲资源区的空间契合、城市与城市之间的休闲空间契合、公共交通的空间契合三个方面。

(1) 每个城市都有其相应的城市功能分区规划建设，在这一规划建设中能否做到休闲者与休闲资源的相互搭配、相互契合，就是市内居民区与休闲资源区的空间契合问题所研究的核心。一般来讲，随着居民社区的修建，其周边地区就会出现相应的休闲企业，这是市场导向型决策分布的一般规律。但是这种分布规律也会造成局部区域内休闲供求的失衡。因此，就必须对城市整体规划进行分析，寻求休闲资源空间分布与城市居民空间分布的最优组合，充分利用市内休闲资源，满足城市居民多样化的休闲需求。

(2) 随着现代休闲产业的发展，休闲已经超越了传统休闲观念，在空间范围上也有所扩展，发展出市内休闲、近郊休闲、远郊休闲和大尺度休闲扩散。因此，对于城市之间、城市与自然休闲资源之间的休闲需求也在不断增加。一般来讲，规模较大的城市，其休闲公共建设也相对齐全和完善，而发展相对落后的城市则稍显不足，加之城市功能定位的差异性以及自然、人文等方面的互异性，城市之间的休闲扩散也是备受推崇的。

(3) 公共交通的空间契合度是研究休闲空间契合度问题的重要话题，无论是市内休闲、近郊休闲，还是远郊休闲、大尺度休闲，凡休闲活动都需依赖公共交通这一载体，因此公共交通的空间契合状况对于休闲产业发展至关重要。从休闲契合问题角度来讲，休闲公共交通的空间契合度就是研究以休闲为核心，以公共交通为载体，以发展休闲产业为目的的一系列问题。顾名思义，公共交通的空间契合度即是区域内交通网络的完善程度，以及交通承载量与休闲客流量之间的相互关系。交通条件直接影响休闲客流的空间扩散行为。例如，A 市人口众多，休闲需求巨大，而 B 市地处偏远，拥有丰富多彩的自然休闲资源，但是两市之间的公共交通网络十分落后，造成 A 市的休闲人群难以到 B 市进行休闲活动。那么这种交通状况导致的休闲扩散空间受限，就是公共交通相背离，即没有达到相互契合的状态。公共交通的空间契合度对区域内休闲产业具有十分深远的影响：一方面，由于交通闭塞，使得休闲资源丰富的地区得不到充分开发；另一方面，受交通成本的影响，一部分休闲者宁愿放弃休闲需求，从而形成较大比例的隐性休闲需求，制约休闲产业的发展。

就成都市来讲，为了构建西部休闲之都，乃至世界休闲大都市，从 20 世纪 90 年代末就开始建设规划休闲公共交通系统，特别是进入 21 世纪以来，随着高新技术的发展以及经济实力的快速提升，成都市逐渐建成西部最为发达的公共交通网络，这为成都市，甚至整个大西南片区的休闲产业发展提供了极为有力的保障。截至目前，已经建成及正在修建拓展的公共交通系统包括高速路系统(成渝高速、川东高速等)、铁路及动车系统、地铁及快速公交系统、航空系统等主系统。从整体上来讲，成都市休闲公共交通已经具有相当高的空间契合度，区域交通能够相互协调，服务于休闲客流的空间扩散。但是也必须看到，就局部区域来讲，这种公共交通的空间契合度并没有达到充分的契合，一些相对偏远的区域，公共交通条件还十分薄弱，诸如川西高原山区、川西北地区、川西南部分地区及川东部分地区,都存在一定程度上的交通条件欠发达问题。因此,四川省目前的休闲公共交通系统的基本状况是:整体网络发达,空间契合度高;局部交通条件落后,空间契合度低。

(三)类型结构分析

休闲契合度的类型结构分析主要包括两个方面:类型契合度分析和结构契合度分析。如果说数量契合度和空间契合度是从宏观上来分析区域内休闲契合度状况的话,那么类型结构契合度就是从微观的层面来分析更为细致的问题。

所谓类型结构契合度,顾名思义,就是指休闲企业及休闲供给者所提供的休闲产品或服务的类型与休闲者所需求的休闲产品或服务的类型之间的相互关系,是相互协调、相互适应、相互契合,还是相互背离。前述内容中笔者针对这一问题,也进行过简要说明。随着成都市休闲产业的发展,尤其是休闲时代的到来,各类休闲产品或服务也得到了前所未有的开发和拓展,以往单一供给的局面也逐渐得到改善。目前,成都市休闲产品或服务的供给种类就达到了 30 多种,主要包括:棋牌、品茗、水吧、KTV、咖啡厅、时尚购物、酒吧、博物馆、历史遗迹、风景区、休闲游憩带、主题公园、生态公园、农家乐、钓鱼馆等,另外,还正在开发具有时代元素的新型休闲娱乐方式。据项目组调查研究,目前,成都市整体休闲供给类型与休闲者需求类型基本上保持一致。

但是近年来,这种基本一致逐渐遭受严重的挑战与威胁。随着人们生活节奏的不断加快,以及现代化生活方式的不断发展更新,人们对休闲生活的要求也越来越高,休闲生活的质量逐渐成为人们关注的重点话题。加之假日经济现象的泛滥,交通环境的恶化,催生出人们对休闲生活方式的多元化需求和创新性需求,之前所形成的休闲供给体系越来越难以满足新生代人们的休闲需求。同时,原有的休闲供给体系与供给水平更新速度慢,缺乏创新性,产品或服务的同质化现象越来越严重,使得休闲供给类型与现阶段休闲需求类型之间的矛盾日益突出,即"供非所求"问题严重。据最新数据显示,成都市近郊游逐渐成为广大休闲爱好者青睐的休闲娱乐方式。数据显示,2014 年"十一"期间,各类休闲风景区客流量较往年有下降的趋势,而近郊游则大幅增加,如钓鱼、农家乐等。

(四)基于顾客感知的休闲供给水平

基于休闲者感知的休闲供给水平,是通过分析休闲者的休闲感知与评价,从而得出的关于休闲供给水平的总体状况。因此,项目组对此进行了一个相对比较广泛的社会调查。根据成都市休闲客源市场调查结果显示,在休闲客流空间扩散及其休闲娱乐观光过程中所接触的休闲要素当中,绝大多数休闲者对休闲交通及休闲餐饮有着相当高的重视和关注程度,根据"五分赋值法"的理论,其重要度均值分别高达 3.58 和 3.46。但是在现实休闲活动体验过程中,普遍的休闲者对休闲交通和休闲餐饮的实际满意度的评分却十分低,同样采用"五分赋值法"的计算方法,其满意度均值分别为 1.21 和 2.33。从这两组数据可知,休闲交通和休闲餐饮两者基本上形成了总体重视程度最高而现实体验感知较差的不对等格局。

另外,以个别案例分析为例,项目研究组对成都市目前比较典型的休闲方式进行了广泛的调查研究，主要包括：休闲旅游、农家乐、棋牌茶楼、火锅和时尚购物等。根据调查结果显示，对于大部分休闲爱好者而言，休闲旅游、农家乐、棋牌茶楼、火锅和时尚购物等均是目前较受欢迎的休闲娱乐方式，对其感兴趣的休闲者占调查总数的比例别为65%、73%、68%、60%和70%。但就现实体验而言，结果却是差强人意，除成都市周边地区的农家乐这一产品满意度稍高外，其他包括休闲旅游、棋牌茶楼、火锅店和时尚购物在内的四项最受欢迎产品的满意度均处于所有产品中的较差的水平。根据调查结果显示，这四项产品的满意者占比分别为47.4%、41.7%、38.6%和40.8%。由此可知，成都市广大休闲者的这种休闲产品偏好与现实的休闲活动体验之间存在着相当大的差距，这种差距极易降低休闲者的满意度，这是一种基于休闲顾客感知的休闲供给水平的集中反映，也表现出成都市休闲供给水平不高的现状与问题。

另外，从目前成都市休闲产业与休闲供给的总体情况来看，这种基于顾客感知的休闲供给水平正在逐渐提高，各项改进措施正在逐步落实和完善。从整体上来看，成都市休闲供给水平基本上能够跟上休闲需求的发展，两者能够达到基本的平衡与相互契合，但是也必须认识到这种基本上与总体上的契合背后存在的问题与隐患。因此，要想在休闲产业领域不断取得突破性的发展，就必须解决好这些尚存的问题与症结。

第九章　休闲客流空间扩散的综合效应分析

第一节　成都市休闲客流空间扩散的综合效应发展演变

一、成都市休闲客流空间扩散综合效应概述

成都市作为西部最发达的城市，休闲产业在其经济发展过程中占有重要地位。成都自古就有"天府之国"的称号，古代有不少文人雅客隐居于此，如杜甫、李白等，从现代休闲的角度来讲，这些活动也属于休闲。不仅仅有文人墨客隐居成都，更有达官富商甚至贵族等，都曾居住于成都，他们来往于成都与各大城市之间，形成古代意义上的休闲客流空间扩散现象。因此，休闲客流空间扩散并非现代才有，严格来讲，它是伴随着人类社会的发展而产生并发展的。

古代休闲客流空间扩散，对政治、经济、社会文化等诸多方面都有重要影响。①文化扩散与传播。古代的休闲空间扩散更多的是促进文化的传播，特别是对于一些文人，这种功能尤为明显，不仅加速了地区文化的进步，更是催生了我国古代灿烂的文化成果。例如，大量的书法绘画作品及文学著作，大都是休闲扩散过程中的成果，如王羲之的《兰亭集序》，正是在"修禊事"这种休闲活动中产生的。②经济发展。在古代，富商休闲性质的流动往往带有经济转移的色彩，这一类休闲扩散对于当地的经济具有极大的促进作用。另外，在政治上，古代休闲客流的空间扩散也有重要的影响。因此，就古代休闲客流空间扩散而言，其影响是多方面的，具有很强的综合性。

作为现代著名的休闲城市，成都的休闲产业得到了巨大的发展，与之相对应，休闲客流空间扩散的综合效应也越来越明显。相对于休闲客流空间扩散的综合效应以及相应对策的研究却十分缺乏，主要的研究集中在探讨旅游流空间结构模式及演变过程方面。成都市休闲客流空间扩散的综合效应是多方面的，主要表现在社会文化效应、经济效应、生态环境效应和区域空间效应4个方面。另外，这种综合效应还广泛地体现在社会生活的方方面面，围绕人们的休闲活动以及休闲扩散过程，涉及交通运输、公共建设、公共管理、休闲文化产业、信息服务、网络服务等方面。

(一)成都市休闲客流空间扩散综合效应的产生与发展

成都市历史悠久，但是现代意义上的休闲产业却是在20世纪70～80年代初期才逐渐产生并发展起来的，与之相对应的休闲客流空间扩散综合效应也是在20世纪80年代中后期，尤其是在20世纪90年代至今这30年间，才逐渐形成并发展的。90年代中后期，成

都市休闲产业逐渐形成,伴随着成都市旅游业的大发展,以休闲为社会主题的休闲产业也逐渐发展起来。

1. 服务经济背景下的休闲客流空间扩散综合效应的产生与发展

20 世纪 50~80 年代,世界经济全面向服务经济转型。我国服务经济起步相对较晚,长期以来,由于缺乏相关经验与实践,在理论指导方面也存在欠完善之处,我国的服务经济发展水平一直以来处于相对落后的状态。但是正是在这一段时期内,我国真正意义上的休闲产业才逐渐开始形成。

相对于东部沿海城市而言,成都市的休闲产业发展历程则显得更为艰难和曲折。西部落后的经济长期制约着休闲服务的发展。1978 年以后,成都市的休闲服务产业才迎来了发展的春天。由于休闲产业起步晚,发展也相对落后,并且受改革开放地区差异化等因素的影响,在这一时期,成都市的休闲产业发展还十分有限,发展水平也比较低下。

这一时期,成都市休闲客流空间扩散的综合效应也开始逐渐显现出来,主要表现为区域有限影响,而且作用程度相对较轻,对于经济、社会文化、空间区域等方面的影响都还比较有限,在生态环境效应方面甚至可以忽略。

国外关于旅游综合效应的研究最早可以追溯到 20 世纪 20 年代,但是真正意义上的旅游综合效应研究却是在 20 世纪 60 年代才开始的,学者们综合研究了旅游的社会文化效应、生态环境效应、经济效应等方面,在旅游区域空间效应上还没有形成明确的研究主题。20 世纪 70~80 年代,西方国家在旅游综合效应的研究方面取得了相当丰富的成就。我国是在 20 世纪 90 年代才开始涉足这一领域的,当时各方面都还没有可借鉴的理论,也没有有效的实践活动。因此,我国在 20 世纪 70~80 年代,关于旅游综合效应的研究还没有开始,对于研究当时休闲客流综合效应就缺乏具体的依据和理论成果。

对休闲客流空间扩散综合效应的研究一直以来都是盲区,受经济需要的影响,学者们的焦点主要集中在旅游者具体的经济活动上,而忽视了更为广泛的归属范畴问题。因此,我们对这一时期成都市休闲客流空间扩散综合效应的研究,只能借助一些模糊的经济数据进行分析。

根据这一时期的相关数据统计,当时的休闲种类主要包括旅行社、茶楼、公园、电影院和其他形式的休闲活动。其中,旅行社 14 家,所占行业比例为 10%;茶楼 97 家,所占行业比例为 56%;公园(其中包括休闲社区、广场等)32 个,所占比例为 27%;电影院 4 家,所占比例为 1%;其他形式的休闲活动 6%。具体统计数据如表 9.1 所示。

表 9.1 成都市 1985 年休闲种类数据统计表

休闲种类	旅行社	茶楼	公园	电影院	其他
数量/家	14	97	32	4	略
占比/%	10	56	27	1	6

总体来讲,这一时期成都市休闲客流空间扩散综合效应还处于初步形成阶段,综合效应的作用程度还十分有限,主要表现为社会文化效应较强,经济效应次之,没有形成生态

环境效应，在区域空间效应上也表现得不是非常明显。笔者通过统计分析这一时期的经济数据得出：20世纪80~90年代，成都市年均经济总量约为2.7亿元，其中休闲类产业经济占12%，约为0.32亿元。

2. 休闲时代成都市休闲客流空间扩散综合效应

进入21世纪以来，随着改革开放事业的不断深入，我国休闲产业取得了巨大的发展，特别是在旅游领域，更是取得了突出的成绩。发展至今，旅游产业已经成为我国国民经济的重要组成部分，对整个国民经济的发展起着不可替代的作用。与之相对应的休闲产业也得到空前的发展。这一时期，改革开放已经深入内地城市，成都市以其优越的条件，为自身赢得了发展的机会。

随着西方发达国家相继进入休闲时代，我国的休闲产业也在飞速发展，对于我国来讲，这不仅是一个发展的契机，更是追求全面协调发展的最佳时机。长期以来，我国受改革开放以及区域发展战略的影响，以及地区发展差异状况的制约，区域之间经济发展呈现出巨大的差距，发展极不平衡。面对休闲时代这一崭新的发展时代，能否抓住优越的发展机遇，成为改善这一局面的重要转折点。因此，我国大力推行"西部大开发战略"，这一战略的中心就是成都。优先发展成都的原因是多方面的，特别是大力发展成都的休闲旅游产业更是充分考虑了成都市的自然、人文因素。首先，成都市拥有广阔的平原——成都平原，经济基础比较牢固。成都历来享有"天府之国"的美誉，具有一定的经济基础。这对于发展休闲经济具有重要作用，可以说是基础性作用。其次，成都市自然风景优美，山水景观众多。丰富的自然风景资源，对于发展休闲旅游是非常重要的，并且，休闲旅游在休闲产业中一直都占有重要的比例，甚至现在都依然如此。另外，成都市还拥有丰富的人文景观，如杜甫草堂、金沙遗址、青城山、洛带古城、黄龙溪等，这些都是发展休闲旅游的重要资源优势。此外，成都市素来以"休闲之都"著称，各类休闲活动十分丰富。成都茶文化、麻辣文化、棋牌文化是成都市三大文化支柱。一直以来，成都人都在传承和发扬着这三大文化，特别是在茶文化上，成都人几乎每天都在与茶打交道，茶文化也深深地影响着成都人生活的方方面面，如心胸开阔、坦荡直爽、沉稳和谐等都是成都人在这休闲文化中形成的主流价值观念。

从改革开放到20世纪90年代末，成都市休闲产业发展取得一定的成果。这一时期，我国关于旅游综合效应的研究刚刚起步，相关研究的理论成果直接应用于休闲产业的具体实践，对成都市休闲经济的发展起到重要的推动作用。以休闲旅游为例，成都市1997年休闲旅游接待总量就已经高达40万人次，其中并不包括入境休闲旅游人数，直接经济收入达2.35亿元。累计休闲产业经济总量8.75亿元，与1978年相比，增长了近9倍。

21世纪以来，特别是近十多年来，随着我国休闲产业的发展，成都市休闲产业也取得了巨大的发展，进入了休闲产业发展的黄金时期。发达国家在这一时期内，相继进入休闲时代，这对我国来讲，是一个崭新的时代，面临着重大的机遇和挑战，作为内地后起之秀的成都来讲，更是谋求长远发展的最佳时期。也正是在这一时期，成都市休闲客流空间扩散综合效应才正式形成，并对社会各行各业产生重要的影响。

成都市休闲客流空间扩散的综合效应表现得更具有综合性质。这一时期，这种综合效应首要表现在经济方面，也就是经济效应。各类休闲产业纷纷形成，种类也复杂多样，形式更是丰富多彩。其次是社会文化效应，成都市休闲客流的空间扩散在信息时代表现出来的是一种社会文化以及心理的交流，这种扩散有效地促进了知识文化的扩散与传播，更加重要的是，它对于人们心理健康产生的重要作用。最后是生态环境效应，现代社会，人们越来越关注生活环境的质量，这是从"吃饱穿暖"到"吃好住好生活好"的转变。休闲娱乐成为人们生活中最重要的一个部分，对于生态环境的维护具有重要意义。此外，对于区域空间效应，这种效应不仅仅体现为地区之间的联系，就全球范围来看，经济全球化的描述都已经显得狭隘了，现代社会，这种区域空间效应综合体现在经济、文化、政治、生活、艺术等方方面面。就成都市休闲客流空间扩散的区域空间效应来讲，这种效应的影响也是方方面面的，它对于推动区域经济文化一体化发展具有重要作用。

（二）成都市休闲客流空间扩散综合效应内在体系

凡是综合效应，都不是单独作用的，各种效应之间必然存在一定的内在或者外在的联系，这种联系主要表现为内在联系。成都市休闲客流空间扩散所引起的综合效应是多方面的，具有一定程度上的综合性。因此，各种效应之间存在着明显的关联性。另外，各种效应之间的关联性表现出来的是一种有序逻辑结构，即各种效应之间的逻辑性。

1. 成都市休闲客流空间扩综合效应的基本类型

成都市休闲客流空间扩散产生了许多的影响，这些综合效应主要包括4种：社会文化效应、生态环境效应、经济效应以及空间区域效应。

（1）社会文化效应是指休闲客流空间扩散所带来的文化影响和社会效应，如思想观念的转变、价值观念的转变、传统文化的传承、新时代文化的发展等。成都市休闲客流空间扩散具有很强的社会文化效应，其中的休闲旅游活动表现得最为明显和突出。在生态旅游和智慧旅游的大背景下，休闲旅游更多的是体现其文化传播与扩散的功能。成都市休闲旅游活动十分普遍，这种区别于一般旅游活动的旅游休闲活动，对于传承和发展成都市社会文化，具有十分重要的意义。

（2）生态环境效应。生态环境效应是指休闲客流空间扩散过程中所体现出来的生态环境保护价值认同，特别是现代都市化休闲活动，其生态环境保护意识表现得更为明显。现代社会，随着经济社会的不断发展，生活环境问题越来越严峻，因此人们也越来越关注生态环境的保护。在人们日常的休闲生活中，如休闲旅游、休闲娱乐等活动中，生态环境保护甚至成为休闲活动的主题。不仅如此，不少休闲企业、休闲商家也都纷纷提倡"绿色休闲""环保休闲"和"生态休闲"，成都市政府部门也为此加以引导和鼓励，举办相关主题活动，倡导绿色休闲。

（3）经济效应。随着休闲产业的逐渐兴起，休闲产业的经济属性也越来越明显，休闲活动本身不具有经济属性，但是与之相对应的休闲产业则具有很强的经济属性。成都市休闲客流空间扩散给成都市的休闲产业带来了巨大的商机，在休闲客流扩散过程中，各种休闲服务行业应运而生，如休闲茶楼、棋牌舍、咖啡厅、休闲公园、休闲农家乐、休闲旅游等，这些休闲企业或商家不仅扩大了休闲区间，更有效地满足了现代社会人们的休闲需求，缓解人们的精神和身体压力，对于维持身体健康具有重要作用。

（4）空间区域效应。成都市休闲客流空间扩散的空间区域效应主要发生在以成都为中心的广阔经济带，辐射雅安市、乐山市、南充市、遂宁市、宜宾市、绵阳市等众多地区。从研究对象上看，我们所研究的是成都市休闲客流空间扩散的综合效应，其中就指明了空间扩散。因此，随着休闲客流的空间扩散，必然会对扩散地区之间产生经济影响，这种经济影响往往是积极的。成都市以其优越的休闲条件，吸引了大量的休闲者前往，同时又向辐射地吐纳大量的休闲客流，大大地促进了大西南三角经济带休闲产业的发展。

2. 成都市休闲客流空间扩散综合效应的内在体系

成都市休闲客流空间扩散综合效应主要包括社会文化效应、生态环境效应、经济效应和空间区域效应4种，4种效应之间不是相互独立的，而是密切相关的，具有明显的内在关联性和逻辑性。

首先，休闲产业的发展必然会促进成都市经济总量的增加，缓解就业压力，促进产业结构的优化升级，这一系列影响都是由休闲客流空间扩散经济效应所带来的。其次，经济的发展又是以资源的消耗为依托的，休闲产业的发展必须依赖休闲资源，而休闲资源中，最为普遍和重要的就是自然休闲资源，如休闲旅游、休闲公园、休闲农家乐、休闲度假、休闲野炊等，这些都直接关系休闲资源的可持续发展与利用，对休闲区生态环境具有重要的影响。目前，这种影响主要表现为生态环境破坏。再次，休闲产业所带来的经济发展与生态环境影响，其归根结底都是属于人们社会文化的总体发展与再造，换言之，休闲客流空间扩散的社会文化效应是所有效应中最为本质的效应，也是发展休闲产业的本质属性。最后，从整体的角度来看，休闲客流空间扩散是发生在一定的区域空间内，其综合效应也是发生在这一空间区域内，休闲产业的发展与相对应的休闲空间区域的发展状况息息相关，并相互制约。

综上所述，成都市休闲客流空间扩散的综合效应具有明显的内在关联性和逻辑性。社会文化效应居于核心地位，是休闲产业以及所有效应的本质属性，社会文化效应状况决定一个地区休闲产业的发展水平，同时也是休闲产业综合评价最基本的指标。生态环境效应是重要保障和根本依托，生态环境效应直接影响休闲产业的发展方向和发展水平，只有充分发挥积极的生态环境效应，控制消极的效应，才能为成都市休闲产业的长远可持续发展提供坚实的保障。经济效应是直接表现，经济效应的状况直接体现休闲产业的发展水平，因此经济效应也成为评价休闲产业发展状况的直接指标之一。空间区域效应是根本目的，发展休闲产业最终是为了区域总体发展、协调发展，因此休闲客流空间扩散的空间区域效应就成为成都市发展休闲产业的根本落脚点。

二、成都市休闲客流空间扩散综合效应的阶段性

生命周期理论认为，任何事物都会经历一个由产生、发展、稳定到衰退的过程。因此，任何事物在其不断发展变化过程中，都具有一定的阶段性特征，成都市休闲客流空间扩散的综合效应也是如此。从理论上来讲，休闲产业的发展也具有自身的生命周期，就目前来

讲，成都市的休闲产业正处于快速发展阶段，其休闲客流空间扩综合效应也处于逐渐凸显阶段，但是在这之前，成都市休闲客流空间扩散的综合效应经历了相当长的一段时间。

在旅游学界，也存在类似的阶段理论。例如，根据巴特勒的旅游阶段理论观点，旅游目的地的演变过程主要包括探查、参与、发展、稳定与巩固、停滞、衰落（或复苏）6个阶段。巴特勒的旅游阶段论在学术界产生了重要的影响，具有相当高的可信度，并且对后来的旅游阶段性研究具有重要意义。在旅游阶段理论指导下，根据不同阶段采取不同的政策加以指导，有效地分析和利用其综合效应，这对于发展旅游产业具有重要作用。

从旅游阶段理论的观点上看，成都市休闲客流空间扩散综合效应也具有明显的阶段性特征。由于不同时期休闲产业发展的状况明显不同，并且受到经济、社会、政策、国内外休闲产业发展状况等多种环境因素的影响，成都市休闲客流空间扩散的综合效应也呈现出不同的发展阶段。总体上来讲，成都市休闲客流空间扩散综合效应的产生及发展过程经历了产生形成阶段、强化发展阶段、稳定阶段和衰退弱化阶段4个基本演变过程。本书主要致力于成都市现阶段休闲客流空间扩散综合效应的分析与研究，对于衰退阶段，由于目前成都市休闲客流空间扩散综合效应还处于强化发展到稳定阶段。因此，只能根据笔者的实际调查结果，对衰退阶段进行前瞻性预测，并提出相应的建设性意见和建议。下面就成都市休闲客流空间扩散的综合效应产生的原因以及发展演变的4个基本阶段进行详述。

(一) 产生原因

成都市休闲客流空间扩散的综合效应产生原因是多方面的，但是归根到底，休闲客流空间扩散的综合效应的产生，其根本原因在于休闲客流空间扩散的内在属性，即休闲客流空间扩散这一过程内在地包含着社会文化效应、生态环境效应、经济效应和空间区域效应。一方面，休闲客流的空间扩散对社会文化、生态环境、经济发展以及空间区域产生影响，这种影响既包括积极影响，同时也包括消极影响；另一方面，这些影响共同构成了休闲客流空间扩散的综合效应。从另一个角度来讲，不同的效应，其产生原因也存在差异和不同之处，具体表现如下。

1. 成都市休闲客流空间扩散的社会文化效应产生原因

成都不仅是西部最为发达的城市，同时也是四川的省会城市，是四川省的政治文化中心。一直以来，成都都以其丰厚的历史文化底蕴，吸引着国内外广大游客。丰富多样的休闲资源，为成都市的休闲产业发展提供了重要的保障，同时也为休闲人群提供了休闲场所。正因如此，成都市休闲客流空间扩散才逐渐凸显其社会文化效应，并深刻地影响着成都市休闲文化的发展。

(1) 经济因素。经济发展状况对成都市休闲客流空间扩散的社会文化效应的产生具有重要影响。一方面，整体经济发展状况制约着社会文化效应的产生及作用程度；另一方面，区域经济发展状况也影响着社会文化效应的产生。经济较发达的地区，社会文化效应也普遍较强，反之则较弱。另外，成都市休闲客流空间扩散的综合效应是在改革开放之后，到20世纪90年代才逐渐形成的，与之相对应的是经济的发展。因此，经济的发展是休闲客流空间扩散社会文化效应产生的直接因素。

(2)受教育程度。教育水平直接关系人口素质，而素质又深刻地影响着社会文化的发展，在成都市休闲客流空间扩散中尤为如此。人口素质越高，其在休闲扩散过程中的文化觉悟与文化意识就越高。因此，休闲客流空间扩散的社会文化效应就能够很好地产生并发挥应有的作用。相反，如果一个地区的教育水平普遍偏低，那么在其休闲活动中的文化意识就越弱，这就会阻碍休闲扩散过程中的社会文化效应的产生。

2. 成都市休闲客流空间扩散的生态环境效应产生原因

成都市拥有丰富的自然休闲资源，如西岭雪山、青城山、都江堰等。休闲客流的空间扩散，必然会对这些自然休闲资源环境产生一定程度的影响，从它所产生的原因与机制的角度来分析应对策略，具有相对的可行性。

(1)生态环境的承受能力。休闲客流在自然休闲资源环境中的空间扩散，主要依赖于生态环境的承受能力，超过这一承受能力，就必然会产生负面的生态环境效应。只有保持在生态环境的承受能力范围之内，才能更好地发挥积极的生态环境效应。

(2)环保意识。休闲过程中，往往会涉及生态环境的保护问题，个人的受教育水平、环保意识都直接影响环境保护问题。较高的环境保护意识有利于生态环境正面效应的产生，而较低的环保意识则会导致负面的生态环境效应。

(3)第三方力量。第三方力量主要是指政府部门的作用，政府部门在休闲客流空间扩散过程中起着相当重要的作用，特别是在生态环境效应方面。政府公共管理部门的政策、管理手段、管理水平等都会影响休闲客流空间扩散的生态环境效应的产生，政府部门只有充分利用宏观调控手段，对休闲扩散进行监控与管理，才能有效地保护生态环境。

3. 成都市休闲客流空间扩散的经济效应产生原因

随着休闲产业的迅速崛起，休闲行业作为一个产业的形式，对我国经济的发展起着重要的影响。成都市休闲客流空间扩散经济效应的产生是随着休闲产业的发展而逐渐产生的，同时也受到国家政策的影响。

(1)休闲产业的发展。成都市休闲产业起步较晚，直到20世纪90年代，休闲客流空间扩散的综合效应才逐渐形成，相对于社会文化效应、生态环境效应和空间区域效应而言，经济效应最早出现，在休闲产业还未完全形成之前就已经产生，只是早期的经济效应作用程度还比较低，影响范围还相对有限。但是，随着休闲产业的不断发展，世界各国相继进入休闲时代，休闲经济逐渐成为国民经济的重要组成部分，休闲客流空间扩散的经济效应也越来越突出。在现代社会，这种经济效应表现得最为明显，也最为直接。成都市作为我国著名的休闲城市，近年来，休闲产业取得了迅猛的发展，并且还处于不断上升的趋势。这就意味着，成都市的休闲产业将会逐渐并列于继第二产业之后的重要产业。发达的休闲产业产生了巨大的经济效应。

(2)政策因素。成都市休闲产业的发展主要受到改革开放政策的影响，正是在改革开放之后，成都市的休闲产业才逐渐起步，其经济效应也是如此。发展到后来，从国家到地方政府，都采取了相应的政策措施大力鼓励休闲经济的发展。在这些政策的支持下，进入21世纪以来，特别是近年来，成都市休闲产业迎来了发展的黄金时期，休闲客流空间扩散的经济效应也越来越突出，主要表现为经济总量的大幅增加，就业岗位的大量增加，休闲产业数量的不断增加。

4. 成都市休闲客流空间扩散的空间区域效应产生原因

成都市休闲客流空间扩散的空间区域效应产生的时间比较晚，是近年来才逐渐表现出来的一种休闲扩散效应。这种空间区域效应主要发生在以成都市为中心并且辐射整个大西南三角经济带地区，是区域经济一体化的重要表现形式。成都市休闲客流空间扩散的空间区域效应的产生，主要得益于越来越紧密的地区之间的经济联系。

(1) 区域经济联系。成都市作为西部最发达的城市，与重庆市、南充市、宜宾市、雅安市、乐山市、绵阳市等都有着十分紧密的联系，特别是近年来，区域经济一体化趋势不断加强，这种区域经济联系也在不断强化。休闲客流的空间扩散范围也随着区域之间的联系变得更为广阔，发展为中尺度流(空间距离在 100~200km)和大尺度流(空间距离在 200~300km)，使得休闲扩散的外延更加广阔。因此，成都市休闲客流空间扩散的空间区域效应也逐渐加强。

(2) 政策因素。为了促进区域经济平衡协调发展，国家制定了相应的政策对区域经济进行指导规划。长期以来，西部地区都存在发展不平衡现象，而且这种发展差距还在不断拉大。因此，国家和地方政府为了缩小发展差距，在各个地方因地制宜，发展地方休闲服务产业，兴建休闲旅游区，成都周边地区最为明显。这类休闲项目的构建，有效地刺激了区域之间休闲客流的扩散，为区域经济的发展注入了动力。

(二) 形成阶段

20 世纪 50 年代后，世界经济全面向服务经济转型，这一转型时期被称为"服务革命"时期。服务经济时代的典型产业就是休闲旅游产业，许多发达国家纷纷发展本国旅游业，有力地促进了本国经济的发展。

我国的休闲旅游产业发展起步相对比较晚，改革开放之后才逐渐开始。改革开放之后，大量国外游客到中国游览观光，各级地方政府也顺势大力发展休闲旅游经济，国家对此投入大量资金支持基础设施建设，在政策上也对此倾斜。这一时期属于休闲综合效应的初级阶段，休闲客流空间扩散的综合效应也主要表现为经济效应，而且作用程度相当有限。由于改革开放政策优先发展沿海经济特区城市，内地城市很少被照顾到，因此作为内地城市，成都市的休闲产业起步更晚。

成都市休闲产业是在 20 世纪 80 年代才逐渐兴起的。随着改革开放政策的不断深入，作为内地最具发展潜力的城市，成都市拥有发展休闲产业的众多独特优势。无论是地理位置，还是各类休闲景观、历史文化遗迹，在全国都非常著名。因此，政府投入大量的资金鼓励成都市休闲产业的发展，这一时期的休闲产业主要是指休闲旅游业。

虽然休闲产业才开始起步，还处于形成的初级阶段，但是由于成都市独特的自然、人文魅力，使成都市在休闲产业的初级阶段就开始了早期的休闲客流空间扩散现象，并且这种空间扩散还产生了相对有限的综合效应。由于发展水平有限，此时的休闲客流空间扩散综合效应还十分有限，主要表现为经济效应。另外，由于内地经济水平普遍偏低，地方经济还没有形成规模效应。因此，成都市休闲客流空间扩散的空间区域效应还没有形成，在生态环境效应方面也表现得不是十分明显。在社会文化效应方面主要表现为：①休闲产业的发展创造了一部分就业岗位，对于同时期成都市庞大的闲置人力资源，这有利于缓解就业压力，促进就业，维护社会稳定；②休闲产业的开发利用并不仅仅局限于自然风光，主要还包括人文景观，从这一层面上来讲，成都市休闲客流空间扩散还具有一定程度上的文化效应。虽然休闲客流的空间扩散对旅游地社会文化的影响已经开始形成，但由于其影响力度不大，社会文化环境的原生性尚能得以保存，基本上不存在大范围的异化变迁现象，但是文化保护还不足，文化破坏现象也广泛存在。此外，在生态环境效应方面，因成都市休闲客流量还较少，休闲旅游活动还没有普及，休闲活动对区域生态环境造成的影响并不显著，而地方政府为发展休闲产业，不断完善休闲基础设施建设，为当地居民的生活提供了便利。

（三）强化阶段

20世纪90年代至21世纪初，休闲产业在全国范围内兴起，与此同时，成都市休闲产业已经进入产业规模发展阶段。

这一时期，成都市休闲产业逐渐形成六县(区)七区分布格局，即郫都区、双流区、新津县、金堂县、大邑县、蒲江县，以及青羊区、锦江区、武侯区、成华区、温江区、龙泉驿区、青白江区等，并且还逐渐辐射周边一些地区，如乐山市、雅安市、南充市、宜宾市等。各个县(区)纷纷建立起相应的休闲设施，吸引大量的休闲客流，据统计，1998年，成都市有各类休闲场所735家，直接经济收入23.6亿元。在此背景下，各地之间的休闲客流扩散也十分活跃，形成了相对比较明显的空间区域效应。

休闲产业在成都市经济构成中的地位不断提升，地方政府将休闲产业，特别是休闲旅游业，视为第三产业的重点，加大扶持力度，使休闲产业的经济效应进一步强化。随着休闲产业的发展，休闲客流空间扩散对区域的影响除了在原有休闲空间内和交通线上扩展和延伸外，还可能扩散到新的休闲空间及其他交通线上，进而促进休闲产业空间布局结构的调整和优化，使休闲客流空间扩散的空间区域效应不断增强（肖佑兴，2002）。

此外，在社会文化效应方面，随着休闲产业规模的不断扩大，休闲行业所创造的就业岗位和就业空间也越来越大，笔者根据同时期成都市休闲行业从业人员人数相关数据调查得知，1998年，成都市各类休闲行业从业人员人数高达14.7万人。同时，休闲客流空间扩散过程中的文化传递意识也普遍增强，休闲文化建设也得到广泛重视，如政府对武侯祠、青城山、洛带古镇、黄龙溪等历史文化遗迹进行翻修保护，各类历史文化宣传活动也广泛展开。总体来讲，这一时期，成都市休闲客流空间扩散已经具有相当明显的社会文化效应。

但是，经济的快速发展往往是以牺牲资源环境为代价的。随着休闲经济的快速发展，休闲客流空间扩散所产生的综合效应也广泛存在负面效应，诸如休闲人群的空间扩散所带来的社会混乱问题、文化传播过程中的文化变质和差异化问题等。休闲客流的空间扩散也通常会伴随着生态环境的破坏，尤其是休闲旅游活动。在经济效应方面，随着休闲人群的增加，以及休闲人群在区域空间之间的不断扩散和流动，必然会引起休闲产业的竞争加剧，其中也包括恶性竞争，从而影响经济发展；此外，随着区域休闲产业链的不断形成，休闲客流空间扩散也必然与区域整体经济密切相关,这就会导致原有的区域休闲产业结构是否合理的问题变的更为突出。本书研究根据该时期相关调查和分析得出,成都市休闲客流空间扩散在这一时期主要表现为正负效应均处于上升阶段,总体来讲,正效应强于负效应,但是负面效应仍然相对比较突出。

(四)稳定阶段

进入21世纪以来,尤其是近年来,成都市休闲产业取得飞速的发展,笔者将这一时期定义为成都市休闲产业发展的"黄金时期"。

在这一时期,成都市休闲客流空间扩散的综合效应由强化发展阶段向稳定阶段过渡,现代化休闲元素不断融入休闲文化中,各类休闲场所、休闲设施、休闲商店不断出现,共同构成成都市现阶段的休闲总体格局。在休闲空间布局上,最终形成了覆盖大成都区域以及辐射川蜀18市的广阔空间格局,包括青羊区、锦江区、金牛区、成华区、武侯区、温江区、新都区、龙泉驿区、青白江区、高新区、郫都区、双流区、新津县、金堂县、大邑县、蒲江县等及邛崃市、崇州市、彭州市、都江堰市等。区域休闲产业经济总量高达上百亿元,各类休闲企业多达数万家,广泛地分布于以成都市为中心的休闲经济带。

广阔的休闲空间为休闲客流的空间扩散提供了良好的休闲服务与选择,休闲扩散所产生的综合效应也逐渐趋于稳定状态。在这一阶段,休闲客流空间扩散总体呈现社会文化正效应层次高,经济正效应水平高,区域空间正效应表现突出的特点。由于各方面都在不断趋于成熟和完善,使得在强化发展阶段的问题得以重视,并得到有效的解决。总体来讲,这一阶段的主要效应表现为生态环境正效应。原因在于人们思想素质有了普遍的提高,生态环保意识不断加强,加之人们越来越重视生活的质量与生活的环境,在休闲空间扩散过程中自然而然就会形成这种生态环境保护意识。例如,成都市近年来兴起的"生态休闲""环保休闲""健康休闲"等,以及各类生态主题公园的建设,都是代表新时代特征的休闲主题元素。另外,空间区域效应明显加强,并且形成相对比较完善的区域效应作用体系。

(五)衰退阶段

目前,成都市休闲客流空间扩散的综合效应正处于强化发展阶段向稳定阶段过渡的转型阶段,4种基本效应也表现得比较明显和突出,但就作用程度和上升的总体趋势与速度来讲,有了放慢的趋势。

笔者根据收集整理的相关数据得出,1998~2008年,成都市休闲企业从735家增加到3048家,增加2313家,增长了近5倍。而2008~2012年12月,成都市休闲类企业仅仅增加了75家,而且这种增长趋势在以成都市为中心,辐射雅安、宜宾、南充、遂宁、广安、巴中等城市的休闲扩散空间体系中也比较明显。

休闲产业的发展状况直接反映休闲客流空间扩散的综合效应作用状况。随着成都市休闲产业增长速度的放慢,休闲扩散的综合效应也逐渐趋于平衡稳定状态,甚至是倒退状态。目前这一趋势表现得还不是非常明显。但是根据相关调查研究,笔者预测,在未来的20~30年内,成都市休闲客流空间扩散的综合效应将维持相对稳定但略有减弱的状态,之后这种减弱趋势将会不断加强,休闲的内容和形式都将会有所改变,其主题也会随着休闲文化的发展而不断改变。

第二节 成都市休闲客流空间扩散综合效应分析

一、成都市休闲客流空间扩散综合效应的分类及标准

(一)按内容划分

按照不同的分类标准,休闲客流空间扩散综合效应的类型可以分为不同的类型。最常见的分类标准是按照综合效应的内容结构划分,休闲客流空间扩散综合效应可分为:社会文化效应、生态环境效应、经济效应和空间区域效应。这一划分标准全面地归纳出休闲客流空间扩散的主要效应,具有相当的代表性,也是本书研究所采用的主要划分依据,本书所研究的主要问题就是根据这一划分标准所划分的4种效应。

(二)按社会价值属性划分

从综合效应的社会价值的角度进行划分,休闲客流空间扩散综合效应分为积极效应和消极效应,如社会文化正效应、社会文化负效应、生态环境正效应、生态环境负效应、经济正效应、经济负效应、空间区域正效应和空间区域负效应等。所谓积极效应,就是指休闲客流的空间扩散所产生的综合效应对经济社会等方面具有积极的促进作用,本书将其定义为"综合正效应";反之,对社会文化等方面产生阻碍作用的综合效应就是消极效应,本书称之为"综合负效应"。这一分类标准直接从综合效应的社会价值属性进行划分,容易操作,本书所指的具体综合效应分析就是采用这一分类依据。

(三)其他划分形式

另外,还有其他一些划分标准。例如,从休闲客流空间扩散综合效应的具体表现形式来划分,休闲客流空间扩散综合效应可以分为隐效应(内生效应)和显效应(外生效应),即休闲客流空间扩散综合效应是外在表现,还是内在作用。一般情况下,内生效应与外生效应同时存在,只是一种表现得比较明显,而另一种表现得比较含蓄。

我们还可以按照休闲客流空间扩散效应产生的时间来进行划分,可分为即时效应、持续效应、间歇效应和滞后效应。即时效应是指休闲客流空间扩散过程中,或休闲客流空间扩散时直接产生的综合效应。如休闲客流的空间扩散直接促进经济的增长,休闲扩散对休闲环境的直接影响,都属于即时效应。持续效应是休闲客流空间扩散这一活动所产生的连续性、持续性的影响。如休闲客流空间扩散引起的文化传承连带反应,这种影响往往不是即时性的,而是具有相对较长时间的持续性的,也包含经济效应、空间区域效应等。间歇效应是休闲客流空间扩散所带来的综合效应具有间歇性特征。例如社会文化效应,在某一阶段某种社会文化效应表现得十分明显,而一段时间之后,这种反应程度又会逐渐降低,之后又会有加强的趋势,如此循环往复,螺旋上升。滞后效应则是与即时效应相对的效应,

即休闲客流空间扩散的综合效应不是立即表现出来的,而是在这一扩散活动之后的一段时间内表现出来的一种综合效应,这种效应在空间区域效应上表现得比较明显和典型。一般而言,空间区域效应并不是直接的休闲客流空间扩散所能产生的,而是随着这种休闲扩散不断产生并发生作用的,这也就是滞后效应。

按照休闲扩散综合效应的作用来源(也称之为休闲扩散综合效应的参与主体),休闲客流空间扩散综合效应可以分为休闲者活动效应和休闲产业活动效应,以及第三方休闲参与效应。本书着重研究休闲者活动效应,但是在休闲客流空间扩散综合效应的评价与调控中,也会从休闲产业活动效应以及第三方休闲参与效应的角度来分析问题。谢彦君(2004)在其《基础旅游学》中对旅游效应进行过类似的分类,她按照旅游效应的作用范围,将旅游效应划分为内部效应和外部效应,这种分类方法与我们根据休闲客流空间扩散综合效应的表现形式划分依据有异曲同工之妙。

二、成都市休闲客流空间扩散的社会文化效应

自20世纪60年代以来,西方国家就开始对休闲文化综合效应进行研究调查。我国长期以来对旅游社会文化效应的研究比较多,但是对休闲客流空间扩散的社会文化效应的研究却相对较少。直到20世纪90年代末,休闲扩散的社会文化效应才逐渐得到关注。特别是进入21世纪以来,这一时期,关于社会文化的研究主要包括:休闲文化资源、休闲就业、休闲健康、社会道德和休闲认同感等方面。2000年,李蕾蕾(2000)利用传播学的相关理论,从旅游的角度分析了休闲旅游这种跨文化传播方式,以及这种跨文化传播方式对休闲者、休闲地、休闲空间区域文化构成和文化认同产生的影响。她认为,这种影响具有双面性,一方面,它可能破坏原有的文化认同,对地方文化融合产生不利的影响,并且使地方特色文化丧失个性与独立性;另一方面,随着这种影响的不断加深,文化之间的磨合也在不断加强,这也将有利于建立文化认同感,更好地传播空间文化。此外还有许多学者就休闲客流空间扩散的社会文化效应进行了相关的研究,如保继刚等、刘丹青、崔凤军、李经龙等(2003),他们的研究对分析研究成都市休闲客流空间扩散的社会文化效应具有重要意义。本书主要根据综合效应的社会价值属性进行划分,分为社会文化正效应和社会文化负效应两种,下面就这两种效应进行详述。

(一)社会文化正效应

成都不仅是西部较发达的城市,同时也是四川的省会城市,是四川省的政治文化中心。一直以来,成都以其丰厚的历史文化底蕴,吸引着国内外广大游客。如金沙遗址、洛带古镇、青城山、都江堰、武侯祠、汉桓侯祠、锦里、三圣祠等历史文化遗迹。除了这些历史文化遗迹,成都更有独具特色的文化内涵,成都茶馆文化、成都戏剧文化等,都是十分著名的社会文化。成都市休闲客流空间扩散在社会文化效应方面主要表现为:一方面,成都的休闲客流将成都市的文化通过自身的扩散,传播到扩散地;另一方面,扩散地的休闲客流又将本地的社会文化通过扩散的方式,传播到成都本土,形成一个社会文化循环效应。

成都市休闲客流空间扩散的社会文化正效应主要体现在3个方面。

(1) 文化传承与扩散。在休闲空间扩散过程中，不同地域之间的休闲客流，将各个地方的不同文化意识观念传播到各个地方，同时也吸收不同地区的差异性文化，丰富本土文化内涵。

成都市主要包含三大文化支柱：成都茶文化、麻辣文化、棋牌文化。但事实上，这三大文化并不完全是成都市的本土文化因素，而是在休闲客流空间扩散过程中不断融合而形成的综合文化。严格意义上来讲，成都市独有的文化内涵还应该包括成都巴蜀文化，即古代巴蜀人留下的文化遗迹、文化习俗等。本书着重研究现代化休闲客流空间扩散的社会文化效应，古代巴蜀文化虽然也是长期的休闲性质的客流空间扩散所带来的文化融合，但是与本书研究没有直接的联系。

以茶文化为例，成都的茶文化综合吸收了蒙顶山茶文化、峨眉茶文化、青城山茶文化、邛山茶文化、仙峰茶文化等，以及成都本土茶文化。著名茶叶品种包括蒙顶黄芽、龙都香茗、成都茉莉花茶、文君绿茶、龙湖翠、凤羽茶、松茗茶、岚翠御茗、九顶翠芽、沫若香茗、匡山翠绿等。现代化休闲客流空间扩散，促进了各地的茶文化交流，丰富了本土茶文化。

(2) 文化保护与建设。随着休闲客流的不断增加，休闲空间扩散呈现白热化，休闲活动逐渐成为一种时尚。因此，也催生了相关部门对文化建设与保护的关注，以满足不断增长的休闲需求。例如，成都市政府对各类文化遗迹、非物质文化遗产的保护，并且兴建各类具有成都特色文化气息的休闲设施，如天府广场、金沙博物馆、三星堆遗址、青城山等。

(3) 促进社会和谐稳定。休闲客流的空间扩散催生了休闲产业的巨大需求，不仅是休闲服务与产品的需求，对于休闲产业本身而言，也存在巨大的休闲产业从业人员需求，这对于缓解就业压力具有十分重要的意义。据不完全统计，截至2015年，成都市休闲产业从业规模占各类行业从业规模的58%，而且还有不断增长的趋势。从全国来看，近年来，全国休闲行业领域发展势头良好，解决就业的综合效应不断增强，休闲产业从业规模不断扩大，至2014年底，休闲产业从业比例达46%。另外，休闲扩散活动本身也具有促进社会交流的功能，人们相互沟通交流，增进了人际关系的和谐，有利于维护社会的稳定。

(二) 社会文化负效应

在社会文化负效应方面，休闲客流的空间扩散也表现得比较突出。

成都市作为四川省及西部的文化中心，其文化构成具有一定的综合性、复杂性，同时也具有相当的丰富性。随着休闲客流的空间扩散，各类社会文化负效应也随之显露出来，成都市休闲扩散的社会文化负效应主要体现在3个方面。

(1) 社会文化的商业性。休闲客流的增加，刺激了休闲相关产业的发展，进而促使休闲产业对成都市的休闲资源进行疯狂的竞争开发，这就使成都市原有的休闲文化向商业化转变，失去其本质属性。另外，休闲客流扩散过程中也存在文化商业性的问题。

(2) 文化流失与"失独"问题严重。休闲客流的空间扩散也伴随着文化的扩散，而文化在扩散传播过程中，必然会存在或多或少的文化流失问题。成都市本土文化丰富多样，但是随着休闲扩散的不断兴起，这些丰富的文化形式也在面临严重的流失问题。此外，随着休闲客流的空间扩散，文化之间的交流与融合也在不断加强，这虽增强了文化的丰富性与兼容性，但与此同时，更多的是使得原本的文化形式与文化内涵失去了相对的独立性，丧失了本质属性与本土特色。例如，成都市茶文化，受到多种外来茶文化的影响，形成今天的混合茶文化，这种文化已经远远不是成都本土的原生态茶文化。

(3) 社会问题突出。休闲客流在空间内的扩散，最直接的影响就是造成社会人群的大规模流动，这种流动不仅局限于某一个地区，在本书研究中，这种流动还包括大尺度的空间休闲扩散，可能会造成社会秩序混乱和严重的社会问题。成都市每年都有上百起类似事件，这也对社会公共管理者提出了要求。

三、成都市休闲客流空间扩散的生态环境效应

关于休闲活动的生态环境影响，国外早在 20 世纪 20 年代就已经开始了相关研究，这种生态环境影响直到 20 世纪 70 年代才真正得到广泛关注。80 年代后，休闲扩散活动的生态环境效应研究逐渐成为学术界的研究热点。

国内休闲扩散活动的生态环境影响研究起步较晚，大约始于 20 世纪 90 年代中后期，同时期，我国休闲产业迅速崛起，休闲客流空间扩散的综合效应也正处于强化发展阶段。因此，休闲生态环境问题也十分突出，这引起相关学者的关注。这一时期，关于休闲客流空间扩散的生态环境影响主要包括休闲环境容量，休闲扩散活动对生态环境的正、负向影响以及初步的解决方法探索等方面。赵红红(1983)在关于休闲旅游环境容量的研究中，采用个案分析法，对苏州园林的休闲旅游客流量进行分析，首次提出休闲旅游客流量的问题。另外，诸如保继刚、胡炳清、关辉(1999)、杨锐等学者多进行过类似的相关研究。对于成都市而言，休闲客流空间扩散的生态环境效应尤其重要，这些研究对于成都市休闲扩散的生态环境影响研究具有重要意义。

(一) 生态环境正效应

近年来，成都市休闲客流量有了大幅增长，休闲客流的空间扩散形式也呈现多样化趋势。总的来讲，成都市休闲客流空间扩散的形式可以归纳为 3 种：自然扩散、人文扩散和混合扩散。所谓自然扩散，是指休闲客流在自然生态环境内的休闲扩散，所依赖的主要是自然环境，目前这类扩散比较少。人文扩散则是指休闲客流在人文环境背景下的空间扩散，对于成都市来讲，目前这类休闲扩散比较常见。但更为常见的是混合扩散，它是指休闲客流在自然环境和人文环境混合搭配的环境中扩散。

休闲客流的空间扩散对生态环境具有重要的作用。

1. 催生各类生态休闲公园、休闲旅游设施的构建与完善

近年来，随着成都市休闲客流的不断增加，休闲需求也在不断扩大，这种需求不仅体现在休闲服务、休闲产品的供给上，更多的是体现在对休闲资源的空间布局以及休闲资源的质量上。

根据国家林业局相关信息，2008 年 2 月 3 日，成都市林业园林局对 10 个市级森林公

园进行了正式授牌。至此，成都市森林公园总数达到 17 个[①]。此次评定中，新增翠月湖森林公园、莲花湖森林公园、毛家湾森林公园等 9 个市级森林公园，对 1 个市级森林公园进行了重新核定。在此之前，成都市已建的 4 个国家级森林公园、3 个省级森林公园、1 个市级森林公园，大部分在国有林场经营范围内，此次市级森林公园的评定是成都市首次有规模地开展的森林公园评选，其范围已扩展到城市近郊、工业开发区等，标志着成都市城乡生态建设步入提升水平、全域发展的新阶段。

开展森林公园评选有 3 个目的。①培养以森林生态景观为主体的、自然景观良好的区域，促进生态产业的发展，有效地保护生态建设成果，实现生态和产业的协调发展；②加强社会识别，强化业主生态意识，通过森林公园的有序经营，促进全社会重视保护生态环境的自觉意识；③引导驻地农户逐步从林业第一产业的单一发展模式，向林业二、三产业过渡，走上复合型产业发展的道路，实现助农增收。这也充分体现了成都市为发展休闲产业，满足休闲者需求，不断完善地区休闲设施建设，特别是在生态公园、森林公园等方面。

此外，根据相关统计，截至 2010 年，成都市主城区绿地率和绿化覆盖率分别达 36.11% 和 39.43%，人均公园绿地面积为 13.21m^2[②]。正因如此，市内各大公园的游客人满为患，特别是城区东部和北部绿地面积更显不足。为此，成都市制定了《环城生态区保护条例》，并且先后出台了《关于加快环城生态区建设的实施意见》《成都市环城生态区湖泊水系规划建设实施方案》。

中心城区公园作为市区居民休憩的重要场所，其景观提升打造受到广大市民的充分关注。目前，除继续对成都植物园、人民公园、凤凰山、百花潭公园、塔子山等公园进行改造外，在未来十年间，还将开发数十个城市中小型休闲公园。近年来，成都市着力打造以水为中心的中心—环城休闲游憩带，从猛追湾公园绿地及府南河开始，一直延伸到天府广场、人民公园、大慈寺、新华公园、文化宫、文殊院、市体育中心、永陵公园、文化公园、望江公园、杜甫草堂、武侯祠等，并且在这之间设置小型休闲公园、休闲绿地，打造市区生态平衡，并在合江亭、望江公园至双流华阳段考虑建设成都生态公园。

2. 促进生态环保意识观念的传递与普及

随着社会经济的发展，人们的思想素质水平不断提高，在休闲活动中也随处可见。近年来，"生态休闲""环保休闲"在成都市逐渐流行起来，休闲客流空间扩散活动更多的是追求一种与环境和谐共进的价值取向。崔金玲（2012）曾在其《生态休闲探研》中对生态休闲的相关内容进行了详细的介绍。一方面，人们渴望提高生活环境的质量，保持健康的生活状态，获得身心的愉悦，这就对休闲生活环境提出了要求，高质量的休闲生活，依赖于高质量的休闲环境；另一方面，高质量的休闲生活环境也为人们的生活、健康等提供了重要保障。因此，现代化休闲扩散，其重要的功能还在于促进生态环境保护意识的传递与普及。

[①] 资料来源：2008 年 2 月 19 日，四川省林业厅，国家林业局。http://www.forestry.gov.cn/.
[②] 来源于成都市林业园林发展"十二五"规划。

(二)生态环境负效应

一直以来,关于休闲客流空间扩散综合效应的研究主要集中在其引起的负面效应和环境问题方面。这主要是由于长期以来,休闲客流空间扩散活动对生态环境造成了严重的破坏,而且在相当一段时间内,这一问题没有得到关注和有效解决,特别是在休闲旅游方面,这种由于休闲活动引起的生态环境破坏问题表现得十分明显。

成都市拥有丰富的休闲资源,如休闲旅游资源、森林资源、河湖资源等。但是随着这一类休闲产业的迅速发展,对资源进行了过度开发,开发过程中缺乏系统科学的规划与管理;同时,在长期的休闲客流空间扩散过程中缺乏有效的公共管理,休闲人群素质普遍有待提高等,对休闲生态环境造成了巨大的影响。

成都市休闲客流空间扩散的生态环境负面效应主要体现在生态环境的破坏上。休闲生态公园一般都栽种有珍稀植物及茂盛的植被。以成都市两河休闲生态公园为例,公园内广泛栽种了银杏、香樟、水杉等珍贵树种,有丰富多样的垂柳、山茶、各类香草植物,并且还分布有两个淡水湖泊,生态环境十分协调。但是近年来,随着两河公园休闲人群的不断增多,其休闲客流空间扩散的负面效应也逐渐显露出来,各种珍稀植物被攀折破坏、湖泊污染也十分严重。

这种休闲扩散所造成的生态环境破坏往往不是区域性的,而是普遍性的,这主要是因为休闲客流空间扩散的行为传递性造成的。所谓行为传递性,是指休闲客流在空间扩散过程中的行为模仿。这种模仿体现在生态环境破坏上就是扩散性生态环境破坏,即一个地区的生态环境破坏行为,也会扩散到奇特相邻地区的休闲生态环境中去。本书研究详细调查了成都市生态公园 11 个、休闲旅游区 5 个、休闲社区公园 15 个,以及休闲农家乐 20 个,调查结果显示,各个休闲场所均有不同程度的生态环境问题,这类生态环境问题主要是由于休闲客流空间扩散所造成的,主要表现为生态破坏和环境污染。

四、成都市休闲客流空间扩散的经济效应

国外关于休闲扩散活动经济效应的研究开始于 20 世纪 60 年代,到 70 年代取得了一定的成果。这一时期,学者们的研究重点主要集中在休闲扩散经济影响的表现和制约因素、旅游经济效应的评价方法等。相对比较一致的观点是休闲扩散活动的经济影响受多种因素制约,其影响既可能是积极的,也可能是消极的(Mathieson et al., 1982)。

对于某一具体的空间区域来讲,休闲客流空间扩散的经济效应具有明显的时间阶段性,即在有些时间段内,这种经济效应是积极的;而在另一时间段内则可能是消极的。如:引起休闲场所(目的地)之间的物价和地价上涨,休闲地区内的区域经济依赖性强、区域经济产业结构发生变化等方面。因此,成都市休闲客流空间扩散的经济效应也包括积极的经济效应(经济正效应)和消极的经济效应(经济负效应)。

成都市作为新兴的休闲城市,休闲产业的发展尤为突出,休闲客流空间扩散所带来的经济效应也十分明显,本书主要从 3 个方面来分析经济效应、经济总量、经济规模以及发展趋势。由于资料数据收集的难度和作者理论水平的限制,本节着重分析成都市休闲客流

空间扩散的经济正效应。

(一)经济正效应

长期以来,成都市的发展得益于休闲产业的发展,休闲产业的经济贡献是成都市经济腾飞的重要力量。因此,笔者主要就收入效应、就业效应、产业关联和产业波及效应 3 个方面进行分析。

1. 收入效应

休闲客流空间扩散的收入效应主要是伴随着休闲消费产生的,休闲者在空间范围内的扩散活动一般都伴随着消费活动,因此这一过程往往会产生明显的货币转移现象。随着货币转移的扩大,休闲企业从中获利,通过一定形式的再分配,实现区域经济总量的增加。目前,全球休闲产业的年经济总量约为 4000 亿美元,并且保持着 20%的增长速度。根据国家统计局相关数据显示,对于我国来讲,仅节假日,休闲产业的直接经济收入就达到了 300 亿元。

近年来,成都市着力打造"休闲之都",成都市休闲企业的数量有了明显的增加,伴随着休闲产业的发展,休闲客流空间扩散所产生的收入效应也逐渐加强。根据相关调查,目前成都市包括休闲扩散辐射区域,如雅安、邛崃、南充、遂宁等,共有登记注册的休闲企业 3584 家,年经济收入 764.85 亿元。另外,根据笔者对成都市及周边地区 20 个休闲场所(如休闲公园、休闲旅游区等)进行的非统计性抽样调查,20 个调查区域内,包含有流动型非注册休闲商户、休闲个体 500 多个,可统计收入约为 0.75 亿元。按照这种计算方式,成都市及休闲辐射区域的休闲经济总量约为 900 亿元,约占全球休闲经济总量的 2.5%。

2. 就业效应

就业效应是休闲客流空间扩散所产生的间接效应,它是指由于休闲客流的空间扩散引起的休闲产业对休闲从业人员的需求,进而导致休闲产业就业增加的效应。休闲产业能为当地居民带来直接的就业机会,如休闲风景区的管理人员、休闲公园的工作人员、休闲公共管理人员等;同时,休闲产业是一个综合性相对比较强的产业,它涉及交通业、服务业、餐饮业等,因此休闲产业的发展还可以为广大的相关产业带来间接的就业机会,如为当地服务业、餐饮业、住宿、航空业、城市交通业等产业带来就业岗位。

美国的休闲娱乐场所、公园等共计约提供 250000 个公共服务类职位。据统计,1998 年,成都市各类休闲行业从业人数规模高达 14.7 万人。而根据最新统计数据显示,截至 2012 年,成都市各类休闲公园、休闲旅游景区、休闲会所、休闲 KTV、茶馆、桑拿保健中心等共计约 1106 个,整个休闲产业辐射区共计 3584 个,提供就业岗位超过 70000 个,年增长率约为 21%,现有就业人数约为 5347 人次。特别是在打造"休闲之都"这一规划的刺激下,休闲就业规模还将继续扩大,预计到 2020 年,成都市休闲就业人数将达到 100000 个,极大地缓解了就业压力。

3. 产业关联和产业波及效应

产业关联或产业波及效应是指一种产业对其他相关产业发展的带动作用程度(芮明杰，2005)。休闲产业是一个综合性相对比较强的产业，它涉及交通业、服务业、餐饮业等，因此，休闲产业的发展也必然会促进其他相关产业的发展。

休闲客流的空间扩散催生了一系列的产业需求，休闲扩散过程往往都是伴随着这些相关产业的发展而展开的。例如，休闲客流的空间扩散必然对休闲公共交通条件提出要求，成都市为了满足休闲者的交通要求，大力完善交通系统构建，逐步形成高铁、高速、航空一体化的交通网络。

(二)经济负效应

休闲客流的空间扩散也会带来一定程度上的不良经济影响，即经济负效应。近年来，随着成都市休闲产业的不断发展，休闲客流的空间扩散也逐步向白热化发展，休闲扩散活动逐渐成为一种社会时尚。但是，从经济方面分析，成都市休闲客流的空间扩散在带来经济正效应、促进休闲产业发展、增加地区经济总量的同时，也给相关部门带来了严峻的挑战，隐性的经济影响也在逐渐向显性方向转变。

这类问题主要是由于休闲的商业化发展造成的，特别是形成产业化发展模式以来，由于缺乏有效的管理，各类相关企业争相竞争，导致休闲市场秩序混乱，不利于休闲产业的发展。总体来讲，休闲客流的空间扩散所产生的经济负效应主要包括两个方面。①休闲市场的混乱。由于缺乏有效的休闲市场管理，休闲企业在争夺休闲市场占有量和占有份额的过程中，常常会出现恶性竞争的问题，这种恶性竞争的最终受害者不仅只是休闲消费者，还有休闲企业自身。②休闲企业自身发展滞后。随着休闲时代的到来，新时代休闲元素不断出现并运用到休闲产业发展过程中，休闲产业正面临巨大的挑战。因此，对休闲企业自身来讲，如果不能积极创新，采用新型管理方法，就会在这一激烈的竞争中处于劣势。

此外，成都市休闲客流的空间扩散所产生的经济负效应又有其独特之处。这是因为休闲产业在成都市经济构成中占有重要地位，休闲型经济结构十分明显。然而休闲客流的空间扩散又是难以预测和规划控制的，因此它对经济的影响也很难加以把握。一旦出现问题，就将影响整个经济体系，这一点是毋庸置疑的。

五、成都市休闲客流空间扩散的空间区域效应

区域效应是指特定产业在某一区域的生产经营活动给区域的经济、社会文化、环境等方面带来的影响。休闲客流空间扩散的空间区域效应是指休闲扩散所引起的某一地区(主要是指成都以及辐射区域)经济、社会文化、生态环境等多方面的影响。近年来，成都市休闲客流的空间扩散显现出明显的空间区域效应，这种空间区域效应既有积极效应，也有消极效应。

休闲客流空间扩散的区域效应的内容主要包括3个方面。
(1)区域经济效应，是指休闲客流空间扩散活动对区域经济产生的影响，这是一种间

接影响。如促进经济发展、增加外汇收入、增加就业机会，调整产业结构等。区域休闲产业经济总量高达上百亿元，各类休闲企业多达数万家，广泛地分布于以成都市为中心的休闲经济带。另一方面，这种不断加强的区域休闲经济联系，也给休闲企业带来一定程度的挑战，区域内部的竞争也在不断加强，因此也必须注意由此产生的经济问题。

(2) 区域社会文化效应，是指休闲客流的空间扩散对区域社会结构、价值观念、生活习俗、文化特征等方面的影响。成都市及辐射区域内的休闲客流扩散既是社会文化空间传播的有效媒介，同时也是社会文化异化的主要因素。一方面，特定空间区域内的休闲客流扩散，会促进区域内社会文化交流与传播，从而丰富区域内社会文化构成，如促进社会稳定、丰富文化内涵等；另一方面，这种社会文化随着区域内休闲客流的扩散，不断向其他地方传递，在传递过程中，这种原本的社会文化构成就会面临流失的问题，并且随着社会文化的不断融合，地区特色文化也会逐渐失去原生的独立性。在社会影响方面，也会滋生众多社会问题，如社会秩序混乱。

(3) 区域生态环境效应，是指休闲客流的空间扩散行为对区域生态环境的影响。这种效应既有积极效应，也有消极效应；既有即时效应，也有滞后效应；既有显露效应，也有隐形效应（谢彦君，2004）。一般来讲，休闲客流的空间扩散对生态环境的影响具有稳定性和长期性，一旦形成，很难改变，如环境效应中的自然生态环境的破坏、旅游地区形象的塑造、民族文化的弱化等。

第三节 影响成都市休闲客流空间扩散综合效应的因素分析

休闲客流空间扩散的综合效应受到多种因素的影响，成都市作为"休闲之都"，其影响因素表现出明显的多样性特征。在综合影响因素作用下，休闲客流空间扩散的综合效应也表现出不同的特征，如综合效应的作用强度、综合效应的影响范围等，都会受到不同程度的影响。成都市是我国休闲客流空间扩散最活跃的地区之一，休闲客流空间扩散的综合效应对地区社会文化、生态环境、经济、空间区域具有重要的意义，弄清楚休闲客流空间扩散综合效应的影响因素，对于有效地评价和调控具有十分重要的作用，也是提出相关建设性意见和建议的重要依据。对于不同的效应，其影响因素也有所不同，笔者根据休闲客流空间扩散的不同效应，分别对社会文化效应和空间区域效应的不同影响因素进行分析，由于研究分析能力有限，以及资料查找有限，可能存在不足之处，还望读者批评指正。

一、社会文化效应的影响因素

社会文化效应是休闲客流在其空间扩散过程中产生的，因此休闲客流本身是分析这一问题的主要因素。另外，休闲客流空间扩散的作用对象仅仅是指社会文化，即研究客体。从这两个角度来分析影响因素才能相对比较全面。影响成都市休闲客流空间扩散社会文化效应的因素是多方面的，笔者主要探讨休闲客流量、休闲持续时间以及社会文化结构等3个方面的因素。

(一)休闲客流量

一直以来,成都市休闲客流量都处于相当高的状态。由于处在内地,又是著名的休闲之都,成都市的休闲客流量很少受到区域性经济波动的影响。大流量的休闲客流在空间扩散中,不可避免地要和当地社会文化环境发生关联,不管是休闲购物,还是游览观光,都会对当地的社会文化产生一定程度的影响。

受客流量的影响,社会文化效应也不同。一般来讲,客流量较大的地区,社会文化效应表现得相对比较突出;客流量较小的地区,其产生的社会文化效应也相对比较弱。值得一提的是,休闲客流空间扩散的社会文化效应一般在不同地域之间表现得比较明显,在某一特定城市或者空间范围内则相对较少。根据这一特征,2011年6月,本书分别对成都市休闲扩散空间内的7个典型城市进行了调查,并从休闲客流空间扩散的角度分析两地社会文化之间的相互影响机制,最后以成都市本土文化构成为参照对象,将这种文化影响程度以比例的形式表现出来,如表9.2所示。

表9.2 休闲扩散引起的文化扩散

调查地区	年均休闲客流量/万人次	社会文化表征	影响程度/%
成都—重庆	785	麻辣文化与豪爽型人文特征	46.2
成都—雅安	324	茶文化	34.3
成都—都江堰	561	休闲文化	41.2
成都—南充	327	饮食文化	24.5
成都—遂宁	346	休闲旅游文化	25.7
成都—宜宾	458	饮食文化	32.6
成都—攀枝花	572	休闲旅游文化	43.0

根据表9.2可知,休闲客流量越高,其社会文化效应影响程度比例就越高,即社会文化效应就越强。这也充分表明,休闲客流量对休闲客流空间扩散的社会文化效应具有重要影响。

(二)休闲持续时间(休闲频次)

毫无疑问,休闲持续时间(频次)对休闲客流空间扩散的社会文化效应也具有重要影响。一般来讲,休闲持续时间越长,其社会文化效应越强;或者说,休闲频次越高,其社会文化效应越强。这是因为,频繁或者长时间的休闲扩散,增加了社会文化之间的接触,文化之间的交流就越深入,其影响程度就越深。

旅游学研究学者谢春山(2009)从旅游者在旅游地的停留时间对社会文化影响的角度分析,将这种时间划分为长时间停留和短时间停留两种。在诸多休闲方式中,成都市休闲旅游活动持续时间最长,而一般性休闲活动,如休闲购物、休闲会所、休闲公园等频次最多。调查发现，在这种持续时间长、发生频次高的休闲活动中，其社会文化效应也表现得相对比较突出。

（三）社会文化结构

社会文化构成深深地影响着休闲扩散的社会文化效应，为了方便研究，笔者将社会文化结构划分为内向型社会文化结构和外向型社会文化结构两种。内向型社会文化结构是指一个地区的社会文化构成具有相对独立的体系，文化独立性比较强，很难吸收或者被外来文化影响的一种内在结构体系。而外向型社会文化结构是指一个地区的社会文化构成具有强烈的兼容性或外向性，能够兼容吸收外来文化，并且受到外来文化的影响，同时也影响着外来文化的构成。一般来讲，外向型社会文化结构在休闲客流空间扩散活动过程中，更容易受到影响，而内向型社会文化结构则相对比较独立，不容易受到影响，但是随着休闲扩散的深化，这种影响依然存在。

成都市社会文化构成属于典型的外向型社会文化结构，在休闲客流空间扩散过程中，社会文化之间的相互作用和影响广泛存在，并且深深地影响着成都市现有社会文化的构成，其混合型社会文化体系就是这种结构下的产物。

二、空间区域效应的影响因素

成都市休闲客流空间扩散的空间区域效应受多种因素的影响和制约，从空间区位选择等角度考虑，主要受到休闲资源空间分布状况和公共交通通达度的影响；从休闲者休闲选择角度来讲，主要包括休闲客流空间扩散半径和休闲扩散偏好的影响。这些因素相互作用，共同构成休闲客流空间扩散空间区域效应的影响机制。

（一）休闲资源空间分布状况

休闲产业对休闲资源的依赖性较强，休闲资源或者休闲场所的空间分布状况直接影响休闲主体空间扩散的状况。一般来讲，分布、搭配状况良好的休闲资源，休闲客流的空间扩散活动往往比较活跃，反之则比较冷淡。休闲资源的空间分布，必须综合考虑自然和人文休闲资源的有效配置。例如，在某一空间内，既有休闲会所、保健中心、棋牌茶楼，同时又有休闲生态公园河滨及森林等，这样的配置更加符合休闲者的休闲倾向。

从城市的角度来讲，城市休闲资源的空间布局往往呈圈层态势分布(图9.1)。成都市的环状城市结构正是如此，成都市中心主要分布着高端的休闲场所、休闲商业街(如春熙路步行街)、天府广场等；在二环与三环之间，主要集中分布着生态主题公园、人造景点、农家乐、普通的休闲会所等；三环以外则主要是农家乐、自然风景区(如青城山、西岭雪山)等。因此，成都市的休闲资源分布也主要表现为圈层分布。

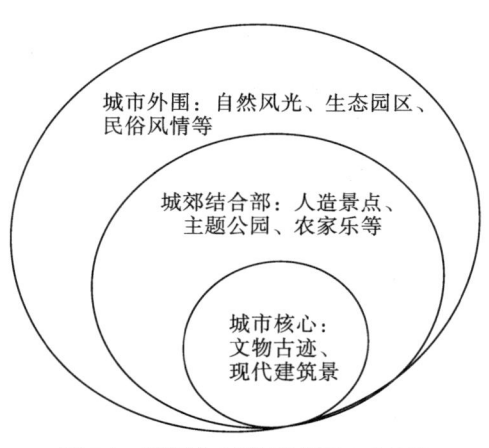

图 9.1　圈层分布图(杨国良,2002)

(二)公共交通通达度

公共交通通达度是休闲者休闲选择的主要影响因素。除了休闲资源的空间配置状况，交通因素是制约休闲客流空间扩散空间区域效应的重要影响因素之一。从现行的交通条件来讲，成都市拥有西南最大的机场——双流国际机场，并且与出租车系统、公交车系统相连；发达的公共交通网络将成都市各个区域的休闲景点、休闲资源联系起来，休闲者可以快捷到达；地铁极大地方便了休闲客流的空间扩散。

成都拥有成都东站、成都北站、成都南站和成都西站4个火车站；还有西南最发达的公路客运系统。①新南门车站(成都市旅游集散中心)发往地区：成都周边以及川内知名旅游景区。另外，什邡、绵竹两个地震遗址的旅游专线车已开通。②城北客运中心，发往地区：川东、川北方向，到巴中、达州等地。③北门汽车站(梁家巷汽车站)，发往地区：主要是发往川南部分城市。④五桂桥汽车站(成都汽车总站)，发往地区：成渝、内宜高速沿线，其中包括重庆、宜宾、自贡、南宁、桂林、涪陵等地。⑤茶店子客运站，发往地区：四川西部、北部的藏区以及一些著名的景区。⑥石羊场汽车站，发往地区：成雅、成乐、雅西高速沿线，以及攀西地区。

发达的公交系统连接了成都市各个著名的休闲景区，如表9.3所示。

表9.3　成都市休闲景点公交系统表[①]

景点名称	可到达公交车
宽窄巷子	5路、13路、43路、47路、58路、64路、78路、81路、163路等公交车可到达
杜甫草堂	301路、82路、84路、35路、17路、59路公交车可到达
青羊宫	5路、11路、17路、19路、25路、34路、35路、42路、47路、58路、63路、82路、84路、109路、302路公交车可到达
锦里、武侯祠	1路、57路、304、306路公交车可到达
文殊院	1路、16路、18路、55路、62路、64路、75路公交车可到达
金沙遗址博物馆	5路、81路、83路、7路、37路公交车可到达
成都大熊猫繁育基地	902路公交车可到达

① 资料来源：项目调查组，成都市统计局，2010年，7月.

成都市制定了构建"七大卫星城，三大 10 分钟公共服务圈"计划，快速路网体系将覆盖卫星城，实现与城区高速路、快速路的有效衔接和高效转换；地铁、市域快线、有轨电车、高铁等也正向卫星城延伸，逐步实现中心城至卫星城"两高两快两轨"的交通系统。这也将成为成都市未来休闲产业发展的重要促进力量。

第四节　休闲客流空间扩散综合效应评价及调控

成都市休闲客流空间扩散对社会、经济、文化、区域空间等各方面都具有重要的影响。然而，这种综合效应既有积极的影响，也有消极的作用。因此，对其进行科学有效的评价就显得极为必要，只有通过有效的评价，才能充分开发休闲产业，发挥休闲扩散的积极效应，降低消极效应的影响程度。

目前，学术界关于休闲客流空间扩散综合效应的评价的相关研究与分析尚处于起步阶段，主要采用的是定性分析方法，而很少涉及难度较大的定量研究。综合效应评价中，尤其以社会文化效应评价难度最大，因为社会文化效应所涉及的要素十分复杂，并且很难进行量化分析。社会文化效应的评价一般也是采用定性分析的方法，结果相对来说较为模糊（谢春山，2009）。基于当前相关研究成果，休闲客流空间扩散的综合效应主要是通过休闲者以及休闲地居民对休闲的感知来进行衡量，如休闲感知、社会文化趋向、价值观念、生态环境保护意识等。

休闲客流空间扩散综合效应的评价是一项复杂的工作，具有相当大的难度，本书研究主要涉及评价的含义、原则及评价方法等方面。另外，本书还就成都市休闲客流空间扩散综合效应的具体评价内容进行了研究，并且得出相应的可供参考的数据。

一、成都市休闲客流空间扩散综合效应的评价

成都市作为"休闲之都"，休闲扩散的综合效应表现得十分明显，对其进行评价和调控也显得极为必要。必须要强调的是，休闲客流空间扩散综合效应评价具有评价要素复杂多变且难以量化等特点。因此，笔者对成都市休闲客流空间扩散综合效应的评价，主要结合实证区域，采取定性与定量相结合的分析方法进行。

(一)成都市休闲客流空间扩散综合效应的评价指标体系

休闲客流空间扩散综合效应的评价是指利用一定的评价方法，建立相应的评价指标体系，对休闲客流空间扩散的综合效应的各项指标进行评估，从而得出某种效应的状况，如是正效应还是负效应，作用程度如何等。此外还必须坚持科学性、综合性、可操作性、全面性等原则。根据我们对成都市大范围休闲空间进行的调查，成都市休闲客流空间扩散综合效应的评价指标主要包括 4 个方面。

(1)社会文化效应。对社会文化效应的评价主要从社会与文化两个角度进行评价。因此，社会文化效应的评价指标就包括社会文化交流、历史文物保护、民族风俗、社会治安

和思想道德素质 5 个方面。当然，评价社会文化效应的指标包括的内容远远不止这 5 个方面，但是为了方便研究分析，笔者主要选取这 5 个具有代表性的指标进行评价。

(2) 生态环境效应。生态环境效应主要考查的是成都市休闲客流空间扩散这一过程中对生态环境的影响，以及休闲企业的行为对生态环境的影响，这种效应可体现在两个方面：效应主体，即休闲者；效应客体，即生态环境。因此，生态环境效应的评价指标就包括垃圾制造、生态环境保护意识、思想道德素质和动植物保护 4 个方面。

(3) 经济效应。休闲客流空间扩散不仅对经济总量具有一定的影响，对个人，也具有重要作用。本书所探讨的经济效应的评价指标主要包括就业水平、收入水平、经济发展水平、产业结构和财政收入 5 个方面。

(4) 空间区域效应。根据分析我们知道，休闲客流空间扩散的空间区域效应主要包括区域社会文化效应、区域生态环境效应和区域经济效应，并且在各类效应之中，又包括更为详细的划分形式。因此，我们对空间区域效应的评价指标主要包括区域文化交流、区域经济联系、区域生态协调 3 个方面。

成都市休闲客流空间扩散综合效应的评价指标体系，综合参阅了多位学者的相关研究成果，最终根据实地调查和分析，笔者才建立起相对比较适用的综合效应评价指标体系。在此之前，我国著名学者杨力平(2008)曾在"大连民族学院学报"上刊载了一篇名为《大连旅游产业区域效应综合评价》的文章，文章通过建立评价指标体系，对大连市旅游产业区域综合效应进行了评价。另外，谢春山也做过类似的研究，他在 2009 年的一篇博士论文《旅游产业区域效应研究——以大连市为例》中也引用了杨力平的研究成果，并且在此基础上形成了自己的评价指标体系。

为了方便观察和分析，本书所建立的评价指标体系也包括三个级别层次，分别是一级指标、二级指标和三级指标。如图 9.2 所示。

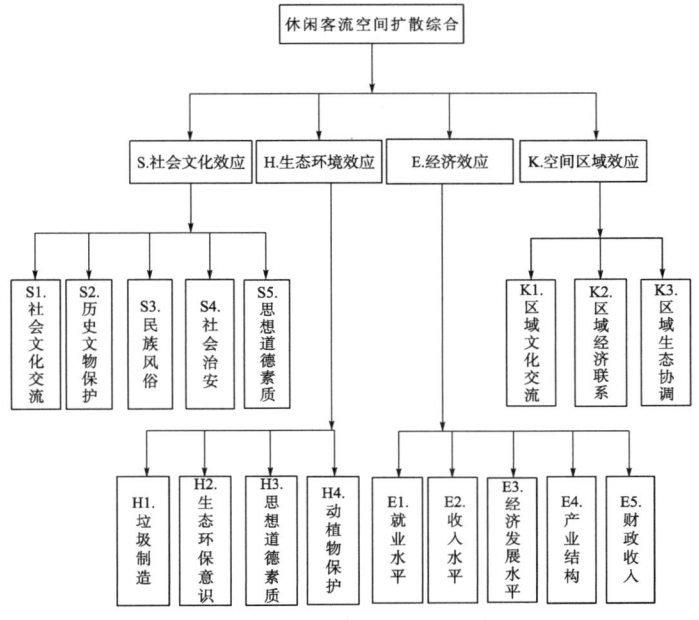

图 9.2 休闲客流空间扩散综合效应评价指标体系

该指标体系主要针对成都市休闲客流空间扩散及其扩散区间,具有较强的针对性和适用性,它是本书休闲客流空间扩散综合效应的评价基础,对具体的评价工作具有重要意义。

(二)成都市休闲客流空间扩散综合效应的评价

1. 评价方法

休闲客流空间扩散综合效应的评价方法主要借助于综合效应的半定量化公式(肖佑兴等,2003),即

$$A_i = \sqrt{B_i \times C_i} \tag{9.1}$$

式中,A_i 表示代码 i 所代表的效应值;B_i 表示休闲者或者休闲地居民对某一效应的态度;C_i 表示休闲者或者休闲地居民的态度偏好。A_i 作为 B_i 和 C_i 的几何平均,它反映的是休闲客流空间扩散综合效应的反映程度,同时也包括休闲者本身或者休闲地居民本身的态度偏好。换言之,休闲客流空间扩散综合效应的社会价值属性决定了其本身的价值。

B_i 和 C_i 通过以下公式获得到

$$B_i \text{或} C_i = \sum_{n=1}^{5} G_i \times F_i \tag{9.2}$$

式中,G_i 是休闲者或者休闲地居民对某一效应的态度或者态度偏好在整个调查结果中所占的百分比,相应的 F_i 就是其对应的数量值,因此,"$G_i \times F_i$"实质上就是 B_i 或 C_i 的函数,亦即 A_i 的函数。

在休闲客流空间扩散综合效应的评价过程中,我们不得不引入一位著名的学者——John(1998)的研究成果。为了更好地确定可量化数值,他引入了"五级赋值法",也有学者称之为"五分赋值法",即:5 为最有利或者最喜欢,4 为一般有利或者喜欢,3 为没有变化或无所谓,2 为有害或者不喜欢,1 为极为不利或者非常反感。值得一提的是,这里所指的有利或者不利既包括有利或者不利于积极效应,同时也应该包含有利或者不利于消极效应。例如,对于社会文化效应,社会文化效应包括积极效应,也包括消极效应,如社会动荡不安、色情淫秽现象等,表现为有利的情形就是社会动荡或者色情淫秽现象的减少。

本书调查分析的主要对象是成都市休闲客流空间扩散的综合效应,包括社会文化效应、生态环境效应、经济效应和空间区域效应,对这 4 种效应的分析和数值的量化确定,可以通过以下公式获得

$$W_k = \sum_{n=1}^{5} W_i \times H_i \tag{9.3}$$

式中,W_k 代表休闲客流空间扩散社会文化效应、生态环境效应、经济效应或者空间区域效应的量化值;W_i 表示某一效应的某一评价要素的量化值;H_i 则表示这一评价要素的权重。在本书中,成都市休闲客流空间扩散的综合效应包括社会文化效应、生态环境效应、经济效应和空间区域效应,因此休闲客流空间扩散的综合效应必须综合这 4 个方面,其计算公式为

$$W = W_1 \times X_1 + W_2 \times X_2 + W_3 \times X_3 + W_4 \times X_4 \tag{9.4}$$

式中,W 为休闲客流空间扩散的综合效应,W_1、W_2、W_3、W_4 分别为社会文化、生态环境、

经济和空间区域 4 个方面效应的值，X_1、X_2、X_3、X_4 分别为四者的权值。

2. 成都市休闲客流空间扩散综合效应的评价

根据成都市休闲客流空间扩散综合效应评价指标体系，笔者将这些指标设计为调查问卷，并且分组发放到成都市各个区，以及附近的卫星城，如都江堰市、郫都区、双流区、温江区等，另外将距离更远的休闲扩散城市，如南充市、遂宁市、雅安市、德阳市、绵阳市等也包括在内。

本书调查中，共发放调查问卷 1000 份，以 100 份为计量单位，分别对应成都市区、都江堰市、郫都区、双流区、温江区、南充市、遂宁市、雅安市、德阳市、绵阳市等 10 个城市，收回 1000 份，有效问卷 975 份。为了使调查数据更具有代表性和可靠性，本次调查对象综合考虑到性别构成、年龄构成、民族成分、知识文化水平和层次以及职业五大方面的因素，做到了调查的全面性。调查过程中，接受调查的休闲主体构成如表 9.4 所示。

表 9.4 调查主体构成表（%）

项目	分类	比例	项目	分类	比例
性别	男性	52	受教育水平	小学	24
	女性	48		初中	26
年龄	6~18 岁	15		高中	30
	18~30 岁	25		大中专	20
	30~40 岁	23	职业	农民	7
	40~50 岁	17		学生	25
	50~60 岁	12		教师	13
	60 岁以上	8		商业人员	25
民族	汉族	74		工人	18
	少数民族	26		其他	12

通过对成都市及其调查区域的休闲客流进行调查与计算，整理得到表 9.5 所示结果。

表 9.5 成都市休闲客流空间扩散社会文化效应评价表

项目	最有利		一般有利		没有变化		有害		极为不利		效应值	评价
	态度	偏好	态度	偏好	态度	偏好	态度	偏好	态度	偏好		
S1	17	16	75	78	7	6	1	0	0	0	4.20	较好
S2	18	18	45	48	35	30	2	3	0	1	4.05	较好
S3	16	21	72	75	10	4	2	0	0	0	4.09	较好
S4	10	31	45	35	26	14	15	28	4	2	3.62	较好
S5	14	15	69	68	11	10	3	4	3	3	3.88	较好

由表 9.5 可以看出，成都市休闲客流空间扩散具有一定的社会文化效应，这种社会文化效应总体上表现出较好的功能与作用。因此，成都市休闲客流空间扩散具有相当的社会文化效应，能够有效地促进区域社会文化交流，但同时也存在一定的消极影响。

从表 9.6 可以看出，成都市休闲客流空间扩散的生态环境效应总体上表现出相对较差的水平，从一定程度上讲，大部分地区，受休闲扩散的消极影响还十分普遍。当然，从调查区域看，成都市区以及国家级生态休闲旅游景区的休闲客流空间扩散往往表现出来的是相对较好的生态环境效应，而其他一些发展较为落后的区域，这种生态环境效应更多的是生态破坏和环境污染。

表 9.6　成都市休闲客流空间扩散生态环境效应评价表

项目	最有利 态度	最有利 偏好	一般有利 态度	一般有利 偏好	没有变化 态度	没有变化 偏好	有害 态度	有害 偏好	极为不利 态度	极为不利 偏好	效应值	评价
H1	2	1	6	9	21	21	57	51	4	18	2.20	较差
H2	14	22	54	50	24	20	8	6	0	2	3.79	较好
H3	13	13	28	28	8	8	48	48	3	3	3.00	一般
H4	15	18	54	52	27	25	2	4	2	1	3.80	较好

近年来成都市休闲产业迅速崛起，并且形成了区域共同发展的格局，这对于形成空间区域效应具有重要作用。得益于此，成都市及其扩散空间内的休闲客流在扩散空间内的扩散对于形成空间效应具有不可替代的作用（表 9.7），这种空间区域效应不仅体现在区域经济联系上，还体现在区域社会文化交流上，以及区域生态协调、区域共同发展建设上。

表 9.7　成都市休闲客流空间扩散空间区域效应评价表

项目	最有利 态度	最有利 偏好	一般有利 态度	一般有利 偏好	没有变化 态度	没有变化 偏好	有害 态度	有害 偏好	极为不利 态度	极为不利 偏好	效应值	评价
K1	15	22	75	70	9	6	1	2	0	0	4.08	较好
K2	26	50	73	48	0	2	1	0	0	0	4.36	极好
K3	15	16	70	69	11	8	1	1	3	6	3.91	较好

休闲产业对经济发展具有重要作用，特别是在"休闲时代"，休闲产业的发展水平甚至可以成为评价一个国家或地区整体经济发展水平的重要依据和标准。休闲产业的发展得益于休闲客流及其空间扩散，他们是休闲产业市场的主体消费者。成都市休闲客流空间扩散的经济效应（表 9.8）主要表现在就业水平的提高、收入水平的提高、经济发展水平的提高、产业结构的优化升级和财政收入的增加。当然，休闲客流空间扩散的经济效应还表现在其他方面，例如配套基本设施的完善、田间交通的改善、休闲产业占区域经济的百分比等。

表9.8 成都市休闲客流空间扩散经济评价表

项目	最有利		一般有利		没有变化		有害		极为不利		效应值	评价
	态度	偏好	态度	偏好	态度	偏好	态度	偏好	态度	偏好		
E1	15	34	80	57	5	9	0	0	0	0	4.17	较好
E2	16	17	79	78	5	5	0	0	0	0	4.14	较好
E3	17	19	81	78	2	3	0	0	0	0	4.15	较好
E4	10	17	44	40	46	43	0	0	0	0	3.45	一般
E5	24	37	72	51	4	12	2	0	0	0	4.22	较好

从总体上来看，成都市休闲客流空间扩散的综合效应表现出明显的差异化、不均衡特征，即经济效应和空间区域效应最突出，社会文化效应明显，生态环境效应最差。这种分布规律与我国现行的经济发展模式相吻合，在经济结构尚未完全转型的关键时期，我国仍是传统的发展模式，经济发展过程中的生态环境问题没有得到很好的重视和关注，以至于生态环境问题十分突出。休闲产业亦是如此，长期以来，随着休闲产业的飞速发展，一些严峻的问题也随之产生，近年来，这些问题越来越突出。因此，对休闲客流空间扩散的综合效应进行有效调控逐渐成为休闲产业发展的必要手段和措施。

二、调控的机制、策略

成都市作为我国休闲产业发展的典型代表城市，在休闲产业发展过程中也存在十分严重的问题。例如，在社会文化效应中的文化异化与社会治安问题，生态环境效应中的生态环境破坏问题，行业竞争问题等，这些都急待解决。因此，针对休闲客流空间扩散的种种效应，不仅是消极效应，同时还包括积极效应，我们都应该加以调控。

所谓调控，曹传新（2004）在其博士学位论文《大都市区形成演化机理与调控研究》中将其简单地归结为：人为主观干预系统的过程。调控一词包含协调、控制两个层面，协调是调控的方法，控制是调控的手段。根据这一理念，调控不仅要协调，还得加以有效控制。笔者认为，从休闲客流空间扩散的综合效应角度来讲，调控是指利用现代化手段，调查、收集、分析、处理相关数据资料，对休闲客流空间扩散的综合效应加以分析，综合利用各方力量对消极效应进行控制和转化，对积极效应则进行扩散和协调的复杂过程。

（一）调控策略

调控的策略是指调控的具体实施方案和战略规划。休闲产业的发展是一项综合的系统工程，休闲客流空间扩散的综合效应也涉及众多行业和不同的层面，在这种综合效应的作用下，各种休闲资源得以深度开发与整合。因此，其调控手段也应根据不同的情形而适当地改变。笔者认为，从休闲客流空间扩散所涉及的参与主体与客体来讲，休闲客流空间扩散综合效应的调控应该包括对休闲产业或企业的调控、对休闲客体的调控、对休闲者的调控，以及对政府休闲公共管理者的调控4个方面。

1. 休闲产业或休闲企业的调控

休闲类企业或者产业,是当下比较流行的行业企业,其管理也应该符合现代化企业发展制度,建立并形成自己的企业网络。休闲企业是休闲服务或休闲产品的直接提供者,在休闲客流空间扩散综合效应中扮演着举足轻重的角色。因此,休闲企业要想取得长远的发展,就必须明确休闲类企业的市场主体地位,加强休闲企业改组、改制、改造、联合,有效地组建跨行业、跨市场、跨地区的旅游企业集团。从国家层面来讲,政府应该对其进行有效的管理和扶持,规范休闲企业的发展。在很大程度上,休闲客流空间扩散的综合效应是由休闲企业或者其他提供休闲服务的组织或个人所影响的,有什么样的休闲服务水平,就有什么样的综合效应。

近年来,成都市休闲产业规模不断扩大,并且辐射成渝广大区域,逐渐形成区域综合效应,这就对休闲企业的调控提出了更高的要求。对休闲企业的调控直接关系休闲客流空间扩散经济效应的作用程度。休闲企业并不是单一性质的企业,而是综合性极强的企业,它涉及金融业、交通运输业、餐饮业等行业,对休闲企业的调控必须以市场调控为主、政府宏观调控为辅,两者有机地结合起来。一方面,加强休闲市场立法建设,规范市场运行机制与秩序,另一方面,还应积极鼓励休闲企业创新发展,不断提高服务水平,为休闲企业的发展营造相对和谐健康的环境。

休闲服务水平决定综合效应水平和性质,高水平、高质量的休闲服务促进积极效应的产生和发展,低水平的休闲服务则产生消极的效应。对休闲企业自身而言,应该不断提高行业服务水平,不断吸收和借鉴创新元素,加强产业结构的调整力度,实现休闲产业结构从部门经济向产业联动转变。休闲产业的发展是促进区域经济发展的重要力量,休闲产业的发展加速了休闲客流的空间扩散,促进了休闲消费,进而促进地区经济的发展。休闲扩散的经济效应对区域经济发展的促进作用突出地表现在增加就业机会、增加外汇收入、带动相关产业发展、优化产业机构、拉动内需、成为区域经济的新的增长点等方面。

2. 对休闲资源的调控

休闲资源是休闲扩散的依托,也是其综合效应的作用来源。一直以来,成都市休闲产业的发展都是依托其丰富的休闲资源,以及广阔的休闲市场,但是对于这些休闲资源的管理与整合却一直没有得到重视。休闲资源是吸引休闲客流的根本对象,休闲资源的地域空间组合是休闲客流空间扩散的主要动力和诱因。因此,要想更好地发挥休闲客流空间扩散的综合效应,就必须加快整合发展休闲资源的空间组合与科学配置。

休闲资源整合主要是对区域内现有的休闲资源进行整合配置,其中也包括各类休闲场所、休闲企业等,对其进行更好地开发、优化与重组,从而提高休闲资源的利用效率。休闲资源整合的根本目的在于优化资源配置,形成规模效应,为休闲者提供高质量的休闲服务。

近年来,成都市不断加强休闲产业的规划和管理。一方面,对于可承受较大外界干扰的休闲娱乐区,进行科学合理的规划;另一方面,对脆弱的旅游生态区,主要是进行保护,使休闲区域与周围环境产生良性互动效应。在加快休闲产业开发和建设的同时,还加强了休闲地区社会文化建设和生态环境建设，为休闲者提供良好的休闲环境，促进休闲扩散过程中的社会文化传播和生态环保意识的形成。在继承和发扬传统的过程中，必须结合现代化中的合理性内涵，将其作为传统的发展和创新，进而为文化再创造提供新动力(王辉　等，2007)。生态环境是休闲产业和休闲客流空间扩散综合效应的重要基础，特别是休闲扩散的生态环境效应，必须依赖休闲区生态环境的建设和保护。据调查，成都市为了更好地发挥休闲扩散的生态环境效应，在各类休闲公园、休闲景区分别设置了相应的管理机构，专门管理休闲区内的生态环境，为休闲者普及生态环保意识。此外，还对相应的环境破坏行为加以法规制约和约束。随着人们素质的不断提高，休闲客流空间扩散将会更好地发挥生态环境效应。

3. 休闲游客因素

休闲者是休闲活动的主体，也是休闲客流空间扩散综合效应的作用主体，休闲者的素质直接关系休闲扩散综合效应的作用程度和性质。笔者认为，从休闲者角度出发来应对休闲客流空间扩散综合效应的问题是我们考虑的主要方向，对休闲者的调控主要包括休闲活动的调控和休闲素质教育两个方面。

(1)休闲活动的调控。休闲活动的调控主要是指休闲客流空间扩散过程中的调控，包括对休闲客流量、休闲停留时间、休闲交通的调控等方面。由前述内容我们已经知道，休闲者的数量、停留时间以及各种条件因素都会产生相应的综合效应，数量越大，停留时间越长，这种效应就越趋向于消极效应，不仅局限于社会文化效应，还包括生态环境效应，并且在生态环境效应中表现得更为明显。

从休闲客流量的角度分析，一般而言，休闲客流量越大，其休闲空间扩散的综合效应也越明显，这种综合效应不仅表现为积极效应，同时也存在生态环境破坏、社会秩序混乱、区域文化传染等消极影响。针对这一问题，成都市对各类休闲旅游景区采取分时段管理办法，即规定在休闲旅游高峰时段实行高于一般价格的门票，平时则实行正常水平的价格制度。特别是在节假日，休闲客流量的节日效应十分突出，实行分时段管理办法可以有效地控制休闲客流量。针对一些特殊的休闲场所，如历史文化博物馆、三星堆遗址等，则实行限时参观制度。另外，成都市相关部门还加强了对各类休闲场所的管理与调控，例如，平衡一般休闲场所与商业休闲场所的客流分担，加强休闲场所内的公共管理等措施。

这些政策措施虽然能够在一定程度上较好地缓解休闲客流量压力大的问题，但是对于一般的休闲公园、环城游憩带、生态公园、农家乐等，还是面临巨大的压力，日益增长的休闲需求与相对有限的休闲供给仍然不平衡，还必须从其他方面共同施力。

另外，从休闲停留时间或者休闲持续时间的角度来看，休闲时间越长，其综合效应越明显。在科学、有效地增加休闲者休闲时间的同时，对于一些特殊的休闲场所，在实行分时段管理办法的同时，还应该实行限时参观或者限时旅游的制度，如历史文化博物馆、国家级动植物生态公园等。对于这类休闲场所，短时间的休闲参观可以有利于休闲者舒展身心、增长知识、培养生态环保意识与文化素养，但是长时间的参观，就会对其产生破坏，特别是历史文物以及各类珍稀动植物。

(2)休闲素质教育。休闲者思想素质，在很大程度上影响着休闲客流空间扩散综合效应的作用程度及作用方式。就目前来讲，成都市休闲客流的整体素质还普遍不高，休闲扩散活动中的低素质行为还广泛存在。例如，参观动物园时教小孩扔食物给动物、随意攀折生态公园珍稀植物、乱扔垃圾、随地吐痰等。因此，除了实行必要的强制性管理手段，更重要的是加强休闲活动素质教育，从根本上提高休闲者的思想道德素质，促进休闲扩散积极效应的发挥，减少其消极效应。

一般来讲，最常见的休闲素质教育活动包括举办主题活动、进行休闲素质宣传、生态休闲主题活动等。通过这些素质教育方式，一方面，我们能够很好地帮助休闲者形成良好的休闲习惯，保持健康的休闲生活方式，促进身心健康；另一方面，也有利于发挥休闲客流空间扩散的积极效应，促进休闲产业健康有序发展。近年来，成渝休闲经济区在休闲素质教育方面取得了突出的成绩，各类休闲场所的管理水平也有了很大的提高，这为成渝休闲经济区的发展奠定了重要的基础，也是成渝休闲经济空间区域效应形成和优化的重要保障。

4. 政府休闲公共管理者调控

作为调控休闲客流空间扩散综合效应的重要手段和途径，政府休闲公共管理者的参与必不可少，加强休闲市场监管和管理，维护市场秩序，完善休闲公共设施，都必须依赖政府机构的参与，对于一些涉及法律法规的内容，更需要国家行政机构的参与。因此，要实现对休闲客流空间扩散综合效应的有效调控，就必须加强政府休闲公共管理的调控，即国家层面的宏观调控与把握。

(1) 加强休闲市场监管与管理。休闲市场是休闲客流空间扩散的消费依托，它为休闲人群提供休闲服务或产品，并且同时为休闲企业创造利润。良好的休闲竞争市场，不仅能够为休闲者提供优质的服务，满足休闲者的休闲需求，还可以有效地提升休闲产业的地位和形象。休闲客流空间扩散的综合效应在很大程度上是由休闲市场的水平决定的。一方面，休闲企业、休闲商家为了维持或者扩大市场占有量，进行形式各样的竞争，良性的竞争则有利于提高休闲企业的竞争力，提升企业形象等软实力；相反，恶性竞争则是一切消极效应的根源。20世纪80～90年代的成都市休闲市场正是如此，发展至今，仍然有一些不良商家采取恶性竞争手段争夺市场。这种竞争的实质就是牺牲休闲资源、损害休闲者利益、引起休闲客流空间扩散消极效应的行为。

另一方面，休闲者本身在这种市场中处于被动的位置，并且受到市场环境的深刻影响，导致一些不良影响，即休闲市场水平影响并决定休闲客流空间扩散综合效应水平和质量。针对这种现象，成都市相关部门不断加强休闲市场规范化体系的构建和完善，维持健康有序的市场运行秩序，打击不良竞争，推动开发创新型休闲产品和服务，不断融入新时代元素，与国际休闲发展接轨。通过有效的监管，促进休闲市场的良性发展，降低并减少休闲客流空间扩散的不良效应，发挥其经济效应。

此外，为保障休闲市场的有序发展和休闲者的切身利益，必须建立休闲市场的监管体系。政府和相关管理部门要出台一些政策法规，并且监督政策法规的有效执行，用以监督、警示休闲商家乃至整个休闲产业的市场行为，引导消费者进行正确的消费选择，保障休闲者的利益，提高休闲质量。

(2) 建设并完善休闲公共设施。一般认为，休闲公共设施的完善程度是休闲服务水平的直接指标。例如，20 世纪 90 年代中后期，成都市及周边地区由于没有建成完备的休闲公共服务基础设施，休闲客流的空间扩散对地区生态、文化等诸多方面造成了严重的影响和破坏，如垃圾问题、文物保护问题、交通问题等。因此，完备的休闲公共服务和基础设施对于整个休闲领域具有十分重要的作用，特别是在休闲客流空间扩散过程中，加强基础设施建设与完善，对于保护生态环境，保护文化本性，维持社会秩序，促进经济发展等方面具有极其重要的作用。

近年来，成都市相关部门也认识到这一问题，随着休闲产业的不断发展，尤其是休闲时代的到来，休闲者对休闲环境、休闲方式、休闲服务质量、食宿条件、交通条件等诸多方面提出了越来越高的要求。如果休闲基础设施跟不上休闲需求的步伐，就会成为制约休闲产业发展的重要因素，更为严重的是，休闲客流空间扩散的综合效应也会倾向于消极的方面。作为休闲公共管理者，政府相关部门更希望最大程度地发挥休闲客流空间扩散的积极促进效应，在满足休闲者自身需求，保持身心健康、提高自身精神素质修养的同时，起到维护生态平衡、促进休闲经济以及整个经济体系的全面发展、促进各地文化交流、维护社会稳定和谐的作用。因此，为了促进休闲产业更好地发展，积极发挥休闲客流空间扩散的综合效应，有关部门就要重视休闲服务基础设施整体规划和建设，例如，加强餐饮、饭店、娱乐、休闲等服务设施建设等。以成都市为例，成都市是一个典型的环形城市空间结构，其市政建设、经济文化主要分布在三环以内的广大区域，而相对应的休闲设施和休闲场所并没有适应这一分布格局，表现为分布凌乱、缺乏合理规划的总体特征。因此，对于成都市而言，休闲场所设施的空间分布与规划建设应该有计划地适应市政建设，按照三环功能分区合理分布，形成规模适当、层次合理、多样化的休闲基础设施体系和服务设施体系。此外，进行规划建设的同时还应该综合考虑宏观统筹调控与休闲产业相配套的交通、饮食、娱乐、园林、商业及文化等部门的发展，综合各地区之间的交流与合作，使各行业的发展能够统一协调、相互配合。

(二) 卫星城公共服务圈与环城生态景观带

为了更好地调控和利用休闲客流空间扩散的综合效应，成都市相关部门也在进行不断探索。2014 年 6 月 6 日，成都市规划局将规划建设"七大卫星城，三大 10 分钟公共服务圈"项目，简称"卫星城公共服务圈"。为了使卫星城能切实有效地分担中心城区人口、产业和功能，项目将完全按照大城市的规模和标准实施规划建设，和中心城"同质化"，同时还规划了标准高于中心城的"三大 10 分钟公共服务圈"，如图 9.3 所示。

成都市作为四川省乃至西部的政治经济文化中心，近年来，城镇化进程不断加快，中心城区人口压力越来越大，伴随而来的是环境压力、交通承载力和公共资源供给压力的不断加大。这就意味着成都市必须重新调整城镇体系，分担中心城市的人口压力。卫星城及其附属的次一级城镇正是承接中心城市人口压力转移的最佳选择。据《成都市域城镇体系规划》显示，成都市拟构建梯次分布、各大城市相互衔接的新型城镇化体系。具体来讲主要包括：以成都市为中心，将周边的龙泉驿区、温江区、新都区和青白江区（简称"新青"）、郫都区、双流区、新津县、都江堰市等七个现代化卫星城规划形成卫星城公共服务圈，承担成都市主城区的人口及资源的转移；在卫星城外围则以更次一级的城镇为承接对象，与各大卫星城相互连接，形成组团式城市群和网络状城市链，从而与中心城形成一体化发展的新格局。

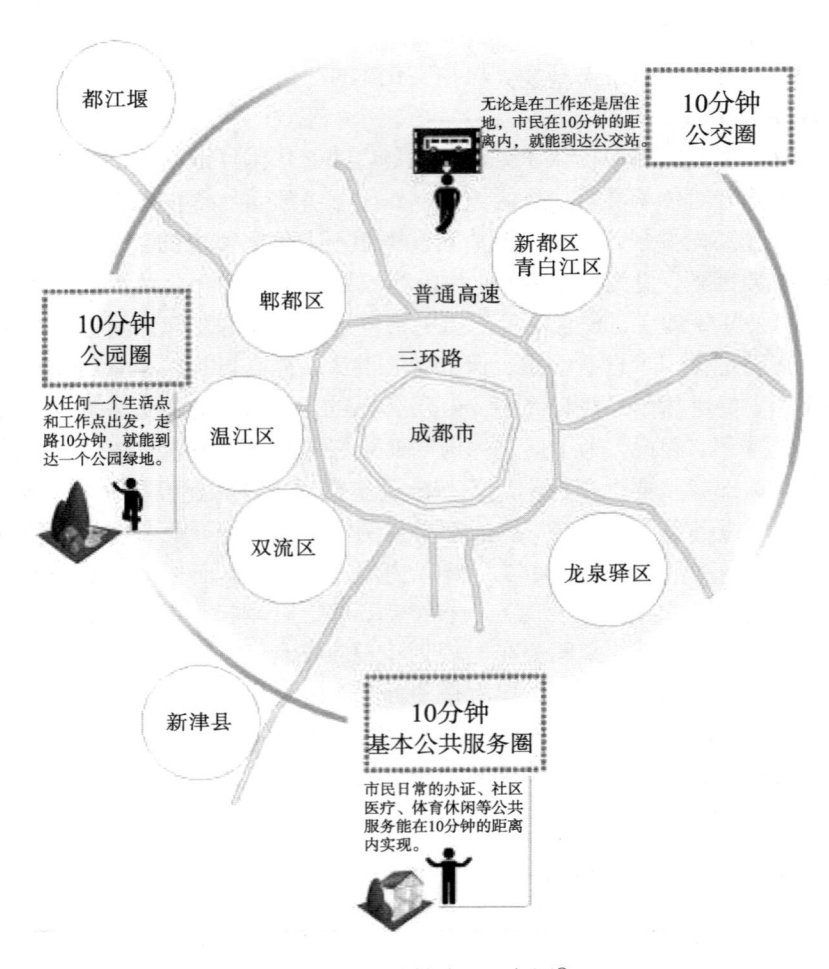

图 9.3　10 分钟公共服务圈①

中心城区与各大卫星城之间，以及卫星城与次一级城镇之间，通过高效的交通网络体系连接起来，实现与城区高速路、快速路的有效衔接和高效转换。同时，地铁、市域快线、有轨电车、高铁等也正向卫星城延伸，逐步建成中心城至卫星城"两高两快两轨"的交通系统。通过高效的交通连接，实现"10 分钟"公共服务圈，方便人们出行。交通的通达度在很大程度上决定了休闲者的休闲决策，也深刻地影响着休闲扩散的综合效应。"10分钟"公共服务圈的构建不仅极大地改善了交通条件，还缩短了休闲者在休闲场所停留的时间，使得空间内的客流扩散更加活跃，从而能够有效地发挥积极的综合效应。此外，

---

① 资料来源：成都市规划局，2014 年 6 月。

成都市环城生态景观带已经初步建成，各大水利及湿地系统正在加速建设当中。在各大卫星城区，也将逐步构建由中心公园、大区公园、片区公园、社区公园组成的四级公园绿地体系。

截至 2015 年 5 月，成都市七大卫星城、三大公共服务圈已经正式审批通过，其中除都江堰外，其他六个卫星城正在规划建设当中。公共服务圈的构建，将有效地提高居民休闲出行的效率，刺激休闲客流在空间内的扩散，更有效地发挥休闲客流空间扩散的综合效应。与此同时，更为频繁的休闲活动与休闲扩散，也对休闲公共管理部门提出了更高的要求。

第十章　休闲产业存在的问题及对策建议

改革开放以来，伴随着世界范围内"休闲时代"的到来，人们生活水平有了明显的提高，家庭经济收入也有了大幅增加。根据马斯洛的需求层次理论，成都人的发展需求观念正在从"生存需求"向"发展需求、享受需求"转化，在物质生活不断丰富的同时，人们更多地追求精神生活的多样化。一方面，不断增长的休闲需求使成都市休闲产业得以迅速发展，另一方面，不断完善的休闲供给体系也进一步刺激休闲需求的增加。

与此同时，成都市休闲发展存在的问题也日益凸显出来。从宏观层面来讲，目前休闲产业所面临的问题主要集中在三个方面：①区域发展不协调，城乡之间、城市之间配置不合理；②产业集约化发展程度不高，产业发展缺乏长效动力机制；③完善的城市休闲公共服务体系尚未形成，距离全民型休闲目标仍有很大的差距。因此，总体来讲，要发展休闲产业，必须对症下药，坚持以区域协调化为基础，调整城乡及城市之间资源配置；加快转变发展方式，走新型集约化发展新路子；不断推进新农村与农业现代化建设进程，构建并形成以城乡一体化发展为基础的全民型公共休闲服务体系。在本章中，笔者将以宏观分析为基础，对成都市休闲存在的问题，从供给与需求的角度进行系统的微观分析；在对策建议部分，将在问题分析的基础上，对症下药，寻本溯源，从根源入手，提出针对性的解决办法。

第一节　成都市居民休闲需求存在的问题

近年来，成都市居民休闲需求不断提高，有数据显示，成都市休闲需求正在以17%的增长速度不断增加。这种不断增长的休闲需求不仅体现在休闲人群的大幅增加上，还体现在不断提高的休闲者对休闲服务质量的要求上。在休闲数量上，据统计，2012年10月，成都市休闲客流量仅休闲旅游一项就达到1668.71万人次，同比增长29.55%。项目组成员分别从性别构成、年龄构成、受教育程度、职业构成、收入状况5个方面进行了调查取样，其中还包括很大比例的隐性休闲需求，即由于受到客观因素制约，无法实现休闲目的的休闲人群需求，这也充分表明，成都市休闲需求没有得到充分释放。另外，在休闲供给方面，为了提高休闲服务质量，建设全国休闲大都市，近年来成都市相关部门积极采取措施，不断完善休闲公共基础设施，构建公共交通网络，开发利用丰富的休闲资源，极大地增加了休闲供给总量，提高了休闲供给质量。

尽管如此，成都市休闲产业发展还面临十分严峻的挑战，就目前的形势而言，还不容乐观。例如休闲需求未能完全释放，隐性休闲需求比例过大、休闲方式单一、休闲服务总体水平偏低等问题还普遍存在。因此，本书在充分分析成都市休闲需求现状与休闲供给现状的前提下，着重分析其存在的问题，研究应对策略。

从休闲需求方面讲，成都市休闲需求表现出的总体现状是：休闲人群众多，休闲需求总量大，休闲市场空间充足，但是休闲方式单一，休闲产能未能完全释放，以及长期以来广大休闲人群在休闲观念上的落后意识问题等。一直以来，成都市民十分注重休闲，这也形成了成都市浓厚的休闲氛围。根据相关数据显示，在最适宜居住和生活的城市排名中，成都市位居榜首。不少来成都的游客，都有这样一种感触：成都是一个"来了就不想走"的城市，来了就会被它的休闲环境氛围所陶醉。从休闲产业发展的角度来讲，成都市休闲产业的发展，除了丰富多样的休闲资源和优越的自然人文环境之外，主要还得益于庞大的休闲需求和休闲人群。休闲需求是休闲产业发展的重要因素，单一的休闲方式和未能完全充分释放的休闲需求，无疑会极大地阻碍成都市休闲产业的发展。

一、休闲方式单一

对于大多数休闲者来讲，休闲生活质量并不高，其主要原因就是单一的休闲生活方式。对于这一点，笔者从休闲提供者的角度进行了分析。第六章对成都市现有的休闲场所进行了详细的调查和分析，并且将所有的休闲场所归纳为六大类，还对各类休闲场所进行了空间数量统计和空间分布统计。从表面上讲，成都市现有的休闲方式十分丰富，各类休闲场所分布也相当广泛，但是进行深层次分析之后，笔者发现，丰富的休闲生活方式并不能与广大的休闲需求相符合。对各类休闲场所空间分布状况进行详细分析之后还发现，虽然成都市休闲场所分布十分广泛，但是在空间组合与搭配上，便显出明显的不均衡特征。

在成都市广大的休闲人群中，大部分休闲人群由于经济条件和自身因素等，倾向于选择自然生态类休闲，如生态公园、环城游憩带、社区公园等，也有部分经济性休闲旅游方式和大众休闲方式，如城市公园、动物园、植物园、市民休闲广场等。对此，项目调查组采取了问卷调查的方式，对成都市相关地区的1000名休闲者进行抽样调查，发放调查问卷1000份，收回864份，其中有效问卷840份，有效率为97.22%，具有参考价值和意义。调查结果如表10.1所示。

表10.1 不同休闲方式游客所占比例(%)[1]

项目	自然生态	人文休闲	时尚娱乐	健体养生	大众休闲	餐饮服务
比例	30	6	10	4	30	20

调查数据显示：成都市目前的休闲方式主要偏重于自然生态休闲场所(30%)、大众休闲场所(30%)和餐饮服务休闲场所(20%)，而其他几类休闲方式，如人文休闲场所(6%)、时尚娱乐休闲场所(10%)和健体养生休闲场所(4%)，所占比例却相对较小。

由此可以知道，就大部分休闲人群而言，其休闲方式和休闲选择是比较有限的，甚至

---

[1] 资料来源：项目组成都市休闲问卷调查资料汇编，2013年。

是单一的。造成这种单一化休闲方式的原因，除了有效供给方面，主要还是受休闲者的经济因素和休闲取向制约。有数据显示，对于成都市普通的家庭（月收入为2500~4000元），主要的休闲方式是城市公园，这些公园一般都是免费的。此外也会有少量的休闲旅游和时尚娱乐，据统计，这类休闲每月平均只有2或3次。而对于经济收入较高的家庭（月收入为4000~6000元），其主要的休闲方式包括时尚娱乐、养生会所、歌舞厅、酒吧、休闲旅游等，目前这类家庭所占比例还相对较小。

综上所述，在休闲方式上，成都市总体休闲需求还比较有限，单一的休闲方式制约了其休闲需求的发展。因此，要想扩大休闲需求，将成都市休闲产业推向新阶段，必须积极开拓多样化的休闲方式，提高居民的可支配收入。

二、休闲需求未能释放

享有"休闲之都"美誉的成都市，不仅拥有丰富多样的休闲资源及现代化休闲场所，还拥有西部最广阔的休闲需求市场。但是长期以来，成都市休闲需求并没有得到充分挖掘和开发，现阶段的休闲需求开发比较有限。本书研究中，笔者将成都市休闲需求分为显性需求和隐性需求两种，针对两种休闲需求，分别从性别差异、年龄差异、职业差异和收入差异等4个方面进行详细说明。

所谓显性需求，是指具有休闲需求的休闲者通过实际的休闲活动来满足自己的休闲需求，它是指一种客观发生的或者正在发生的休闲行为需求。而隐性需求则是指具有休闲需求的休闲者，由于受到主、客观环境的影响和制约无法实现的休闲需求，它是一种想做却没能实现的休闲行为需求。

（一）显性需求开发不充分

作为目前广泛存在显性需求，它是休闲产业发展的主要推动力量，也是目前关于休闲学研究领域的主要研究对象和研究方向。就成都市休闲发展来讲，其显性休闲需求具有总量大、发展快的特点。尤其是在近年来，伴随着成都市休闲产业的迅速崛起，其显性休闲需求也迅速扩大。但是，在这个过程中，其存在的问题也逐渐凸显出来，主要表现为显性休闲需求结构的不合理。项目组通过调查问卷的方式发放问卷1000份，收回947份，通过调查分析，笔者总结出，在性别差异、年龄差异、职业差别和收入等级4个方面，存在着比较严重的结构比例失调问题，具体表现如下。

1. 性别差异

从性别差异的角度来讲，在接受问卷调查的1000人中，男女各占一半，但是从调查统计的结果来看，显性休闲需求比例却很不平衡，如表10.2所示。

表 10.2　2013 年 6 月成都市男女显性休闲需求比例表(%)①

项目	自然生态	人文休闲	时尚娱乐	健体养生	大众休闲	餐饮服务
男性	20	30	10	20	10	10
女性	25	10	30	5	15	15

从表 10.2 的数据可以知道，在性别差异方面，男性主要的休闲需求倾向于人文休闲、养生健体和自然生态三种，女性则偏爱时尚娱乐和自然生态两种休闲需求。成都市休闲需求的这种典型特征，在休闲生活中十分普遍，这也充分表明其休闲结构是不平衡的。例如，节假日春熙路休闲商业街的巨大休闲客流量和休闲旅游景区庞大的休闲客流量，在促进休闲商业发展的同时，也显示出人们的休闲需求与休闲供给之间的矛盾，以及休闲结构的不合理。而对于休闲偏好之外的其他休闲方式，则开发不足，如男性中，明显存在自然生态、时尚娱乐和大众休闲的休闲需求比例小的问题；女性中，也存在人文休闲需求和健体养生休闲需求不足的问题。这些都是休闲需求结构不平衡的重要表现。

从整体来看，男女休闲需求比例也存在失调的问题。根据调查结果显示，在接受调查的 1000 名休闲者当中，女性每月平均参与的各类休闲生活高达 15 次，而男性平均只有 7 次。造成这种巨大差异的原因主要包括工作压力、休闲取向、交通条件和经济因素等方面。对于男性来讲，工作压力比较大，工作时间占所有可支配时间比例大，休闲时间比较少；其休闲取向也偏向于人文和养生休闲。因此，在休闲需求方面，男性的休闲需求明显低于女性，这也是现今成都市休闲需求存在的十分严重的问题。

此外，针对成都市不同性别的休闲旅游者的休闲旅游行为选择的差异性研究，杨国良在其《旅游流空间扩散》一书中，对这一问题进行了分析，并且利用统计数据加以详细说明。他指出，男性休闲者比较偏爱文物古迹，而女性则更加喜欢民俗风情、时尚购物等，在其他休闲资源方面，没有特别明显的性别差异，如表 10.3 所示。

表 10.3　不同性别休闲旅游者对成都市休闲旅游资源的选择需求(%)①

项目	山水	文物	民俗	文化	餐饮	保健	游购	节假	其他
男性	50.5	35.6	22.9	12.4	33.8	7.6	12.1	4.1	2.0
女性	51.6	33.4	24.0	12.7	36.5	7.7	16.6	4.9	2.2

这一组数据与本项目组的统计数据具有相当高的吻合度，这也充分说明，不同性别的休闲者对休闲选择存在差异，在休闲需求结构上存在明显的差异。而且，就男性或者女性一方来讲，其休闲需求结构也是不均衡的。

2. 年龄差异

笔者将年龄差别划分为 6~18 岁、18~30 岁、30~40 岁、40~50 岁、50~60 岁、60 岁以上 6 个阶段。其中，6~18 岁的 200 人，占总人数的 20%；18~30 岁的 200 人，占总

---

① 资料来源：项目组成都市休闲问卷调查资料汇编，2013 年。

人数的 20%；30～40 岁的 200 人，占总人数的 20%；40～50 岁的 200 人，占总人数的 20%；50～60 岁的 100 人，占总人数的 10%；60 岁以上的 100 人，占总人数的 10%。不同的年龄阶段，其休闲需求也存在差异，具体表现如表 10.4 所示。

表 10.4　2013 年 6 月成都市不同年龄阶段休闲需求差异表[①]

项目	6～18 岁	18～30 岁	30～40 岁	40～50 岁	50～60 岁	60 岁以上
月平均休闲次数/次	17	6	5	9	11	4
占比/%	32.7	11.5	9.6	17.3	21.2	7.7

根据表 10.4 中的数据显示，6～18 岁年龄阶段的休闲者休闲需求最大，月平均休闲次数高达 17 次，占 32.7%；50～60 岁阶段的休闲者休闲需求第二，月平均休闲次数达到 11 次，占 21.2%；其余阶段的休闲人群月平均休闲次数较少。

表 10.4 可以直观地反映出以下问题。

(1) 不同年龄阶段的休闲结构比例严重失调，18～50 岁的中、青年工薪阶层和 60 岁以上的老年人的显性休闲需求明显不足。然而，在社会人口组成结构中，18～50 岁的中青年人，是社会人口构成的主要部分，占大多数。因此，他们的休闲需求关系整个休闲产业的发展。事实上，成都市这一年龄阶段的休闲人群也具有很强的休闲需求，但是由于受到工作、经济、社会、家庭等诸多因素的影响，特别是工作时间与休闲时间之间长期存在的矛盾，使得他们无法选择良好的休闲生活方式，休闲生活质量普遍不高。

(2) 老龄化休闲危机。所谓老龄化休闲危机是指，随着社会进入老龄化社会，社会老龄人口不断增加，而相对应的老龄休闲却没有得到关注和重视，甚至出现老龄休闲空白的局面。根据表 10.4 数据显示，成都市目前 60 岁以上的老龄休闲者月平均休闲次数只有 4 次，只占 7.7%，这一比例是十分小的，也反映出老龄休闲的问题正在逐渐出现。随着我国老龄化步伐的不断加快，成都市也出现了一定程度上的老龄化趋势。根据成都市相关部门统计数据显示，截至 2011 年底，全市 60 岁以上老年人口为 213.98 万，占全市户籍总人口的 18.39%，比全国平均水平高 4.69%。而且每年增加约 10 万人、增长 0.7 百分点。根据预测，到 2015 年全市 60 岁以上老年人口将达到 244.8 万，占全市户籍总人口的 19.2%以上，其中 80 岁以上老年人口将达到 37 万，占全市户籍老年人口总数的 15.1%[②]。因此，加快建设老龄休闲基础建设，弥补老龄休闲的空白，也变得越来越重要。

3. 职业差异

从职业差异的角度来看，成都市不同职业的休闲者对休闲资源的选择需求存在明显不同，主要倾向于自然生态、大众休闲和餐饮服务 3 个方面。但是，不同职业的休闲者，其休闲需求结构十分不平衡，造成对一些休闲资源需求高、而对另一些休闲资源需求低的状况，如表 10.5 所示。

---

① 资料来源：项目组成都市休闲问卷调查资料汇编，2013 年。
② 资料来源：2012 年 10 月 18 日，华西都市报，成都市民政局副局长刘永昌报告。

表 10.5　成都市不同职业休闲者对休闲资源的选择需求(%)①

项目	自然生态	人文休闲	时尚娱乐	健体养生	大众休闲	餐饮服务
农民	15	15	15	5	20	30
学生	30	15	15	5	15	20
商业人员	15	10	25	25	15	10
教师	25	20	10	10	15	20
工人	15	5	15	10	30	25
其他	20	10	20	10	20	20

与大多数休闲资源类似，不同职业休闲者的需求差异也普遍存在，这也充分表明，职业上的休闲需求没有被完全释放。特别是近年来，随着休闲方式的多元化趋势不断加强，以及社会生活水平的不断丰富和提高，人们对休闲生活的需求也越来越大，这种不断变化的休闲需求结构就集中体现在人们休闲选择需求的变化上。长期以来，成都市广大休闲者都比较倾向于自然风光、大众休闲、餐饮服务及时尚娱乐等休闲方式，在其他休闲方式需求方面，则相对比较缺少。虽然目前，这种不平衡的休闲需求结构正在发生结构变化，逐渐趋向均衡化，但是这是一个比较漫长的过程，因此休闲需求没有完全充分释放的局面依然还会在较长的一段时期内存在。

4. 收入差异

收入水平在很大程度上决定了休闲者的休闲选择。一般来讲，高收入人群对休闲生活的要求比较高，但是对休闲生活的需求却并不高；中高收入人群对休闲生活的要求一般，但是对休闲生活的需求却相当高；而低收入人群对休闲生活基本没有什么要求，其休闲生活的需求也一般。笔者对成都市不同收入水平的休闲人群进行了调查研究，发现成都市也存在这种现象。具体体现在 3 个方面。

(1) 对于高收入休闲人群，即高要求、低需求。这类休闲人群主要追求高端的休闲娱乐方式，对休闲生活质量的要求十分高，对休闲服务质量的要求也十分高。但是，从休闲需求的角度来看，他们的休闲需求却并不高。因此，对于这类人，我们应该注重开发他们的休闲需求。

(2) 对于中高收入休闲人群，即中高要求、高需求。这类休闲人群在休闲人群中占大多数，是休闲主体的主要构成群体。这类休闲人群存在的主要问题是休闲方式单一、休闲需求结构不合理问题，虽然他们对休闲生活具有高需求，但是这种需求结构存在严重的失衡，其他休闲方式的需求并未得到释放和开发。

(3) 对于低收入人群，即低要求、低需求。经济条件严重地制约着这一部分具有休闲需求的人群的休闲选择，低需求来源于低收入，因此在休闲需求方面，他们是主要开发的对象。目前，成都市相当一部分人都在中低收入行列，从隐性休闲需求的角度来讲，这一部分人最具有休闲需求的开发潜能。

---

① 资料来源：项目组成都市休闲问卷调查资料汇编，2013 年。

（二）隐性需求庞大

显性休闲需求是休闲研究的重要方面，也是目前休闲产业发展的主要力量，但是要想更好地发展休闲产业，还必须充分开发隐性休闲产能及隐性休闲需求。就成都市休闲发展来讲，与显性休闲需求一样，其隐性休闲需求也具有总量大、发展迅速的特点。尤其是在近年来，伴随着成都市休闲产业的迅速崛起，以及休闲生活的不断丰富化、多元化趋势的不断加强，其隐性休闲需求也迅速扩大。但是，在这过程中，其存在的问题也逐渐凸显出来，最主要的问题就是隐性休闲需求的比例在不断增加，这意味着，在成都广大休闲人群中，休闲生活滞后的人群比例在不断增加。项目研究组通过调查问卷的方式发放问卷 1000 份，收回 947 份，通过调查分析，笔者总结出，在性别构成、年龄差异、职业差别和收入等级 4 个方面，存在着比较严重的隐性休闲需求比例增加的问题。在研究隐性休闲需求的问题上，笔者主要借鉴"五级赋值法"的相关理论，即极为需要、一般想要、无所谓、不需要、根本不需要 5 种，具体表现如下。

1. 性别差异

根据项目组对成都市 1000 名休闲者（其中男女各占一半）进行的调查结果显示，男性和女性都有相当大的隐性休闲需求，两者相比，男性的隐性休闲需求高于女性的隐性休闲需求，如表 10.6 所示。

表 10.6 成都市不同性别的休闲者隐性休闲需求调查表(%)[①]

项目	性别	极为需要	一般想要	无所谓	不需要	根本不需要
自然生态	男性	36.8	25.6	21.7	11.4	4.5
	女性	35.0	22.4	25.3	12.2	5.1
人文休闲	男性	37.4	24.7	25.3	10.4	2.2
	女性	23.5	24.8	31.7	15.5	4.5
时尚娱乐	男性	27.8	30.4	32.6	7.0	2.2
	女性	35.5	30.4	24.3	8.7	1.2
养生保健	男性	34.1	30.4	28.7	4.3	2.1
	女性	19.6	27.9	40.0	8.2	4.3
餐饮服务	男性	35.7	23.6	26.3	12.3	2.1
	女性	38.6	29.7	22.0	8.1	1.6

根据这一组数据显示，成都市不同性别的休闲人群对各类休闲方式都存在相当高的休闲需求。其中，极为需要和一般想要占有大部分比例，这也反映出成都市目前还存在相当

---

① 资料来源：项目组成都市休闲问卷调查资料汇编，2013 年。

一部分的隐性休闲需求，同时也说明，成都市的休闲需求并没有得到完全充分释放，相当一部分人的休闲生活处于滞后发展状况。另外，男性和女性相比，男性的隐性休闲需求高于女性，这表明男性的休闲生活落后于女性，但是也具有巨大的发展开发潜力。

综上所述，目前，成都市男性休闲者和女性休闲者都还存在相当大比例的隐性休闲需求，而且，男性的隐性休闲需求略高于女性，即休闲需求没有得到充分开发和释放。

2. 年龄差异

从年龄差异的角度来讲，不同的年龄阶段，其隐性休闲需求也有所不同。根据项目组进行的抽样问卷调查发现，成都市各个年龄阶段的休闲人群都有相当高的隐性休闲需求，主要表现为极为需要和一般想要所占的比例大，如表10.7所示。

表 10.7　成都市不同年龄阶段的休闲者隐性休闲需求调查表(%)[1]

项目	极为需要	一般想要	无所谓	不需要	根本不需要
6～18 岁	34.3	30.4	26.8	4.5	4.0
18～30 岁	40.3	28.5	22.2	7.3	1.7
30～40 岁	37.1	30.6	25.3	7.0	0.0
40～50 岁	41.4	27.0	25.3	6.0	0.3
50～60 岁	25.5	37.6	30.1	5.1	1.7
60 岁以上	50.3	26.6	15.3	5.5	2.3

根据表 10.7 中的数据显示，成都市各个年龄阶段的休闲人群都有着相当大比例的隐性休闲需求，其中 18～50 岁的休闲者占大多数比例。另外，值得注意的是，在不同年龄阶段的休闲人群中，60 岁以上的老年人所表现出的隐性休闲需求甚至高于其他年龄阶段的休闲人群，这也正反映出目前成都市不同年龄阶段的休闲人群休闲生活质量并不高，休闲需求没有得到真正的满足。

隐性休闲需求在年龄上的表现尤为明显，一方面，对于 18～50 岁的工薪阶层来讲，其工作时间占据着个人可支配时间的大部分比例，加之工作压力、社会压力、家庭压力等因素的制约，其休闲时间也十分紧缺，休闲需求长期得不到满足。另一方面，对于 50～60 岁以及 60 岁以上的老年人来讲，由于自身因素和家庭、社会因素的影响，一般只能为其提供社会养老或者社区养老服务。而就目前的条件，成都市社会养老服务的质量和水平都还不够高。因此，对于这一部分老龄休闲人群，其休闲需求也是很大的。

总体来讲，成都市各个年龄阶段的休闲人群都存在着很大比例的隐性休闲需求，随着社会经济的发展，这种比例还会有继续扩大的趋势，这也是目前成都市休闲发展所面临的重要问题。

---

[1] 资料来源：项目组成都市休闲问卷调查资料汇编，2013 年。

3. 职业与收入差异

职业的不同，其隐性休闲需求的程度也不同，这主要取决于职业工作的性质和工作的内容，以及收入水平。笔者针对职业收入差异的问题，将不同的社会职业分为农民、学生、商业人员、教师、工人和其他无法归类的人群6种。在收入差异上，按照收入水平由高到低排序：商业人员、工人、教师、农民、其他、学生，学生基本上属于无收入人群，但是在研究隐性休闲需求的问题上，却表现出其明显的特点，如表10.8所示。

表10.8 成都市不同职业的休闲者隐性休闲需求调查表(%)[①]

项目	极为需要	一般想要	无所谓	不需要	根本不需要
农民	3.9	21.4	26.9	34.1	13.7
学生	17.3	31.3	35.5	12.3	3.6
商业人员	37.2	27.3	24.7	5.6	5.2
教师	20.6	45.0	26.7	5.1	2.6
工人	18.6	37.2	27.7	10.3	6.2
其他	31.7	25.7	26.9	10.3	5.4

根据表10.8中的数据显示，成都市不同职业、不同收入的休闲人群，在隐性休闲需求上存在着较大的差异，总的来讲，高收入职业以及中等收入人群，其隐性休闲需求明显偏高。另外，作为学生这一个比较特殊的人群，也存在着相当大比例的隐性休闲需求。从这个角度来讲，不同职业、不同收入的社会休闲人群，也存在着比较严重的休闲问题，即休闲生活滞后，休闲需求没有得到比较好的满足，隐性休闲需求大。

综上所述，隐性休闲需求是反映人们休闲生活质量与休闲满意度的重要指标，隐性休闲需求直接反映休闲存在的问题，其中最重要的一点就是社会休闲需求是否得到充分释放和开发。从以上几个方面来讲，成都市目前存在着相当比例的隐性休闲需求，这充分表明，成都市广大休闲人群的休闲需求并没有得到完全释放，休闲生活质量和休闲生活满意度还普遍不高的问题依然存在。

三、休闲观念陈旧落后

休闲观念是指长期形成的一种对休闲活动内在含义的认识与理解，它是决定休闲者休闲决策的内在根本原因。长期以来，成都市及其相邻卫星城等地区的人们十分注重休闲，因此也形成了成都人独有的休闲文化底蕴与休闲气息，这也正是成都市成为我国乃至全世界都著名的休闲之都的重要原因。休闲观念与休闲意识的发展水平直接决定休闲活动的水平，也影响着整个休闲产业的发展，是休闲学研究领域应该值得重视的重要问题。

[①] 资料来源：项目组成都市休闲问卷调查资料汇编，2013年。

成都市作为全国著名的休闲之都,一直以来都以其丰富多样又独具地方特色的休闲文化而闻名,但是除了前文中所提到的休闲方式单一与休闲需求未能完全释放等方面的问题之外,从休闲观念的角度来讲,成都市广大休闲人群在这一方面也存在严重的问题。特别是在近年来,随着成都市城市化进程的不断加快,以及休闲时代浪潮的掀起,成都市广大休闲人群在休闲观念上还比较落后。总的来讲,成都市广大休闲人群的休闲观念还主要趋向于传统的相对落后的物质性享受休闲,而更接近现代化生活的健康休闲、生态休闲、文明休闲等休闲观念还没有形成,这一点可以通过前文中笔者对成都市及其相邻地区部分休闲人群休闲生活方式选择所做的相关调查研究结果得到验证。

对于成都市休闲人群的休闲观念问题,项目研究组于2013年9月对成都市及其相邻卫星城的部分休闲者做了一个调查,调查结果显示:在接受调查的1000人中,超过55%的休闲者对休闲本身并不太了解,还有将近34%的休闲者不了解休闲,11%的人群拥有较高水平的休闲知识。另外,在休闲方式的选择方面,基本上是以休闲旅游、餐饮服务和时尚购物为主要方式,在养生健体、文化艺术等方面还十分稀少,这也反映出了成都市广大休闲人群在休闲意识观念上的相对落后状况。

另外,近几年来,随着青年休闲人群比例的不断增大,青年人群的休闲问题也日益突出,这一问题在成都市也表现得相当明显。青年休闲的主要问题主要表现为休闲观念的滞后。在成都市广大休闲人群中,青少年人群占据着相当大的一部分比例,在这一部分休闲人群中,存在着相当一部分休闲观念滞后的人群,主要表现为:休闲方式单一,休闲习惯落后,休闲生活质量不高。在接受调查的500人中,有将近38%的青少年选择"宅"休闲,他们认为休闲的最佳方式就是宅在家里,或者睡觉、打游戏等。在大学生调查组当中,超过58%的大学生选择这一休闲生活方式,空余时间几乎都是在寝室或者网吧度过。这些都反映出同一个问题,那就是成都市广大休闲人群在休闲观念上还有待提高。

第二节 成都市居民休闲供给存在的问题分析

从一定程度上讲,休闲供给决定休闲需求,决定休闲生活的质量和水平。因此,什么样的休闲供给就有什么样的休闲生活。但是事实上,休闲供给的决定性作用并不仅仅是直接的一次性影响,而是多层次、多方面的深远影响。因此,有效地解决休闲供给方面存在的问题,建立并完善提供高质量、高水平的休闲产品或服务供给体系正是成都市休闲产业发展过程中必须重视和关注的重点。

长期以来,我国休闲产业在发展思路上一直采取"低产能、低利用、低水平、低创新"的粗放型发展模式。特别是在休闲旅游业方面,休闲产品单一、产品同质化、缺乏文化内涵与创新性等问题十分严重。"重数量,轻质量"成为我国休闲旅游产业发展的诟病,广大旅游休闲开发商盲目开发,忽视服务质量、配套设施、文化内涵等方面的建设,开发过程中往往伴随着严重的资源浪费和环境污染等问题。

对于成都市休闲供给方面存在的问题,笔者主要从6个方面进行分析,即:供给总量小，有效供给不足(供给结构不合理)；供给产品同质化严重，差异化不足，缺乏创新元素(基础设施不健全、不完善，服务质量不高，缺乏文化内涵等)；休闲资源空间布局不够优化；交通结构不合理；休闲企业自身问题与缺陷(恶性竞争严重、从业人员素质低下)；成都市休闲供给与需求失衡问题。

一、休闲供给总量小，休闲产能未能完全释放

四川省拥有丰富的休闲资源和广阔的休闲市场，特别是以成都为典型代表的"西部休闲之都"，为四川省休闲产业的发展奠定了基础。"十一五"规划以来，四川省逐步确立加快建设"休闲强省"的战略目标，为休闲产业的发展提供了强有力的政策制度保障。但是，从休闲需求的角度来分析，四川省还面临着休闲产能开发不充分等问题，男女休闲人群比例不协调、老龄休闲者比例增加、二线三线城镇及农村休闲市场滞后、不同行业与层次的休闲人群比例失调等问题日益突出。同时，随着现代生活节奏与生活工作方式的不断革新，造成隐性休闲需求的比例不断加大，休闲产能未能完全释放，严重制约着四川省休闲产业的发展。

成都市休闲产品的供给是伴随着休闲产业的发展而不断产生并丰富化的，这与成都市休闲产业的发展有着密切的关联。20世纪80～90年代初，成都市休闲产业的产品供给主要依赖自然的山水风光，或名胜古迹景观，这一时期，在改革开放政策的引导下，大量的外国游客来到中国，极大地促进了我国旅游休闲业的发展。同时期，成都市的休闲业也逐渐迎来发展的春天。这一时期，以自然景观为主体的休闲产品供给占据主导地位，这类休闲产品具有"投入少、效果好、收益高"的经济特性，这也对成都市休闲产业的发展起到加速和推动作用。

但是，随着休闲业在世界范围内的不断兴起和新发展，以"多元化休闲"和"创新型休闲"为主题的休闲时代的到来开始冲击着这种相对比较落后的自然风景休闲产品供给体系和经营模式。特别是在进入20世纪90年代后，成都市乃至当时我国普遍实行的这种单一的粗放式休闲供给弊病越来越突出。在新概念休闲的冲击下，成都市许多休闲企业出现了严重的"增产不增收"的状况，整体经济效益也在不断下滑，有的企业甚至倒闭。据有关数据显示，20世纪90年代初，成都市休闲行业的平均利润率基本保持在10%左右的水平，而在90年代末期，成都市休闲产业的平均利润率降低到只有1.9%的水平(陈红梅 等，2002)。这是单一化休闲产品供给体系在经济效益方面的直接体现，也催生了成都市休闲行业未来的产品供给制度的改革和优化。

长期以来，成都市虽然以"天府之国""巴蜀名都"的丰富的自然、人文底蕴吸引着人们的关注，但是成都市休闲产业的发展脚步却远远没能跟上时代的步伐，特别是在休闲产品的供给方面。对于这一点，笔者根据2005年国家旅游局的相关数据得知：2005年，在旅行社全国100强中，成都市仅有4家，其中有3家是国家旅行社：成都市中国青年旅行社、成都市海外旅游有限责任公司、成都熊猫旅游集团国际旅行社股份有限公司、成都春秋旅行社，并且这些跻身全国100强的旅行社大多排名在40名之后。休闲旅游是休闲的一种主要形式，长期落后的休闲旅游产业也反映出成都市休闲产业发展的

严峻形势。休闲企业是休闲产品的主要提供者,因此也从侧面反映了成都市休闲产品供给的缺陷和不足。

根据前述分析,我们知道:从休闲产业方面来讲,成都市各类休闲企业还相对较少。有数据显示:1998~2008年,成都市休闲企业从735家增加到3048家,增加了2313家。而2008年以来,截至2012年12月,成都市休闲类企业仅仅增加了75家,而且这种增长趋势在以成都市为中心、辐射雅安、宜宾、南充、遂宁、广安、巴中等城市的休闲扩散空间体系中也比较明显。因此,成都市休闲行业正在出现滞后发展的趋势。

另外,从政府休闲公共产品供给方面来讲,成都市政府休闲公共产品供给还明显不足。这一点,我们可以从成都市现有的休闲公共服务体系、休闲资源空间布局结构、休闲场所公共管理等多个方面进行分析。目前,成都市休闲领域依然存在休闲供给结构上的诸多问题和不足,主要体现在3个方面。

(一)休闲公共服务体系不健全

目前,我国大多数城市还没有形成完善的休闲公共服务体系,主要表现为:①休假制度保障体系尚不健全,贯彻落实力度有待加强;②城市功能分区体系问题严重,"区域式"发展使生产、生活、休闲三大空间相互隔离,产城分离趋势日益加剧;③城市交通体系仍不完善,高铁、高速、航空"三位一体"的公共交通体系尚未形成;④公共休闲供给体系相对滞后,都市休闲空间不足,配套设施缺乏等。

众所周知,成都市拥有丰富多样的休闲资源,并且以"休闲之都"闻名,但是在休闲公共服务体系上,却尚不足以做到名实相符。例如,成都市现有的各类休闲场所、休闲公园、休闲旅游景区、休闲游憩带、休闲农家乐等,甚至是商务休闲场所,都存在相当严重的休闲服务不到位、服务水平偏低的现象,特别是在休闲旅游景区、休闲农家乐和休闲公园等公共场所,这种现象尤为突出。造成成都市休闲服务水平不高的原因是多方面的,但是从根源上来分析,主要是休闲从业人员整体素质不高,缺乏专业化知识和专业化培养。例如,成都市周边地区和郊区分布的特色农家乐,由于从业人员大多来自本家族或者当地廉价农村劳动力,他们缺乏专业知识,也没有接受过专业化技能培训,因此在提供休闲服务的过程中存在十分严重的问题,影响了休闲农家乐的整体发展水平。

(二)休闲资源空间布局结构不合理

休闲资源空间布局结构也影响着成都市休闲供给的水平,在本书中,笔者已经对成都市各类休闲资源的空间布局进行了调查和分析,比较详细和全面地掌握了成都市现有的休闲资源空间分布状况,这对于我们分析成都休闲资源空间分布结构存在的问题具有重要意义。第六章中,笔者分别对茶楼、咖啡、酒吧、酒廊、水吧5类休闲场所进行了空间描述,就这5类休闲场所而言,也存在比较明显的空间分布结构不合理现象。从整个以成都市为中心的休闲辐射区域来看,这种现象也是普遍存在的。例如,成都市区的休闲场所众多,分布广泛,而二线地区如(南充、都江堰、绵阳等地)则显得相对有限,特别是在距离成都市较远的地区,表现得更为明显和突出。例如,在南充,各类休闲场所比较有限,分布状况也有待完善。

欠完善的休闲资源空间布局结构在很大程度上影响了休闲供给水平，随着休闲需求的不断扩大，休闲资源空间布局与人们日益增长的休闲需求之间的矛盾也越来越突出，严重地制约着成都市休闲业的发展。

（三）休闲公共管理水平低下

成都市休闲供给总体水平不高，这与其相对应的休闲公共管理模式与水平有着紧密的联系。长期以来，我国的休闲公共管理落后于西方发达国家，管理过程缺乏经验，也缺乏科学有效的理论加以指导，再加上长期以来的文化差异，我国的休闲公共管理总体呈现出管理水平不高的局面。在成都市休闲公共管理中，同样存在类似的问题。例如，在休闲公园与休闲旅游景区内，由于缺乏有效的管理，在休闲客流的休闲活动中，常常出现环境污染、生态破坏等问题，特别是在我国法定节假日期间，由于休闲客流量的大量增加，给当地生态环境带来的压力也在不断增加。

落后的休闲公共管理制约着休闲供给的发展和完善。一方面，政府休闲公共管理者对休闲资源的管理影响着休闲资源的总体水平，休闲资源是休闲的载体，从供给的角度来讲，休闲供给主要就是指提供高质量的休闲空间和服务，而这些服务主要依赖于休闲资源，因此，休闲资源的水平很大程度上决定了休闲供给的水平。另一方面，休闲公共管理还包括对休闲企业的管理，休闲企业是休闲服务和休闲产品的主要提供者，因此对休闲企业的管理也是十分重要的。目前，成都市政府休闲公共管理正在不断趋于完善，不仅加强了立法管理，同时还进行以人为本的新型管理模式。但是，就总体水平来讲，还有待提高，管理过程中的不全面性、管理盲区、管理混乱等问题还广泛存在。

二、休闲产品同质化严重，基础设施不健全

我国的休闲产业在休闲旅游产品开发方面存在着共有的缺陷和不足，其中就体现在供给产品同质化，缺乏创新元素方面。在成都市休闲领域中，这类问题也表现得相当明显。特别是在休闲旅游产品开发中，各地旅游产品开发都不同程度地存在着千篇一律、缺乏个性化特征的问题，造成了休闲旅游产品同一化、产品包装同质化等问题，缺乏针对性和适应性。随着休闲需求的不断扩大，以及休闲文化的不断发展，世界各国也在逐渐进入休闲时代。伴随着休闲时代的到来，人们对休闲的需求也在不断提高，从以往简单的低层次需求，逐渐向高端多元化需求转变，不仅对休闲方式提出了更高的要求，而且对休闲服务的质量也提出了高要求。因此，休闲产品同质化、缺乏创新性元素的问题无疑是制约未来休闲产业发展的重要瓶颈，从一定程度上讲，休闲创新是未来休闲产业竞争的决定性因素。

（一）产品同质化问题严重，缺乏创新元素

成都市拥有丰富多样的休闲资源，既有传统的茶馆、棋牌、古蜀文化等，又有与时代接轨的现代化休闲方式，如酒吧、水吧、KTV、养生会所、咖啡馆、活动中心等。在书本研究中，笔者不仅对成都市现有的休闲场所进行了分类，还对各类休闲场所、休闲商家进

行了空间数量的统计,以休闲活动的性质和内容将其划分为 6 类,分别是:自然生态休闲场所、人文休闲场所、时尚娱乐休闲场所、健身康体休闲场所、城市大众休闲场所和餐饮服务休闲场所。另外,项目组还对各类休闲场所的空间数量进行了统计,其中包括:茶水酒吧类 5173 个,占成都市休闲空间数量的 42.15%,;餐饮类 3554 个,占成都市休闲空间数量的 28.95%;休闲游乐类设施 1683 个,占成都市休闲空间数量的 13.71%;歌舞会所类设施占成都市休闲空间数量的 5.56%;人文瞻拜类设施占成都市休闲空间数量的 2.44%;运动健身类设施占成都市休闲空间数量的 6.21%;影剧类占成都市休闲空间数量的 0.98%。这些调查统计不仅比较详细地描述了成都现有的休闲场所数量状况,还从空间分布上进行了描述。

虽然成都市目前拥有丰富多样休闲场所,在数量上占有一定的优势,但是就其内部开发利用而言,却还明显不足,着重体现在休闲产品的开发上。据调查,在成都市现有的休闲场所、休闲商店中,就同类休闲场所而言,同质产品或者类似产品占到了休闲产品总量的 58.4%。甚至是在整个休闲产业领域,都存在着严重的模仿之风。例如,在休闲旅游中,各大休闲旅游场所开发的产品或者服务,都趋于同一化,如在洛带古镇、阆中古城等,除了仅有的几种产品具有当地的风格外,其他几乎所有产品都是一样的。同质化的休闲产品对消费者的吸引力十分有限,影响力也比较有限,更为严重的是,同质化休闲产品会极大地影响休闲者的休闲知觉,给休闲者留下一种"来了一次就不想再来"的感觉,甚至是"后悔、反感",而不是"来了就不想走,来了一次还想再来"。在休闲产品开发过程中,越来越多的商家忽视多元化的理念,转而追求高端设计,在档次上加以提高。近年来,在成都市,这种趋势也是越来越明显。追求高档,在一定程度上有利于提高产品质量,但是却使休闲客流受到更多限制,违背了休闲的大众化特征,同时也难以体现产品文化特征,缺乏应有的个性和特色。

针对休闲产品单一的问题,曾经出现过一个疑问,那就是:四川除了九寨沟、峨眉山、都江堰,还有什么?这就是休闲供给产品单一、老化的例证。成都市现有的休闲产品,如九寨沟、峨眉山、三星堆等,都已经具有很高的知名度,其开发程度也接近极致。但是新颖的、具有市场号召力的梯度休闲产品没能适时推出,产品单一、老化趋势正在冲击着成都市休闲市场。

(二)基础设施不健全,管理水平低下

在休闲资源开发过程中,最关键的就是做到环境与文化的保护与相互融合,保持地区自然环境的独立性与原创性,维持传统文化的原始特色。但是随着现代化休闲开发的不断扩展,人们对自然环境的改造已经远远超出了极限,这种过度的改造无疑是对原生态自然环境的极大冲击与破坏。在文化涵养建设方面,文化与商业的关系越来越紧密,文化甚至成为一种商业工具,这种商业化的文化也逐渐失去了其原有的内涵与意义,归根结底是文化的丧失与沦落。因此,如何在深度开发成都市休闲资源的同时,又能兼顾减少休闲客流及其空间扩散活动对生态环境造成的压力,从而进一步降低其对环境的破坏,这是成都市休闲产业发展过程中一个不容忽视的问题。

1. 休闲景区、休闲场所缺乏有效管理

有效的管理是休闲产业发展的重要决定因素。在成都市休闲资源公共管理过程中，管理不到位、管理水平不高以及管理欠妥等问题还比较普遍。就大众休闲来讲，各类休闲景区、休闲公园是大众休闲青睐的重要休闲方式，但是由于缺乏有效管理，许多休闲景区、公共交通随意涨价。因此，成都市的休闲产品仍是高成本、低效率的大众化产品。其中，"门票经济"在这一类问题中表现得十分突出。据相关数据显示，在假日休闲高峰期，九环线四日游、都江堰两日游、青城山两日游、成都市内一日游及乐山两日游等短时间休闲方式，占休闲景区、休闲公园门票总收入的50%～60%，可见"门票经济"的泛滥。

与欧美国家相比，成都市的休闲成本与休闲者的消费支出明显偏高，其原因在于欧美国家十分注重休闲基础设施建设和管理水平的提高，特别是在休闲产品的开发上，更是超过了成都市一般水平。而成都市管理的不完善造成了严重的物价不符问题，所开发的休闲产品的质量与价格相背离，出现"低质量、高价格"矛盾，从而影响了成都市休闲的整体形象。

2. 休闲投入少，基础设施不健全

虽然成都市一直专注于"休闲城市""休闲之都"的打造，但是与其他省市相比，仍然有所不足。据相关统计数据显示，成都市平均每年用于休闲资源公共基础设施建设的专项资金只有2000万元，其中并不包括公共交通建设。严重的资金短缺，制约着成都市休闲产业和休闲公共管理的发展。

在成都市区内，政府相关部门并不能全面地关注各个区域的协调建设和发展，例如老城区和高新区不能同时兼顾，因此就成都市而言，其休闲公共建设也存在不平衡的状况。根据调查，老城区的休闲公共基础设施普遍陈旧，而且十分不健全，也没有良好的公共交通条件；在高新区，各项休闲基础设施相对比较健全，而且在各个休闲场所、休闲公园之间有比较畅通的公共交通网络相连。成都市目前仍然有相当一部分地区缺乏完善的休闲基础设施，这也是成都市相关部门所面临的一个重要问题。

(三) 商业气息浓厚，缺乏文化涵养

随着休闲经济的发展，休闲的商业化趋势也在不断加强。商业化休闲的发展极大地促进了休闲经济的发展，对于推动区域经济的发展、提高人们的收入水平和生活水平、缓解社会就业压力等诸多方面具有重要意义。但是，越来越多的人也在思考关于休闲本质的意义的问题，越来越多的人认识到，休闲的商业化趋势正在吞噬着休闲本身的文化内涵。

追求商业利润，使得休闲活动与其本质相互背离，人们并不是在享受休闲活动带来的放松和愉悦感，而是间接地充当了商业化休闲的直接受害者和高昂的休闲消费承担者。休闲活动与人们的生活息息相关，休闲文化的内涵也直接关系人们生活文化的方方面面。近年来，成都市逐渐兴起了"生态休闲""文化休闲"等新型主题休闲，其主要目的就在于恢复休闲活动的文化内涵与本质，提倡"文明休闲"。但是就目前的形势来看，长期形成的商业化休闲产品模式依然十分盛行，短期内这种局面很难得到彻底的改变。

综上所述，成都市休闲供给产品同质化严重，差异化不足，缺乏创新元素。在基础设施建设上还不够健全、不够完善，在休闲服务质量上还有待提高，休闲产品的商业化趋势导致严重的文化内涵缺失等问题。

三、休闲资源空间分布不均匀，产业化发展不协调

从全国来看，我国休闲产业区域发展不协调问题由来已久。受地理环境差异与政治经济等多种因素的影响，我国休闲产业从一开始就呈现出区域发展不协调问题，主要表现为东西部差异和城乡发展不协调，东西"梯级化"与城乡"两极化"发展特征十分突出。从宏观角度来讲，我国东部沿海城市休闲产业较为发达、分布相对集中，而中西部地区则相对落后；中心城市发展水平较高，农村地区相对落后。中西部、城乡区域之间，休闲产业的发展水平、分布状况明显不协调，特别是城乡差异化特征。此外，"生产空间"、"生活空间"及"休闲空间"的空间配置不协调，使得城市"睡城效应"日益加剧，极大地增加了流动成本。

从全省范围来看，自2010年以来，伴随着四川省三大产业结构的重大变化，第三产业比例呈现出持续下降的态势。目前，四川省休闲产业所占行业比例仅为36.7%，并且还有下滑的趋势。全省范围内包括所有大中城市、乡镇地区在内的广大区域，休闲产业的发展是极不平衡的，休闲产业的空间分布也是十分不均匀的。据统计，目前四川省大多数休闲企业主要分布在成都、川南、川东北、攀西和西北五大经济区，其中又以成都和川南为主要集中区域，成都市及其卫星城区休闲产业所占比例达58.6%；区域内休闲产业发展状况也多有不同，存在着较大的差距。另外，城乡之间、城市之间，休闲产业的发展水平、分布状况也明显不协调，特别是城乡差异化特征。就成都市而言，这种分布不均还集中体现在"生活空间"、"休闲空间"和"生产空间"的空间配置不协调。由于地理环境因素的制约，除了市区内的休闲资源分布相对比较集中外，其他的休闲资源在空间分布上都十分分散，城市之间也是如此。另外，公共交通网络的发达和完善程度也是造成城市之间、地区之间、各类休闲资源之间空间分布相对分散的重要原因。在空间布局上，以成都市为中心的休闲资源空间分布表现出明显空间布局不合理的特点，如图10.1所示。

图10.1中着重指出了成都市和都江堰两大地区，但实际上都是以成都市为中心展开的。除市区内的休闲资源外，基本包括了以成都市为中心的各级休闲场所，如：0～100km区域的宝光寺、望丛祠、金雁湖、金马太极地旅游区、龙泉驿区风景旅游区等；100～200km区域的都江堰、蓥华山风景区、九峰山风景区、青城山、九龙沟、西岭雪山等；200～300km区域的大熊猫繁殖基地、龙池国家森林公园、天台山风景区、朝阳湖风景区、蜀南竹海、自贡，以及雅安、芦山、汶川等。这些休闲场所分散地分布在以成都市为中心的广阔区间内，空间布局表现出明显的不合理现象，其空间配置、区域内组合都存在着不同程度上的不足，不能很好地满足休闲者的休闲期望与需求。

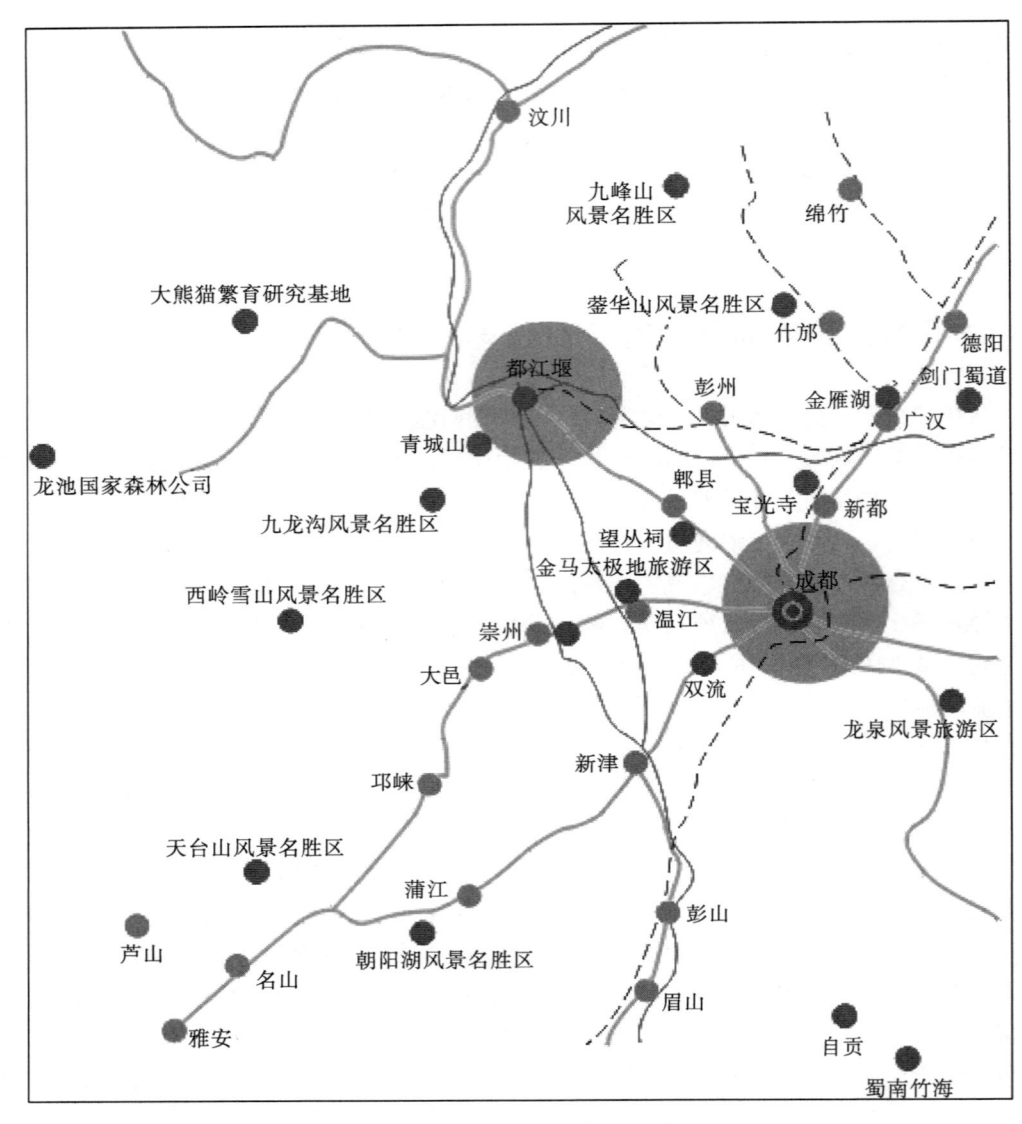

图 10.1　休闲资源空间分布图[①]

四、交通通达度不高，交通结构有待完善

休闲活动，特别是休闲客流的空间扩散，是一项扩散空间范围较广、扩散路径多样的社会活动，它必须依赖完善、便捷的交通网络。交通条件，在休闲者的休闲决策中扮演着重要的角色，常常作为决定是否进行休闲活动的重要因素。笔者在研究休闲供给中的交通条件时，主要强调休闲的"可进入性"特征，即休闲客流在休闲活动过程中能够实现"进得来、散得开、出得去"（费怡晖，2008），具体是指休闲场所与外界或者各类休闲场所之间的交通通达度，以及休闲场所内部的交通通达度和便利程度。从这个角度来讲，休闲交

---

① 资料来源：北京搜游网成都旅游频道，2012年2月7日。

通建设不仅仅只是交通工具、交通路线的建设，还应该包括与休闲相关的各种交通工具的营运安排。

成都市位于四川省中部，地处四川盆地西部的成都平原腹地。境内的地形较为复杂，东部为龙泉驿区山脉和盆中丘陵，中部为成都平原，西部为邛崃山脉，平均海拔都在 3km 以上。成都平原海拔 450~720m，是由岷江、沱江及其支流冲积而成的冲积扇平原，总面积为 12390.6km²。在这种自然条件的限制下，成都市大部分休闲景区都是比较分散的，例如西岭雪山、青城山、都江堰、峨眉山等，它们远离中心城市，虽然有高速公路相连，但是实际上其交通通达度仍然普遍不高。

在交通结构上，目前，成都市各大休闲景区、休闲场所，主要的交通方式是公路或者高速公路，少部分地区有铁路，如成都市内的西岭雪山、青城山等，成都市外的遂宁市、宜宾市、攀枝花市等。因此，成都市休闲供给在交通方面存在的最突出的问题就是交通方式单一，交通结构不合理。

一般来讲，对于市内的休闲场所，一环基本上在 5km 范围内，二环基本上在 10km 范围内，三环基本上在 15km 范围内，以上即为中心城区。对于这一部分距离在 0~15km 的休闲场所，主要的交通方式是公共交通，以及目前正在开发建设的地铁交通系统。由于交通方式比较单一，经常会出现人流高峰和人群拥挤的现象，特别是在周末或者节假日期间，这一问题尤为突出。

三环以外基本上是近郊区（都市区范围），包括 15km 以外，20km、25km、30km、40km 以内基本是都市区的范围。这里包括龙泉驿区（三圣花乡、幸福梅林、荷塘月色）、万亩桃园、洛带古镇等休闲空间。40~50km 和 50~100km 区域基本包括了彭州市、都江堰市、邛崃市、大邑县、新津县、蒲江县等周边县城，是大成都市范围。这类休闲场所主要的交通方式是短途大巴客运，也有少部分人选择自驾方式。与大多数交通工具相类似，短途大巴也会出现交通拥堵、人满为患的问题。而且，在运营服务过程中，还存在明显的服务素质低下、服务质量不高的问题。对于 100km 范围以外、300km 以内的区域，则是成都的远郊地区。这一部分休闲场所主要采取的交通方式是客运汽车和部分火车。

五、休闲企业自身问题与缺陷

休闲企业是休闲产品开发与供给的主体，因此，休闲企业整体水平、企业文化、从业人员总体素质、企业竞争方式、企业创新能力等方面的因素，都从很大程度上决定着休闲产品的供给水平与层次。但是，成都市休闲产业最普遍的一个现状是，休闲从业人员的专业素质并不能够适应现代化休闲产业的发展需要。另外，就休闲企业自身来讲，在企业文化建设、休闲产品开发与供给建设、企业创新发展建设和企业市场竞争策略选择 4 个方面都存在一定的问题和不足。

(一)从业人员专业化素质整体水平不高

1. 从业人员学历层次及构成

总的来讲,成都市休闲从业人员的专业化素质并不能适应现代化休闲产业的发展需要(费怡晖,2008)。目前,成都市休闲产业的大部分休闲从业人员,其学历普遍都在大中专这一层次。另外,职业高中、成人自考、成人教育以及没有任何学历的从业人员也占据着休闲人才市场的大部分比例。据相关统计数据显示,目前,成都市休闲行业从业人员学历层次比例构成中,大中专学历占55%,职业高中占28%,成人自考和成人教育占13%,本科及以上学历的只占4%。从业人员学历层次在一定程度上反映出休闲产业的整体水平。一方面,学历层次高,所接受的专业化教育更加充分,专业化知识储备也越丰富。同时,学历越高,表现出的专业化素质和职业素质也普遍较高。因此,从业人员的学历层次也是目前制约成都市休闲产业发展的重要因素。

2. 专业化人才的外流

除了整体学历层次较低外,成都市(或者四川省)许多本土的高学历、高层次休闲旅游专业人才存在着严重的外流现象。近年来,四川省的休闲旅游专业化教育不断提高,培养了一大批高质量的优秀人才,但是许多毕业生在毕业之后都不愿留在本地工作,而是青睐于川外发达省市,即使高薪聘请也很难留住。同时,休闲行业的竞争,也使企业之间、地区之间的人才抢夺越来越激烈,相对落后的四川省无疑处于劣势。因此,大部分优秀人才被外省挖走,导致目前成都市中低级人才积压,而高层次人才极为短缺的严峻形势,这种人才供给的短缺使成都市,乃至整个四川省的休闲产业发展都受到极大的限制。

从业人员的专业素质、专业服务技能对提升休闲产业的竞争力至关重要,而休闲服务人员素质不高,不能与入境游客进行良好的语言交流和沟通,文化涵养低下,许多休闲景区、休闲场所甚至出现拉客、宰客、乱收费的现象,严重影响了成都市休闲产业的声誉。为了适应休闲产业的又好又快发展,成都市休闲旅游人才的"升级"已成为当务之急,必须建立高质量的休闲从业人才队伍,形成行业人才优势,才能在休闲行业取得竞争优势。

(二)休闲企业发展动力不足,缺乏创新意识

目前,四川省休闲产业的发展主要以成都市为中心,各类休闲企业、休闲设施也主要集中在大中城市区域。虽然四川省已经确立了建设休闲强省的战略目标,但是在实际操作中却仍然不可避免地面临休闲产品单一、产品同质化现象严重、缺乏文化内涵与创新元素等问题,没有形成科学有效的休闲公共服务体系。一方面,政府相关部门缺乏有效指导,指导角色上的"失位""缺位"和"错位"现象时有发生;另一方面,各类休闲企业、休闲场所缺乏科学合理的管理经验,缺乏专业的管理人才,在生产经营活动中不能充分利用和开发休闲资源,思维方式上具有严重的局限性。因而,从目前来讲,四川省休闲产业缺乏长效发展机制,相应制度体系还有待完善和加强。休闲企业自身在企业文化建设、休闲产品开发与供给建设、企业创新发展建设和企业市场竞争策略选择等方面都存在一定的问

题和不足。

1. 企业文化建设相对滞后，发展动力不足

成都市一直以"休闲之都"著称，市内各大休闲企业占据着相当大的比例，而且不少企业拥有着悠久的历史，这些休闲企业共同构成了成都市休闲产业的整体体系，也是成都市休闲文化的集中体现。随着现代化休闲的发展，以及商业化趋势的不断加强，休闲企业自身文化建设逐渐落后于产业经济发展的步伐。休闲企业文化建设不仅关系企业自身的长远发展和利益，更为重要的是，休闲企业作为休闲产业主体，其文化建设也关系整个休闲产业的发展，同时也影响休闲市场、休闲者、休闲产品供给等诸多方面。

成都市休闲企业文化建设的总体现状是：大多数休闲企业缺乏企业文化，在企业文化建设水平和层次上还普遍不高，有的休闲企业甚至没有形成自己独特的企业文化。对现代企业来讲，企业文化就是企业的灵魂，是企业屹立于激烈的竞争市场中的内在力量和软实力。有数据表明，成都市内各大休闲企业或休闲商家，注重企业文化建设的休闲企业只占13%，而其中形成了自己独特的企业文化的休闲企业只占到其中的37%，大部分休闲企业没有形成核心企业文化，在企业文化建设方面也比较缺乏。

2. 休闲产品开发力度不够，缺乏创新意识

前面我们已经对休闲产品单一的问题进行了详细的说明，这里主要就其开发和供给存在的问题加以分析。之前，笔者通过调查分析得知，成都市休闲产业在休闲产品供给方面主要存在的问题包括：供给产品单一、缺乏创新元素、同质化产品严重、模仿现象普遍存在、缺乏文化内涵等。此外，项目组还就目前比较前沿的新元素休闲方式和休闲产品进行了调查，包括生态休闲、文化休闲、绿色休闲及健康休闲等。

从开发与供给的角度来讲，出现这些问题的原因在于产品研发与供给力度不够，即企业创新建设力度不够，产品供给和服务质量不高。

一方面，创新是一个企业的灵魂，没有创新就没有生命力。特别是在近年来，随着休闲生活的多样化和丰富化趋势不断加强，人们收入水平的普遍提高，以及认识范围的不断扩大，人们追求精神生活高质化和丰富多样化的要求不断增加，这就给休闲企业的产品更新与研发提出了更高的要求。然而事实上，人们的高需求与企业的供给与开发并不对等，即休闲企业的产品开发没有满足人们的休闲需求，处于滞后发展。

另一方面，产品或服务的供给也存在问题，主要表现为服务态度有待提高。与多元化的休闲产品或服务相比，人们或许更加注重的是服务质量和服务水平，高水平的休闲服务往往能够给休闲者带来极大的满足，即使是同类单一的产品。因此，现代生活休闲其本质也是质量休闲、品质休闲和享受休闲。但是由于休闲从业人员学历层次普遍不高，专业化素质也普遍不高，甚至低下，在提供休闲产品或服务的过程中，服务质量不高的问题也必然十分严重，事实上也的确如此。例如，成都市周边地区的特色农家乐，作为一种比较普遍，且形式独特，乡土气息浓郁的城郊休闲娱乐方式，其服务质量却比较低。主要原因就在于，其从业人员大多是当地农民，或者家族成员，基本没有接受过专业的职业化教育和培养。

六、休闲供给与需求失衡问题严重

休闲企业的休闲产品或服务的供给与休闲者的休闲需求是相互依存的关系，一方面，休闲需求刺激休闲产品或服务的供给，另一方面，休闲供给又会满足休闲需求，并且扩大需求。对于休闲市场和休闲产业来讲，休闲产品或服务的供给和规划的主要依据是休闲者的休闲需求，同时，休闲供给也是满足休闲者休闲需求的重要保障，没有供给，也就不能满足需求。从理论上来讲，休闲需求与休闲供给是对立统一关系。一方面，休闲供给使人们的休闲需求得以实现，休闲需求刺激着休闲供给的发展与进步，两者相互促进。另一方面，休闲需求与休闲供给在质量、时间、空间等诸多方面存在矛盾，两者之间不匹配、不协调，从而形成休闲需求与休闲供给失衡的问题，这也是本书研究重点研究的地方。

休闲需求与供给失衡主要表现为两个方面：①休闲供给过剩，即休闲供给大于休闲需求；②休闲需求过大，即休闲需求大于休闲供给，换言之，休闲供给无法满足休闲者的休闲需求。本书中，笔者主要研究的是第二种不平衡现象，这也是成都市目前最为突出的问题。

随着休闲经济的发展，特别是近十年来，成都市的休闲产品或服务的供给已经有了很大的提高，休闲资源、休闲交通等基础公共设施都形成了相对比较完善的体系，各类休闲场所，如 KTV、棋牌茶楼、农家乐、酒吧、休闲生态公园、休闲旅游景区等在数量上、质量上，以及空间配置上都有了一定程度的提高，休闲产品或服务供给的能力和水平也都有了较大幅度的提高，也极大地刺激了休闲需求的扩大。伴随着休闲供给水平的提高，以及人们经济收入的增加、闲暇时间的延长、生活方式的改变，也使休闲需求在不断扩大，这又会进一步刺激休闲供给的增加。但是理论上的发展模式并不适应实际情况。目前，成都市休闲需求与供给之间存在严重的矛盾，主要体现在以下方面。

（一）供求数量矛盾

休闲供给总量小，有效供给不足。从休闲供给的角度来看，截至 2012 年 1 月，四川省统计性休闲企业约为 67.72 万家，平均休闲容量为 500 人，而四川省当时的总人口为 8041.82 万人，因此还存在着相当大比例的休闲供求逆差。由于存在着突出的空间分布差异，不同城市、不同地区，还存在着相当一部分统计误差。因此，四川省总体的休闲供给还远远不能满足日益增长的休闲需求。一方面，有效休闲供给总量较小，休闲空间和休闲场所相对匮乏，部分地区休闲设施老化，更新速度慢，发展滞后；另一方面，各类休闲企业、休闲场所缺乏相关经验，不能根据市场需求有效地改善休闲供给结构，从而造成四川省大多数城市和地区有效休闲供给不足，不能适应休闲产业的发展需求。

近年来，成都市居民生活水平有了较大幅度的提高，家庭收入和消费水平都有了明显的改善。根据最新资料显示，成都市自 2013 年 7 月起，将非全日制用工小时最低工资标准由 11 元、10 元调整为每小时 12.6 元、11.1 元，上调幅度分别为 14.5%、11%；月最低工资标准由 1050 元、960 元调整为 1200 元、1070 元，上调幅度分别为 14.3%、11.5%[①]。另外，在休闲时间方面，居民平均闲暇时间也有了一定程度的增加，这些都刺激了居民休闲需求的不断增加。据相关统计，成都市近年来休闲需求急剧增加，每年以 15%的速度增长，但是与之相对应的休闲产品和服务供给的发展却十分缓慢，各类商业休闲场所的数量平均每年新增 24 家，公共休闲场所、休闲空间平均每年增加 126.7km^2，休闲需求与休闲供给之间的不对等问题越来越突出。

（二）供求时空矛盾

受季节、地理因素等的影响，成都市休闲活动的时空集中度不高，分布均匀，这也直接对地区休闲供给能力的发挥产生了影响，其后果是造成休闲供给与需求之间的不平衡问题。据相关数据显示，成都市休闲旅游的高峰期主要集中在每年的 8~10 月和 3~5 月，期间休闲客流量达到最大，占全年的一大半，并且主要集中在九寨沟—黄龙等地。而一般的生活休闲活动也主要集中在每年的 12 月至次年 2 月和 8~9 月，主要集中在市内休闲场所，或者近距离休闲景区，如西岭雪山、三星堆、洛带古镇、黄龙溪等，以及各类游乐场所，如成都欢乐谷、极地海洋世界、国色天香，以及各大农家乐等。而在其他时期，则相对比较冷淡。

（三）供求结构矛盾突出

休闲供给与需求结构的矛盾主要是指休闲产品或服务供给与休闲需求的类型、档次、质量等方面的矛盾。根据前面我们对成都市休闲产业现状分析，以及休闲者休闲需求现状分析，随着社会经济的发展，休闲者的休闲需求不断地趋于多样化，休闲需求的类型纷繁复杂，对休闲服务或产品质量的要求也越来越高，这对目前成都市的休闲产品和服务供给提出了更高的要求。但是笔者通过调查分析指出，广大休闲企业由于自身实力的限制和缺乏创新能力，很多休闲企业或商家所提供的产品和服务都是千篇一律、缺少新意的，而且相互模仿，缺乏文化内涵，难以跟上时代的发展，也不能满足广大休闲者的休闲需求。另外，公共休闲设施也日渐磨损和趋于老化，特别是在成都市老旧城区，或者老的居民区，这种现象更为普遍和严重。这就使成都市休闲供给的质量低下，落后于不断变化的休闲需求，从而产生结构性矛盾。这种结构性矛盾严重地制约着成都市休闲产业的发展，也极大地限制了人们的休闲生活。

第三节 对策建议

对成都市休闲需求与休闲供给方面所存在的问题进行分析发现，一方面，对于休闲需求，成都市目前表现出来主要问题是休闲方式单一，休闲需求未能完全充分释放，本书从显性休闲需求和隐性休闲需求所存在的问题进行了详细分析。另一方面，对于休闲

[①] 资料来源：中国新闻网，2013 年 6 月 26 日。

供给所存在的问题，笔者从有效供给总量、产品和服务、休闲资源空间分布、交通状况、休闲企业以及休闲供给与需求失衡6个方面进行了详细说明，并且指出各个方面所存在的具体问题。

成都市作为全国著名的"休闲之都"，一直以来都致力于打造高质量的休闲产品和服务，建立完善的休闲服务体系。但是，由于目前还普遍存在着诸多问题和不足，严重地限制了成都市休闲产业的发展。因此，要想更好地发展休闲产业，打造高水平休闲都市，就必须解决好这些存在的问题。笔者认为，我国应采取"三化合一"的发展策略，即农业现代化、工业革新化与休闲产业化同步开展，最终实现具有中国特色的新型休闲产业化发展目标。在本节中，笔者主要针对前述内容中所指出的休闲问题来研究和分析其解决方案，对于这一问题，笔者主要从三个方面入手，即休闲企业、休闲者和第三方参与者，第三方参与者主要是指政府相关部门，以及其他一些休闲公共管理部门。

一、政府部门——宏观调控战略

休闲活动是一项公共性和服务性极强的社会性活动，它与人们的生活息息相关，也直接关系居民生活质量。休闲产业的发展离不开政府相关部门的参与，对于一些大型的工程项目，一般的企业是无力承担的，只有依靠政府相关部门，依靠国家宏观调控才能进行，例如交通、文物遗迹、自然生态、公共建设等。成都市休闲产业发展的过程也需要政府相关部门的参与，从宏观的层面进行调控，才能全面把握休闲产业发展的总体方向，解决好休闲领域存在的问题。对于这个问题，笔者主要从政策指导和财政投入两个方面进行分析，具体表现在：①做好休闲产业的科学发展规划工作，并全程监督规划的实施，以改变休闲产品和项目开发的盲目性，真正做到有计划、有步骤、有效地进行休闲资源开发和景区及公共设施建设；②要积极研究制定鼓励和支持加快成都市休闲产业发展的财政、货币、税收等多方面的政策，建立和完善发展都市休闲的产业政策体系；③要加强法制建设，制定法律法规，加强对休闲资源环境开发过程中的保护，以实现良性循环和休闲产业的可持续发展；④要加大对成都市休闲产业发展的投入，特别是休闲基础设施建设，改善公共服务等基础条件，完善配套设施，提高从业人员素质。

（一）科学强化政策指导

政策指导，即政府相关部门利用行政法律等手段，对休闲产业的发展进行约束和规划，同时也从政策制度的层面进行鼓励和支持。在成都市休闲产业的发展过程中，相关部门应当广泛借鉴其他城市的成功经验，加强政府主导的力量，加强对休闲产业的重视力度，加大投入力度，积极出台支持休闲产业发展的具有导向性的政策措施（费怡晖，2008）。

1. 积极加强政府宏观政策引导与扶持

政府相关部门的政策措施，一方面，要从休闲者的角度出发，以增加休闲时间、休闲机会以及提供公共休闲供给等基本条件为出发点，利用政策手段，鼓励休闲；另一方面，还必须引导和约束休闲企业，提高休闲服务水平和质量，增加有效供给，规范市场竞争等行为，具体包括两个方面。

(1) 优化休闲供给结构，为广大休闲者提供制度保障。优化休闲供给结构，着力构建并完善"多元化、多功能休闲体系"，多层次、多角度丰富休闲供给类型，主要包括城市公园、中心商业游憩区、夜景营造、主题餐饮、特色娱乐、购物体系、文化馆、图书馆、各类运动场所和设施、影剧院、酒吧、茶座、水疗、桑拿、按摩足疗等保健场所以及网吧等各类休闲产品。大力开发并提倡"超越观光旅游新模式"，诸如民俗节庆游、商务会展游、度假体验游等。充分利用四川省丰富多样的休闲资源，特别是川西地区独特的自然休闲资源和人文休闲资源，打造特色鲜明的西部休闲产业链。对于休闲者，成都市相关部门首先应该充分调查和了解休闲者的状况，然后根据休闲需求和休闲现状寻求解决对策。针对前述内容中所指出的问题，成都市相关部门可以从3个方面进行政策引导。

(1) 完善员工休息休假制度，适当地增加休闲时间。休闲时间的缺乏是造成成都市休闲者休闲生活质量不高的重要原因。由于休闲时间的缺乏，休闲者很难有时间和机会参与社会休闲活动，这不仅会影响休闲经济的发展，还严重影响市民生活质量的提高，不利于社会健康发展。从政府部门的角度来讲，应该制定严格的工薪阶层休息休假制度和政策，适当地增加休息休闲时间，为休闲者提供政策上的保障。目前，普遍实行的休息休假制度主要有带薪休假制度、错峰休假制度、轮休制度和年休假制度4种，因此，政府相关部门必须从政策的层面保障这些基本休假制度的落实，同时建设性地制定其他相应的政策措施加以完善和补充，最大限度地保障休闲者的休闲时间。

(2) 加快完善成都市公共休闲基础设施，提高公共休闲服务水平。城市公共休闲基础设施是居民休闲生活的重要组成部分，对于大部分市民来讲，这些由政府相关部门出资建设的公共休闲基础设施，是其主要休闲方式，这些基础设施也充分体现了一个城市公共服务体系的完善程度以及城市的发展水平。对于一个以"休闲之都"命名的城市而言，这些公共休闲基础设施又显得尤为重要，基础设施的完善程度直接关系其城市的整体形象。目前，这一类公共休闲基础设施主要包括公共交通条件、公共卫生状况、公共休闲公园休闲场所的数量和质量状况、公共信息通达度等方面。这类公共性设施在不断完善的同时，也面临着严重的破坏，因此对于公共休闲基础设施，政府相关部门在不断完善和建设的同时，做好政策上的维护和保护是非常有必要的。

(3) 加强思想宣传工作，倡导休闲者树立健康的休闲观念。针对目前普遍、单一及相对落后的休闲生活方式而言，政府相关部门应该从政策的层面，加强健康休闲生活的宣传和倡导，提倡健康休闲、生态休闲、文化休闲、绿色休闲等现代化健康休闲生活方式，改变落后单一的休闲生活方式。例如，设立专门的健康休闲宣传栏、市民休闲生活咨询部、市民休闲生活调查分析小组等，还可以居民小区为单位，加强小区居民休闲健康指导和宣传。

(4) 加强休闲产业创新能力建设。从休闲企业的角度来看，政府相关部门应该制定并出台相应的政策、措施，对休闲企业的发展加以支持和引导，提升休闲企业的服务水平和质量。一方面，对成都市现有的休闲企业进行全面掌握和分析，积极鼓励大型企业的发展，同时加大对一些中小企业的政策扶持力度，全面提高休闲企业的发展水平，提高休闲产品或服务的供给水平，扩大有效供给总量。另一方面，还需进行空间区位调查和指导，利用政策手段优化空间组合，形成"三位一体"发展格局，即市区重点发展都市休闲产业，完善公共休闲服务；城郊接合部重点发展郊区休闲，如农家乐、小尺度休闲旅游等；距离较远的地区，则重点发展休闲旅游产业，从而形成"三位一体"化发展格局。为了形成这一发展格局，政府相关部门应该积极制定相应的政策措施加以支持和引导。

优化改革进步和自主创新的综合环境，实行有利于休闲产业又好又快发展的财税政策。政府相关部门要实行稳健的财政投入机制，优先支持四川省休闲产业的发展需要，以休闲企业为主导，加强政府引导工作。大力推进集成创新和引进、吸收、再创新，重视并引进现代化休闲元素，不断转化外来经验，将外来经验与四川省实际情况相结合，形成独具特色的四川省休闲产业体系。加强休闲公共产品的开发与设计，鼓励休闲企业产品创新和观念创新，加大休闲产品开发创新投入，提高产品竞争力。不断强化高等教育，培养一批专业化水平高、实践技能过硬的优秀休闲管理人才，促进理论成果向实际效益转化。确立休闲产业创新发展战略，引导专项资金投向休闲产业管理、产品、战略等多方面的创新，努力为战略性休闲产业发展营造良好的环境。

2. 加快制定并完善落实法律法规

要实现休闲产业的健康、持续和稳定式发展，政府相关部门还必须建立健全相关法律法规制度建设，形成成都市休闲市场综合治理机制，强化休闲市场运行安全管理，营造良好的休闲产业发展环境；加速形成休闲场所、公共交通、休闲景区以及休闲定点企业的规范服务标准。随着休闲行业市场化竞争越来越激烈，休闲者休闲活动越来越频繁，加强对休闲相关行为的立法规范也越来越重要。

一方面，通过立法约束休闲企业市场竞争行为，规范休闲服务标准，严格监控休闲市场的健康有序运行。笔者通过分析已经指出，成都市休闲领域的恶性竞争偶有出现，针对这一问题，除了依靠休闲企业自身的工作外，还需要具有强制性的国家法律法规或地方行政法规的约束，以及广大休闲人群的监督。因此，加强休闲产业立法，是成都市休闲产业健康、长远发展的重要保障，必须完善相关法律法规的制定。另一方面，对于休闲者，也存在一些破坏公共休闲设施、破坏休闲资源环境、不遵守社会法律规范的行为。因此，加强这一方面的立法规范是十分有必要的。例如，加强对休闲生态环境的保护，历史文物的保护，对一些破坏行为处以罚款或者处分警告的规定等。

总之，法律是规范休闲市场行为的重要依据，也是维护休闲活动参与各方利益的重要保障，没有法律法规的约束，休闲产业将无法稳定发展，休闲者的权益也得不到有效的保障。针对成都市这样一个休闲大都市，必须在休闲立法规范方面加以重视，不断完善相关法律的制定和维护。

(二) 加大财政资金及其他民间资金的投资力度

建设现代化休闲大都市，必须借助国家财政资金的大力支持。国家财政投入是建设一些公共性休闲设施的主要资金来源，特别是对于一些大型的、资金需求量大的项目，如公共交通体系、公路、铁路、航空、地铁建设等，还有一些公共性的服务项目，如博物馆、生态公园、城市休闲基本设施建设等，都需要国家或地方财政资金的支持才能完成。下面就其中 4 个主要方面进行分析。

1. 合理规划休闲资源空间配置，优化空间结构

优化休闲资源空间配置结构，应当以休闲产业区域协调化为基础，优化调整东、中、西部及城乡休闲产业空间配置。要坚持"全面统筹、重点突破"的原则，加强地区优势互补，以点带面，形成区域整体优势。重点要做到"两个统筹"：一是全面统筹城乡休闲产业一体化发展，推动农村—城市互动式发展，强化城市休闲产业功能分区，开发城乡接合部休闲农业产业化发展模式；二是要全面统筹东、中、西部休闲产业协调发展，建立东部发达地区对口支援中、西部落后地区的"传送带"机制，形成沿海城市与内陆地区阶梯互动式发展格局。

居民休闲活动是一项公共性、流动性特征极为突出的社会活动，为了引导休闲客流的有序流动，提高休闲资源的空间利用率，满足休闲者的休闲需求，就必须优化休闲资源的空间布局结构，充分发挥成都市，乃至整个四川省范围内的休闲空间资源的整体优势，从而实现区域内休闲效益共享。应当以休闲产业化为基础，优化四川省休闲产业空间配置。应当坚持"全面统筹、重点突破"的原则，加强地区之间的优势互补与相互协作，以点带面，形成区域整体优势。特别注重完善区域交通网络，强化成都发展核心，构建"一核、三轴、一环"的城镇空间格局，形成"以成都市为中心、五大经济区为纽带"的四川省休闲产业网络。强化城市休闲产业功能分区、城乡接合部休闲农业产业化发展模式，统筹城乡休闲产业一体化发展。

为了合理规划休闲资源的空间配置与组合，优化空间结构，费怡晖在其《四川省入境旅游发展研究》一文中曾提出了在全省建立并形成"一体四翼"天堂鸟花状的休闲旅游空间扩散的线路框架。其中，"一体"即为成都，它是这一结构框架的中心，既是连接"四翼"——省内四条休闲环线的中转站，也是休闲主题形象鲜明、产品特色突出、休闲设施完备、服务质量优良、休闲产业快速增长的休闲目的地，而"四翼"则主要包括九环线、西环线、成乐环线和三国文化线四条主要休闲扩散路线。利用这样一个休闲资源空间连接的结构框架，有效地将四川省内的各个休闲资源、休闲景观连接起来，实现充分满足休闲者休闲需求的目的。其中，九环线主要包括成都、都江堰—青城山、卧龙中华大熊生态旅游区、九寨沟—黄龙、江油李白故里、广汉三星堆等休闲资源，基本上是一条三日休闲旅游扩散路线；西环线除了九环线中的成都、都江堰—青城山、卧龙中华大熊猫生态旅游区等地，还包括四姑娘山、小金、丹巴、雅江、理塘、稻城亚丁—香格里拉旅游区、康定、海螺沟冰川、雅安等休闲资源景观，形成的是一条四日休闲旅游扩散路线；成乐环线则主要包括眉山三苏祠、夹江、峨眉山、乐山、宜宾蜀南竹海、自贡恐龙博物馆等距离较远的自然、人文休闲景观，此环线的核心休闲旅游场所是世界自然与文化双重遗产峨眉山，主要推出宗教文化、生态环境、文化休闲等服务或产品；另外还有主推文化休闲的三国文化环线，主要包括的休闲资源景观有武侯祠、三星堆、庞统祠、富乐山、梓潼剑门蜀道、明月峡古栈道、阆中古城等历史文化气息浓厚的文化休闲路线，集中展示了四川三国时期蜀国文化，主推文化产品或服务。

费怡晖的分析与研究，及其形成的休闲旅游空间扩散框架，在一定程度上解决了休闲

资源空间分布不够优化、组合不够合理的问题。但是，就一般情况而言，这种休闲旅游路线是十分狭隘的，不太符合现代休闲旅游现状。因此，笔者从政府投入的角度对这一问题进行分析，试图寻找优化休闲资源空间配置的解决办法。优化休闲资源的空间配置与组合，必须加大资金投入，使得休闲资源建设和规划能够有效开展，然后再根据实际情况，有计划地合理规划区域休闲资源的配置问题，这一问题的核心仍然是成都市。

优化休闲资源的空间配置主要从两个方面进行。

(1) 完善单个休闲资源景区或者休闲场所的配套设施建设，形成相对独立的休闲体系。休闲资源之所以需要空间配置的优化，其原因在于各个休闲资源具有互异性和多样性，因此，带给休闲者的休闲感受也是不一样的。这就需要在单个的休闲场所内部，完善基础建设，优化自然休闲景观与人文休闲景观、公共休闲设施与一般商业休闲场所之间的组合与配置，以减少这种互异性和多样性带来的差距感。

(2) 加强近距离之间的休闲资源场所的联系，形成局部整体优势。由于地理条件的因素，成都市各大休闲资源景观分布相对分散，这就需要将距离相对靠近的休闲景观集中组团建设，形成局部整体优势，满足休闲者的多样性要求。按照这样的规划，可以将成都市休闲空间内的休闲场所划分为五大局部休闲空间，即成都市休闲空间、成乐休闲空间、成九休闲空间、成南休闲空间和三国源文化休闲空间五大空间。另外，在五大休闲空间之间存在着交集，相互联系，这就需要建立完善的区域公共交通网络，以实现休闲资源场所之间的相互流通和扩散。

2. 着力改善交通条件，积极构建并完善休闲公共服务体系

交通条件直接关系休闲者的休闲决策，交通通达度同时也直接影响休闲资源之间的相互联系，以及整个休闲资源空间配置的合理与否的问题。政府相关部门对交通的投入，是政府参与休闲的重要表现形式，是政府相关部门休闲活动中休闲产品或服务生产者与服务者角色定位的集中体现。对于流动性极强的休闲扩散活动，要想发展成都市休闲产业，就必须加大对休闲公共交通的投入，形成完善发达的交通网络系统。

一方面，建设公共交通系统，如公交、地铁、高架，限制私人交通。在成都市内有计划地规划和发展城市公交、地铁等交通方式，重点是公共交通系统的完善程度和通达度，以方便成都市区广大休闲市民进行休闲活动。积极构建"10分钟"公共服务圈，加强区域之间的联系，建设龙泉驿区、温江、新都青白江（简称"新青"）、郫都区、双流、新津、都江堰7个现代化卫星城，与中心城形成一体化发展格局。积极完善和拓展周边地区公共交通网络，特别是休闲资源丰富的地区，加快建成快铁、客运、动车等适应现代化交通需求的方便快捷的交通方式，充分实现广大休闲人群的休闲空间扩散活动。

另一方面，在构建并完善休闲公共服务系统方面，应当坚持以休闲企业为依托，以政府指导为方向，以休闲产品或服务为抓手，以休闲公共设施为载体。构建并完善四川省休闲公共服务体系必须以休闲企业为依托，以政府指导为方向，以休闲产品或服务为关键，以休闲公共设施为载体，有计划、有方向、有步骤地构建并完善这一体系。广大休闲企业要不断引进先进技术与创新理念，提高休闲供给与服务水平，加快开发适应现代化休闲需求的休闲公共产品和服务，完善休闲公共产品的供给体系。另一方面，政府相关部门应加

大扶持和引导力度,加强政策倾斜与资金投入的全面引导,扩大公共性休闲设施的供给规模。优化城市功能分区与规划建设,提倡"组团式"规划发展,避免由"区域式"分布导致的"睡城效应",促进三大空间的有机结合与空间协调,降低人流成本在休闲成本中的比例,从而构建具有"现代化田园城市"特征的都市休闲公共服务体系。

3. 丰富拓展休闲产品及设施类型,推进休闲产业的集成创新

在完善公共交通条件、优化休闲资源空间配置,以及加大对休闲的财政性投入的同时,不断丰富现代化休闲类型和内容,提高休闲供给质量,也是政府参与休闲的重要方面。根据项目研究小组调查,目前成都市超过一半的居民小区或者社区,虽然大多数都配有相关休闲设施,但是这些休闲设施已经十分陈旧,而且损坏也相当严重,还有相当一部分设施甚至已经不能使用。另外,对于公共休闲设施,如休闲公园、路标基本标识、公共健身设施等,也存在着老化和损坏现象,严重跟不上现代化休闲的需求。

创新是现代企业生存发展的核心动力,必须加强休闲产业创新能力建设,坚持"以生态农业为主题,以营造整体环境为基础,以具有特色的建筑风格为表现形式,以深厚的文化底蕴为内在机理"的开发建设理念,着力打造休闲旅游商贸综合体。重点引进现代化休闲元素,推进集成创新和引进、吸收、再创新,将外来经验与我国现阶段国情相结合,形成独具特色的休闲产业体系。确立休闲产业创新发展战略,加强休闲公共产品开发与设计,鼓励休闲企业产品创新和观念创新,加大休闲产品开发创新投入。强化高等教育,培养创新型管理人才,促进理论成果向实际效益转化。

基于对这一现状的认识和了解,笔者认为,从政府相关部门的角度来讲,十分有必要对成都市以及其卫星城等地区进行公共休闲设施的基本情况调查和统计,针对性地解决公共休闲设施所存在的问题。另外,引进一批现代化的公共休闲基本设备,如健身设施、公园设计等,形成相对完善的都市公共休闲系统。除此之外,充分利用政府参与管理的手段,鼓励广大休闲企业积极采用现代化休闲方式,更新企业管理和经营模式,积极开发新型休闲产品或服务,提高服务水平和质量。

4. 加大休闲教育培养力度,提高全民休闲文化意识

从很大程度上来讲,现代化休闲是知识与教育的重要产物,随着休闲时代的到来,休闲产业逐渐成为国家或地区经济的重要组成部分,但是与之相对应的相关理论与现代化教育仍然相当缺乏。现代化休闲教育是提高休闲水平与层次的重要途径,同时也是解决休闲问题的重要手段,从一定程度上来讲,现代化休闲所产生的大多数问题,其根本原因在于休闲教育与休闲理论指导实践的缺乏和落后。从提高现代化休闲生活质量,提高健康休闲意识、文明休闲意识的角度来讲,我国绝大多数居民并不知道健康休闲与文明休闲的现代化内涵,并没有形成相对系统、正确的认识。究其主要原因,正是现代休闲教育与政府休闲知识公共普及力度不够,在不断探寻发展休闲产业的道路上,忽略了休闲教育以及健康休闲意识的形成。

对此,作为休闲产业的第三方参与主体,政府相关公共管理部门,特别是教育部门,应该重点关注休闲教育的投入与发展。例如,在高等教育规划过程中有效地添加休闲类课

程，在普及现代化休闲知识的同时，也着力于培养一批优秀的休闲专业人才，以解决休闲领域专业化人才缺乏的问题。另外，加强公共性休闲知识宣传和普及，提倡树立正确的休闲观念，培养并形成良好、健康、生态环保的休闲生活方式。

(三) 推进新农村与休闲农业现代化建设进程

农村是具有巨大发展潜力的地方，休闲产业的发展应该广泛结合城乡一体化发展战略，不断推进农村建设与休闲农业现代化建设进程。应加强政府宏观调控力度，以农业为基础，休闲为主导，有效地开发观光农业、体验农业等休闲农业。重点将生态、文化、科技与休闲农业的开发有机地结合起来，促进休闲农业向创意农业优化升级，逐渐形成西部生态农业、中部商品农业和东部休闲观光农业一体化发展模式。各级政府部门要加大对新型休闲农业人才的培养力度和对休闲农业扶持力度，不断引进、吸收并创新现代化休闲农业发展模式，开辟一条具有中国特色的新型休闲农业产业化发展道路。

以休闲农业"产业化、集约化、一体化"为核心，全面推进四川省休闲农业的优化升级，广泛借鉴成都市五朵金花的成功经营模式，以及全国其他省市地区的成功经验，实行农家乐的产业化改革，打造精品农家乐，打造集约化程度高、内容丰富、形式多样、竞争力强的现代型创新休闲农业。

(四) 以休闲产业化为基础，优化我省休闲产业空间配置

当前，四川省休闲产业比例不断下降，这一阶段应该以休闲产业化为基础，巩固休闲产业的地位，不断优化四川省休闲产业的空间配置。在空间配置上，有效地将资源优势转化为经济优势，拓展并完善区域交通网络，加强地区之间的优势互补与相互协作，以点带面、以强势区带动弱势区、以大城市带动中小城镇以及农村地区，形成区域整体优势。强化成都发展核心，拓展成德绵眉乐、成雅遂、成资城市轴线，培育绵雅眉资遂城市环线，优化完善城镇体系结构，推进形成"一核、三轴、一环"的城镇空间格局。促进并形成"以成都市为中心、五大经济区为纽带"的四川省休闲产业网络，并且构建城市休闲产业功能分区、城乡接合部休闲农业产业化多向式链条发展模式，统筹城乡休闲产业一体化发展模式。因需制宜，因时制宜，充分利用并开发四川省优势休闲资源，优化休闲产业的创新型空间配置。

二、休闲企业——创新发展战略

面对日益激烈的休闲市场竞争，广大休闲企业应当加快转变休闲产业发展方式，推动休闲开发向集约型转变。休闲度假逐渐成为现代人生活中的必需品，已经成为生活的"刚需"，面对我国日益严峻的休闲供求逆差，广大休闲企业必须积极转变发展方式，提供"便捷、舒适、高品质"的休闲生活。必须坚持以转型升级、提质增效为主线，推动传统休闲旅游产品向观光、休闲、度假、游憩并重转变，同时必须要注意满足多样化、多层次的休闲消费需求。要及时推动休闲产业开发向集约型转变，更加注重资源节约和环境保护，更加注重文化传承与创新，努力实现可持续发展。必须推动休闲服务向优质服务转变，进而实现标准化和个性化服务的有机统一。

休闲企业是休闲经济的核心主体,是休闲产品或服务的直接提供者。通过前述分析我们知道,对成都市休闲企业来讲,其存在的问题主要包括:休闲产品同质化严重、差异化不足,缺乏创新元素和文化内涵;企业缺乏文化建设,在休闲产品开发与供给建设上相对滞后;休闲从业人员学历层次普遍不高,缺乏专业化素质,另外还存在严重的专业人才外流现象。此外,企业之间恶性竞争也比较普遍,缺乏有效管理。因此,要想从企业的角度来解决存在的问题,就必须立足于上述问题的分析。对此,笔者主要从以下方面进行对策分析。

(一)积极开发休闲产品或服务,扩大休闲总供给

积极开发休闲产品或服务,加大有效供给总量,就是要坚持休闲产品多元化开发战略,加大休闲总供给,维持休闲需求与供给的基本平衡。成都市拥有丰富多样的休闲资源,既有奇秀独特的自然休闲资源,又有地方文化特色浓厚的人文休闲资源,还有与时代接轨的现代化新元素休闲资源。成都市经过长期以来历史文化及社会生活的积淀,形成了全国,甚至是全世界独一无二的区域型休闲文化。

笔者已指出,成都市休闲产品或服务供给方面存在严重的同质化问题,缺乏创新元素。对此,成都市休闲产品或服务的开发就必须要坚持多元化开发战略,以休闲者的休闲需求为导向,以创新带动生产,以创新带动发展,以高起点、高标准进行规划、建设和管理。休闲产品或服务的开发要更加注重多元化、创新性和硬软件的配套发展,以及产品或服务的文化内涵和地方特色,以适应广大休闲人群的"多样化""特色化"休闲需求。

不同人群的休闲动机和休闲需求是明显不同的,一般来讲,休闲需求和动机主要包括观光休闲、度假、陶冶、健身、商务,还有更深层次的休闲需求,如:求知、求乐、求奇、探险、寻根、考察、显示自我等。从这个角度来讲,如果休闲产品种类单一,数量有限,就不能兼顾不同休闲人群的休闲需求,从而也就限制了休闲企业自身的发展。对此,成都市各大休闲企业应该着力开发和提供多元化的休闲产品和服务。

1. 针对不同的休闲人群,提供不同的休闲产品和服务

(1)从性别差异的角度来讲,随着女性休闲生活水平的不断提高,社会主体休闲占有量很大程度上都倾向于女性,而相比之下,男性休闲生活方式的增长速度明显滞后。我们已经知道,不管是在显性需求还是在隐性需求方面,男性的休闲需求都具有很大的开发空间,特别是在隐性休闲需求方面。因此,作为具有前瞻性的休闲企业必须看到,成都市未来几年内,男性休闲需求还将会有更大幅度的提高,男性休闲市场具有很大的发展潜力。因此,在维持和适当开发女性休闲产品和服务的同时,注重男性休闲需求的开发,成为成都市休闲企业发展的关键。

目前,成都市男性休闲娱乐方式主要包括:休闲旅游、文物古迹、餐饮会展、KTV、酒吧等。在此基础之上,休闲企业可以创新性地开发和扩展男性休闲者的休闲生活方式,比如一些更加健康的方式:文化艺术、养生健体、文娱项目、时尚购物等。由于男性休闲时间的相对有限和缺乏,休闲企业还可以着重推出周末休闲、假日休闲、工作之余的休闲等多种针对男性的休闲方式。

(2) 从年龄差别的角度来讲，不同年龄阶段的休闲者的休闲需求也明显不同，笔者已经指出，青少年、中年工薪阶层以及 60 岁以上的老年人的休闲需求明显很高，特别是在老年人休闲方面，还十分短缺。针对以青年学生为主体市场的休闲产品或服务的开发，主推都市休闲、川南休闲、修学休闲产品，以及休闲旅游和文化、生态休闲。针对中年工薪阶层的广大休闲人群，应该作为休闲企业重点关注的对象，大力开发多样化的休闲产品和服务，以满足他们不断增长和尚未得到满足的休闲需求。根据这类休闲人群的总体特点和休闲需求，可以重点推出周末休闲、假日休闲，以及一日休闲、两日休闲、三日休闲等短期、短距离的休闲方式，另外还可以提供养生健体、中高端康体娱乐等休闲方式。

60 岁以上的老年人，不仅是政府和社会组织关注的群体，更应该成为休闲企业关注的对象。不管是从经济利益的角度出发，还是从社会责任和义务的角度来讲，发展老年人休闲都将会是社会发展的一大趋势。笔者已经指出：老年人在显性休闲需求方面十分不足，在隐性休闲需求方面表现出极大的渴望，而相对应的老年休闲却十分缺乏和滞后。对此，从休闲产品多元化供给的角度出发，着力开发老年人休闲产品和服务也是成都市现代化休闲发展的重要方面。目前，老年人的休闲生活方式主要有：居家养老、机构养老和其他小部分的自由休闲，如散步、老年人娱乐中心、老年宫等。在此基础上，现代休闲企业应该着重开发老年娱乐休闲项目，具体可包括：老年养生健体中心、老年学校、老年宫、老年文娱艺术中心等，以缓解老年人心中的孤独感和落寞感。同时，老年休闲的开发，还有利于缓解社会老年压力，促进社会和谐。

(3) 从职业和收入层面来讲，成都市休闲旅游企业应该在甘孜、阿坝、凉山等自然休闲资源丰富的地区着力开发对环境影响小的高端休闲产品，并且强调产品质量和服务品质，这类产品和服务正好能够吸引、和满足追求高端休闲生活的高收入休闲人群，他们也乐意为高品质服务付出更高价格。另外，由于收入水平的差异化，成都市大多数休闲人群都是中高收入或者中低收入人群，鉴于此，在打造高端休闲的同时，休闲企业应该更加注重的是以中等收入人群为向导，开发不同档次的休闲产品或服务，如以传统美食、三国文化、佛教文化为主的文化产品；自然风光、生态休闲等生态休闲产品等，以满足大众化休闲需求。

2. 扩大休闲有效供给总量

总的来讲，休闲产品的单一与有限的休闲总供给有着紧密的联系，从一定程度上来讲，休闲产品的单一导致了有效供给不足。众所周知，单一的休闲产品或服务，其市场占有也必然单一有限。因此，单一的休闲产品或服务必然会导致有限的有效供给。加大有效供给也不能盲目地追求供给数量的增加，以此来充盈休闲市场，这不仅不能促进休闲产业的发展，相反还会起到反作用，影响休闲者对休闲产品或服务的满意度。因此，本书所研究的休闲供给是"有效的供给"，即以休闲人群的休闲需求为根本出发点，以创新产品和创新服务为原则的休闲供给。

从扩大有效休闲供给总量的角度出发，成都市休闲企业应该将企业战略的重心转移到提高产品的有效性和多样性上，并在此基础上扩大有效供给。拓展休闲市场容量，全面开发休闲产能。贯彻落实休息休假制度保障体系，不断完善并调整休息休假时间，实行错峰休假制度和轮休制度，鼓励带薪休假。拓展并完善四川省交通网络，形成快铁、高速、航空"三位一体"的高效交通体系；多层次、多角度开发并完善休闲公共设施，加大休闲宣传力度。例如，针对广大的中层收入人群，应该加大提供此类休闲产品的比例，如休闲旅游、游乐场所、海洋馆等。以成都市欢乐谷为例，周末或者节假日期间，欢乐谷平均每天接待的休闲客流量高达4547人次，有时甚至更多，而在休闲娱乐设施和方式上，却满足不了这一需求，常常是人满为患，并且经常都是预订门票量远远小于休闲客流量，出现无票可售的情形。另外，"通票制"实施以来，这一客流量减少了将近8%的比例，这些都表明休闲场所远远不能满足休闲者的休闲需求。这一类情形在成都市各大休闲娱乐场所都有不同程度的体现，在许多场所表现得十分严重，特别是在欢乐谷、春熙路步行街、一品天下、锦里、黄龙溪、三圣花乡等休闲场所表现得尤为突出，各类餐饮、娱乐俱乐部也常常如此。这就要求各大休闲场所、休闲企业扩大休闲产品或服务的有效供给，增加休闲娱乐项目，以满足人们的休闲需求。

(二)打造核心休闲品牌，提高休闲供给水平和质量

休闲品牌既是提高休闲企业竞争力的王牌、强化休闲产品差异化的有力手段，也是休闲企业自身形象的集中体现。休闲品牌主要体现在休闲产品或服务的水平和质量上，良好的休闲品牌不仅能给休闲企业带来直接的经济效益，还是休闲企业走向国际化经营的重要一步。在竞争激烈的时代，成都市休闲企业要想取得长远的发展，就只有走核心品牌化的道路，重点打造以大熊猫、太阳神鸟、农家乐等为主体的成都市休闲品牌，将成都市休闲文化推向更加广阔的市场。

影响成都市休闲供给水平和质量的因素有很多，本书主要就其中最为突出的两个因素进行分析，具体如下。

1. 吸引高质量专业人才，提高从业人员整体素质

休闲产业从业人员的专业化素质直接关系休闲供给的质量和水平，也往往体现出一个企业是否具有长远发展的生命力。笔者已经指出，目前成都市休闲从业人员平均学历层次只有大中专水平，还有相当大比例的低学历从业人员，他们缺乏专业化知识和专业化休闲服务培训，往往不能提供良好的服务质量，这也是造成成都市目前休闲产品或服务供给水平和质量普遍低下的根本原因。

对此，培养和招募一批高层次、高素质的休闲从业人员就成为当前休闲企业最为迫切的目标和工作。一方面，对于目前在本企业工作的员工，进行定期或者不定期的专业知识和技能的培训，提高专业素养，这在成都市各大农家乐、休闲旅游景区等休闲场所显得尤为必要。另一方面，要想取得长远的发展，还必须招募一批高层次、高素质的休闲从业人员。目前，四川省已经拥有高等院校117所，其中本科30所，如四川大学、四川农业大学、电子科技大学、西南交通大学等；专科院校87所，如阿坝师范高等专科学校、成都电子机械高等专科学校、成都东软信息技术职业学院、成都纺织高等专科学校、成都广播电视大学、成都航空职业技术学院等。这些院校近年来培养了一大批具有专业化知识与技能的休闲人才，休闲企业应该充分利用，发挥本土人才优势，防止人才外流现象。

2. 优化管理模式，着力提高企业创新能力

创新性体现在企业经营的方方面面，这里，笔者主要就管理创新与产品创新两个方面进行分析。

(1) 人才是关键，管理是重点，落后的管理水平也必然导致休闲供给水平的低下。我们已经指出，成都市各大休闲企业、休闲场所在管理上都还比较落后，缺乏创新元素，不少企业还在沿用传统的管理方式进行管理。对此，进行管理创新就显得十分必要。目前，普遍适用的休闲管理方式是以人为本的管理方式，这在西方发达国家也十分普遍，更为重要的是，这种管理模式能够充分调动员工的生产、服务积极性，因而能够有效地提高休闲供给的水平和质量。

(2) 产品或服务的创新。作为成都市休闲产业目前较为严重的问题——产品同质化严重，缺乏创新元素，缺乏文化内涵，差异性不足等，其根源就在于产品或服务开发过程中缺乏创新。"文化引导未来"，休闲旅游的核心价值是文化，缺少文化的根基和良好的人文环境，再好的概念和品牌都无法树立（王欢，2010）。"如何创新"需要休闲企业广泛学习和借鉴其他优秀企业的成功经验，再结合自身和本地特点，开发适合自己而且具有深厚的文化内涵的休闲产品和服务。例如，目前正在兴起的生态休闲、文化休闲、健康休闲、享受休闲等，都可以作为休闲企业开发新产品的切入点，还有针对性别差异、年龄差异、职业差异和收入水平的差异做出不同休闲产品和服务开发策略，开发差异化的休闲产品。

(三) 培养和吸纳专业化人才，优化人才队伍建设

专业化人才的缺乏和不足，是制约成都市休闲产业发展的关键因素。针对这一问题，休闲企业必须强化人才管理，做到以人为本，加速培养一支高素质的专业化休闲从业人员队伍，形成人才优势。

休闲从业人员的服务质量、服务水平和服务态度，是休闲企业形象的集中体现，他们的服务水平直接影响休闲者的休闲感受和满意程度。对于成都市来讲，区域生活方式和文化习俗差异化十分明显，在语言沟通上的障碍及文化差异的作用下，这种感受差异表现得更为突出。因此，应针对不同休闲人群的消费心理、消费习惯、消费需求进行深入的研究，指导休闲从业人员做好相应的服务工作，特别是要加强对骨干人员队伍的素质建设，强化服务意识、服务态度，大力倡导诚信服务、优质服务。一方面，应该做好专业知识和技能的培训工作，提高休闲从业人员的专业化水平，从根本上解决从业人员素质水平不高的问题。这一点，在成都市三圣花乡表现得十分突出。作为成都市典型的农家乐休闲形式，三圣花乡就突破了人才管理这一难题，实现了向现代化人才管理模式的巨大转变。在从业人员管理方面，三圣花乡十分注重员工的培训，严格的管理与高效的专业化培训，使得三圣花乡员工的服务水平和服务态度有了普遍的提高，这也是三圣花乡成为成都市农家乐休闲领先者的关键因素所在。

现代休闲产业，其核心是人对人的服务，强调的是服务的质量。因此，坚持以人为本的服务理念，以满足人们多样化的休闲需求为宗旨，为休闲人群提供优质、周到、个性的服务是成都市休闲产业发展必须坚持的主题，也是未来几年甚至几十年内，成都市休闲市

场竞争的根本所在。笔者已经详细分析并指出了成都市休闲产业在人才方面所存在的诸多问题,针对这些普遍存在的问题,再综合一些成功的经验,我们可以从两个方面进行改善。

1. 强化现代化人力资源管理,提高管理效率

休闲人力资源是一种重要的人力资源,只有充分利用并管理好这一资源,才能发挥其最大效用,并最终提高休闲产品或服务的供给水平,增强企业创新能力和竞争力。一方面,缺乏高素质人才;另一方面,在人员管理上也相对滞后。因此,高效的人力资源管理是形成人才优势的重要因素,关系休闲企业的长远发展。强化现代化人力资源管理,就是要利用现代化人力资源管理模式,即以人为本的管理模式,提高休闲企业从业人员的整体素质,提升企业整体形象,从而实现在休闲供给和服务过程中的不断优化和提高,赢得休闲者的认可。

强化现代化人力资源管理,不仅是对休闲企业现有的内部人员的管理,更加重要的是对休闲专业人才的预期规划和招聘。通过有效的招聘,休闲企业可以发现并招募一批具有真才实干的优秀专业化人才,而目前成都市休闲企业最缺乏的就是优秀的专业化人才。对此,各大休闲企业可以充分利用各种招聘形式进行招聘,主要有人才市场招聘、校园招聘、推荐聘用、猎头招聘等。休闲企业可根据自身实际情况选用合适的招聘形式。

2. 注重员工培训,提高专业化素质

员工的专业化水平直接关系休闲产品或服务的供给水平。针对目前成都市休闲从业人员专业化素质普遍不高的问题,休闲企业应该更加注重员工的培训,提高其专业化素质和技能。学习永无止境,针对休闲企业从业人员缺乏专业化知识和技能,休闲企业更应该加强员工培训工作,这也是休闲企业在未来几年内更加激烈的休闲市场争夺战中获胜的砝码。目前,常见员工培训计划包括:周培训计划、月培训计划、年度培训计划和个别派送学习计划,以及集中培训计划等,具体的培训学习形式有:专家讲授、一般的专业讲座、实训培训、参与学习和业务考评等。综合利用员工培训,不断提高员工的专业知识和技能,不仅需要休闲企业的重视和关注,还需要从业人员的充分配合和广泛参与、认真对待,才能真正提高休闲企业从业人员的整体水平。

(四)加强企业自身综合文化建设

加强企业自身建设,主要是指建设企业文化,形成具有自身鲜明特点的企业核心文化。企业文化是企业的灵魂,其中最重要的就是管理与创新。管理是企业的核心文化,是一个企业是否具有长远发展生命力的重要依据,管理水平与管理效果直接体现出企业的内在实力。创新是企业的内在文化,如果把管理比作树,那么创新就是必不可少的水;如果把管理比作人,那么创新就是支撑生命的血液。因此,休闲企业的管理与创新文化建设是休闲企业两大核心文化建设。

加强休闲企业文化建设,从根本上来讲,也是为了提高有效供给的水平和质量,更好地满足休闲者的休闲需求,这就需要休闲企业的管理水平有所提高。休闲企业的管理包括方方面面,如休闲产品或服务管理、休闲从业人员管理、企业战略管理等,企业自身管理

与建设是休闲供给的根本，只有从休闲供给者，即休闲企业的角度出发，才能从根本上解决休闲供给过程中的问题。加强企业自身管理，现代休闲企业可以广泛学习国外或者外省成功经验，充分利用现代化优秀管理模式，借鉴科学有效的管理方法，提高休闲企业自身管理水平，提高休闲产品或服务的供给水平与质量。

对于竞争日益激烈的休闲市场来讲，成都市休闲企业面临着尤为严峻的挑战，必须不断创新，不仅是在管理方面的创新，更重要的是在休闲产品和服务开发与供给方面的创新，这是成都市现代休闲产业发展的必经之路。根据数据显示，截至2014年6月，成都市拥有全国最多的茶馆（9264家）、KTV（2344家）、串串香店（1302家）、书店（1129家）。这一数据反映出成都市休闲领域在增加休闲总供给的同时，也给休闲企业带来了巨大的压力。同类企业、同类产品数量如此巨大，广大休闲企业要想获得长远发展，就必须在产品开发与供给方面不断创新，不断适应时代的发展需要，不断适应休闲者的多样化休闲需求。

三、休闲者——健康休闲战略

休闲者是休闲活动的中心，从休闲者角度出发，存在的问题主要包括3个方面，即文明休闲意识淡薄、健康休闲观念薄弱和休闲方式单一等，针对这3个问题的主要对策及建议具体如下。

（一）强化休闲认知，培养文明休闲意识

文明休闲，即在休闲活动过程中遵守一定的行为准则和道德标准，体现休闲者的文明素养。随着休闲时代的到来，文明休闲逐渐成为休闲学领域重点研究的对象，也越来越受到广大休闲人群的关注。在第九章中，笔者就休闲客流空间扩散的综合效应问题进行了详细的分析。其中，这些综合效应的产生就与文明休闲方式有着十分紧密的联系。从休闲者休闲理念来讲，由于存在不文明的休闲方式和休闲意识，使休闲产业的发展也面临巨大的挑战，一般来讲，不文明的休闲方式与休闲行为是产生休闲负效应的直接原因，而这根本原因就在于不文明的休闲意识，即文明休闲意识淡薄。

目前，成都市这种文明休闲意识还普遍比较淡薄，例如生态环境破坏、乱扔垃圾、随地吐痰等，都会对休闲环境产生严重的破坏。因此，从休闲者的角度来讲，发展成都市休闲产业，必须同时关注休闲者个人素质的提高，特别是文明休闲意识的提高。从政府的角度来讲，培养和加强文明休闲意识的主要途径可以包括政府公共宣传教育和与休闲相关的公共教育课程，以及通过一些必要的法律手段或者政策措施，规范公众休闲行为。

（二）强化休闲观念，培养健康休闲意识

在成都市丰富多样的休闲娱乐方式中，休闲旅游、时尚娱乐、餐饮服务三类占有相当大的比例，棋牌茶馆、KTV娱乐场所、餐饮类串串香店是排名前三位的最受欢迎的休闲娱乐方式，这充分反映出成都市休闲发展动向与广大休闲人群的休闲趋向。但是对于一些比较健康有益的休闲方式，所占的比例却相对比较小，例如养生健体、康体娱乐、体育项目、文化科学等方式都还普遍比较少。

从一定程度上来讲，转变休闲观念就是拓展休闲者自身休闲方式、提高休闲生活质量的重要方面。为了顺应休闲时代发展的需要，作为休闲客体，即广大休闲者来讲，必须与时俱进地转变休闲观念，如文化休闲、健康休闲、生态休闲等。如何做到强化健康休闲观念，一方面，需要休闲者转变思想观念，接受现代化休闲理念；另一方面，政府相关部门以及广大休闲企业，应该加大休闲产业投入，特别是政府公共管理部门的财政性投入。政府公共管理部门在休闲产业发展过程中扮演着重要的角色，一方面，政府通过行政法律以及经济等手段直接或者间接达到强化休闲者健康休闲观念的目的；另一方面，政府应加强休闲教育，提高人们对休闲的认识水平，培养并形成健康休闲意识。

(三)强化休闲素质，培养多元休闲方式

对于休闲方式单一的问题，一方面是由于有限的休闲产品或服务供给，即有效供给不足造成的；另一方面也有休闲者自身的因素。休闲者的休闲取向在很大程度上也使得休闲方式变得更加单一。有数据显示，在诸多休闲方式中，成都市广大休闲人群平均每人只有一种或者两种最喜爱的休闲娱乐方式。另外，从其他客观因素来讲，由于工作时间占据个人一大部分时间，使得休闲时间不足，加之交通、经济等多方面因素的影响，休闲者最终只有单一的休闲方式可以选择。

对此，一方面在增加休闲供给的同时，另一方面，作为休闲者，应该转变休闲观念。此外，作为第三方参与者，政府相关部门应该加大投入，完善城市休闲公共交通网络，加快休闲公共设施的建设，全方位做好休闲发展工作。例如，成都市目前正在不断完善的地铁交通网、公共交通网，以及前文中所提到的"10分钟"公共服务圈的建设规划。交通条件对休闲扩散具有十分重要的意义，休闲者选择以何种休闲方式参与休闲，在很大程度上受到交通条件的影响。因此，政府相关部门必须不断完善城市公共交通网络，加强休闲资源之间的联系，加强区域之间的联系，方便休闲者休闲出行，拓展休闲方式。与此同时，政府相关部门以及休闲企业还应该完善基本休闲设施建设，加快建成包括环城游憩带、休闲公园、休闲商业区、社区休闲场所等在内的一体化城市休闲公共体系。另外，从休闲者的角度来看，还应该不断转变休闲观念，接收新时代休闲观念意识。这也需要现代化休闲教育，以及政府等相关部门的宣传和普及工作的共同开展。转变和拓展休闲方式是一个综合性问题，必须综合利用政府、休闲企业以及休闲者个人3个方面的作用，并且不断学习现代化新元素休闲理念，才能培养并形成健康、文明、生态、和谐的休闲观念意识，转变休闲方式。

第十一章 结 论

第一节 基本结论

本书以成渝经济区为主要研究对象，综合运用计量学、统计学、地理科学等相关学科，对区域休闲客流空间扩散特征、规律进行了调查研究和分析，并且对其区域综合效应（社会文化效应、生态环境效应、经济效应和区域空间效应）的产生、形成和演化进行了实证研究与分析，得出如下结论。

1. 界定了休闲客流空间扩散的相关概念

我国的休闲学研究起步相对较晚，国内外关于休闲学的相关研究成果也相对较少，主要集中在休闲基础相关研究领域，而关于休闲客流及其空间扩散的研究则相对较少，目前这一领域尚属空白。随着社会经济的发展，休闲经济逐渐成为各国国民经济的重要组成部分，以"休闲"为中心的休闲服务产业也逐渐成为掀起第四次产业革命的经济浪潮。本书应时事之需，对休闲学进行了深入的拓展研究，界定了休闲客流、空间扩散、休闲客流空间扩散等相关概念。

休闲是一种生活方式，人类个体具有三种存在状态，即生活状态、生产状态和休闲状态，随着生产生活方式的重大变革，休闲成为人们社会生活的主体构成部分。从字面意思上来讲，休闲客流是指在生产时间和生活时间之外的自由支配时间内，从事舒缓身心、游憩娱乐等休闲活动的社会个体。从深层次含义来讲，休闲客流是一个动态的概念，这一概念还包含有"流"的动态意义。因此，休闲客流是指休闲主体——休闲者的聚散变动，即一定数量规模的休闲人群在休闲空间中的流动，参与各种休闲活动，并由此形成具有一定方向、流量，以及流动速度特征的休闲人流。在概念体系上，休闲客流是主导流，还有信息流、资金流、物质流等相关的伴生流，从而形成的一个复杂的概念体系。

学术界最先关于扩散的研究主要来自病毒或社会现象，如病原体、病毒细胞等的空间扩散现象等。后来，学术界将扩散这一概念引入各个相关学科的研究分析，如社会学、人口学、经济学、地理科学、民俗学、物理学、人文学等。休闲作为一种社会现象、生活方式，随着社会化休闲行为方式的流行，人们日常休闲行为活动也深深地烙上了空间扩散的属性特征，对休闲客流空间扩散的相关研究也显得十分必要。对此，笔者将空间扩散的概念引入休闲学研究，从而形成休闲客流空间扩散的相关研究。本书中，笔者将休闲客流的空间扩散定义为：在 0～300km 的休闲空间内，为了满足休闲需求，自发地或者有计划地在居住地与休闲场所之间、休闲场所内或之间所进行的具有一定方向、流量，以及流动

第十一章 结论

速度特征的汇聚和扩散的过程。休闲客流扩散具有空间有界性、自发性、动态性等特征。

2. 分析休闲客流空间扩散综合效应的内涵与作用机制，构建休闲客流空间扩散综合效应的评价指标体系

笔者根据国内外相关研究成果，将休闲客流空间的综合效应划分为社会文化效应、生态环境效应、经济效应和空间区域效应四大类，并且对各种效应进行了详细的界定和分析。社会文化效应是指休闲客流空间扩散所带来的文化影响和社会效应，如思想观念的转变、价值观念的转变、传统文化的传承、新时代文化的发展等；生态环境效应是指休闲客流空间扩散过程中所体现出来的生态环境保护价值认同，特别是现代都市化休闲活动，其生态环境保护意识表现得更为明显；经济效应则是休闲客流空间扩散对地方经济发展的作用与影响程度；空间区域效应是指宏观角度视野下的休闲客流空间扩散对某一区域空间内社会文化生活、经济、生态环境等各个方面的影响。

笔者通过调查分析，并且广泛借鉴现有研究成果，建立综合效应评价指标体系，利用这一指标体系评价休闲客流空间扩散的综合效应。具体来讲，社会文化效应的评价指标包括社会文化交流、历史文物保护、民族风俗、社会治安和思想道德素质5个方面；经济效应的评价指标包括就业水平、收入水平、经济发展水平、产业结构和财政收入5个方面；生态环境效应的评价指标包括垃圾制造、生态环境保护意识、思想道德素质和动植物保护4个方面；空间区域效应的评价指标包括区域文化交流、区域经济联系、区域生态协调3个方面。根据测评，成都市休闲客流空间扩散的社会文化效应均值为3.968，生态环境效应均值为3.198，经济效应均值为4.026，空间区域效应均值为4.117。

3. 阐述休闲供求契合度，分析休闲客流空间扩散的动力机制

供求间的均衡是暂时的，而不均衡是经常的。在大多数情况下，休闲供给与需求是非均衡的，这种失衡具有明显的普遍性。休闲供给与需求的契合度，或者说是均衡，是一个动态变化的过程，基本上保持着一种从不平衡到平衡再到不平衡的动态适应的运动过程，也正是由于这种不均衡与均衡之间的动态适应和不断变化，才推动了休闲供求的发展。休闲供给与休闲需求的均衡，主要表现为休闲产品或服务的供给水平、供给数量、供给规模基本上能够满足广大休闲者的休闲需求，这种满足不仅体现在数量、规模上，也体现在层次、水平，以及基于休闲者休闲感知的满意度上。

休闲供求失衡表现形式多样，主要包括数量、时间、空间和结构4个方面。这主要利用休闲场所的容量分析来表达休闲供给与需求的数量（规模）契合度。通过调查分析，笔者发现，目前我国大型城市休闲供给总量相对比较充足，但是有效供给严重不足，供给水平普遍低下；从休闲需求方面来讲，近年来随着生活水平的不断提高，人们对休闲生活的需求也越来越大，其中还包括老年休闲需求以及隐性休闲需求。因此，休闲供给与休闲需求还远远没有达到均衡，供求契合度还相对较低，主要表现为供给型失衡，即休闲供给不能满足休闲需求的发展，这也对我国休闲产业发展提出了新的要求。

休闲客流空间扩散作为一个系统课题，其扩散的动态过程包含了方方面面的关联要素，这些要素相互作用、相互联系，从而形成一个有序运行的内在动力机制。笔者在借鉴国内外相关研究成果的基础上，系统地阐释了休闲客流空间扩散的内在动力机制。这一动力机制主要包含3个方面的力量，即休闲供给、休闲需求和休闲消费者。在一定水平的休闲供求基础上，一般为休闲供求非均衡状态，随着供求一方的变化而引起另一方的变化，如随着休闲需求的增加，休闲供给水平也随之而优化提高，而休闲需求和休闲供给的增加，其根源都是休闲消费的影响。因此，休闲消费的变化同时会引起休闲供求双方的变化。在一定时期内，休闲消费是变化的，从而形成一个动态变化的休闲供求动力机制。

4. 分析了休闲产业存在的问题，提出了相应的对策建议

经过近30年的发展，我国休闲产业取得了显著的成绩，但从目前来讲，我国休闲产业还存在一些问题和不足。从休闲需求方面讲，表现出的总体现状是：休闲人群众多，休闲需求总量大，休闲市场空间充足，但是休闲方式单一，休闲产能未能完全释放，以及长期以来广大休闲人群在休闲观念上的落后意识问题等。笔者主要从6个方面对休闲供给方面存在的问题进行分析，即：供给总量小，有效供给不足(供给结构不合理)；供给产品同质化严重，差异化不足，缺乏创新元素(基础设施不健全、不完善，服务质量不高，缺乏文化内涵等)；休闲资源空间布局不够优化；交通结构不合理；休闲企业自身问题与缺陷(恶性竞争严重、从业人员素质低下)；成都市休闲供给与需求失衡问题。由此可见，我国休闲产业总体上表现为休闲公共服务体系有待完善；休闲资源空间布局结构有待优化；休闲场所公共管理水平有待加强；供给产品同质化严重，差异化不足，缺乏创新元素等状况。

对此，笔者通过个案分析，结合我国当前实际情况，提出了如下对策及建议。

(1) 加强政府相关部门宏观调控。进行广泛的政策指导，出台休闲政策(带薪休假制度、错峰休假制度、轮休制度)，制定法律法规(约束休闲企业市场行为及休闲者休闲活动)；加大财政投入力度，合理规划休闲资源空间配置，优化空间结构；改善交通条件(建设公共交通系统，如公交、地铁、高架、快速通道，限制私人交通)。

(2) 增强广大休闲企业创新能力建设。从休闲供给上来讲，必须不断优化并丰富休闲设施类型，提高休闲供给质量；开展休闲教育和宣传；积极开发休闲产品或服务，加大休闲总供给；提高休闲供给水平和质量；扩大休闲有效供给总量；针对不同的休闲人群，提供不同的休闲产品和服务；提高休闲从业人员专业化素质，增强企业创新性。还应广泛培养和吸纳专业化人才，形成人才优势；强化现代化人力资源管理，做到以人为本；注重员工培训，提高专业化素质；加强企业自身建设(企业文化建设)等。

(3) 积极转变并形成健康文明的休闲观念。休闲游客是休闲活动的主体，对于休闲游客而言，必须注重培养文明休闲意识，强化健康休闲观念，转变和拓展休闲方式。

第二节 问题与不足

休闲的相关研究尚属于一个新兴话题，就全球而言，这方面的研究成果还十分有限，我国更是稀少。休闲客流空间扩散的相关研究在全世界范围内更是空白，只散见于一些关

于旅游学和休闲学的相关研究之中，独立的研究并没有正式形成。笔者旨在应时所需，弥补该领域的空白，对休闲学进行进一步拓展和延伸。从一定程度上来讲，休闲客流的空间扩散也是对游憩理论、扩散理论、旅游流空间扩散理论、圈层理论等多个理论研究的深化和完善。由于理论成果与实践经验的缺乏，笔者在调查分析与行文过程中面临许多困难，结论的形成也存在缺陷与不足，在取得一定成果的同时，亦存在一些问题需要进一步加以讨论，这也是笔者能力所不及之处。

1. 理论基础以及实证分析有待进一步加强和充实

休闲客流空间扩散特征与区域综合效应是一个全新的研究领域，涉及面非常广泛，但是目前学术界在这一领域的相关研究成果还十分缺乏，甚至是空白，理论成果基础十分薄弱，成为本书研究成果的重要制约。在实证分析与理论探索过程中，只能借鉴相关的一些零散理论成果。因此，在分析休闲客流空间扩散特征与区域综合效应时会受到一定的限制，特别是在指导实践方面，不能很好地做到理论指导与实证分析的完美对接和完全耦合。

在理论研究成果方面，目前并没有明确的"休闲客流"相关的研究成果值得借鉴参考，仅有的可作借鉴的成果经验也只散见于部分旅游客流相关研究成果之中。在很大程度上，本书属于另辟天地、新成一派，在研究过程中面临许多困难，特别是理论基础相对薄弱的问题比较严重。缺乏理论成果基础的支撑，本书研究成果只能旁引和借鉴参考相关领域的一些成果，例如旅游流空间扩散、环城游憩带理论等。尽管笔者根据相关研究成果以及自身长期以来的实践，探索并形成了一套关于休闲扩散的理论——休闲旅游时空连续带理论以及零散的休闲空间理论等，但是理论基础仍然还比较薄弱，需要更为有力、更为丰富的科学理论作为支撑。

理论基础的缺乏与薄弱无疑使得本书研究成果在具体的实证分析与实践调查过程中受到很大的限制，实证分析必须依赖一定的理论成果基础。鉴于此，本书研究成果中还存在部分内容不够全面和科学的问题，实证分析与理论指导之间的相互融合还有待进一步加强。

2. 休闲客流综合效应研究有待进一步深入和拓展

休闲客流空间扩散的区域综合效应是本书的一个重点问题之一，然而综合效应的评价在学术界是一个比较复杂的领域。综合效应包括社会生活的方方面面，要对这种难以用固定的量化指标进行量化的对象加以评价，无疑是十分困难的。本书首次对休闲客流空间扩散的综合效应进行评价，不管是在研究方法还是在研究理论方面，可供借鉴的研究都较少。在本书研究过程中，在评价指标的确定，以及权重赋予等基本问题上，笔者只能根据实际调查进行。休闲客流空间扩散的综合效应包括经济、社会、文化等方面，如何进行科学的量化表征，同样也具有一定的难度。在具体的评价操作过程中，由于数据信息量十分大，操作难度很大，在诸多问题上难以详尽，难以深入，有待进一步深入研究。

3. 对不同区域主体的休闲客流规律进行探究是进一步研究的重点

本书以成都市为案例地，尽管成都市具有代表性，但由于其自身的特性，所彰显出的休闲客流规律是否适用于其他地区，还有待进一步的实证研究。由于区域发展环境的不同，以及经济社会发展水平的差异性,不同地区的休闲旅游发展处于不同的发展阶段。休闲客流是否具有地域性？不同区域主体的休闲客流具有哪些共性、存在哪些差异及其个性？在接下来的研究中,有必要针对不同区域主体,特别是处于不同发展阶段区域主体的休闲客流规律进行探究,全面总结休闲客流的内在规律。

4. 休闲客流的变化及其响应是进一步研究的重要方向

本书对休闲客流的空间扩散特征与区域综合效应进行了深入研究,主要是以断面数据的静态视角分析为主。随着我国经济发展方式的转变、消费需求的转型以及休假制度的改革,休闲客流将会发生新的变化。在新常态背景下,休闲客流具有什么样的空间扩散规律？其休闲客流发生了什么样的变化？休闲客流在时空演化上有何规律？这些发展背景及政策如何作用于休闲客流,如何测度其对休闲客流的影响？休闲客流空间扩散的演化对这些战略有何响应？这些问题均值得进一步研究。

参 考 文 献

Russo J E, et al., 1998. 决策行为分析[M]. 北京：北京师范大学出版社.

Russo J E, 安宝生, 徐联仓, 1998. 决策行为分析[M]. 北京：北京师范大学出版社：131-177.

Stephen P R, 2011. 组织为学精要[M]. 北京：机械工业出版社.

埃德加·杰克逊, 杰弗瑞·戈比, 2009. 休闲与生活质量[C]. 庞学铨译. 杭州：浙江大学出版社：6-93.

埃德加·杰克逊, 苏珊·萧, 等, 2009. 休闲的制约[C]. 凌平译. 杭州：浙江大学出版社：24.

安永刚, 张合平, 2009. 长株潭核心区休闲产业布局研究[J]. 经济地理,（11）：1839-1844.

包庆德, 2010. 生态休闲：构建人类健康的精神家园——生态休闲方式与人的全面发展[J]. 内蒙古师范大学学报,（2）：53.

包庆德, 张燕, 2010. 生态旅游生态休闲意蕴之初步解读[J]. 南京理工大学学报,（4）：98.

保继刚, 楚义芳, 1999. 旅游地理学（修计版）[M]. 北京：高等教育出版社：158-163.

曹传新, 2004. 大都市区形成演化机理与调控研究[D]. 长春：东北师范大学.

陈红梅, 袁志, 2002. 在开放中重生——四川旅行社业发展的反思[J]. 四川省情,（9）：28-30.

陈鲁直, 2004. 民闲论[M]. 北京：中国经济出版社：63-89.

陈世斌, 2005. 杭州城区"最具出游力"人群休闲旅游障碍性因素的实证分析[J]. 地理研究, 24(6)：39-44.

陈佑启, 1995. 城乡交错带名辨[J]. 地理学与国土研究, 11(1)：47-52.

程遂营, 2010. 我国非物质文化遗产与国民休闲产品开发[J]. 旅游学刊, 25(5)：11-13.

崔金玲, 2012. 生态休闲探研[D]. 石家庄：河北师范大学：17-23.

崔丽丽, 2009. 国民休闲背景下的农民旅游市场开发[J]. 知识经济：105-106.

崔鹏, 2011. 我跃居第三大入境旅游接待国[N]. 人民日报[2011-4-10].

崔永和, 张云霞, 等, 2011. 走向后现代的环境伦理[M]. 北京：人民出版社：55-69.

戴斌, 2009. 惠民政策：国民休闲计划[J]. 旅游时代,（2）：85.

戴维·波普诺, 1988. 社会学[M]. 沈阳：辽宁人民出版社：73-112.

邓崇清, 2000. 简论休闲与休闲消费[J]. 改革与战略,（5）：2-7.

杜丽娟, 韩晓兵, 刘芳圆, 2000. 河北省滨海旅游资源特征与旅游业发展思路[J]. 地理学与国土研究,（2）：65-67.

凡勃伦, 2001. 有闲阶级论[M]. 北京：商务印书馆：122-143.

范小华, 郭佩霞, 2006. 四川省国际旅游客源市场的特点与开发[J]. 特区经济,（1）：212-214.

费怡晖, 2008. 四川省入境旅游发展研究[J]. 成都：西南财经大学.

冯凌, 石培华, 郑斌, 2010. 国民休闲战略的条件基础与时机研究[J]. 旅游研究, 2(2)：51-55.

佛朗索瓦·佩鲁, 1995. 经济空间：理论与应用[J]. 经济学季刊.

高飞, 2006. 休闲产业化的初步探讨[J]. 当代经理人（下旬刊）,（4）：10.

高宏, 戴广忠, 2007. 河北省旅游产品整体定位及对策[J]. 石家庄职业技术学院学报, 19(5)：51-53.

高舜礼, 2009. 积极推动国民休闲的战略性意义[N]. 中国旅游报[2009-12-18].

格雷姆·泰勒, 2010. 地球危机[M]. 赵娟娟译. 海口：海南出版社：63-69.

顾国达,张正荣,2007. 服务经济与国家竞争优势——基于波特"钻石模型"的分析[J]. 浙江大学学报(人文社科版),6:46-54.
关丽萍,王哲,金海龙,2004. 中国休闲产业发展的趋势及对策[J]. 新疆师范大学学报,(6):64-68.
郭剑英,2005. 四川休闲旅游资源及开发评价[J]. 乐山师范学院学报,20(12):92-94.
郭满女,谢朝明,2010. "国民休闲计划"北京下梧州建设休闲旅游基地的对策探讨[J]. 企业经济,(1):104-106.
郭舒权,车明正,1995. 休闲消费浪潮与休闲产业的崛起[J]. 经济问题探索,(10):32-33.
郭一新,2000. 假日生意经:旅游休闲篇[M]. 广东:广东经济出版社:134-147.
国家旅游局政法司. 2011 年中国旅游业统计公报[OL]. [2012-10-25]. http://www.cnta.com/html/2012-10/2012-10-25-9-0-71726.html.
国务院发展研究中心,2010. 经合组织国家的城市化趋势与政策:对中国的启示[R].
郝影利,吴旭云,2006. 我国休闲经济产业化探析[J]. 改革与战略,(1):13-14.
赫伯特·马尔库塞,1989. 单向度的人[M]. 刘继译. 上海:上海译文出版社:64-93.
侯玲,2005. 休闲教育:现代大学生的必修课[J]. 黑龙江高教研究,(10):168-170.
胡锦涛,2012. 坚定不移沿着中国特色社会主义道路前进 为全面建成小康社会而奋斗——胡锦涛在中国共产党第十八次全国代表大会上的报告[R]. 北京:人民出版社:26.
胡长龙,2002. 园林规划设计[M]. 北京:中国农业出版社:64-78.
黄爱萍,郑少泉,陈雅英,2000. 台湾发展休闲农业对大陆当前农业结构调整的启示[J]. 福建农业科技,(6):28-29.
黄羊山,2000. 游憩初探[J]. 桂林旅游高等专科学校学报,(2):10-12.
季忠,2001. 休闲的哲学意义[J]. 自然辩证法研究,(5):2-7.
贾鸿雁,2012. 旅游休闲度假产业必备的基本要素[D]. 南京:东南大学:13-16.
姜楠,2006. 我国假日经济的理论分析与对策研究[D]. 北京:首都经济贸易大学.
杰弗瑞·戈比,2000a. 21 世纪的休闲与休闲服务[M]. 张春波译. 云南:云南人民出版社:53-87.
杰弗瑞·戈比,2000b. 你生命中的休闲[M]. 康筝等译. 云南:云南人民出版:111-153.
李春生,2006. 生态体验:从休闲到生态休闲[J]. 自然辩证法研究,(10):100.
李红超,2006. 环城游憩带旅游开发研究——以济南为例[D]. 济南:山东大学:21-25.
李京京,2006. 服务贸易中新的经济增长点[D]. 北京:首都经济贸易大学:18-23.
李经龙,郑淑婧,周秉根,2003. 旅游对旅游目的社会文化影响研究[J]. 地域研究与开发,(6):80-84.
李俊菊,楼嘉军,张小琴,2004. 我国旅游产品结构现状及优化策略[J]. 北京第二外国语学院学报,(3):78-80.
李蕾蕾,2000. 跨文化传播及其对旅游目的地方文化认同的影响[J]. 深圳大学学报(人文社会科学版),(2):95-100.
李利昌,蔡莉华,2010. 发展休闲农业促进农村全面进步[J]. 吉林农业,(6):32-33.
李文明,李健,钟永德,2006. 休闲化是旅游业提升的必由之路——基于旅游主体、客体和媒体的视觉[J]. 旅游学刊,(9):8-9.
李瑛,郝心华,2003. 海滨旅游度假区季节性供求特性及应对策略——以北戴河为例[J]. 西北大学学报(哲学社会科学版),(2):34-37.
李仲广,2006. 与休闲比较视野下的旅游[J]. 旅游学刊,21(9):5-6.
李仲广,2009. 基础休闲学[M]. 北京:社会科学文献出版社.
李仲广,卢昌崇,2009. 基础休闲学[M]. 北京:社会科学文献出版社:87-123.
李舟,2004. 体验经济时代休闲农业旅游的发展策略[J]. 新疆农垦经济,(3):18-20.
理查德·A. 伊斯特林,1974. 经济增长可以在多大程度上提高人们的快乐[M]:77-94.

参考文献

刘纯, 2000. 走向大人化旅游的社会——论现代旅游行为[J]. 内蒙古大学学报(人文社会科学版), (4): 69-103.

刘德谦, 2006. 不要混淆了"休闲"与"旅游"[J]. 旅游学刊, (9): 9-10.

刘德谦, 2006. 也论休闲与旅游[J]. 旅游学刊, 21(10): 12-19.

刘德谦, 高舜礼, 宋瑞, 2010. 2010年中国休闲发展报告[M]. 北京: 社会科学文献出版社: 78-92.

刘刚, 2006. 我国休闲业存在的几个问题[J]. 边疆经济与文化, (10): 103-105.

刘怀玉, 张传平, 2010. 当代马克思主义哲学史[M]. 北京: 北京师范大学出版集团: 134-143.

刘嘉龙, 郑胜华, 2008. 休闲概论[M]. 天津: 南开大学出版社: 32-35.

刘骏, 蒲蔚然, 2004. 风景资源—旅游资源—旅游产品[J]. 重庆建筑大学学报, (1): 21-23.

刘磊, 2008. 上海城市圈层结构研究[D]. 上海: 上海交通大学: 36-79.

刘伟, 2010. 基于市民体验效用的城市休闲企业区位管理研究[D]. 杭州: 浙江财经学院: 115-127.

刘新荣, 2007. 中部休闲经济竞争力比较研究[J]. 中州学刊, (3): 41-44.

刘益, 2004. 大型风景旅游区旅游环境容量的测算方法的再探讨[J]. 旅游学刊, (6): 42.

刘莹莹, 原梅生, 2006. 浅谈我国休闲农业的发展[J]. 商业时代学术评论, (7): 72-74.

龙江智, 卢昌崇, 2010. 从生活世界到旅游世界: 心境的跨越[J]. 旅游学刊, (6): 25-31.

楼嘉军, 2000. 休闲初探[J]. 桂林旅游高等专科学校学报, (2): 5-9, 67-69.

楼嘉军, 2005. 休闲新论[M]. 上海: 上海立信会计出版社: 178-185.

卢元镇, 2007. 休闲的失落: 中国传统文化的遗憾[J]. 体育文化导刊, (1): 9-10.

鲁怀坤, 2002. 论观光农业及其发展[J]. 学习论坛, (7): 31-33.

马惠娣, 1998. 文化精神之域的休闲理论初探[J]. 齐鲁学刊, (3): 90-107.

马惠娣, 2000. 休闲产业应是我国新的经济增长点[J]. 未来发展, (8): 39-41.

马惠娣, 2001. 21世纪与休闲经济、休闲产业、休闲文化[J]. 自然辩证法研究, (1): 48-52.

马惠娣, 2003a. 大旅游视野中的休闲产业[J]. 杭州师范学院学报(社会科学版), 2: 39-44.

马惠娣, 2003b. 中国学术界首次聚焦休闲理论问题研究——"2002—中国: 休闲与社会进步学术研讨会"综述[J]. 自然辩证法研究, 19(2): 80-84.

马惠娣, 2004a. 休闲: 人类美丽的精神家园[M]. 北京: 中国经济出版社: 127-135.

马惠娣, 2004b. 走向人文关怀的休闲经济[M]. 北京: 中国经济出版社: 97-114.

马惠娣, 刘耳, 2001. 西方休闲学研究述评[J]. 自然辩证法研究, (5): 45-49.

马惠娣, 张景安, 2004. 中国公众休闲状况调查[M]. 北京: 中国经济出版社: 57-65.

马克思, 恩格斯, 1960. 马克思恩格斯全集第1卷[M]. 北京: 人民出版社: 243-2499.

马克思, 恩格斯, 1979. 马克思恩格斯全集第46卷[M]. 北京: 人民出版社: 183-189.

马克思, 恩格斯, 1995. 马克思恩格斯全集第3卷[M]. 北京: 人民出版社: 78-84.

马克思, 恩格斯, 2009. 马克思恩格斯文集[M]. 北京: 人民出版社: 146-154.

毛冬宝, 2001. 论我国休闲产业的发展及其文化建设[D]. 长沙: 中南大学: 33-38.

庞振刚, 董波, 等, 2001. 上海城乡交错带生态旅游开发战略研究[J]. 旅游学刊, (3): 76-79.

彭立春, 吴克明, 2012. 论林语堂的生态休闲思想及其现实启示[J]. 当代教育理论与实践, (1): 144.

秦川, 李霞, 等, 2007. "生态休闲"的模式创新——创新休闲模式·提升产业结构(下)[N]. 中国旅游报[2007-01-22].

卿前龙, 胡跃红, 2006. 休闲产业: 国内研究述评[J]. 经济学家, (4): 40-46.

全华, 2006. 旅游资源开发及管理[M]. 北京: 旅游教育出版社, 5: 15-24.

冉斌, 2004. 我国休闲旅游发展趋势及制度创新思考[J]. 经济纵横, (2): 26-28.
芮明杰, 2005. 产业经济学[M]. 上海: 上海财经大学出版社: 23-42.
山村顺次, 2006. 观光地域社会的构筑[M]. 东京: 同文馆出版社: 87-104.
山崎正和, 2008. 社交的人[M]. 周保雄译. 上海: 译文出版社: 113-156.
商弘, 2006. 我国发展休闲渔业的SWOT分析与对策[J]. 现代渔业信息, (6): 21-23.
申葆嘉, 2005. 关于旅游与休闲研究方法的思考[J]. 旅游学刊, 20(6): 107-114.
施树英, 2003. 马克思主义休闲观与我国休闲文化建设[D]. 长沙: 中南大学: 13-18.
史春云, 2006. 西方休闲与旅游研究辨析[J]. 特区经济, (10): 174-175.
斯蒂芬·L.J. 史密斯, 1992. 游憩地理学: 理论与方法[M]. 吴必虎译. 北京: 高等教育出版社: 78-93.
斯蒂芬·P. 罗宾斯, 2011. 组织行为学精要(原书第11版)[M]. 郑晓明译. 北京: 机械工业出版社: 28-64.
宋萌荣, 2006. 人的全面发展: 理论分析与现实趋势[M]. 北京: 中国社会科学出版社: 54-107.
宋言奇, 2004. 城市的"夜晚经济"[J]. 社会阅览, (6): 58-59.
苏平, 党宁, 吴必虎, 2004. 北京环城游憩带旅游地类型与空间结构特征[J]. 地理研究, (3): 403-410.
苏文才, 丁芳, 周征农, 1996. 上海市民周末度假现状与走势调查[J]. 旅游学刊, 11(2): 23-25.
孙睦优, 王叶峰, 2005. 旅游环境承载力与旅游业可持续发展——以秦皇岛市为例[J]. 地域研究与开发, 24(2): 15-17.
孙天厌, 2003. 经济视野中的休闲与休闲产业培育[J]. 烟台大学学报, (10): 443-447.
孙英兰, 1996. 休闲旅游业一门方兴未艾的产业——休闲旅游业全景展望研讨会侧记[J]. 瞭望, (33): 24-25.
孙永亮, 1996. 都市休闲与国内旅游[J]. 第二外国学院学报, (2): 57-61.
唐湘辉, 2006. 长沙休闲产业研究[D]. 长沙: 湖南师范大学: 17-22.
陶东风, 2000. 社会理论视野的休闲文化与休闲文学[J]. 文艺报, (5).
陶犁, 2007. 旅游地理学[M]. 北京: 北京科学出版社: 77-114.
陶萍, 2006. 我国林业休闲产业发展问题研究[D]. 哈尔滨: 东北林业大学: 14-17.
陶萍, 黄清, 2006a. 刍议我国休闲产业的发展[J]. 商业研究, (9): 182-183.
陶萍, 黄清, 2006b. 论休闲产业的社会功能[J]. 哈尔滨工业大学学报, (5): 124-128.
田道勇, 1996. 浅谈旅游可持续发展[J]. 人文地理, 11(2): 12-17.
田丽萍, 2006. 发展休闲产业的可行性分析——基于我国老龄化社会的研究[J]. 湖北经济学院学报, (7): 43, 44, 16.
田松青, 2005. 休闲经济[M]. 北京: 新华出版社: 151-174.
涂建军, 2004. 四川省入境旅游客流时空动态模式研究[J]. 长江流域资源与环境, 13(4): 338-342.
托马斯·古德尔, 杰弗瑞·戈比, 2001. 人类思想史中的休闲[M]. 成素梅等译. 云南: 云南人民出版社: 143-166.
王德刚, 2009. 旅游权力论[J]. 旅游科学, 23(4): 1-5.
王国新, 2001. 我国休闲产业与社会条件支持系统[J]. 自然辩证法研究, (12): 59-61.
王国新, 2006. 浅谈我国休闲旅游与休闲产业、休闲社会的发展关系[J]. 旅游学刊, 21(11): 8-9.
王欢, 2010. 基于居民需求的旅游发展对策研究——以石家庄为例[D]. 武汉: 华中农业大学.
王辉, 王忠福, 2007. 辽宁旅游产业结构评析[J]. 鸡西大学学报, 4: 40, 41.
王金松, 2005. 顾客满意模型及顾客满意管理研究[D]. 福州: 福州大学: 27-32.
王宁, 2000. 略论休闲经济[J]. 中山大学学报(社会科学版), (3): 13-16.
王琪延, 2005. 休闲经济[M]. 北京: 中国人民大学出版社: 234-243.
王琪延, 2007. 制约我国休闲经济发展的10大问题[J]. 小康, (1): 27.

参考文献

王琪延，王俊，2009. 休闲经济发展还需科技添动力[J]. 中国科技财富：106-107.

王清雨，2008. 县域旅游可持续发展模式研究——以重庆武隆为例[D]. 重庆：重庆师范大学：17-21.

王兴斌，2002. 中国休闲度假旅游的必由之路：从"黄金周"到带薪休假[J]. 旅游学刊，17(4)：51-55.

王雅林，2001. 休闲经济：21世纪初的主导经济[J]. 特区展望，(4)：19-20.

王艳平，2004. 对国民休闲文化价值的认识及其权益属性的探讨——兼论日本社会休闲的运作机制[J]. 自然辩证法研究，20(2)：87-91.

王艳平，2005. 温泉地社会保障功能之国际比较[J]. 旅游学刊，20(1)：31-34.

王艳平，2009. "三连休"及因新休假制度显像的旅游建设提示[J]. 旅游论坛，2(1)：11-15.

王永明，2007. 试论休闲经济的本质内涵[J]. 现代经济探讨，(1)：89-91.

王云才，2003. 论都市郊区游憩景观规划与景观生态保护[J]. 地理研究，22(3)：324-334.

王云才，许春霞，郭焕成，2005. 论中国乡村旅游发展的新趋势[J]. 干旱区地理，12(28)：862-868.

王占斌，2013. 关于服务经济发展的若干认识[J]. 中国商贸，27：153，155.

韦林娜，甘永红，陈兴鹏，2004. 兰州观光休闲农业发展研究[J]. 甘肃农业，(11)：80-81.

魏俊益，2004. 都江堰市观光旅游产品的优化探讨[J]. 社会科学家，(4)：105，106，110.

魏明东，吴从富，刘芳，2006. 休闲：社会、文化和经济发展不可分割[J]. 石家庄联合技术职业学院学术研究，(12)：1-4.

魏翔，2006. 休闲时间与经济效率——来自OECD国家的证据[J]. 南开经济研究，(6)：3-15.

魏小安，2001. 对发展中国环城市旅游度假的思考[J]. 中国旅游报：9.

魏小安，2006. 发展休闲产业论纲[J]. 浙江大学学报（人文社会科学版），36(5)：107-114.

吴必虎，1998. 区域旅游规划的理论与方法[D]. 北京大学：74-80.

吴必虎，2001a. 大城市环城游憩带（ReBAM）研究——以上海市为例[J]. 地理科学，21(4)：354-359.

吴必虎，2001b. 区域旅游规划原理[M]. 北京：中国旅游出版社：24-123.

吴必虎，2010. 旅游规划原理[M]. 北京：中国旅游出版社.

吴承照，1998. 现代城市游憩规划设计理论和方法[M]. 北京：中国建筑工业出版社：156-183.

肖君泽，2009. 发展休闲农业开发和拓展农业功能[J]. 农业现代化研究，30(4)：453-456.

肖佑兴，2002. 旅游目的地的旅游效应及其调适对策[D]. 昆明：云南师范大学：26-32.

肖佑兴，明庆忠，2003. 旅游综合效应评价的一种方法——以白水台为例[J]. 生态学杂志，6：152-156.

谢春山，2009. 旅游产业的区域效应研究——以大连市为例[D]. 长春：东北师范大学.

谢彦君，1999. 旅游概念存在的泛化倾向及其影响[J]. 桂林旅游高等专科学校学报，(1)：18-72.

谢彦君，2004. 基础旅游学[M]. 北京：中国旅游出版社：17-24.

徐峰，2002. 国外休闲产业的发展现状与加快我国休闲产业发展的对策[J]. 商业经济与管理，(9)：56-58.

徐根龙，2006. 休闲产业：新的经济增长点[J]. 浙江经济，(10)：42-43.

徐建华，2002. 现代地理学中的数学方法[M]. 北京：高等教育出版社：17-19.

许峰，2001. 休闲产业发展初步探析[J]. 中国软科学，(6)：112-115.

许刚，2004. 旅游产品的结构划分与对策[J]. 桂林旅游高等专科学校学报，(1)：28-30，40.

杨德森，赵旭东，2009. 心理和谐与和谐社会[M]. 上海：同济大学出版社.

杨国良，2002. 四川境外游客构成及旅游流向和流量特征研究[J]. 人文地理，17(6)：24-27.

杨国良，2008. 旅游流空间扩散[M]. 北京：科学出版社：34-89.

杨军，马小芳，2007. 休闲经济的特点与构建[J]. 产业与科技论坛，(2)：26-28.

杨力平，2008. 大连旅游产业区域效应综合评价[J]. 大连民族学院学报，（2）：178-183.

杨振之，2006. 我们时代的休闲经济与休闲生活[J]. 旅游学刊，（9）：7-9.

叶平，2006. 环境哲学与伦理[M]. 北京：社会科学出版社：19-72.

叶晔，2009. 森林休闲理论与城郊森林休闲机会谱分级研究——以北京市为例[D]. 北京：中国林业科学研究院：9-13.

殷志平，2002. 我国当代休闲娱乐产业发展研究[D]. 武汉：武汉理工大学：14-18.

游碧竹，郑宪春，2007. 论人类休闲社会与中国休闲产业[J]. 湖南商学院学报，（2）：5-10.

于光远，马惠娣，2008. 于光远马惠娣十年对话[M]. 重庆：重庆大学出版社：17-53.

余洁，2002. 省级旅游市场供给环境及其评价方法研究——以山东省为例[J]. 山东师范大学报，（4）：51-54.

约翰·凯利，2000. 走向自由——休闲社会学新论[M]. 赵冉等译. 昆明：云南人民出版社：88-123.

约瑟夫·皮柏，1991. 节庆、休闲与文化[M]. 黄藿译. 北京：三联书店：152-232.

约瑟夫·皮珀，2005. 闲暇：文化的基础[M]. 北京：新星出版社：143-197.

张广海，包乌兰托亚，2012a. 国内外休闲农业研究进展[J]. 北方经济，（6）：101-103.

张广海，包乌兰托亚，2012b. 我国休闲农业产业化及其模式研究[J]. 经济问题探索，（10）：30-37.

张广瑞，宋瑞，2001. 关于休闲的研究[J]. 社会科学家，（9）：17-20.

张国富，孙金华，2006. 论休闲产业发展与和谐社会建设的互动性[J]. 自然辩证法研究，（3）：105-108.

张建，2006. 都市休闲空间的整合与调控研究[D]. 上海：华东师范大学：16-19.

张建萍，2000. 我国女性休闲生活的历史变迁及其当代形态[J]. 海南大学学报，（6）：46-50.

张捷，王森，任黎秀，等，1998. 试论城市闲暇业及其持续发展[J]. 南京大学学报，（2）：171-178.

张俐俐，2007. 旅游学（第三版）[M]. 北京：高等教育出版社.

张莉，2003. 湛江市滨海旅游业现状与发展措施[J]. 资源开发与市场，（3）：182-184.

张茹艳，2006. 我国休闲产业的现状及发展趋势[J]. 科技成果纵横，（6）：67-68.

张顺，祁丽，2006. 城市休闲产业组成体系研究[J]. 吉林师范大学学报，（2）：29-31.

张祥，2011. 服务经济的发展规律和特征[J]. 江南论坛，3：4，5.

张永贵，1998. 投资新领域：城郊休闲农业[J]. 中国投资，（6）：48-49.

赵国如，2009. 休闲农业的发展模式与模式选择[J]. 中国发展，4（9）：63-70.

赵红红，1983. 苏州旅游环境容量问题初探[J]. 城市规划，3：46-53.

赵立民，2008. 基于景区的组合旅游产品有效供给评价研究[D]. 厦门：厦门大学：26-29.

赵玉宗，2004. 城郊旅游开发研究——以青岛为例[D]. 青岛：青岛大学：19-24.

中国可持续发展战略研究组，2010. 中国可持续发展战略报告[R]. 北京：科学出版社：400.

钟海生，2001. 中国旅游市场需求与开发[M]. 广州：广东旅游出版社：19-27.

周国文，2011. 自然权与人权的融合[M]. 北京：中央编译出版社：124-173.

周振华，2010. 服务经济的内涵、特征及其发展趋势[J]. 科学发展，7：3-14.

朱建安，2004. 户外休闲产业的差别定价研究[D]. 杭州：浙江大学：23-28.

朱彦玲，2011. 黑龙江省旅游区位研究[D]. 秦皇岛：燕山大学：13-19.

邹积林，1990. 旅游区划问题探讨：以成都地区为例[J]. 旅游学刊，5（2）：26-28，55.

Barbieri C, Mshenga P M, 2008. The role of the firm and owner characteristics on the performance of agritourism farms[J]. Sociologia Ruralis, (48): 166-183.

Bramwell B, 1994. Critical issues in tourism: a geographical perspective[J]. Tourism Management, 15(5): 397-398.

参考文献

Burton R J F, 2004. Seeing through the "good farmer's" eyes: towards developing an understanding of the social symbolic value of "productivist" behavior[J]. Sociologia Ruralis, (14): 195-216.

Capella L M, Alan J, 1987. Information sources of elderly for vacation decisions[J]. Annals of Tourism Research, 14(1): 148-151.

Carr N, 2002. The tourism-leisure behavioral continuum[J]. Annals of Tourism Research, 29(4): 972-986.

Che D, Veeck A, Veeck G, 2005. Sustaining production and strengthening the agritourism product: linkages among michigan agritourism destinations[J]. Agriculture and HumanValues, 22(2): 225-234.

Clarke J, 1996. Farm accommodation and the communication mix[J]. Tourism Management, (17): 611-620.

Craig S. Fagence S J M, 1995. Recreation and Tourism as a Catalyst for Urban Waterfront Redevelopment: an International Survey[M]. Lond: Praeger.

David P L, John D, Douglas A K, et al., 2003. Exploring the Influence of leisure on adjustment: development of the leisure and spinal cord injury adjustment model[J]. Leisure Sciences, 25(2-3): 231.

Davies E T, Gilbert D C, 1992. Planning and marketing of tourism: a case study of the development of farm tourism in Wales[J]. Tourism Management, (3): 56-63.

De Poorter W F, 2000. Regulation of natural monopoly ene[J]. The University of Ghent: 133-147.

Garry C, 1998. Leisure and culture: issue for an anthropology of leisure[J]. Leisure Sciences, 20(2): 111.

Harrington M, 2006. Sport and leisure as contexts for fathering in Australian families[J]. Leisure Studies, 25(2): 165-183.

Hawes D K. 1988. Travel-related lifestyle profiles of older women[J]. Journal of Travel Research, 27(2): 22-32.

Henderson K A, Dialeschki M D. 1991. A sense of entitlement to leisure as constraint and empowerment for women[J]. Leisure Sciences, (13): 51-65.

Hoyle B S, 1999. Scale and sustainability: the role of community groups in Canadian Port-city waterfront change[J]. Journal of Transport Geography, (7): 65-78.

Ilbery B, 1998. The development of alternative farm enterprises: a study of family labour farms in the northern pennines of England[J]. Journal of Rural Studies, 12(3): 285-295.

Inskeep E, 1991. Tourism Planning: an Integrated and Sustainable Development Approach[M]. New York: VNR: 124-166.

Iwasaki Y, 2003. The impact of leisure coping beliefs and strategies on adaptive outcomes[J]. Leisure Studies, 22(2): 93.

John A P. John L, 1998. Developing and testing a tourism impact scale[J]. Journal of Fravel Research, 37: 120-130.

Lane B, 1993. The green light: a guide to sustainable tourism: english tourist board[J]. Journal of Rural Studies, 9(2): 194-195.

Maelean J R, James A P. Recreation and Leisure: the Changing Series[M]. New York: John Wiley & Sons: 73-99.

Marques H, 2006. Searching for complementarities between agriculture and tourism-the demarcated wine-producing regions of northern Portugal[J]. Tourism Economics, (12): 147-155.

Marsden T, Sonnino R, 2008. Rural development and the regional state: denying multifunctional agriculture in the UK original research article[J]. Journal of Rural Studies, 24(4): 422-431.

Mathieson A, Wall G, 1982. Tourism: Economic, Physical and Social Impacts[M]. Hong Kong: Longman Inc: 144-153.

Mayhew B, Huhti T, 1998. South-West China[M]. Hawthon: Lonely Planet: 64-78.

Mcgehee N G, Kin K, Gayle R, 2007. Jennings. Gender and motivation for agri-tourism entrepreneurship[J]. Tourism Management, (28): 280-289.

Meethan K, 1998. New tourism for old policy developments in Cornwall and Devon[J]. Tourism Management, (6): 583-593.

Moore K, Cushman G, Simmons D, 1995. Behavioral conceptualization of tourism and leisure[J]. Annals of Tourism Research, (22):

67-85.

Nacy G, et al., 2007. Gender and motivation for agri-tourism entrepreneurship[J]. Tourism Management(28): 280-289.

Robert L, Hall D, 2001. Rural Tourism and Recreation: Principles to Practice[M]. Oxon: CABI Publishing: 234-239.

Stefanova A, 2010. Education in ecological tourism and the use of ecological educational paths[J]. UTMS journal of Economics, 1(2): 79.

Vasiliadis C H A, Kobotis A, 1999. Spatial analysis-an application of nearest-neighbour analysis to tourism locations in Macedonia[J]. Tourism Management, (20): 141-148.

Veal A J, 2002. Leisure and Tourism Policy and Planning[M]. Oxon: CABI Publishing: 252.

Weaver D B, 1997. The vacation farm sector in Saskatchewan: a profile of operations[J]. Tourism Management, 18(6): 357-365.

Wilf J, 1985. Murphy, leisure and recreation management[J]. Tourism Management, 6(1): 73-74.

Wolfe R I, 1964. Perspective on outdoor recreation: a bibligographical survey[J]. The Geographical Review, 54(2): 203-238.

Xiao H, 1997. Tourism and leisure in China: a tale of two cities[J]. Annals of Tourism Research, 24(2): 357-359.

附件：调查问卷

成都市居民都市类休闲情况调查问卷（一）

尊敬的朋友：

您好，我们正在进行一项关于成都休闲、旅游情况的调查，以下问卷仅用于研究分析，无须填写您的姓名，选项更无对错之分，敬请放心，您只需据实际情况在合适的选项上打钩即可。

一、您的个人情况

1. 您的年龄是：
①16～25岁　　②25～35岁　　③35～45岁　　④45～55岁　　⑤55岁以上
2. 您的性别是：
①男　　　　　　②女
3. 您的职业是：
①农民　　　　②个体经营者　　　③企业员工
④教师　　　　⑤公务员　　　　　⑥其他
4. 您的文化程度是：
①小学　　　②中学　　　③高中　　　④大学　　　⑤研究生及以上
5. 您每月的收入情况？
①1500～2500元　　　　②2500～3500元　　　　③3500～4500元
④4500～5500元　　　　⑤5500元以上

二、您的休闲情况

1. 您平时下班以后做什么？（可多选）
①上网　　　　②看电视　　　③看书学习　　　④散步
⑤健身活动　　⑥打麻将　　　⑦斗地主
2. 您周末休闲时间较多用于哪些方面？（可多选）
①到都市类休闲场所耍　　②茶楼打麻将　　　③逛街购物　　　④走亲访友
⑤在家上网或打游戏　　　⑥在家无聊看电视　⑦陪家人逛公园　⑧其他
3. 您是否喜欢周末到都市类休闲场所去休闲？比如电影院、商场、咖啡厅、网吧、

茶楼、图书馆等。

① 喜欢　　　　　② 不喜欢　　　　　③ 无所谓

4. 如果各方面条件允许，您到都市类休闲场所休闲的实际频次约为_____周一次。

5. 目前影响您到附近都市类休闲场所休闲的主要原因有哪些？（多选）

① 费用太高　　　② 交通不便　　　③ 环境不好　　　④ 没有特色

⑤ 人多太拥挤　　⑥ 距离太远　　　⑦ 休闲产品单一　⑧ 其他

6. 到都市类休闲场所休闲您觉得哪种价格最合适？

① 每人 300 元以下　　　　② 每人 300～500 元　　　　③ 每人 500～700 元

④ 每人 700～1000 元　　　⑤ 无所谓

7. 您到都市类休闲场所休闲一般选择什么样的交通方式？

① 步行　　　② 骑车　　　③ 坐公交　　　④ 打的　　　⑤ 自驾车　　　⑥ 其他

8. 您一般选择什么时候去都市类休闲场所休闲？

① 平常时间　　　② 周末　　　③ 黄金周　　　④ 其他节假时间

9. 如果您自己开车去都市类休闲场所去耍，考虑目前成都交通的实际情况，您能接受的距离是：

① 5 千米以内　　　　② 5～10 千米　　　　③ 10～15 千米

④ 15～20 千米　　　⑤ 20 千米以上

10. 目前您开车到都市类休闲场所的时间一般是多久？

① 0.5 小时以内　　　② 0.5～1 小时　　　③ 1～1.5 小时

④ 1.5～2 小时　　　⑤ 2 小时以上

11. 成都附近您最经常去休闲的地方有哪些？（可多选）

A. 龙泉驿区　　B. 都江堰　　C. 青城山　　D. 温江　　E. 双流　　F. 青白江

G. 彭州　　　　H. 金堂　　　I. 大邑　　　J. 崇州　　K. 新津　　L. 简阳

M. 德阳　　　　N. 绵阳　　　O. 乐山

12. 您上一年外出旅游_____次，到附近都市类休闲场所休闲_____次。

13. 您对成都附近都市类休闲场所提供的休闲产品和服务是否满意？

① 非常满意　　② 比较满意　　③ 基本满意　　④ 不满意

14. 生活在休闲之都的城市，您对自己的生活评价是：

① 很休闲，能充分享受休闲的生活　　　　② 比较休闲，闲暇时间较多

③ 一般休闲，有时候也会有一定的放松　　④ 并不休闲，忙于生计奔波劳累

您对成都市都市休闲有何看法及建议？
_____
_____
_____

问卷到此结束！谢谢您的参与。

成都市居民公园类休闲情况调查问卷(二)

尊敬的朋友：

您好，我们正在进行一项关于成都休闲、旅游情况的调查，以下问卷仅用于研究分析，无须填写您的姓名，选项更无对错之分，敬请放心，您只需据实际情况在合适的选项上打钩即可。

一、您的个人情况

1. 您的年龄是：
①16～25岁　　②25～35岁　　③35～45岁　　④45～55岁　　⑤55岁以上
2. 您的性别是：
①男　　　　　　②女
3. 你的职业是：
①农民　　　②个体经营者　　　③企业员工
④教师　　　⑤公务员　　　　　⑥其他
4. 你的文化程度？　①小学　　②中学　　③高中　　④大学　　⑤研究生及以上
5. 您每月的收入情况？
①1500～2500元　　　②2500～3500元　　　③3500～4500元
④4500～5500元　　　⑤5500元以上

二、您的休闲情况

1. 您平时下班以后做什么？（可多选）
①上网　　　　②看电视　　　③看书学习　　　④公园散步
⑤健身活动　　⑥打麻将　　　⑦其他
2. 您周末休闲时间较多用于哪些方面？（可多选）
①到公园耍　　　　②茶楼打麻将　　　③逛街购物　　　④走亲访友
⑤在家上网或打游戏　⑥在家无聊看电视　⑦陪家人逛公园　⑧其他
3. 您是否喜欢周末到公园去休闲？
①喜欢　　　　②不喜欢　　　③无所谓
4. 如果各方面条件允许，您希望到公园休闲的频次是_____周一次；目前您到公园休闲的实际频次约为_____周一次。
5. 您到公园休闲的主要目的是什么？（可多选）
①放松心情　　②观赏景色　　③康体活动　　④交友聚会　　⑤其他
6. 您到公园的最主要的休闲活动是什么？（可多选）
①散步观景　　②钓鱼　　③喝茶闲聊　　④打麻将或斗地主

⑤康体运动　　　　⑥其他

7. 目前影响您到附近公园休闲的主要原因有哪些？（多选）
①交通不便　　　②环境不好　　　③没有特色　　　④人多太拥挤
⑤没有时间　　　⑥其他

8. 您到公园休闲一般选择什么样的交通方式？
①步行　　　　　②骑车　　　　　③坐公交
④打的　　　　　⑤自驾车　　　　⑥其他

9. 您一般选择什么时候去公园休闲？
①平常时间　　　②周末　　　　　③黄金周　　　　④其他节假时间

10. 您到公园休闲的人员构成是怎样的？
①配偶　　　　　②子女　　　　　③父母长辈　　　④亲戚朋友　　　⑤同事其他

11. 您家附近（10 公里内）有多少个公园？
①没有　　　　　②1～2 个　　　③3～5 个　　　④5 个以上

12. 离您家最近、适合散步或锻炼的绿道或公园的距离有多远？
①0.5 千米内　　②0.5～1 千米　　③1～1.5 千米
④1.5～2 千米　　⑤2～2.5 千米　　⑥3 千米及以上

13. 目前您步行到公园的时间是多久？
①0.5 小时以内　　②0.5～1 小时　　③1～1.5 小时　　④1.5 以上

14. 成都附近您最经常去休闲的是哪一类公园？（可多选）
A. 文化公园　　　B. 生态公园　　　C. 博物馆　　　D. 动物公园
E. 海洋公园　　　F. 历史公园　　　G. 其他

15. 您上一个月到附近公园休闲_____次。

16. 您对成都附近公园提供的休闲产品和服务是否满意？
①非常满意　　　②比较满意　　　③基本满意　　　④不满意

您对成都市现有的公园休闲有何看法及建议？
_____
_____
_____
_____
_____

问卷到此结束！谢谢您的参与。

成都市居民古镇类休闲情况调查问卷(三)

尊敬的朋友：

您好，我们正在进行一项关于成都休闲、旅游情况的调查，以下问卷仅用于研究分析，无须填写您的姓名，选项更无对错之分，敬请放心，您只需据实际情况在合适的选项上打钩即可。

一、您的个人情况

1. 您的年龄是：
①16～25 岁　　　　　②25～35 岁　　　　　③35～45 岁
④45～55 岁　　　　　⑤55 岁以上

2. 您的性别是：
①男　　　　　　　　②女

3. 您的职业是：
①农民　　②个体经营者　　③企业员工　　④教师　　⑤公务员　　⑥其他

4. 您的文化程度？
①小学　　②中学　　③高中　　④大学　　⑤研究生及以上

5. 您每月的收入情况？
①1500～2500 元　　　②2500～3500 元　　　③3500～4500 元
④4500～5500 元　　　⑤5500 元以上

二、您的休闲情况

1. 您平时下班以后做什么？（可多选）
①上网　　②看电视　　③看书学习　　④散步　　⑤健身活动
⑥打麻将　　⑦斗地主

2. 您周末休闲时间较多用于哪些方面？（可多选）
①到古镇耍　　②茶楼打麻将　　③逛街购物　　④走亲访友
⑤在家上网或打游戏　⑥在家无聊看电视　⑦陪家人逛公园　⑧其他

3. 您是否喜欢周末到古镇去休闲？
①喜欢　　②不喜欢　　③无所谓

4. 如果各方面条件允许，您希望到古镇休闲的频次是____周一次；目前您到古镇休闲的实际频次约为____周一次。

5. 您到古镇休闲的主要目的是什么？（可多选）
①放松心情　　②欣赏文化风俗　　③聚会增进友情　　④购买文化产品　　⑤其他

6. 您到古镇的最主要的休闲活动是什么？（可多选）
①散步观景　　　②钓鱼　　　③喝茶闲聊　　　④打麻将或斗地主　　　⑤其他
7. 目前影响您到附近古镇休闲的主要原因有哪些？（多选）
①费用太高　　　②交通不便　　　③环境不好　　　④没有特色
⑤人多太拥挤　　⑥菜品不好　　　⑦距离太远　　　⑧休闲产品单一
8. 到古镇休闲您觉得哪种价格最合适？
①每人 20 元以下　　②每人 20～30 元　　③每人 30～40 元
④每人 40～50 元　　⑤无所谓
9. 您到古镇休闲一般选择什么样的交通方式？
①步行　　②骑车　　③坐公交　　④打的　　⑤自驾车　　⑥随团　　⑦其他
10. 您一般选择什么时候去古镇休闲？
①平常时间　　　②周末　　　③黄金周　　　④其他节假时间
11. 您到古镇休闲选择住多长时间？
①1 天内往返　　②2 天内往返　　③3～5 天往返　　④其他
12. 如果您自己开车去古镇去耍，考虑目前成都交通的实际情况，您能接受的距离是：
①30 千米以内　　　②30～40 千米　　　③40～50 千米
④50～60 千米　　　⑤60～70 千米　　　⑥70～80 千米
13. 目前您开车到古镇的时间一般是：
①0.5 小时以内　　　②0.5～1 小时　　　③1～1.5 小时
④1.5～2 小时　　　⑤2 小时以上
如果是其他交通方式，那时间一般是多久？
①0.5 小时以内　　　②0.5～1 小时　　　③1～1.5 小时
④1.5～2 小时　　　⑤2 小时以上
14. 成都附近您最经常去休闲的地方有哪些？（可多选）
A. 龙泉驿区　　B. 都江堰　　C. 青城山　　D. 温江　　E. 双流　　F. 青白江
G. 彭州　　　　H. 金堂　　　I. 大邑　　　J. 崇州　　K. 新津　　L. 简阳
M. 德阳　　　　N. 绵阳　　　O. 乐山
15. 您上一年外出旅游_____次，到附近古镇休闲_____次。
16. 您对成都附近古镇提供的休闲产品和服务是否满意？
①非常满意　　　②比较满意　　　③基本满意　　　④不满意
您对成都市周边的古镇休闲有何看法及建议？
_____
_____

问卷到此结束！谢谢您的参与。

成都市居民农家乐休闲情况调查问卷(四)

尊敬的朋友：

您好，我们正在进行一项关于成都休闲、旅游情况的调查，以下问卷仅用于研究分析，无须填写您的姓名，选项更无对错之分，敬请放心，您只需据实际情况在合适的选项上打钩即可。

一、您的个人情况

1. 您的年龄是：
①16～25 岁　　②25～35 岁　　③35～45 岁　　④45～55 岁　　⑤55 岁以上
2. 您的性别是：
①男　　　　　　②女
3. 您的职业是：
①农民　　②个体经营者　　③企业员工　　④教师　　⑤公务员　　⑥其他
4. 您的文化程度？
①小学　　②中学　　③高中　　④大学　　⑤研究生及以上
5. 您每月的收入情况？
①1500～2500 元　　②2500～3500 元　　③3500～4500 元
④4500～5500 元　　⑤5500 元以上

二、您的休闲情况

1. 您平时下班以后做什么？（可多选）
①上网　②看电视　③看书学习　④散步　⑤健身活动　⑥打麻将　⑦斗地主
2. 您周末休闲时间较多用于哪些方面？（可多选）
①到农家乐耍　　　②茶楼打麻将　　　③逛街购物　　　④走亲访友
⑤在家上网或打游戏　⑥在家无聊看电视　⑦陪家人逛公园　⑧其他
3. 您是否喜欢周末到城外农家乐去休闲？
①喜欢　　②不喜欢　　③无所谓
4. 如果各方面条件允许，您希望到农家乐休闲的频次是＿＿＿周一次；目前您到农家乐休闲的实际频次约为＿＿＿周一次。
5. 您到农家乐休闲的主要目的是什么？（可多选）
①放松心情　　　　②观赏乡村景色　　　　③聚会增进友情
④品尝特色菜口　　⑤换个好的环境打麻将　⑥果蔬采摘
⑦农事体验　　　　⑧康体活动　　　　　　⑨采购农村新鲜水果或蔬菜

6. 您到农家乐的最主要的休闲活动是什么？（可多选）
①散步观景　　　②钓鱼　　　③喝茶闲聊　　　④打麻将或斗地主
⑤果蔬采摘　　　⑥农事体验　　　⑦康体活动

7. 目前影响您到附近农家乐休闲的主要原因有哪些？（可多选）
①费用太高　　　②交通不便　　　③环境不好　　　④没有特色
⑤人多太拥挤　　⑥菜品不好　　　⑦距离太远　　　⑧休闲产品单一

8. 到农家乐休闲您觉得哪种价格最合适？
①每人 20 元以下　　　②每人 20～30 元　　　③每人 30～40 元
④每人 40～50 元　　　⑤无所谓

9. 您到农家乐休闲一般选择什么样的交通方式？
①步行　　②骑车　　③坐公交　　④打的　　⑤自驾车　　⑥随团　　⑦其他

10. 您一般选择什么时候去农家乐休闲？
①平常时间　　　②周末　　　③黄金周　　　④其他节假时间

11. 您到农家乐休闲选择住多长时间？
①1 天内往返　　　②2 天内往返　　　③3～5 天往返　　　④其他

12. 如果您自己开车去农家乐去耍，考虑目前成都交通的实际情况，您能接受的距离是：
①30 千米以内　　　②30～40 千米　　　③40～50 千米
④50～60 千米　　　⑤60～70 千米　　　⑥70～80 千米

13. 目前您开车到农家乐的时间一般是：
①0.5 小时以内　　②0.5～1 小时　　③1～1.5 小时　　④1.5～2 小时　　⑤2 小时以上

14. 成都附近您最经常去休闲的地方有哪些？（可多选）
A. 龙泉驿区　　B. 都江堰　　C. 青城山　　D. 温江　　E. 双流　　F. 青白江
G. 彭州　　　　H. 金堂　　　I. 大邑　　　J. 崇州　　K. 新津　　L. 简阳
M. 德阳　　　　N. 绵阳　　　O. 乐山

15. 您上一年外出旅游____次，到附近农家乐(度假村)休闲____次。

16. 离您家最近适合散步或锻炼的绿道或公园的距离有多远？
①0.5 千米内　　　②0.5～1 千米　　　③1～1.5 千米
④1.5～2 千米　　　⑤2～2.5 千米　　　⑥3 千米及以上

17. 休闲与旅游不容易区别，下列活动中您认为那些是旅游活动？（可多选）
①农家乐游玩　　　　②龙泉驿区过桃花节　　　③云南丽江七日游
④青城后山小住几天　⑤到黄龙溪耍一天　　　　⑥乐山二日自驾游

18. 您对成都附近农家乐提供的休闲产品和服务是否满意？
①非常满意　　②比较满意　　③基本满意　　④不满意

您对成都居民现有的休闲有何看法及建议？
_____

问卷到此结束！谢谢您的参与。